KB177560

임동석중국사상100

논 어

論語

朱熹 集註 / 林東錫 譯註

"상아, 물소 뿔, 진주, 옥. 진괴한 이런 물건들은 사람의 이목은 즐겁게 하지만 쓰임에는 적절하지 않다. 그런가 하면 금석이나 초목, 실, 삼베, 오곡, 육재는 쓰임에는 적절하나 이를 사용하면 닳아지고 취하면 고갈된다. 그렇다면 사람의 이목을 즐겁게 하면서 이를 사용하기에도 적절하며, 써도 닳지 아니하고 취하여도 고갈되지 않고, 똑똑한 자나 불초한 자라도 그를 통해 얻는 바가 각기 그 자신의 재능에 따라주고, 어진 사람이나 지혜로운 사람이나 그를 통해 보는 바가 각기 그 자신의 분수에 따라주되 무엇이든지 구하여 얻지 못할 것이 없는 것은 오직 책뿐이로다!"

《소동파전집》(34) 〈이씨산방장서기〉에서 구당(丘堂) 여원구(呂元九) 선생의 글씨

책머리에

동양에서 2천여 년을 두고 첫째로 많이 읽고 연구해온 책을 거론하라면 누구나 주저없이 《논어》를 들 것이다. 우리나라도 이미 삼국시대 이를 읽고 연구하여 일본에게 전해준 기록이 생생히 남아있다.

그만큼 동양인이라면 이를 기본 계단으로 삼아 깊고 심오한 학문의 세계로 들어섰던 것이다. 특히 과거 유학이 곧 국시였던 시대에는 태어나 죽을 때까지 이 《논어》의 구절을 읊고 되색이며 화제와 비유, 생동의 근거로 삼아 생활 전반에 이를 적용하였다. 그리하여 집집마다 꽂아두고 서당마다 이를 암송하였으며 나아가 과거시험과 벼슬길에 이를 읽지 아니하고 선뜻 나선다는 것은 꿈도 꿀 수 없었다.

나도 지난날 선생님에게 이 《논어》를 배우면서 선비의 꿈을 꾸었고, 학문의 길을 나서게 되는 계기를 얻게 되었다. 특히 단장취의斷章取義한 구절일망정 지금까지 나를 이토록 한 가지에 매달릴 수 있게 한 것이 바로 "죽어야 말리 녀겨"(死而後已. 191)이다. 그래서 힘들고 지칠 때마다 '하늘이 나를 사랑하기 때문에 이렇게 노고롭게 하나보다'라고 하면서 "사랑한다면서 능히 괴롭지 말라하랴?"(愛之, 能勿勞乎. 340)를 되뇌이며 "가고 또 가고"(行行重行行) 하는 길밖에 없었다. 작은 표점하나 그냥 지나치지 못하다가 끝내 일의 바른 길을 터득하는 기쁨도 맛보았으니 일찍이 어떤 사람이 공자를 두고 "그 선생님은 어찌 그리 다능한가?"라고 묻자 공자가 이를 듣고 "나는 어려서 빈천했었다. 그 때문에 하찮은 일에도 능력이 많은 것이다"(吾少也賤, 故多能鄙事. 211)라 하였다. 그리고 급히 성과를 보고자 하였더니 가로막는 걸림돌이 하나둘이 아니었다. 이에 "급히 가고자 하면 이르지 못하나니"(欲速則不達. 319) "공인이 그 일을 잘하려면 먼저 연장부터 잘 베려 놓는 법"(工欲善其事, 必先利其器. 388)의 의미를 깨닫게도 되었다. 이처럼 《논어》는 결국 내 생활 그 자체가 되고 말았다. 그 결과 이제 나도 〈사서四書〉 완정본完整本을 하나 갖게 되었다. 아니 힘써 만들어본 〈노력본勞力本〉이라 해야 맞을 것이다. 좌우간 나로서는 꿈을 이룬 것이며 꽃다운 청장년을 후회없이 되색임질할 수 있다는 안도감까지 든다.

벌써 30여 년이 훌쩍 흘렀다. 내 딴에는 〈사서집주〉를 완전히 역주하여 이 시대 많은 학자들의 연구를 망라하고 싶었던 엉뚱한 오기가 발동했던 것이 벌써 이렇게 많은 성상을 보낸 것이다. 물론 동양 어느 학자가 〈사서〉에 관심을 가지고 읽지 않은 자가 있었겠으며 어느 연구자가 〈사서〉에 대하여 나름대로의 의견과 꿈을 가지지 않은 분이 있었겠는가? 당시나 지금이나 학자 축에도 들지 못하던 내가 그러한 생각을 가진 것은 물론 〈사서〉의 구절구절이 너무 좋아서이기도 하였겠지만 그보다 누구나 덤빌 수 있는 〈사서〉에 대하여, 과연 누구나 덤벼 난맥상을 이루고 있었음을 보았기 때문이었다.

당시는 아직 컴퓨터라는 것이 일반화되지 않아 원고지에 일일이 썼으며 나아가 자료는 있는 대로 찾아 복사하고 카드를 만들어 오려 붙여야 할 시대였다. 그 뒤 비록 문명의 이기가 나왔지만 그래도 입력과 검증, 교정은 절대적인 시간을 요구하였다. 나아가 새로운 이론과 서적이 나타날 때마다 다시 대조하고 참고해야하는 작업은 사실 나에게 커다란 고통을 주었다.

그러나 오히려 그러한 시간들이 행복하였음은 아마 나는 이미 숙명적으로 평원을 마음 놓고 가고 싶은 대로 달릴 수 있는 자동차가 아니라 이미 깔려있는 레일을 달려야 하는 기차와 같은 운명을 가진 자였기 때문이리라. 방향을 바꿀 수도 없고 쉴 수도 없는 그러한 외길을 타고났으니 어디로 가고 누구를 원망하겠는가? 게다가 출판은 더욱 어려운 일이었다. 누구나 하는 〈사서〉가 뭐 다시 출판할 거리가 되겠는가 라는 평가와, 대학자도 아닌 자가 감히

〈사서〉에 손을 대는가 라는 의구심 때문이었으리라. 새롭게 체재를 갖추어 언해까지 넣었으며 집주集註의 음주音注 부분도 빠짐이 없고, 집주의 전고典故도 일일이 찾아 밝혔다고 자신감을 보였지만 그것은 강변에 불과하였고 학문적인 것은 고사하고 상업성 자체가 걸림돌이었기 때문이었다.

그러나 모든 것은 시간과 함께 흘렀다. 지구상 수 천년 수 천만 명이 읽고 연구하여 학문과 감정에 영향을 준 책이 꽤 많겠지만 이 〈사서〉만큼 핍진하게 우리의 역사와 사상을 통제한 책도 드물 것이다. 이 시대에 이러한 일을 담당해보겠다고 나선 것이 바로 과욕이었으며 역부족이었는지 모른다. 그러나『사이후이死而後已』에 매달리다가도 "마치 말을 할 줄 모르는 듯이"(似不能言. 236) 이 세상을 살다 가리라는 경지에 오르지 못했음을 늘 자책하기도 하였다. 그러나 다시 일어나 정리하고 따져보고 하여 감히 〈노력본〉이라고 내세울만한 이 시대 이 나라의 학문 수준을 알리고 싶었다. 하고 싶은 말도 많고 쓰고 싶은 이야기도 많으나 모두가 췌사贅辭임이 분명한 것 같다. 게다가 조악粗惡하고 누소漏疏한 부분은 각론 연구자가 완벽하게 짚어주기를 바란다. 강호제현江湖諸賢의 편달鞭撻과 질책叱責이 답지遝至하기를 빌 뿐이다. 검증된 책으로 다시 나기 위하여 어떠한 지적도 겸허하게, 그리고 애정어린 관심으로 수용할 것이다.

　　　　　　줄포茁浦 임동석林東錫이 부곽재負郭齋에서 새판을 내면서

일러두기

1. 이 책은 주희朱熹의 〈사서집주四書集註〉《논어論語》 전체의 원문原文과 집주문集註文을 빠짐없이 현대식으로 역주譯註한 것이다.
2. 대체로 모든 판본이 경經의 원문 중간에 집주문이 실려 있으나 전체 원문의 대의를 먼저 이해하기 쉽도록 하고자 해당처에 번호를 부여하고 집주문은 따로 아래로 모아 역주하였다.
3. 각 편별로 전체 일련번호와 편장篇章의 순서 번호를 넣어 쉽게 구분하며 역주 내의 설명에서도 쉽게 찾아볼 수 있도록 하였다.
4. 장별로 역대이래 각 학자들의 의견과 주장을 주註에서 처리하였다.
5. 그 외에 어휘, 구절, 허사, 문법적 문제, 음운, 인명 등 문제가 될 만한 것들은 모두 주에서 처리하였다.
6. 음주音注 부분에서 반절식反切式, 직음식直音式, 성조변별식聲調辨別式 등도 언해음諺解音과 대조하여 일일이 누락됨이 없이 밝혔다.
7. 매 단락마다 〈도산본陶山本〉과 〈율곡본栗谷本〉 언해를 실어 문장의 직역은 물론 국어학에도 도움이 되도록 하였다.
8. 언해는 단어별 언해음諺解音을 괄호 안에 넣었으며 띄어쓰기를 하여 시각적으로 구분되도록 하였으며 문장 부호는 표시하지 않았다.
9. 국내외 각종 사서 판본板本, 역주본譯註本, 현대 번역본, 백화어白話語 번역본 등을 두루 참고하였다. 특히 중국 판본은 〈사부간요四部刊要〉본이 가장 완벽하다고 보아 이를 근거로 하되 〈십삼경주소十三經注疏〉본과 대만사범대학 臺灣師範大學 사서교학연토회四書敎學硏討會 표점활자본標點活字本을 참고로 하였으며, 국내 판본으로는 내각장본內閣藏本 〈경서經書(大學, 論語, 孟子, 中庸)〉 (成均館大學校 大東文化硏究院 影印, 世宗 甲寅字)를 근거로 하였으며, 〈언해본 諺解本〉 두 종류도 교차 검증하였다.

10. 집주集註에 거론된 인명人名은 처음 출현하는 곳에 간단히 약력을 밝혔으며 전체 부록(《大學》 말미)에 따로 모아 설명하였다.

11. 이체자異體字는 원본대로 실었다. 예: 恆(恒), 聞(間), 胼(胼) 등.

12. 집주 내의 전고典故도 일일이 찾아 밝혔으며, 각주脚註에 처리할 수 없는 경우는 해당 부분 괄호 안에 넣었다.

13. 원문에 현토懸吐는 하지 않았으며 현대 중국식 표점부호標點符號를 사용하였다. 다만 우리말 해석문解釋文에는 한국식 문장 부호를 사용하여 구분하였다.

14. 글씨(서예), 전각 자료 등은 현대 국내 작가의 것은 허락을 받아 게재한 것이며, 중국 석가石可의 《孔子事蹟圖·論語箴言印》(1988 山東 齊魯書社)의 전각 작품 등을 전재한 것임을 밝힌다.

15. 부록附錄(1)에는 주희의 〈사서독법四書讀法〉 등과 공자 관련 역사 기록을 실었으며, 부록(2)에는 《논어》 원문 전체를 실어 쉽게 찾아볼 수 있도록 하였다.

16. 사서四書 각 책에 대한 해제는 따로 하지 않고 전체 『사서총해제四書總解題』를 마련하여 《대학》 말미에 실어 일체의 학술적 문제를 일관되게 설명하였다.

17. 기타 자세한 것은 부록과 해제를 참고하기 바란다.

논어

〈孔子問禮於老子圖〉 新津崖 漢墓 화상석

劉邦의 〈孔子廟參拜圖〉 明刻本 《帝鑒圖說》

〈孔子講學圖〉

논어

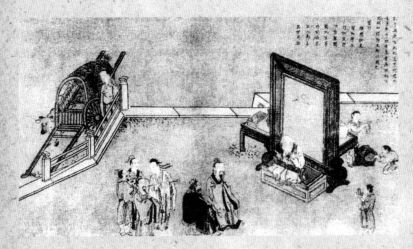

〈孔子問禮圖〉

〈孔子弟子守喪圖〉

논

어

〈孔子凭几像〉 明 弘治本《闕里志》에 실려 있으며 현존 공자상 가운데 가장 오래된
것으로 보고 있음.

〈朱熹〉臺北故宮博物院 소장

논어

〈朱熹〉(朱子, 晦菴, 元晦) 《三才圖會》

차 례

❀ 책머리에

❀ 일러두기

❀ 〈사서총해제四書總解題〉임동석중국사상100《대학》부록을 볼 것

❀ 《논어집주》 ⅛

〈15〉 衞靈公篇 (총 41장)

380(15-1) 衞靈公問陳於孔子 …………………………………… 1324

381(15-2) 賜也女以予爲多學而識之者與 ………………… 1328

382(15-3) 由知德者鮮矣 …………………………………… 1332

383(15-4) 無爲而治者 ……………………………………… 1334

384(15-5) 子張問行 ………………………………………… 1336

385(15-6) 直哉史魚 ………………………………………… 1341

386(15-7) 可與言而不與之言 ……………………………… 1344

387(15-8) 志士仁人 ………………………………………… 1346

388(15-9) 子貢問爲仁 ……………………………………… 1349

389(15-10) 顔淵問爲邦 ……………………………………… 1352

390(15-11) 人無遠慮 ………………………………………… 1358

391(15-12) 已矣乎 …………………………………………… 1360

392(15-13) 臧文仲其竊位者與 ……………………………… 1362

393(15-14) 躬自厚而薄責於人 ……………………………… 1364

394(15-15) 不曰如之何如之何者 …………………………… 1366

395(15-16) 羣居終日 ………………………………………… 1368

396(15-17) 君子義以爲質 ……………………………… 1370

397(15-18) 君子病無能焉 ……………………………… 1372

398(15-19) 君子疾沒世而名不稱焉 …………………… 1374

399(15-20) 君子求諸己 ………………………………… 1376

400(15-21) 君子矜而不爭 ……………………………… 1378

401(15-22) 君子不以言舉人 …………………………… 1380

402(15-23) 子貢問曰 …………………………………… 1382

403(15-24) 吾之於人也 ………………………………… 1385

404(15-25) 吾猶及史之闕文也 ………………………… 1388

405(15-26) 巧言亂德 …………………………………… 1391

406(15-27) 衆惡之 ……………………………………… 1393

407(15-28) 人能弘道 …………………………………… 1395

408(15-29) 過而不改 …………………………………… 1397

409(15-30) 吾嘗終日不食 ……………………………… 1399

410(15-31) 君子謀道不謀食 …………………………… 1402

411(15-32) 知及之 ……………………………………… 1404

412(15-33) 君子不可小知而可大受也 ………………… 1407

413(15-34) 民之於仁也 ………………………………… 1409

414(15-35) 當仁不讓於師 ……………………………… 1411

415(15-36) 君子貞而不諒 ……………………………… 1413

416(15-37) 事君 ………………………………………… 1415

417(15-38) 有教無類 …………………………………… 1417

418(15-39) 道不同 ……………………………………… 1420

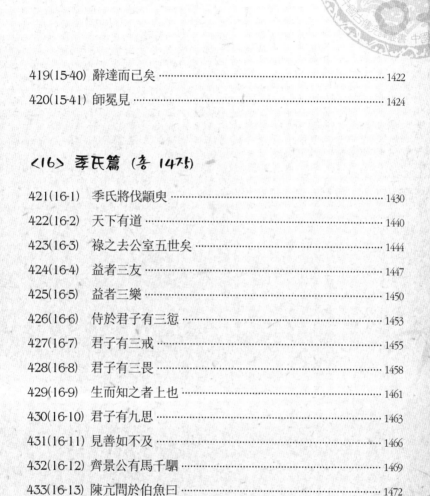

419(15-40) 辭達而已矣 ………………………………… 1422

420(15-41) 師冕見 …………………………………………… 1424

〈16〉 季氏篇 (총 14장)

421(16-1) 季氏將伐顓臾 …………………………………… 1430

422(16-2) 天下有道 ………………………………………… 1440

423(16-3) 祿之去公室五世矣 ……………………………… 1444

424(16-4) 益者三友 ………………………………………… 1447

425(16-5) 益者三樂 ………………………………………… 1450

426(16-6) 侍於君子有三愆 ………………………………… 1453

427(16-7) 君子有三戒 ……………………………………… 1455

428(16-8) 君子有三畏 ……………………………………… 1458

429(16-9) 生而知之者上也 ………………………………… 1461

430(16-10) 君子有九思 …………………………………… 1463

431(16-11) 見善如不及 …………………………………… 1466

432(16-12) 齊景公有馬千駟 ……………………………… 1469

433(16-13) 陳亢問於伯魚曰 ……………………………… 1472

434(16-14) 邦君之妻 ……………………………………… 1477

〈17〉 陽貨篇 (총 26장)

435(17-1) 陽貨欲見孔子 …………………………………… 1482

436(17-2) 性相近也 ······································· 1487

437(17-3) 唯上知與下愚不移 ······················· 1489

438(17-4) 子之武城 ····································· 1492

439(17-5) 公山弗擾以費畔 ··························· 1496

440(17-6) 子張問仁於孔子 ··························· 1500

441(17-7) 佛肸召 ······································· 1503

442(17-8) 由也 ··· 1508

443(17-9) 小子何莫學夫詩 ··························· 1512

444(17-10) 子謂伯魚曰 ································· 1516

445(17-11) 禮云禮云 ······························· 1518

446(17-12) 色厲而內荏 ··························· 1520

447(17-13) 鄉原 ····································· 1522

448(17-14) 道聽而塗說 ······························· 1524

449(17-15) 鄙夫可與事君也與哉 ··················· 1526

450(17-16) 古者民有三疾 ··························· 1529

451(17-17) 巧言令色 ······························· 1532

452(17-18) 惡紫之奪朱也 ··························· 1534

453(17-19) 予欲無言 ······························· 1537

454(17-20) 孺悲欲見孔子 ··························· 1540

455(17-21) 宰我問三年之喪 ······················· 1542

456(17-22) 飽食終日 ······························· 1549

457(17-23) 子路曰君子尚勇乎 ··················· 1551

458(17-24) 子貢曰君子亦有惡乎 ··············· 1553

459(17-25) 唯女子與小人爲難養也 ························· 1557

460(17-26) 年四十而見惡焉 ································· 1559

<18> 微子篇 (총 11장)

461(18-1) 微子去之 ····································· 1564

462(18-2) 柳下惠爲士師 ······························· 1567

463(18-3) 齊景公待孔子曰 ··························· 1570

464(18-4) 齊人歸女樂 ······························· 1573

465(18-5) 楚狂接輿歌而過孔子曰 ··················· 1576

466(18-6) 長沮桀溺耦而耕 ······················· 1580

467(18-7) 子路從而後遇丈人 ··················· 1586

468(18-8) 逸民 ································· 1592

469(18-9) 大師摯適齊 ······················· 1598

470(18-10) 周公謂魯公曰 ················· 1602

471(18-11) 周有八士 ··················· 1605

<19> 子張篇 (총 25장)

472(19-1) 子張曰士見危致命 ··············· 1610

473(19-2) 子張曰執德不弘 ··············· 1612

474(19-3) 子夏之門人問交於子張 ········· 1614

475(19-4) 子夏曰雖小道 ··············· 1617

476(19-5) 子夏曰日知其所亡 ··········· 1619

477(19-6)　子夏曰博學而篤志 ……………………………… 1621

478(19-7)　子夏曰百工居肆以成其事 ………………… 1624

479(19-8)　子夏曰小人之過也 …………………………… 1626

480(19-9)　子夏曰君子有三變 …………………………… 1628

481(19-10)　子夏曰君子信而後勞其民 ………………… 1630

482(19-11)　子夏曰大德不踰閑 ………………………… 1632

483(19-12)　子游曰子夏之門人小子 …………………… 1634

484(19-13)　子夏曰仕而優則學 ………………………… 1639

485(19-14)　子游曰喪致乎哀而止 ……………………… 1641

486(19-15)　子游曰吾友張也爲難能也 ………………… 1643

487(19-16)　曾子曰堂堂乎張也 ………………………… 1645

488(19-17)　曾子曰吾聞諸夫子 ………………………… 1647

489(19-18)　曾子曰吾聞諸夫子 ………………………… 1649

490(19-19)　孟氏使陽膚爲士師 ………………………… 1651

491(19-20)　子貢曰紂之不善 …………………………… 1654

492(19-21)　子貢曰君子之過也 ………………………… 1656

493(19-22)　衛公孫朝問於子貢曰 ……………………… 1658

494(19-23)　叔孫武叔語大夫於朝曰 …………………… 1661

495(19-24)　叔孫武叔毀仲尼 …………………………… 1665

496(19-25)　陳子禽謂子貢曰 …………………………… 1668

⟨20⟩ 堯日篇 (총 3장)

497(20-1) 堯曰咨爾舜 ·· 1674
498(20-2) 子張問於孔子曰 ································· 1683
499(20-3) 不知命 ··· 1689

🦋 부록 Ⅰ

Ⅰ. ⟨論語序說⟩ ················· 宋, 朱熹 ··············· 1694
Ⅱ. ⟨讀論語孟子法⟩ ··········· 宋, 朱熹 ··············· 1704
Ⅲ. ⟨孔子世家⟩ ················ 漢, 司馬遷(《史記》) ······· 1707
Ⅳ. ⟨仲尼弟子列傳⟩ ··········· 漢, 司馬遷(《史記》) ······· 1718
Ⅴ. ⟨藝文志⟩ 六藝略 論語家 ······· 漢, 班固(《漢書》) ········· 1729
Ⅵ. ⟨七十二弟子解⟩ ············ 魏, 王肅(《孔子家語》) ····· 1730

🦋 부록 Ⅱ

《論語》 원문 ·· 1736

● 《논어집주》 上

〈1〉 學而篇 (총 16장)

001(1-1)	學而時習之	68
002(1-2)	有子曰其爲人也孝弟	73
003(1-3)	巧言令色	77
004(1-4)	曾子曰吾日三省吾身	79
005(1-5)	道千乘之國	82
006(1-6)	弟子入則孝	86
007(1-7)	子夏曰賢賢易色	89
008(1-8)	君子不重	92
009(1-9)	曾子曰愼終追遠	96
010(1-10)	子禽問於子貢曰	98
011(1-11)	父在觀其志	102
012(1-12)	有子曰禮之用和爲貴	105
013(1-13)	有子曰信近於義	109
014(1-14)	君子食無求飽	112
015(1-15)	子貢曰貧而無諂	115
016(1-16)	不患人之不己知	119

〈2〉 爲政篇 (총 24장)

017(2-1)	爲政以德	124
018(2-2)	詩三百一言以蔽之	127
019(2-3)	道之以政	130
020(2-4)	吾十有五而志于學	133
021(2-5)	孟懿子問孝	138

022(2-6)　　孟武伯問孝 ································· 142

023(2-7)　　子游問孝 ··································· 144

024(2-8)　　子夏問孝 ··································· 147

025(2-9)　　吾與回言終日 ····························· 150

026(2-10)　視其所以 ··································· 153

027(2-11)　溫故而知新 ································· 156

028(2-12)　君子不器 ··································· 158

029(2-13)　子貢問君子 ································· 160

030(2-14)　君子周而不比 ····························· 162

031(2-15)　學而不思則罔 ····························· 164

032(2-16)　攻乎異端 ··································· 166

033(2-17)　由誨女知之乎 ····························· 168

034(2-18)　子張學干祿 ································· 170

035(2-19)　哀公問曰 ··································· 173

036(2-20)　季康子問 ··································· 176

037(2-21)　或謂孔子曰 ································· 179

038(2-22)　人而無信 ··································· 182

039(2-23)　子張問十世可知也 ························· 184

040(2-24)　非其鬼而祭之 ····························· 188

〈3〉 八佾篇 (총 26장)

041(3-1)　　孔子謂季氏 ································· 192

042(3-2)　　三家者以雍徹 ····························· 195

043(3-3)　　人而不仁 ··· 198

044(3-4)　　林放問禮之本 ··· 200

045(3-5)　　夷狄之有君 ··· 204

046(3-6)　　季氏旅於泰山 ··· 207

047(3-7)　　君子無所爭 ··· 210

048(3-8)　　子夏問曰巧笑倩兮 ·· 212

049(3-9)　　夏禮吾能言之 ··· 216

050(3-10)　　禘自既灌而往者 ·· 219

051(3-11)　　或問禘之說 ··· 222

052(3-12)　　祭如在祭神如神在 ·· 224

053(3-13)　　王孫賈問曰 ··· 227

054(3-14)　　周監於二代 ··· 231

055(3-15)　　子入大廟每事問 ·· 233

056(3-16)　　射不主皮 ··· 236

057(3-17)　　子貢欲去告朔之餼羊 ····································· 239

058(3-18)　　事君盡禮 ··· 242

059(3-19)　　定公問君使臣臣事君 ····································· 244

060(3-20)　　關雎樂而不淫 ··· 246

061(3-21)　　哀公問社於宰我 ·· 248

062(3-22)　　管仲之器小哉 ··· 251

063(3-23)　　子語魯大師樂 ··· 256

064(3-24)　　儀封人請見 ··· 259

065(3-25)　　子謂韶盡美矣 ··· 262

066(3-26)　居上不寬 ··· 264

〈4〉 里仁篇 (총 26장)

067(4-1)　里仁爲美 ··· 268

068(4-2)　不仁者不可以久處約 ··· 270

069(4-3)　唯仁者能好人 ··· 273

070(4-4)　苟志於仁矣 ··· 275

071(4-5)　富與貴是人之所欲也 ··· 277

072(4-6)　我未見好仁者 ··· 281

073(4-7)　人之過也 ··· 285

074(4-8)　朝聞道夕死可矣 ·· 287

075(4-9)　士志於道 ··· 290

076(4-10)　君子之於天下也 ·· 292

077(4-11)　君子懷德小人懷土 ··· 294

078(4-12)　放於利而行 ·· 296

079(4-13)　能以禮讓爲國乎 ··· 298

080(4-14)　不患無位 ·· 300

081(4-15)　參乎吾道一以貫之 ··· 302

082(4-16)　君子喩於義 ·· 307

083(4-17)　見賢思齊焉 ·· 309

084(4-18)　事父母幾諫 ·· 311

085(4-19)　父母在不遠遊 ·· 314

086(4-20)　三年無改於父之道 ··· 316

087(4-21)　父母之年不可不知也 ·· 318

088(4-22)　古者言之不出 ·· 320

089(4-23)　以約失之者鮮矣 ··· 322

090(4-24)　君子欲訥於言而敏於行 ··· 324

091(4-25)　德不孤必有鄰 ·· 326

092(4-26)　子游曰事君數 ·· 328

〈5〉 公冶長篇 (총 27장)

093(5-1)　子謂公冶長 ··· 332

094(5-2)　子謂子賤 ·· 336

095(5-3)　子貢問曰賜也何如 ·· 338

096(5-4)　或曰雍也仁而不佞 ·· 341

097(5-5)　子使漆雕開仕 ·· 344

098(5-6)　道不行乘桴浮于海 ·· 347

099(5-7)　孟武伯問子路仁乎 ·· 350

100(5-8)　子謂子貢曰 ··· 354

101(5-9)　宰予晝寢 ·· 358

102(5-10)　吾未見剛者 ·· 362

103(5-11)　子貢曰我不欲人之加諸我也 ··· 365

104(5-12)　子貢曰夫子之文章 ·· 367

105(5-13)　子路有聞 ·· 369

106(5-14)　子貢問曰孔文子何以謂之文也 ······································ 371

107(5-15)　子謂子産有君子之道四焉 ·· 374

108(5-16) 晏平仲善與人交 ···································· 377

109(5-17) 臧文仲居蔡 ·· 379

110(5-18) 子張問曰令尹子文三仕爲令尹 ··············· 382

111(5-19) 季文子三思而後行 ··························· 388

112(5-20) 甯武子邦有道 ·································· 391

113(5-21) 子在陳曰歸與歸與 ··························· 393

114(5-22) 伯夷叔齊不念舊惡 ··························· 396

115(5-23) 孰謂微生高直 ·································· 399

116(5-24) 巧言令色足恭左丘明恥之 ··················· 401

117(5-25) 顔淵季路侍 ·· 404

118(5-26) 已矣乎吾未見 ·································· 409

119(5-27) 十室之邑 ·· 411

● 《논어집주》 下

<6> 雍也篇 (총 28장)

120(6-1) 雍也可使南面 ·································· 460

121(6-2) 哀公問弟子孰爲好學 ························· 464

122(6-3) 子華使於齊 ·· 468

123(6-4) 子謂仲弓 ·· 473

124(6-5) 回也其心三月不違仁 ························· 476

125(6-6)　　季康子問 ………………………………………………… 479

126(6-7)　　季氏使閔子騫爲費宰 ………………………………… 482

127(6-8)　　伯牛有疾 ………………………………………………… 485

128(6-9)　　賢哉回也 ………………………………………………… 488

129(6-10)　冉求曰非不說子之道力不足也 …………………… 492

130(6-11)　子謂子夏曰 …………………………………………… 494

131(6-12)　子游爲武城宰 ………………………………………… 496

132(6-13)　孟之反不伐 …………………………………………… 499

133(6-14)　不有祝鮀之佞 ………………………………………… 502

134(6-15)　誰能出不由戶 ………………………………………… 504

135(6-16)　質勝文則野 …………………………………………… 506

136(6-17)　人之生也直 …………………………………………… 508

137(6-18)　知之者不如好之者 …………………………………… 510

138(6-19)　中人以上可以語上也 ………………………………… 512

139(6-20)　樊遲問知 ……………………………………………… 514

140(6-21)　知者樂水仁者樂山 …………………………………… 517

141(6-22)　齊一變至於魯 ………………………………………… 520

142(6-23)　觚不觚 ………………………………………………… 523

143(6-24)　宰我問曰 ……………………………………………… 526

144(6-25)　君子博學於文 ………………………………………… 529

145(6-26)　子見南子子路不說 …………………………………… 531

146(6-27)　中庸之爲德也 ………………………………………… 534

147(6-28)　子貢曰如有博施於民而能濟衆 …………………… 536

〈7〉述而篇 (총 37장)

148(7-1)	述而不作	544
149(7-2)	黙而識之	547
150(7-3)	德之不修	549
151(7-4)	子之燕居	551
152(7-5)	甚矣吾衰也	553
153(7-6)	志於道	555
154(7-7)	自行束脩以上	558
155(7-8)	不憤不啓	560
156(7-9)	子食於有喪者之側	563
157(7-10)	子謂顏淵曰	565
158(7-11)	富而可求也	569
159(7-12)	子之所愼齊戰疾	572
160(7-13)	子在齊聞韶	574
161(7-14)	冉有曰夫子爲衛君乎	576
162(7-15)	飯疏食飮水	580
163(7-16)	加我數年	582
164(7-17)	子所雅言	585
165(7-18)	葉公問孔子於子路	587
166(7-19)	我非生而知之者	590
167(7-20)	子不語怪力亂神	592
168(7-21)	三人行必有我師焉	594
169(7-22)	天生德於予	596
170(7-23)	二三子以我爲隱乎	599

171(7-24)　子以四教 ································ 602

172(7-25)　聖人吾不得而見之矣 ·················· 604

173(7-26)　子釣而不綱 ···························· 608

174(7-27)　蓋有不知而作之者 ···················· 610

175(7-28)　互鄕難與言 ···························· 612

176(7-29)　仁遠乎哉 ······························ 615

177(7-30)　陳司敗問 ······························ 617

178(7-31)　子與人歌而善 ·························· 621

179(7-32)　文莫吾猶人也 ·························· 623

180(7-33)　若聖與仁 ······························ 625

181(7-34)　子疾病 ································ 628

182(7-35)　奢則不孫 ······························ 631

183(7-36)　君子坦蕩蕩 ···························· 633

184(7-37)　子溫而厲 ······························ 635

‹8› 泰伯篇 (총 21장)

185(8-1)　泰伯其可謂至德也已矣 ················ 640

186(8-2)　恭而無禮則勞 ···························· 643

187(8-3)　曾子有疾召門弟子曰 ···················· 646

188(8-4)　曾子有疾孟敬子問之 ···················· 649

189(8-5)　曾子曰以能問於不能 ···················· 653

190(8-6)　曾子曰可以託六尺之孤 ·················· 655

191(8-7)　曾子曰士不可以不弘毅 ·················· 657

192(8-8)　興於詩 ······························· 660

193(8-9)　民可使由之 ······················· 664

194(8-10)　好勇疾貧 ························· 666

195(8-11)　如有周公之才之美 ··········· 668

196(8-12)　三年學不至於穀 ··············· 670

197(8-13)　篤信好學 ························· 672

198(8-14)　不在其位不謀其政 ··········· 676

199(8-15)　師摯之始 ························· 678

200(8-16)　狂而不直 ························· 680

201(8-17)　學如不及 ························· 682

202(8-18)　巍巍乎 ···························· 684

203(8-19)　大哉堯之爲君也 ··············· 686

204(8-20)　舜有臣五人而天下治 ········· 689

205(8-21)　禹吾無間然矣 ··················· 694

〈9〉 子罕篇 (총 30장)

206(9-1)　子罕言利與命與仁 ············· 700

207(9-2)　達巷黨人曰 ······················· 702

208(9-3)　麻冕禮也 ·························· 705

209(9-4)　子絶四 ····························· 707

210(9-5)　子畏於匡 ························· 710

211(9-6)　大宰問於子貢曰 ················· 713

212(9-7)　吾有知乎哉 ······················· 717

213(9-8) 鳳鳥不至 ··· 720

214(9-9) 子見齊衰者 ··· 722

215(9-10) 顔淵喟然歎曰 ··· 724

216(9-11) 子疾病子路使門人爲臣 ····································· 729

217(9-12) 子貢曰有美玉於斯 ··· 733

218(9-13) 子欲居九夷 ··· 736

219(9-14) 吾自衛反魯 ··· 738

220(9-15) 出則事公卿 ··· 740

221(9-16) 子在川上 ··· 742

222(9-17) 吾未見好德如好色者也 ····································· 745

223(9-18) 譬如爲山 ··· 747

224(9-19) 語之而不惰者 ··· 749

225(9-20) 子謂顔淵 ··· 751

226(9-21) 苗而不秀者有矣夫 ··· 753

227(9-22) 後生可畏 ··· 755

228(9-23) 法語之言 ··· 758

229(9-24) 主忠信 ··· 761

230(9-25) 三軍可奪帥也 ··· 763

231(9-26) 衣敝縕袍 ··· 765

232(9-27) 歲寒然後知松柏之後彫 ····································· 768

233(9-28) 知者不惑 ··· 770

234(9-29) 可與共學 ··· 772

235(9-30) 唐棣之華 ··· 775

<10> 鄕黨篇 (총 18장)

236(10-1)   孔子於鄕黨 ·· 780

237(10-2)   朝與下大夫言 ··· 783

238(10-3)   君召使擯 ··· 786

239(10-4)   入公門鞠躬如也 ··· 790

240(10-5)   執圭鞠躬如也 ··· 795

241(10-6)   君子不以紺緅飾 ··· 799

242(10-7)   齊必有明衣 ·· 805

243(10-8)   食不厭精 ·· 808

244(10-9)   席不正不坐 ·· 816

245(10-10) 鄕人飮酒 ·· 818

246(10-11) 問人於他邦 ·· 821

247(10-12) 廐焚 ·· 824

248(10-13) 君賜食必正席先嘗之 ··· 826

249(10-14) 入大廟每事問 ··· 830

250(10-15) 朋友死 ··· 832

251(10-16) 寢不尸 ··· 834

252(10-17) 升車必正立 ·· 838

253(10-18) 色斯擧矣 ·· 841

✿ 《논어집주》 下

〈11〉 先進篇 (총 25장)

254(11-1)	先進於禮樂	890
255(11-2)	從我於陳蔡者	893
256(11-3)	回也非助我者也	897
257(11-4)	孝哉閔子騫	899
258(11-5)	南容三復白圭	901
259(11-6)	季康子問弟子孰爲好學	903
260(11-7)	顔淵死	905
261(11-8)	顔淵死子曰噫天喪予	908
262(11-9)	顔淵死子哭之慟	910
263(11-10)	顔淵死門人欲厚葬之	913
264(11-11)	季路問事鬼神	916
265(11-12)	閔子侍側	919
266(11-13)	魯人爲長府	922
267(11-14)	由之瑟奚爲於丘之門	925
268(11-15)	子貢問師與商也孰賢	928
269(11-16)	季氏富於周公	931
270(11-17)	柴也愚	934
271(11-18)	回也其庶乎	938
272(11-19)	子張問善人之道	941
273(11-20)	論篤是與	944
274(11-21)	子路問聞斯行諸	946
275(11-22)	子畏於匡	950
276(11-23)	季子然問	953

277(11-24) 子路使子羔爲費宰 ······························ 958

278(11-25) 子路曾晳冉有公西華侍坐 ······················ 962

⟨12⟩ 顔淵篇 (총 24장)

279(12-1) 顔淵問仁 ·· 976

280(12-2) 仲弓問仁 ·· 982

281(12-3) 司馬牛問仁 ·· 986

282(12-4) 司馬牛問君子 ······································ 990

283(12-5) 司馬牛憂曰 ·· 993

284(12-6) 子張問明 ·· 997

285(12-7) 子貢問政 ·· 1000

286(12-8) 棘子成曰 ·· 1004

287(12-9) 哀公問於有若曰 ···································· 1007

288(12-10) 子張問崇德辨惑 ···································· 1012

289(12-11) 齊景公問政於孔子 ·································· 1016

290(12-12) 片言可以折獄者 ···································· 1019

291(12-13) 聽訟吾猶人也 ······································ 1022

292(12-14) 子張問政 ·· 1024

293(12-15) 博學於文 ·· 1026

294(12-16) 君子成人之美 ······································ 1028

295(12-17) 季康子問政於孔子 ·································· 1030

296(12-18) 季康子患盜 ·· 1032

297(12-19) 季康子問政於孔子曰 ································ 1034

298(12-20) 子張問士何如斯可謂之達矣 ······························· 1037

299(12-21) 樊遲從遊於舞雩之下 ·································· 1043

300(12-22) 樊遲問仁 ··· 1047

301(12-23) 子貢問友 ··· 1053

302(12-24) 曾子曰君子以文會友 ································ 1055

<13> 子路篇 (총 30장)

303(13-1) 子路問政 ··· 1060

304(13-2) 仲弓爲季氏宰 ····································· 1063

305(13-3) 子路曰衛君待子而爲政 ··························· 1066

306(13-4) 樊遲請學稼 ······································· 1072

307(13-5) 誦詩三百 ··· 1076

308(13-6) 其身正 ··· 1079

309(13-7) 魯衛之政 ··· 1081

310(13-8) 子謂衛公子荊 ····································· 1083

311(13-9) 子適衛 ··· 1085

312(13-10) 苟有用我者 ······································ 1089

313(13-11) 善人爲邦百年 ···································· 1091

314(13-12) 如有王者 ·· 1094

315(13-13) 苟正其身矣 ······································ 1096

316(13-14) 冉子退朝 ·· 1098

317(13-15) 定公問 ·· 1101

318(13-16) 葉公問政 ·· 1106

319(13-17) 子夏爲莒父宰 ……………………………… 1108

320(13-18) 葉公語孔子曰 ……………………………… 1111

321(13-19) 樊遲問仁 …………………………………… 1114

322(13-20) 子貢問曰 …………………………………… 1116

323(13-21) 不得中行而與之 …………………………… 1121

324(13-22) 南人有言曰 ………………………………… 1124

325(13-23) 君子和而不同 ……………………………… 1127

326(13-24) 子貢問曰 …………………………………… 1129

327(13-25) 君子易事而難說也 ………………………… 1132

328(13-26) 君子泰而不驕 ……………………………… 1134

329(13-27) 剛毅木訥近仁 ……………………………… 1136

330(13-28) 子路問曰 …………………………………… 1138

331(13-29) 善人教民七年 ……………………………… 1140

332(13-30) 以不教民戰 ………………………………… 1142

〈14〉 憲問篇 (총 47장)

333(14-1) 憲問恥 ……………………………………… 1146

334(14-2) 克伐怨欲不行焉 …………………………… 1148

335(14-3) 士而懷居 …………………………………… 1151

336(14-4) 邦有道 ……………………………………… 1153

337(14-5) 有德者必有言 ……………………………… 1156

338(14-6) 南宮适問於孔子曰 ………………………… 1158

339(14-7) 君子而不仁者有矣夫 ……………………… 1162

340(14-8)　　愛之能勿勞乎 ……………………… 1164

341(14-9)　　爲命裨諶草創之 ………………………… 1166

342(14-10)　　或問子産 ………………………………… 1169

343(14-11)　　貧而無怨 …………………………………… 1173

344(14-12)　　孟公綽爲趙魏老則優 ………………… 1175

345(14-13)　　子路問成人 ……………………………… 1178

346(14-14)　　子問公叔文子於公明賈曰 ………… 1183

347(14-15)　　臧武仲以防求爲後於魯 …………… 1186

348(14-16)　　晉文公譎而不正 …………………… 1189

349(14-17)　　子路曰桓公殺公子糾 …………… 1192

350(14-18)　　子貢曰管仲非仁者與 ………………… 1196

351(14-19)　　公叔文子之臣大夫僎與文子同升諸公 …… 1200

352(14-20)　　子言衛靈公之無道也 ………………… 1203

353(14-21)　　其言之不怍 ……………………………… 1206

354(14-22)　　陳成子弑簡公 ……………………… 1208

355(14-23)　　子路問事君 ………………………… 1213

356(14-24)　　君子上達 ……………………………… 1215

357(14-25)　　古之學者爲己 …………………………… 1217

358(14-26)　　蘧伯玉使人於孔子 …………………… 1219

359(14-27)　　不在其位 …………………………………… 1222

360(14-28)　　曾子曰君子思不出其位 ………… 1224

361(14-29)　　君子恥其言而過其行 ………………… 1226

362(14-30)　　君子道者三 ……………………………… 1228

363(14-31)　子貢方人 ································· 1230

364(14-32)　不患人之不己知 ··············· 1232

365(14-33)　不逆詐 ····························· 1234

366(14-34)　微生畝謂孔子曰 ··············· 1236

367(14-35)　驥不稱其力 ······················ 1239

368(14-36)　或曰以德報怨 ··················· 1241

369(14-37)　莫我知也夫 ······················ 1244

370(14-38)　公伯寮愬子路於季孫 ········· 1247

371(14-39)　賢者辟世 ························· 1251

372(14-40)　作者七人矣 ······················ 1254

373(14-41)　子路宿於石門 ··················· 1256

374(14-42)　子擊磬於衛 ······················ 1258

375(14-43)　子張曰書云 ······················ 1262

376(14-44)　上好禮 ····························· 1265

377(14-45)　子路問君子 ······················ 1267

378(14-46)　原壤夷俟 ························· 1271

379(14-47)　闕黨童子將命 ··················· 1274

논어

〈在陳絶糧圖〉石刻畫(石可)

위령공衛靈公 第十五

총41장(380-420)

◈ 集註

凡四十一章.

모두 41장이다.

380(15-1)

衛靈公問陳於孔子

위衛 영공靈公이 공자에게 진(陳; 陣)에 대하여 묻자, 공자가 이렇게 대답하였다.

"조두지사俎豆之事에 관한 것이라면 제가 일찍이 들은 바가 있으나, 군려지사軍旅之事에 대한 것은 아직 배우지 못하였습니다."

그리고 이튿날 드디어 떠나버렸다.

진陳나라에서 식량이 떨어져, 따르던 자들이 병까지 나서 능히 일어설 수도 없게 되자, 자로子路가 성을 내며 공자를 뵈었다.

"군자도 이렇게 궁함이 있습니까?"

그러자 공자가 이렇게 말하였다.

"군자라야 진실로 궁함이 있다. 소인이 궁하게 되면 이에 넘치느니라."*

衛靈公問陳於孔子.

　孔子對曰:「俎豆之事, 則嘗聞之矣; 軍旅之事,

　　　　　未之學也.」

　明日遂行.㊀

　在陳絕糧, 從者病, 莫能興.㊁

子路慍見曰:「君子亦有窮乎?」

　　子曰:「君子固窮, 小人窮斯濫矣.」㊂

【衛　靈公】春秋時代 衛나라 君主. 在位는 42년(B.C. 534~493).

【陳】陣과 같다. 여기서는 軍事에 관한 일을 뜻한다.《顔氏家訓》書證篇에 이에
　대한 자세한 풀이가 있다.

【俎豆之事】俎와 豆는 古代의 禮器로 祭禮 등에서 肉食을 담거나 차려놓는
　그릇이다. 여기서는 禮에 관한 일이라는 뜻이다. 俎는 '조'로 읽는다.《左傳》
　哀公 11년 傳에는「胡簋之事」라 하였다.

【軍旅之事】軍事에 관한 것. 旅는 軍隊 조직의 단위.

【陳】春秋時代 나라 이름. 孔子가 衛를 떠나 陳나라로 가는 길에 식량이 떨어져
　고생한 일은《史記》·《孔子家語》·《說苑》·《莊子》·《荀子》등에 널리 실려 있다.

【子路】仲由.

* 何晏은『在陳絕糧』이하를 별개의 章으로 분리하였다.

陶山本　　衛靈公(위령공)이 陳(딘)을 孔子(공즈)씌 묻즈온대 孔子(공즈)
(즈)ㅣ 對(되)ᄒᆞ야 글ᄋᆞ샤ᄃᆡ 俎豆(조두)의 事(ᄉᆞ)는 일즉 드럿거니와
軍旅(군려)의 事(ᄉᆞ)는 學(ᄒᆞᆨ)디 몯ᄒᆞ얀노이다 ᄒᆞ시고 明日(명실)에 드듸여
行(ᄒᆡᆼ)ᄒᆞ시다

陳(딘)에 겨셔 糧(량)이 絶(졀)ᄒᆞ니 從者(죵쟈)ㅣ 病(병)ᄒᆞ야 能(능)히
興(흥)티 몯ᄒᆞ더니

子路(ᄌᆞ로)ㅣ 慍(온)ᄒᆞ야 見(현)ᄒᆞ야 글오ᄃᆡ 君子(군즈)ㅣ 쏘ᄒᆞᆫ 窮(궁)홈이
인ᄂᆞ니잇가 子(ᄌᆞ)ㅣ 글ᄋᆞ샤ᄃᆡ 君子(군즈)ㅣ 진실로 窮(궁)ᄒᆞᄂᆞ니 小人(쇼쉰)은
窮(궁)ᄒᆞ면 이예 濫(람)ᄒᆞᄂᆞ니라

栗谷本　　衛靈公(위령공)이 孔子(공즈)씌 陳(딘)을 問(문)ᄒᆞ신대 孔子(공즈)
(즈)ㅣ 對(되)ᄒᆞ야 ᄀᆞᄅᆞ샤ᄃᆡ 俎豆(조두)의 일은 일즉 드럿거니와
軍旅(군려)의 일은 學(ᄒᆞᆨ)디 몯ᄒᆞ얏노라 ᄒᆞ시고 明日(명일)에 드듸여 行(ᄒᆡᆼ)
ᄒᆞ시다

陳(딘)의 겨샤 糧(량)이 絶(졀)ᄒᆞ니 從者(죵쟈)ㅣ 病(병)ᄒᆞ야 能(능)히
니디 몯ᄒᆞ거늘

子路(ᄌᆞ로)ㅣ 慍(온)ᄒᆞ야 뵈ᄋᆞ와 글오ᄃᆡ 君子(군즈)도 쏘ᄒᆞᆫ 窮(궁)호미
잇ᄂᆞ니잇가 子(ᄌᆞ)ㅣ ᄀᆞᄅᆞ샤ᄃᆡ 君子(군즈)ㅣ 본ᄃᆡ 窮(궁)ᄒᆞ거니와 小人(쇼인)은
窮(궁)ᄒᆞ면 이에 濫(람)ᄒᆞᄂᆞ니라

◆ 集 註

380-㊀

陳, 去聲.

○ 陳, 謂軍師行伍之列. 俎豆, 禮器.

尹氏曰:「衛靈公, 無道之君也, 復有志於戰伐之事, 故答以未學而去之.」

陳은 去聲이다.

○ 陳은 軍事의 行伍(항오)의 列이다. 俎豆는 禮器이다.

尹氏(尹焞)는 이렇게 말하였다. "衛 靈公은 無道한 임금이었다. 게다가 戰伐之事에 뜻을 두고 있어, 그 때문에 아직 배우지 못하였다고 대답하고 떠난 것이다."

380-㈡

從, 去聲.

○ 孔子去衛適陳. 興, 起也.

從은 去聲이다.

○ 孔子가 衛나라를 떠나 陳나라로 갔다. 興은 일어나다(起)이다.

380-㈢

見, 賢遍反.

○ 何氏曰:「濫, 溢也. 言君子固有窮時, 不若小人窮則放溢爲非.」

程子曰:「固窮者, 固守其窮.」亦通.

○ 愚謂:「聖人當行而行, 無所顧慮; 處困而亨, 無所怨悔, 於此可見, 學者宜深味之.」

見은 反切로 '賢遍反'(현)이다.

○ 何氏(何晏)는 이렇게 말하였다. "濫은 넘치다(溢)의 뜻이다. 君子가 진실로 窮할 때가 있으나, 小人이 窮하면 放溢하여 그릇된 일을 하는 것과는, 같지 않음을 말하는 것이다."

程子(程頤)는 이렇게 말하였다. "진실로 窮한 자는 그 窮함을 固守한다." 역시 통하는 해석이다.

○ 나는 이렇게 생각한다. "聖人은 마땅히 해야 할 일이면 行하여 더 이상 고려할 바가 없고, 곤경에 처해서도 亨通하다(《周易》 困卦의 구절)라 여겨 원망이나 후회함이 없음을 여기에서 가히 볼 수 있으니, 배우는 자는 의당 깊이 음미해야 할 것이다."

381(15-2)

賜也女以予爲多學而識之者與

공자가 말하였다.

"사(賜: 자공)야, 너는 나를 많이 배워서 이를 기억하는 자라 여기느냐?"

자공이 이렇게 대답하였다.

"그렇습니다, 그렇지 않다는 말씀입니까?"

공자는 이렇게 말하였다.

"그렇지 않단다. 나는 하나로써 이것을 꿰고 있을 뿐이란다."

子曰: 「賜也, 女以予爲多學而識之者與?」㊀

對曰: 「然, 非與?」㊁

曰: 「非也, 予一以貫之.」㊂

【賜】 端木賜. 字는 子貢.
【一以貫之】 里仁篇 081(4-15) 참조.

陶山本
　　子(ス)ㅣ 골♀샤딕 賜(스)아 네 날로뻐 해 學(흑)ᄒ야 識(지)ᄒᄂ
　　者(쟈)ㅣ라 ᄒᄂ냐
對(딕)ᄒ야 글오딕 그러ᄒ이다 아니니잇가
골♀샤딕 아니라 나ᄂ 一(일)이 뻐 貫(관)ᄒ얏ᄂ니라

栗谷本
　　子(ス)ㅣ ᄀᄅ샤딕 賜(스)아 네 날로뻐 해 學(흑)ᄒ야 識(지)ᄒ
　　者(쟈)ㅣ라 ᄒᄂ냐
對(딕)ᄒ야 골오딕 그러ᄒ이다 외니잇가
ᄀᄅ샤딕 아니라 나ᄂ 一(일)이 뻐 貫(관)ᄒ얏ᄂ니라

◆ 集 註

381-㉠

女, 音汝. 識, 音志. 與, 平聲, 下同.
○ 子貢之學, 多而能識矣. 夫子欲其知所本也, 故問以發之.

女는 음이 汝(여)이며, 識는 음이 志(지)이다. 與는 平聲이며 그 아래도 같다.
○ 子貢의 學問은 많이 배워 능히 기억하는 것이었다. 夫子가 그 근본 되는 바를 알려주고자 그 때문에 질문하여 유발시킨 것이다.

381-㉡

方信而忽疑, 蓋其積學功至, 而亦將有得也.

바야흐로 믿었으나 갑자기 의아하게 여긴 것이다. 대체로 그 學問을 쌓고 공이 지극하여 역시 장차 터득이 있게 된 것이다.

381-㊂

說見第四篇. 然彼以行言, 而此以知言也.

○ 謝氏曰:「聖人之道大矣, 人不能遍觀而盡識, 宜其以爲多學而識之也. 然聖人 豈務博者哉? 如天之於衆形, 匪物物刻而雕之也. 故曰:『予一以貫之.』『德輶如毛, 毛猶有倫. 上天之載, 無聲無臭.』至矣!」

尹氏曰:「孔子之於曾子, 不待其問而直告之以此, 曾子復深喩之曰『唯』. 若子貢則 先發其疑而後告之, 而子貢終亦不能如曾子之『唯』也. 二子所學之淺深, 於此可見.」

愚按:「夫子之於子貢, 屢有以發之, 而他人不與焉. 則顏・曾以下諸子所學之淺深, 又可見矣.」

내용은 제4편(里仁篇 081(4-15))을 보라. 그러나 그 곳에서는 실행에 대한 말이었고, 여기서는 앎에 대한 말이다.

○ 謝氏(謝良佐)는 이렇게 말하였다. "聖人의 道는 위대하여 남이 두루 보고 능히 다 알 수는 없다. 많이 배워 이를 기억하는 것이라 여기는 것도 당연하다. 그러나 聖人이 어찌 博學에 힘쓰는 자이겠는가? 마치 하늘이 여러 形體에 대하여 물건마다 이를 새겨서 조각한 것이 아님과 같다. 그 때문에 '予一以貫之'라 한 것이다. '德이란 가볍기가 터럭과 같네'(《詩》大雅 烝民), '그래도 터럭이야 比喩할 데나 있지만, 上天에 실려 있는 것, 소리도 냄새도 없도다'(大雅 文王 및《中庸》33章)라 하였으니 至極하도다!"

尹氏(尹焞)는 이렇게 말하였다. "孔子가 曾子에 대해서는 그가 질문하기를 기다리지 않고 곧바로 이를 일러주었으며, 曾子도 다시 이를 깊이 알아차리고 '唯'라 대답하였다(081). 子貢의 경우에는 먼저 그 의심을 유발한 후에 이를 고해 주었으나, 子貢은 끝내 역시 曾子처럼 '唯'하고 대답하지 못하였다. 두 사람 學問의 深淺은 여기서도 드러난다."

내 생각은 이렇다. "夫子가 子貢에 대하여는 여러 차례 이를 유발하였으나, 다른 사람은 이에 參與되지 못하였다(그러한 경우가 없음). 그렇다면 顔回와 曾子 이하 여러 弟子들의 學問의 深淺도 또한 가히 알아볼 수 있다."

382(15-3)

由知德者鮮矣

공자가 말하였다.

"중유仲由야! 덕을 아는 자가 적구나."

子曰:「由! 知德者鮮矣.」㊀

【由】仲由. 子路.

子(ᄌ)ㅣ ᄀᆞᆯᄋ샤ᄃᆡ 由(유)아 德(덕)을 아ᄂᆫ 者(쟈)ㅣ 져그니라

 子(ᄌ)ㅣ ᄀᆞᄅ샤ᄃᆡ 由(유)아 德(덕)을 알 者(쟈)ㅣ 져그니라

◈ 集註

382-㉠

鮮, 上聲.

○ 由, 呼子路之名而告之也. 德, 謂義理之得於己者. 非己有之, 不能知其意味之
實也.

○ 自第一章至此, 疑皆一時之言. 此章蓋爲慍見發也.

鮮은 上聲이다.

○ 由라 한 것은 子路의 이름을 불러 일러줌이다. 德은 義理가 자기 자신에게
터득된 것을 말한다. 자신이 가지고 있지 않으면 그 의미의 실질을 알 수 없다.

○ 제 1장부터 여기까지는 모두가 一時에 말한 것이 아닌가 한다. 이 章은
아마 子路가 성난 얼굴로 뵈었기에(308) 한 말인 듯하다.

383(15-4)

無爲而治者

공자가 말하였다.

"아무런 작위作爲 없이 잘 다스렸던 이는 바로 순舜임금이로다! 그가 한 일이 무엇인가? 그저 자신을 공경히 하고 남면南面하고 있었을 따름이었다."

子曰:「無爲而治者, 其舜也與! 夫何爲哉? 恭己正南面而已矣.」⊖

【無爲而治】 聖人은 스스로 德化를 가져 아무런 作爲 없이 잘 다스린다. 원래 道家의 思想이기도 하다.

【舜】 堯임금으로부터 天下를 禪讓받아 虞를 세웠던 聖王.

【南面】 帝王. 지도자의 자리.

 諺解

 陶山本

子( )ㅣ 굴ㅇ샤디 호욤이 업시 治(티)혼 者(쟈)는 그 舜(슌)이신뎌 므스 일을 호시리오 己(긔)를 恭(공)호고 正(졍)히 南面(남면)호실 ᄯ롬이시니라

 栗谷本

子( )ㅣ ᄀᄅ샤디 호는 양 업시 治(티)호ᄆ 그 舜(슌)이신뎌 므서슬 호시리오 己(긔)를 恭(공)히 호샤 正(졍)히 南面(남면)호실 ᄯ롬이시니라

集註

383-㊀

與, 平聲. 夫, 音扶.

○ 無爲而治者, 聖人德盛而民化, 不待其有所作爲也. 獨稱舜者, 紹堯之後, 而又得人以任衆職, 故尤不見其有爲之迹也. 恭己者, 聖人敬德之容. 旣無所爲, 則人之所見如此而已.

與는 平聲이며, 夫는 음이 扶(부)이다.

○ 無爲而治란 聖人의 德이 풍성하고 百姓이 교화되어 作爲될 바를 기다리지 않는 것이다. 유독 舜임금만을 거론 한 것은 堯의 뒤를 이었고, 게다가 인물을 얻어 여러 직책을 맡겨, 더욱 그의 有爲의 흔적을 찾아 볼 수가 없기 때문이다. 恭己란 聖人이 德을 경모하는 모습이다. 이미 作爲하는 바가 없다면 사람들이 보는 바는 이와 같을 수밖에 없을 뿐이다.

384(15-5)

子張問行

자장子張이 行행하는 것에 대하여 여쭙자, 공자가 이렇게 말하였다.
"말에는 충성과 신의로, 행동에는 독실함과 공경함이 있으면 비록
만맥蠻貊의 나라에 갈지라도 행하여질 수 있거니와, 말에 충성과 신의가
없고 행동에 독실함과 공경함이 없다면 비록 주리州里에 있다 하여도
행하여질 수 있겠느냐? 서 있을 때면 이러한 덕목이 그 앞에 참여하여
보이는 듯이 하며, 수레에 타고 있어도 그 횡목에 이러한 덕목이 걸쳐
있다고 보면 되느니라. 무릇 그렇게 한 연후에야 행하여지느니라."
자장이 이를 띠에다가 써놓았다.

子張問行.㊀

子曰:「言忠信, 行篤敬, 雖蠻貊之邦, 行矣. 言不忠信,
　　行不篤敬, 雖州里, 行乎哉?㊁ 立, 則見其參於
　　前也, 在輿, 則見其倚於衡也, 夫然後行.」㊂

子張書諸紳.㊣

【子張】 顓孫師. 字는 子張.

【參】 흔히 참여하다의 '참(參)'
으로 보고 있으나 '參然(森然)
하다'의 뜻으로 보아 '삼'으로 읽
어야 한다는 주장이 있다. 阮元의
《校勘記》에 「案釋文云: 參, 所金
反. 包注云: 參然在目前. 是古讀
如森, 不讀如驂」이라 하였다.

【蠻貊】 蠻은 남쪽의 異民族, 貊
은 동북쪽 異民族, 여기서는 未
文明 지역을 임의로 내세운 것.

"言忠信, 行篤敬"(如初 金膺顯)

【州里】 蠻貊에 대비되는 개념으로 사람이 모여 살아 文明, 文化를 이룬 지역.
州는 큰 도시이며, 里 역시 큰 마을을 뜻한다.

陶山本　子張(ᄌᆞ댱)이 行(ᄒᆡᆼ)홈을 묻ᄌᆞ온대
　　子(ᄌᆞ)ㅣ ᄀᆞᆯ♀샤ᄃᆡ 言(언)이 忠信(튱신)ᄒᆞ며 行(ᄒᆡᆼ)이 篤敬(독경)
ᄒᆞ면 비록 蠻貊(만ᄆᆡᆨ)ㅅ 邦(방)이라도 行(ᄒᆡᆼ)ᄒᆞ려니와 言(언)이 忠信(튱신)티
몯ᄒᆞ며 行(ᄒᆡᆼ)이 篤敬(독경)티 몯ᄒᆞ면 비록 州里(쥬리)나 行(ᄒᆡᆼ)ᄒᆞ랴
　　立(립)ᄒᆞᆫ 則(즉) 그 前(전)에 參(참)홈을 見(견)ᄒᆞ고 輿(여)에 이신 則(즉)
그 衡(형)에 倚(의)홈을 見(견)홀 ᄯᅵ니 그런 後(후)에 行(ᄒᆡᆼ)ᄒᆞᄂᆞ니라
　　子張(ᄌᆞ댱)이 紳(신)에 書(셔)ᄒᆞ니라

栗谷本　子張(ᄌᆞ댱)이 行(ᄒᆡᆼ)호믈 問(문)ᄒᆞᆫ대
　　子(ᄌᆞ)ㅣ ᄀᆞᄅᆞ샤ᄃᆡ 言(언)이 忠信(튱신)ᄒᆞ며 行(ᄒᆡᆼ)이 篤敬(독경)
ᄒᆞ면 비록 蠻貊(만ᄆᆡᆨ)의 邦(방)이라도 行(ᄒᆡᆼ)ᄒᆞ려니와 言(언)이 忠信(튱신)티
몯ᄒᆞ며 行(ᄒᆡᆼ)이 篤敬(독경)티 몯ᄒᆞ면 비록 州里(쥬리)ㄴ들 行(ᄒᆡᆼ)ᄒᆞ랴
　　立(립)ᄒᆞ면 그 前(전)의 參(참)호믈 보며 輿(여)에 이시면 그 衡(형)의
倚(의)호믈 볼 ᄃᆡ니 그런 後(후)에 行(ᄒᆡᆼ)ᄒᆞᄂᆞ니라
　　子張(ᄌᆞ댱)이 紳(신)에 쓰다

◆ 集 註

384-㊀

猶問達之意也.

達에 대하여 물은(顔淵篇 298(12-20)) 의미와 같다.

384-㊁

行篤·行不之行, 去聲. 貊, 亡百反.
　○ 子張意在得行於外, 故夫子反於身而言之, 猶答『干祿』·『問達』之意也. 篤,
厚也. 蠻, 南蠻. 貊, 北狄. 二千五百家爲州.

行篤과 行不의 行은 去聲이다. 貊은 反切로 ‘亡百反’(맥)이다.

○ 子張의 뜻은 밖에서의 행동에 대한 터득에 있었다. 그 때문에 夫子가 자기 자신에게로 되돌아 볼 것에 대해 말하였으니, ‘干祿’(爲政篇 034(2-18))과 ‘問達’(298)에 대하여 대답한 의미와 같다. 篤은 厚의 뜻이다. 蠻은 南蠻이며 貊은 北狄이다(《周禮》夏官 職方氏에 ‘四夷, 八蠻, 七閩, 九貉, 五戎, 六狄’이라 하였고 注에 ‘東方曰夷, 南方曰蠻, 西方曰戎, 北方曰貊狄’이라 함). 2천 5백 家가 州이다.

384-㊂

參, 七南反. 夫, 音扶.

○ 其者, 指忠信篤敬而言. 參, 讀如『毋往參焉』之參, 言與我相參也. 衡, 軛也. 言其於忠信篤敬念念不忘, 隨其所在, 常若有見, 雖欲頃刻離之而不可得. 然後一言一行, 自然不離於忠信篤敬, 而蠻貊可行也.

參은 反切로 ‘七南反’(참)이다. 夫는 음이 扶(부)이다.

○ 其란 忠·信·篤·敬을 가리켜 말한 것이다. 參은 ‘毋往參焉’(가서 참가하지 말라)할 때의 참參처럼 읽으며, 나와 더불어 서로 參與함을 말한다. 衡은 멍에(軛) 이다. 그 忠·信·篤·敬에 대하여 念念不忘하여 그 있는 곳에 따라 항상 눈에 보이듯이 하되, 비록 경각의 짧은 시간을 이에서 떠나고자 해도 떠날 수 없는 경지가 된 연후에야 말 한마디, 행동 하나가 자연히 忠·信·篤·敬에서 분리되지 않으니, 蠻貊에 가서라도 가히 行해질 수 있는 것이다.

384-㊃

紳, 大帶之垂者. 書之, 欲其不忘也.

○ 程子曰:「學要鞭辟近裏, 著己而已. 博學而篤志, 切問而近思; 言忠信, 行篤敬; 立則見其參於前, 在輿則見其倚於衡; 卽此是學. 質美者明得盡, 查滓便渾化, 却與 天地同體. 其次惟莊敬以持養之, 及其至則一也.」

紳은 큰 띠의 늘어뜨려진 부분이다. 이를 기록하였다는 것은 잊지 않고자 함이다.

○ 程子(程顥)는 이렇게 말하였다. "배움은 鞭辟(채찍질, 단련함. 쌍성어)하여 속으로 접근, 자신에게 달라붙게 할 따름이다. 널리 배워 뜻을 敦篤히 하고 切問近思(477, 19-6)하며, 말은 忠信히 하고, 행동은 篤敬하게 해야 한다. 서 있을 때라면 그 앞에 參與된 것을 보고, 수레에 있을 때라면 멍에에 의탁된 것을 본다. 이것이 곧 배움이다. 바탕이 아름다운 자는 밝히기를 극진히 하고, 찌꺼기(查滓, 渣滓)는 즉시 渾化하되 도리어 天地와 同體가 되어야 한다. 그 다음에는 오직 莊敬히 하여 이를 유지하고 길러야 하니 그 지극함에 이르는 것은 하나로써 같은 것이다."

385(15-6)

直哉史魚

공자가 말하였다.

"곧도다, 사어史魚여! 나라에 도가 있을 때면 마치 화살처럼 곧았고, 나라에 도가 없어도 화살처럼 곧았다. 군자로다, 거백옥蘧伯玉이여! 나라에 도가 있으면 벼슬하고, 나라에 도가 없으면 이를 둘둘 말아 품어버릴 수 있었도다."

子曰:「直哉史魚! 邦有道, 如矢;㉠ 邦無道, 如矢. 君子哉蘧伯玉! 邦有道, 則仕; 邦無道, 則可卷而懷之.」㉡

【史魚】 衛나라 大夫. 이름은 鰌(鰌)이며, 字는 子魚. 蘧伯玉을 추천하지 못하고 彌子瑕를 퇴진시키지 못하자 죽음에 이르러 그 아들로 하여금 正堂에서 治喪하지 못하도록 하였다. 衛靈公이 問喪을 왔을 때 그 아들이 "臣下의 道理를 다 하지 못하여 正堂에서 治喪하지 못하게 하였다"라고 하는 말을 듣고, 蘧伯玉을 들어 쓰고 彌子瑕는 퇴진시켰다 한다. 이를 흔히 '尸諫'이라 하며, 《韓詩外傳》卷七 216(7-22)·《新序》卷1 雜事 006(1-6)·《韓非子》說難·《孔子家語》困誓·《說苑》卷17 雜言 692(17-4)·《史記》韓非子列傳·《文選》注·《後漢書》注·《藝文類聚》·《太平御覽》·《冊府元龜》등에 아주 널리 전재되어 있다.

【蘧伯玉】 (前出) 358(14-26). 이 사건은 《左傳》襄公 14年·26年을 볼 것.

諺解

南山本
子(ᄌ)ㅣ ᄀᆞᆯᄋ샤딕 直(딕)ᄒ다 史魚(ᄉ어)ㅣ여 邦(방)이 道(도)ㅣ 이숌애 矢(시) ᄀᆞᆮᄐ며 邦(방)이 道(도)ㅣ 업슴애 矢(시) ᄀᆞᆮ도다 君子(군ᄌ)ㅣ라 蘧伯玉(거빅옥)이여 邦(방)이 道(도)ㅣ 이신 則(즉) 仕(ᄉ)ᄒ고 邦(방)이 道(도)ㅣ 업슨 則(즉) 可(가)히 卷(권)ᄒ야 懷(회)ᄒ리로다

栗谷本
子(ᄌ)ㅣ ᄀᆞᄅ샤딕 直(딕)ᄒ다 史魚(ᄉ어)여 邦(방)이 道(도) 이신 제 살 ᄀᆞᆺᄐ며 邦(방)이 道(도) 업슨 제 살 ᄀᆞᆺ도다 君子(군ᄌ)ㅣ라 蘧伯玉(거빅옥)이여 邦(방)이 道(도) 이시면 仕(ᄉ)ᄒ고 邦(방)이 道(도) 업스면 可(가)히 卷(권)ᄒ야 懷(회)ᄒ리로다

集註

385-㊀

史, 官名. 魚, 衛大夫, 名鰌. 如矢, 言直也. 史魚自以不能進賢退不肖, 旣死猶以尸諫, 故夫子稱其直. 事見家語.

史는 官職의 이름이다. 魚는 衛나라 大夫로 이름은 鰌(추)이다. 如矢란 곧음을 말한다. 史魚는 스스로 어진 이는 進達시키지 못하고, 不肖한 자는 물리치지 못하였다고 여겨, 죽은 다음에도 오히려 尸諫하였다. 그 때문에 夫子가 그의 곧음을 칭찬한 것이다. 사건은 《孔子家語》(困誓篇)를 보라.

385-㊂

伯玉出處, 合於聖人之道, 故曰君子. 卷, 收也. 懷, 藏也. 如於孫林父甯殖弑之謀, 不對而出, 亦其事也.

○ 楊氏曰:「史魚之直, 未盡君子之道. 若蘧伯玉, 然後可免於亂世. 若史魚之如矢, 則雖欲卷而懷之, 有不可得也.」

蘧伯玉의 出處(벼슬에 나감과 물러남)는 聖人의 道에 합당하여 그 때문에 君子라 한 것이다. 卷은 거두어들임(收, 捲)이며, 懷는 갈무리함(藏)이다. 예컨대 孫林父와 甯殖이 임금을 시해할 음모를 꾸밀 때 대답도 하지 않고 나간 것(《左傳》襄公 14年·20年 참조) 역시 그러한 일이다.

○ 楊氏(楊時)는 이렇게 말하였다. "史魚의 곧음은 君子의 道에 未盡하다. 蘧伯玉처럼 한 뒤라야 가히 亂世에 禍를 면할 수 있다. 만약 史魚의 화살 같은 곧음이라면 비록 거두어 이를 감추고자 해도 그렇게 할 수가 없게 된다."

386(15-7)

可與言而不與之言

공자가 말하였다.

"가히 더불어 말을 할 수 있는 상대인데도 더불어 말을 하지 않으면 그 사람을 잃게 되고, 가히 더불어 말할 상대가 아닌데도 더불어 말을 하면 그 말을 잃게 된다. 슬기로운 자는 사람도 잃지 않고, 역시 말도 잃지 아니 하느니라."

子曰:「可與言而不與之言, 失人; 不可與言而與之言, 失言. 知者不失人, 亦不失言.」⊖

【知者】智者와 같다.

齊山本 子(ᄌ)ㅣ 골ᄋ샤ᄃ딕 可(가)히 더블어 言(언)ᄒ얌즉 호ᄃ딕 더블어
言(언)티 아니ᄒᆞ면 人(신)을 失(실)홈이오 可(가)히 더블어 言(언)
ᄒ얌즉디 아니호ᄃ딕 더블어 言(언)ᄒᆞ면 言(언)을 失(실)홈이니 知(디)ᄒᆞᆫ 者(쟈)ᄂᆞᆫ
人(신)을 失(실)티 아니ᄒᆞ며 ᄯᅩᄒ 言(언)을 失(실)티 아니ᄒᆞ느니라

栗谷本 子(ᄌ)ㅣ ᄀ르샤ᄃ딕 可(가)히 더브러 言(언)홀 거슬 더브러
言(언)티 아니면 人(인)을 失(실)호미오 可(가)히 더브러 言(언)티
몯홀 거슬 더브러 言(언)ᄒᆞ면 言(언)을 失(실)호미니 知(디)ᄒᆞᆫ 者(쟈)ᄂᆞᆫ 人(인)을
失(실)티 아니며 ᄯᅩᄒ 言(언)을 失(실)티 아니ᄒᆞ느니라

386-㊀

知, 去聲.

知는 去聲이다.

387(15-8)

志士仁人

공자가 말하였다.

"지사志士와 인인仁人은 자신이 살겠다고 인仁을 해치는 일이 없으며, 오히려 자신을 죽여 인을 이루느니라."

子曰:「志士仁人, 無求生以害仁, 有殺身以成仁.」㊀

【志士】 志節之士.
【殺身成仁】 몸을 죽여서라도 仁을 성취함.

"無求生以害仁,
有殺身以成仁"(石可)

⊙ **諺解**

子(ᄌ)ㅣ 글ᄋ샤ᄃᆡ 志士(지ᄉ)와 仁人(ᅀᅵᆫᅀᅵᆫ)은 生(ᄉᆡᆼ)을 求(구)ᄒᆞ야 ᄡᅥ 仁(ᅀᅵᆫ)을 害(해)홈이 업고 身(신)을 殺(살)ᄒᆞ야 ᄡᅥ 仁(ᅀᅵᆫ)을 成(셩)홈이 인ᄂᆞ니라

子(ᄌ)ㅣ ᄀᆞᄅᆞ샤ᄃᆡ 志士(지ᄉ)와 仁人(인인)은 生(ᄉᆡᆼ)을 求(구)ᄒᆞ야 ᄡᅥ 仁(인)을 害(해)호미 업고 身(신)을 殺(살)ᄒᆞ야 ᄡᅥ 仁(인)을 成(셩)호미 잇ᄂᆞ니라

◈ **集註**

387-㊀

志士, 有志之士. 仁人, 則成德之人也. 理當死而求生, 則於其心有不安矣, 是害其心之德也. 當死而死, 則心安而德全矣.

○ 程子曰:「實理得之於心自別. 實理者, 實見得是, 實見得非也. 古人有捐軀隕命者, 若不實見得, 惡能如此? 須是實見得生不重於義, 生不安於死也. 故有殺身而成仁者, 只是成就一箇是而已.」

志士는 뜻을 가진 선비요, 仁人은 德을 이룬 사람이다. 理致로 보아 의당 죽어야 함에도 살기를 구한다면 그 마음에 불안함이 있을 것이니, 이는 그 마음의 德을 해치는 것이 된다. 마땅히 죽어야 할 경우 죽는다면 마음이 편하고 德이 온전해질 것이다.

○ 程子(程頤)는 이렇게 말하였다. "실제 이치를 마음에 터득하여 스스로 분별하여야 한다. 실제 이치란 실제 옳음을 보고 실제 그름을 보는 것이다. 옛 사람 중에 몸을 던져 목숨을 버린 자가 있었으니, 만약 실제로 보지 못하였다면 어찌 능히 이와 같이 하였겠는가? 모름지기 삶이 義보다 중요하지 못하고, 삶이 죽음만큼 편안하지 못함을 실제로 보아 터득하였던 것이다. 그 때문에 몸을 죽여서라도 仁을 이룬 자가 있었으니, 다만 하나(義)만 성취하면 그뿐인 것이다."

388(15-9)

子貢問爲仁

자공子貢이 인仁의 실천에 대하여 여쭙자, 공자가 이렇게 말하였다.
"공인工人이 그 맡은 일을 잘하려면 반드시 먼저 그 도구를 날카롭게
갈아 놓는 법이다. 이 나라에 거하면서 대부 중에 어진 이를 섬기고
선비 중에 어진 이를 벗할지니라."

子貢問爲仁.
子曰:「工欲善其事, 必先利其器. 居是邦也, 事其大夫
之賢者, 友其士之仁者.」⊖

"工欲善其事, 必先利其器"(石可)

【子貢】端木賜. 字는 子貢.
【爲仁】仁을 실천함. 실행함.
【工人】匠人.
【利】날카롭게 하다. 연장이나 도구가 잘 들도록 수선하고 갈아놓다.

◉ 諺解

南山本 子貢(ᄌᆞ공)이 仁(신)ᄒᆞ욤을 묻ᄌᆞ온대 子(ᄌᆞ) | ᄀᆞᆯ으샤ᄃᆡ 工(공)이
그 事(ᄉᆞ)를 善(션)코쟈 홀 띤댄 반ᄃᆞ시 몬져 그 器(긔)를 利(리)케
ᄒᆞᄂᆞ니 이 邦(방)애 居(거)ᄒᆞ야 그 태우의 賢(현)ᄒᆞᆫ 者(쟈)를 事(ᄉᆞ)ᄒᆞ며
그 士(ᄉᆞ)의 仁(신)ᄒᆞᆫ 者(쟈)를 友(우)홀 ᄯᅵ니라

栗谷本 子貢(ᄌᆞ공)이 仁(인)ᄒᆞ기를 問(문)ᄒᆞᆫ대 子(ᄌᆞ) | ᄀᆞᄅᆞ샤ᄃᆡ 工(공)이
그 事(ᄉᆞ)를 善(션)히 ᄒᆞ고쟈 홀 딘댄 반ᄃᆞ시 몬져 그 器(긔)를
利(리)히 ᄒᆞᄂᆞ니 이 邦(방)의 居(거)ᄒᆞ야 그 大夫(대부)의 賢(현)ᄒᆞᆫ 者(쟈)를
事(ᄉᆞ)ᄒᆞ며 그 士(ᄉᆞ)의 仁(인)ᄒᆞᆫ 者(쟈)를 友(우)홀 디니라

388-㊀

賢以事言, 仁以德言. 夫子嘗謂子貢悅不若己者, 故以是告之. 欲其有所嚴憚切磋
以成其德也.

○ 程子曰:「子貢問爲仁, 非問仁也, 故孔子告之以爲仁之資而已.」

賢이란 일을 기준으로 말한 것이며, 仁이란 德을 기준으로 말한 것이다.
夫子는 子貢을 두고 자기만 못한 자를 즐거워하는 자라 한 적이 있다(《孔子家語》
六本篇). 그 때문에 夫子가 이로써 일러 준 것이다. 嚴憚切磋(엄하게 하고 꺼리며
갈고 닦음)하는 바를 가지고서 그 德을 이루도록 하고자 한 것이다.

○ 程子(程頤)는 이렇게 말하였다. "子貢은 爲仁(仁을 實行함)을 물은 것이지
仁을 물은 것이 아니었다. 그 때문에 孔子는 爲仁의 자료로써 일러주었던 것뿐이다."

389(15-10)

顔淵問爲邦

안연顔淵이 나라 다스리는 법을 여쭙자, 공자가 이렇게 말하였다.

"하夏나라 때의 역법을 사용하고, 은殷나라 때의 수레를 타며, 주周
나라의 면관冕冠을 쓰고, 음악은 소韶와 무(舞; 武)를 쓰면 된다. 정鄭나라
음악은 금지하고, 말로 아첨을 잘하는 자는 멀리해야 한다. 정나라
음악은 음란하며, 말로 아첨을 잘하는 사람은 위태롭기 때문이다."

顔淵問爲邦.㊀
子曰:「行夏之時,㊁ 乘殷之輅,㊂ 服周之冕,㊃ 樂則韶
　　舞.㊄ 放鄭聲, 遠佞人. 鄭聲淫, 佞人殆.」㊅

【顔淵】 顔回. 字는 子淵.

【爲邦】 '나라를 다스리다'의 뜻.

【夏之時】 夏曆을 뜻한다. 夏나라 때는 建寅之月(지금의 陰曆 正月)을 1년의
시작으로 삼았고, 周나라는 建子之月(陰曆 11월)을 1년의 시작으로, 그리고
冬至를 元日로 삼았다. 春夏秋冬과 농사에는 夏曆이 적합하였다 한다.

【殷之輅】 殷나라 때의 수레가 周나라 때의 것보다 質朴하고 튼튼하였다 한다.

【周之冕】 周나라 때의 衣冠이 가장 완비되고 禮에 맞았다고 한다.

【韶舞】 소(韶)는 舜임금 때의 音樂, 무(舞)는 武로도 쓰며 周 武王 때의 음악.

【鄭聲】 鄭나라의 音樂으로 淫亂하였다 한다.

◉ 諺 解

顔淵(안연)이 邦(방)ᄒᆞ욤을 묻ᄌᆞ온대
子(ᄌᆞ)ㅣ ᄀᆞᆯᄋᆞ샤ᄃᆡ 夏(하)ㅅ 時(시)를 行(ᄒᆡᆼ)ᄒᆞ며
殷(은)ㅅ 輅(로)를 乘(승)ᄒᆞ며
周(쥬)ㅅ 冕(면)을 服(복)ᄒᆞ며
樂(악)인 則(즉) 韶舞(쇼무)ㅣ오
鄭聲(뎡셩)을 放(방)ᄒᆞ며 佞人(녕신)을 遠(원)홀 ᄯᅵ니 鄭聲(뎡셩)은 淫(음)
ᄒᆞ고 佞人(녕신)은 殆(ᄐᆡ)ᄒᆞ니라

顔淵(안연)이 邦(방)ᄒᆞ기를 問(문)ᄒᆞᆫ대
子(ᄌᆞ)ㅣ ᄀᆞᄅᆞ샤ᄃᆡ 夏(하)의 時(시)를 行(ᄒᆡᆼ)ᄒᆞ며
殷(은)의 輅(로)를 乘(승)ᄒᆞ며
周(쥬)의 冕(면)을 服(복)ᄒᆞ며
樂(악)은 韶舞(쇼무)ㅣ오
鄭聲(뎡셩)을 放(방)ᄒᆞ며 佞人(녕인)을 遠(원)홀 디니 鄭聲(뎡셩)은 淫(음)
ᄒᆞ고 佞人(녕인)은 殆(ᄐᆡ)ᄒᆞ니라

389-㉠

顔子王佐之才, 故問治天下之道. 曰『爲邦』者, 謙辭.

顔子는 王의 보좌가 될 재능을 가지고 있어, 그 때문에 천하 다스리는 道를
질문한 것이다. '爲邦'이라고 말한 것은 謙讓의 표현이다.

389-㉡

夏時, 謂以斗柄初昏建寅之月爲歲首也. 天開於子, 地闢於丑, 人生於寅, 故斗柄
建此三辰之月, 皆可以爲歲首. 而三代迭用之, 夏以寅爲人正, 商以丑爲地正, 周以
子爲天正也. 然時以作事, 則歲月自當以人爲紀. 故孔子嘗曰:『吾得夏時焉』, 而說
者以爲夏小正之屬. 蓋取其時之正與其令之善, 而於此又以告顔子也.

夏나라 때는 斗柄(北斗七星의 자루 부분)이 초저녁에 寅(동쪽)을 가리키는 달을 세워
歲首(그 해의 머리, 즉 첫 달, 正月)로 일컬었다. 하늘은 子方에서 열리고, 땅은 丑方에서
열리며 사람은 寅方에서 태어난다. 그 때문에 斗柄이 이 세 方位를 향하는 달은
모두 어느 것이나 歲首로 삼을 수 있는 것이다. 그리하여 三代가 차례로 이러한
방법을 사용하였으니, 夏는 寅을 人正이라 하였고, 商은 丑을 地正이라 여겼으며
周는 子를 天正이라 삼은 것이다(夏曆은 寅月이 正月이며, 商은 丑月이 正月이고, 周는 子月이
正月이었다는 뜻. 邵雍의 《皇極經世書》 참조). 그러나 때(曆法)라는 것은 농사일을 하는 것
이므로 歲와 月은 의당 人(人正·寅·夏曆)으로 벼리를 삼아야 한다. 그 때문에 孔子가
일찍이 "나는 夏나라의 時曆을 얻었다" (《禮記》(《小戴禮記》) 禮運篇에 '孔子曰: 我欲觀夏道,
是故之杞, 而不足徵也, 吾得夏時焉'이라 함)라 하였는데, 해설하는 자는 그 달력은 '夏小正'
(《大戴禮記》夏小正篇으로 正月부터 12월까지 나누어 時令을 설명한 月曆임) 같은 것일 것이라
여겼다. 대체로 그 時의 정확함과 그 月令의 훌륭함을 취하여 여기에서 다시
顔子에게 일러 준 것이리라.

389-㊂

軺, 音路, 亦作路.

○ 商軺, 木軺也. 軺者, 大車之名. 古者, 以木爲車而已, 至商而有軺之名, 蓋始異
其制也. 周人飾以金玉, 則過侈而易敗, 不若商軺之朴素渾堅而等威已辨, 爲質而
得其中也.

軺는 음이 路(로)이며, 역시 路로도 쓴다.

○ 商軺는 商나라 때 나무로 만든 軺이다. 軺는 큰 수레의 이름이다. 옛날에는
나무로 수레를 만들었을 뿐이나, 商나라에 이르러 軺라는 이름이 생겼으니 아마
처음으로 수레에 대한 제도를 구분한 듯하다. 周나라 사람들은 수레에다가 金玉을
장식하였으니 그렇게 하면 지나치게 사치를 부린 것이요, 쉽게 부서지기도 하며
商나라 때에 軺의 朴素하면서도 튼튼함, 그리고 등급과 위엄까지 이미 판별되고
質朴하면서 中을 얻은 것만 못한 것이 된다.

389-㊃

周冕有五, 祭服之冠也. 冠上有覆, 前後有旒. 黃帝以來, 蓋已有之, 而制度儀等,
至周始備. 然其爲物小, 而加於衆體之上, 故雖華而不爲靡, 雖費而不及奢. 夫子取之,
蓋亦以爲文而得其中也.

周나라의 冕冠은 다섯 가지가 있었으며, 이는 祭服에 사용하는 冠이다. 冠
위에는 덮개가 있고 앞뒤에는 술이 있었다. 黃帝 이래로 아마 이미 있었을
것이나 制度와 儀等(의례의 등급)은 周나라에 이르러 비로소 완비된 듯하다(《周禮》
弁師篇). 그러나 그것은 물건으로서는 작은 것이지만 누구나 몸 위에 쓰는 것이다.
그 때문에 화려하게 하더라도 지나친 사치가 되지 않았으며, 비록 비용이
들더라도 사치에까지 미치지는 않았던 것이다. 夫子가 이를 인정한다 함은
역시 文이면서 그 中을 얻었다고 여겼기 때문일 것이다.

389-⑤

取其盡善盡美.

그 盡善盡美함을 취한 것이다.

389-⑥

遠, 去聲.
○ 放, 謂禁絶之. 鄭聲, 鄭國之音. 佞人, 卑諂辯給之人. 殆, 危也.
○ 程子曰:「問政多矣, 惟顔淵告之以此. 蓋三代之制, 皆因時損益, 及其久也,
不能無弊. 周衰, 聖人不作, 故孔子斟酌先王之禮, 立萬世常行之道, 發此以爲之兆耳.
由是求之, 則餘皆可考也.」
張子曰:「禮樂, 治之法也. 放鄭聲, 遠佞人, 法外意也. 一日不謹, 則法壞矣. 虞夏
君臣更相戒飭, 意蓋如此.」
又曰:「法立而能守, 則德可久, 業可大. 鄭聲・佞人, 能使人喪其所守, 故放遠之.」
尹氏曰:「此所謂百王不易之大法. 孔子之作春秋, 蓋此意也. 孔・顔雖不得行之
於時, 然其爲治之法, 可得而見矣.」

遠은 去聲이다.
○ 放은 금지하여 끊어버린다는 말이다. 鄭聲은 鄭나라의 음악이다. 佞人이란
비루하게 아첨하며 남에게 말대답만 잘 꾸며대는 사람이다. 殆는 위험하다의
뜻이다.
○ 程子(程頤)는 이렇게 말하였다. "정치를 질문한 사람은 많았지만 오직 顔淵에
게만은 이것으로 일러주었다. 대체로 三代의 제도가 모두 시대에 따라 덜어내고
더함이 오래 되어 폐단이 없을 수 없었다. 周나라가 衰하자 聖人이 나타나지
않았고, 그 때문에 孔子가 先王의 禮를 짐작하여 萬歲常行之道를 세웠으니
이를 펴 보여 조짐을 삼은 것이다. 이를 말미암아 찾아본다면 나머지도 모두
가히 상고할 수 있을 것이다."

張子(張載)는 이렇게 말하였다. "禮樂이란 다스림의 법칙이다. 鄭聲을 금지하고 佞人을 멀리하는 일은 法 이외의 뜻이다. 하루라도 삼가지 아니하면 法은 무너지고 만다. 虞(舜임금), 夏(禹임금)의 임금과 신하는 돌아가며 서로 戒飭하여 주었으니, 그 뜻이 대체로 이와 같은 것이다."

또 이렇게 말하였다. "法이 서고 능히 지켜낸다면 德은 가히 오래 갈 수 있고, 業은 가히 커질 수 있다. 鄭聲과 佞人은 능히 사람들로 하여금 그 지킬 바를 잃게 한다. 그 때문에 금지하고 멀리해야 하는 것이다."

尹氏(尹焞)는 이렇게 말하였다. "이것이 所謂 말하는 1백 명의 王이 나타난다 하여도 바꿀 수 없는 大法이라는 것이며, 孔子가《春秋》를 지은 것도 아마 이 뜻일 것이다. 孔子와 顔回는 비록 당시에 실행함을 보지는 못하였지만, 어떻게 다스려야 하는지의 法은 가히 얻어 볼 수 있게 해놓았다."

390(15-11)

人無遠慮

공자가 말하였다.

"사람이 먼 염려가 없으면 반드시 가까운 근심이 생기게 마련이다."

子曰:「人無遠慮, 必有近憂.」⊖

【慮】思慮, 염려, 미래에 대한 대비.

"人無遠慮, 必有近憂"(石可)

 子(ᄌ)ㅣ 글ᄋ샤ᄃᆡ 人(신)이 遠慮(원려)ㅣ 업ᄉ면 반ᄃᆞ시 近憂(근우)ㅣ 인ᄂᆞ니라

 子(ᄌ)ㅣ ᄀᆞᄅᆞ샤ᄃᆡ 人(인)이 遠慮(원려) 곳 업ᄉ면 반ᄃᆞ시 近憂(근우)ㅣ 잇ᄂᆞ니라

◈ 集 註

390-㉠

蘇氏曰:「人之所履者, 容足之外, 皆爲無用之地, 而不可廢也. 故慮不在千里之外, 則患在几席之下矣.」

蘇氏(蘇軾)는 이렇게 말하였다. "사람이 밟고 다니는 바의 땅은 발을 容納하는 넓이 외는 모두가 쓸모 없는 땅이라 하여 이를 버릴 수는 없다. 그 때문에 사려가 千里 밖까지 뻗쳐 있지 않으면, 患難이 바로 几席(책상이나 자리, 아주 가까움을 비유함) 아래에 있게 된다."

391(15-12)

已矣乎

공자가 말하였다.

"끝났도다! 나는 덕을 좋아하기를 색을 좋아하듯 하는 이를 아직 보지 못하였다."

子曰:「已矣乎! 吾未見好德如好色者也.」㊀

【已矣乎】《諺解》에는 "그만 둘 것이로다"라 풀이하였다.

子(ᄌ)ㅣ 글ㅇ샤딕 말올따라 내 德(덕) 好(호)홈을 色(식) 好(호)홈 ᄀ티 ᄒᄂ 者(쟈)ᄅᆞᆯ 見(견)티 몯게라

 子(ᄌ)ㅣ ᄀᆞᄅᆞ샤딕 마ᄅᆞᆯ 디라 내 德(덕) 好(호)ᄒ기ᄅᆞᆯ 色(식) 好(호)ᄒ기 ᄀᆞᆺ티 ᄒᄂ 者(쟈)ᄅᆞᆯ 보디 몯게라

391-㊀

好, 去聲.
○ 已矣乎, 歎其終不得而見之也.

好ᄂ 去聲이다.
○ 已矣乎ᄂ 끝내 이를 얻어보지 못함을 탄식한 것이다.

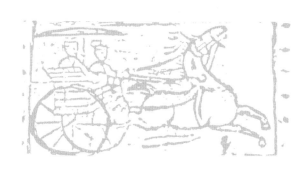

392(15-13)

臧文仲其竊位者與

공자가 말하였다.

"장문중臧文仲은 그 직위를 훔친 자로다! 유하혜柳下惠가 어진 인물인 줄 뻔히 알면서도 그와 함께 더불어 서지 않았다."

子曰:「臧文仲其竊位者與! 知柳下惠之賢而不與立也.」㊀

【臧文仲】 魯나라 大夫인 臧孫辰. 莊公·閔公·僖公·文公 등 네 임금을 섬겼다.
【柳下惠】 魯나라의 賢人. 本名은 展獲, 字는 禽, 혹은 展季라고도 한다. 柳下는 그가 食邑으로 받은 곳의 지명이다. 혹은 그가 살던 곳이라고도 한다. 惠는 그가 죽자 그의 아내가 사사롭게 지어 준 諡號이다(《列女傳》 참조).
【不與立】 俞樾의 《群經平議》에는 '立'을 '位'자로 보았으며 "그에게 직위를 주지 않았다"고 풀이하였다. 이 경우 與는 動詞(주다. 수여하다)이다.

南山本 子(ㅈ)ㅣ 글ㅇ샤듸 臧文仲(장문듕)은 그 位(위)를 竊(졀)흔
者(쟈)ㄴ뎌 柳下惠(류하혜)의 賢(현)을 알오듸 더블어 立(립)ㅎ디
아니ㅎ도다

栗谷本 子(ㅈ)ㅣ ㄱ르샤듸 臧文仲(장문듕)은 그 位(위)를 竊(졀)흔
者(쟈)ㄴ뎌 柳下惠(류하혜)의 賢(현)을 아로듸 더브러 立(립)ㅎ디
아니코녀

◆ 集 註

392-㊀

者與之與, 平聲.

○ 竊位, 言不稱其位而有愧於心, 如盜得而陰據之也. 柳下惠, 魯大夫展獲, 字禽,
食邑柳下, 諡曰惠. 與立, 謂與之並立於朝.

范氏曰:「臧文仲爲政於魯, 若不知賢, 是不明也; 知而不擧, 是蔽賢也. 不明之罪小,
蔽賢之罪大. 故孔子以爲不仁, 又以爲竊位.」

者與의 與는 平聲이다.

○ 竊位는 그 직위에 맞지 않아 마음에 부끄러움을 가지고 있어, 마치 도둑질로
이를 얻어 몰래 가지고 있는 것처럼 여긴다는 말이다. 柳下惠는 魯나라의 大夫인
展獲이며, 字는 禽이요 食邑은 柳下, 諡號는 惠이다. 與立은 더불어 함께 朝廷에
섬을 말한다.

范氏(范祖禹)는 이렇게 말하였다. "臧文仲이 魯나라에서 政治를 하면서 만약
어진 이를 알아보지 못하였다면, 이는 明晳하지 못한 것이요, 알고도 擧用하지
않았다면, 이는 어진 이를 은폐시킨 것이다. 明晳하지 못한 죄는 작지만, 어진
이를 은폐시킨 죄는 크다. 그러므로 孔子가 不仁하다 하였고, 나아가 직위를
훔쳤다고 여긴 것이다."

393(15-14)

躬自厚而薄責於人

공자가 말하였다.

"자신을 책함에는 아주 심하게 하되 남을 책함에는 엷게 하면, 원망을 멀리 할 수 있느니라."

子曰:「躬自厚而薄責於人, 則遠怨矣.」⊖

【躬自厚】자신을 責함에는 엄격함. 厚는 厚責으로 본다.

"躬自厚而薄責於人"(石可)

 子(즈)ㅣ 글으샤디 躬(궁)을 스스로 厚(후)히 ᄒ고 人(신)에 責(칙) 홈을 薄(박)히 ᄒ면 곧 怨(원)을 遠(원)ᄒᄂ니라

 子(즈)ㅣ ᄀᆞᄅ샤디 몸의 스스로 厚(후)히 ᄒ고 人(인)의게 責(칙)을 薄(박)히 ᄒ면 怨(원)을 멀리 ᄒ리라

◆ 集 註

393-㊀

遠, 去聲.

○ 責己厚, 故身益修; 責人薄, 故人易從. 所以人不得而怨之.

遠은 去聲이다.

○ 자신을 責하기를 厚하게(심하게) 하기 때문에 자신은 더욱 수양되고, 남을 責하는 데는 薄하게 하기 때문에 남이 쉽게 따른다. 그러므로 남이 원망을 할 수 없게 되는 것이다.

394(15-15)

不曰如之何如之何者

공자가 말하였다.

"'어떻게 할까, 어떻게 할까'하고 말하지도 않는 자에 대해서는, 나 역시 어찌할 수가 없다."*

子曰:「不曰『如之何, 如之何』者, 吾末如之何也已矣.」㊀

【如之何】심사숙고할 때 쓰는 말이라 한다.《荀子》大略篇에「天子卽位, 上卿進曰: 如之何? 憂之長也」라 하였다.

【末】無와 같다. 古代 雙聲關係. 聲訓으로 풀이한다.

*《春秋繁露》執贄篇에「子曰: 人而不曰如之何, 如之何者, 吾莫如之何也矣」라 하였다.

子(<)ㅣ 골ㅇ샤ᄃᆡ 엇디려뇨 엇디려뇨 아니ᄒᆞᄂᆞᆫ 者(쟈)ᄂᆞᆫ 내 엇디려뇨 홈이 업슬 ᄯᆞᄅᆞᆷ이니라

 子(<)ㅣ ᄀᆞᄅᆞ샤ᄃᆡ 엇디려뇨 엇디려뇨 ᄒᆞ디 아닛ᄂᆞᆫ 者(쟈)ᄂᆞᆫ 내 엇디려뇨 홈도 업슬 디로다

◆ 集 註

394-㊀

『如之何, 如之何』者, 熟思而審處之辭也. 不如是而妄行, 雖聖人亦無如之何矣.

'如之何, 如之何'란 깊이 생각하고 헤아려 이에 處한다는 말이다. 이와 같이 하지 않고 마구 행동하면 비록 聖人일지라도 역시 '如之何'할 수 없다.

395(15-16)

羣居終日

공자가 말하였다.

"무리 지어 하루가 다하도록 함께 하면서, 그 이야깃거리가 의에 미치지 못하고, 작은 지혜를 행하기를 좋아한다면 참으로 어렵도다!"

子曰:「羣居終日, 言不及義, 好行小慧, 難矣哉!」㊀

【羣居】 '모여서 떠들다'의 뜻.

【小慧】 사사롭고 작은 지혜. 鄭玄은 「小慧, 謂小小之才知」라 하였다.

【難】 朱註에는 "환난이 있게 된다"라고 하였다. 그러나 "더 이상 가르쳐 주기가 어렵다"(楊伯峻), "이러한 사람은 성취함이 있기가 어렵다"(毛子水)로 보기도 한다. 鄭玄은 「難矣哉, 言無所成」이라 하였다.

"羣居終日, 言不及義,
好行小慧, 難矣哉"(石可)

 諺 解

 陶山本　子(ᄌ)ㅣ 골ᄋ샤ᄃᆡ 모다 居(거)ᄒ야 日(실)을 終(죵)홈애 言(언)이
義(의)예 及(급)디 아니ᄒ고 小慧(쇼혜)를 行(ᄒᆡᆼ)홈을 好(호)ᄒ면
어렵다

　栗谷本　子(ᄌ)ㅣ ᄀᆞᄅ샤ᄃᆡ 모다 居(거)ᄒ야 日(일)을 終(죵)호매 言(언)이
義(의)예 밋디 아니코 小慧(쇼혜) 行(ᄒᆡᆼ)키를 됴히 녀기면 어려운뎌

◈ 集 註

395-㊀

好, 去聲.

○ 小慧, 私智也. 言不及義, 則放辟邪侈之心滋. 好行小慧, 則行險僥倖之機熟.
『難矣哉』者, 言其無以入德, 而將有患害也.

好는 平聲이다.
○ 小慧란 사사로운 지혜이다. 말이 義에 미치지 못하면 放辟(방일하고 편벽됨)하여
邪侈한 마음이 滋生하게 된다. 小慧를 行하기 좋아하면 行險·僥幸의 기틀이 익숙해
진다. '難矣哉'란 德으로 진입됨이 없어, 장차 患害가 있을 것임을 말한 것이다.

君子義以爲質

공자가 말하였다.

"군자는 의를 바탕이라 여기고, 예로는 이를 실행하며, 공손함으로 이를 드러내어 말하며, 믿음으로 이를 이루어야 한다. 그렇게 하면 군자로다!"*

> 子曰:「君子義以爲質, 禮以行之, 孫以出之, 信以成之.
> 君子哉!」⊖

【孫以出之】何晏《論語集解》에 鄭玄의 注를 引用하여「孫以出之謂言語」라
하였다.

*《左傳》襄公 11年 傳에「夫樂以安德; 義以處之; 禮以行之; 信以守之; 仁以厲之」라
하였다.

子(ᄌ)ㅣ ᄀᆞᆯ○샤디 君子(군ᄌ)ㅣ 義(의)로뻐 質(질)을 삼고 禮(례)
로뻐 行(ᄒᆡᆼ)ᄒ며 孫(손)으로뻐 出(츌)ᄒ며 信(신)으로뻐 成(셩)
ᄒᄂ니 君子(군ᄌ)ㅣ라

子(ᄌ)ㅣ ᄀᆞᄅ샤디 君子(군ᄌ)ㅣ 義(의)로뻐 質(질)을 삼고 禮(례)
로뻐 行(ᄒᆡᆼ)ᄒ며 孫(손)으로뻐 出(츌)ᄒ며 信(신)으로뻐 成(셩)
ᄒ면 君子(군ᄌ)ㄴ뎌

◆ 集 註

396-㊀

孫, 去聲.

○ 義者制事之本, 故以爲質幹. 而行之必有節文, 出之必以退遜, 成之必在誠實,
乃君子之道也.

○ 程子曰:「義以爲質, 如質幹然. 禮行此, 遜出此, 信成此. 此四句只是一事,
以義爲本.」

又曰:「敬以直內, 則義以方外. 義以爲質, 則禮以行之, 孫以出之, 信以成之.」

孫은 去聲이다.

○ 義란 일을 절제하는 근본이다. 그러므로 質幹으로 여겨, 행동에는 반드시
節文을 갖추고, 나감에는 반드시 退遜으로 하며, 이룸에는 반드시 성실에 뜻을
두어야 한다. 이것이 바로 君子의 道이다.

○ 程子(程頤)는 이렇게 말하였다. "義가 바탕이 됨은 質幹과 같은 것이다. 禮는
이를 實行하고, 謙遜은 이것을 말로 내놓으며, 믿음은 이를 이루게 한다. 이 네
구절은 다만 하나의 일이니 義로써 근본을 삼는다."

또 이렇게 말하였다. "敬으로써 안을 곧게 하면 義는 밖으로써 방정해질 것이요,
義로써 바탕을 삼으면 禮로써 行하게 되고, 謙遜으로 이를 말로 내놓으며, 믿음은
이를 성취시키게 된다."

397(15-18)

君子病無能焉

공자가 말하였다.

"군자라면 능력 없음을 병폐로 여겨야지, 남이 자신을 알아주지 못함을 병으로 여겨서는 아니 되느니라."*

子曰:「君子病無能焉, 不病人之不己知也.」

【病】病弊. 근심거리. 短點.
【不己知】否定詞. '不'로 인해 '知己'가 '己知'로 도치되었다.
* 本章은 016(1-16)·364(14-32)와 같은 내용이다.

子(주)ㅣ 글ㅇ샤딕 君子(군주)는 能(능)업슴을 病(병)ㅎ고
人(신)의 己(긔) 아디 몯홈을 病(병)티 아니ㅎㄴ니라

  子(주)ㅣ ㄱ른샤딕 君子(군주)는 能(능)이 업스믈 病(병)ㅎ고
人(인)의 날 아디 몯호믈 病(병)티 아니ㅎㄴ니라

◈ 集 註

업슴.

398(15-19)

君子疾沒世而名不稱焉

공자가 말하였다.

"군자는 평생을 마치도록 그 이름이 나지 못함을 병으로 여겨야
하느니라."*

子曰:「君子疾沒世而名不稱焉.」⊖

【疾】何晏《集解》에는「疾, 猶病也」라 하였고, 揚雄《法言》에는「君子病沒世而
無名」이라 하였다. 楊伯峻은 '한스럽게 여기다'로 풀이하였다. '싫어하다, 疾視
하다'로 풀이하는 경우도 있다.

【沒世】두 가지 뜻이 있다. '죽을 때까지(平生토록)', 둘째는 '죽은 이후'.

*《周易》繫辭傳(下)에「善不積, 不足以成名」이라 하였다.

子(ᄌ)ㅣ ᄀᆞᆯ오샤ᄃᆡ 君子(군ᄌ)ᄂᆞᆫ 世(셰)ㅣ 沒(몰)토록 名(명)이
稱(칭)티 몯홈을 疾(질)ᄒᆞᄂᆞ니라

 子(ᄌ)ㅣ ᄀᆞ르샤ᄃᆡ 君子(군ᄌ)ᄂᆞᆫ 世(셰) 沒(몰)호ᄃᆡ 名(명)이
稱(칭)티 아니호믈 疾(질)ᄒᆞᄂᆞ니라

◈ 集 註

398-㊀

范氏曰:「君子學以爲己, 不求人知. 然沒世而名不稱焉, 則無爲善之實, 可知矣.」

范氏(范祖禹)는 이렇게 말하였다. "君子는 배움을 통해 자신을 爲하되 남이
알아주기를 요구하지 않는다. 그러나 平生을 마치도록 그 이름이 稱해지지
않는다면 善을 실천한 실질이 없음을 가히 알 수 있는 것이다."

399(15-20)

君子求諸己

공자가 말하였다.

"군자는 모든 책임을 자신에게 요구하지만, 소인은 이를 남에게 요구한다."

子曰:「君子求諸己, 小人求諸人.」㊀

【諸】之於, 혹은 之乎의 合音字. '저'로 읽는다.

子(そ)ㅣ 골ㅇ샤딕 君子(군そ)는 己(긔)에 求(구)ᄒ고 小人(쇼신)은 人(신)에 求(구)ᄒᄂ니라

 子(そ)ㅣ ᄀ르샤딕 君子(군そ)는 己(긔)에 求(구)ᄒ고 小人(쇼인)은 人(인)의 求(구)ᄒᄂ니라

◆ 集 註

399-㊀

謝氏曰:「君子無不反求諸己, 小人反是. 此君子小人所以分也.」

○ 楊氏曰:「君子雖不病人之不己知, 然亦疾沒世而名不稱也. 雖疾沒世而名不稱, 然所以求者, 亦反諸己而已. 小人求諸人, 故違道干譽, 無所不至. 三者文不相蒙, 而意實相足, 亦記言者之意.」

謝氏(謝良佐)는 이렇게 말하였다. "君子는 모든 책임을 자신에게서 찾지 않는 것이 없고, 小人은 이에 상반된다. 이것이 君子와 小人이 구분되는 所以이다."

○ 楊氏(楊時)는 이렇게 말하였다. "君子는 비록 남이 자신을 알아주지 못하는 것을 病弊로 삼지는 않지만, 그러나 평생을 마치도록 이름이 稱해지지 못하는 것은 싫어한다. 비록 平生을 마치도록 이름이 알려지지 않는 것을 싫어하지만, 그러나 그 책임을 찾는 것은 자신에게 돌이켜볼 뿐이다. 小人은 남에게서 찾는다. 그 때문에 道를 위배하면서 명예를 갈구하여 이르지 못할 게 없다. 이 세 가지는 文章은 서로 덮어 주지는 않으나 뜻은 사실 서로 충족되며 역시 기록한 자의 뜻도 그와 같다."

"君子求諸己, 小人求諸人"(石可)

400(15-21)

君子矜而不爭

공자가 말하였다.

"군자는 긍지를 갖되 다투지 않으며, 무리를 짓되 당파를 꾸미지는 않는다."

子曰:「君子矜而不爭, 羣而不黨.」⊖

【矜】 긍지를 가짐. 朱熹는 「莊以持己曰矜」이라 하였음.

子(ㅈ)ㅣ 글ᄋ샤ᄃㅣ 君子(군ㅈ)ᄂᆞᆫ 矜(긍)ᄒ고 爭(징)티 아니 ᄒ며 群(군)ᄒ고 黨(당)티 아니ᄒᄂᆞ니라

 子(ㅈ)ㅣ ᄀ르샤ᄃㅣ 君子(군ㅈ)ᄂᆞᆫ 矜(긍)코 爭(징)티 아니ᄒ며 羣(군)코 黨(당)티 아니ᄒᄂᆞ니라

◈ 集 註

400-㉠

莊以持己曰矜. 然無乖戾之心, 故不爭; 和以處衆曰羣. 然無阿比之意, 故不黨.

莊嚴하게 하여 자신을 지속시킴을 矜이라 한다. 그러나 乖戾(어그러지고 지독함)한 마음이 없기 때문에 다투지는 않는다. 和하게 하여 여러 사람에게 處하는 것은 羣이라 한다. 그러나 阿比(아부하고 作黨함)의 뜻이 없기 때문에 黨을 이루지 않는다.

401(15-22)

君子不以言擧人

공자가 말하였다.

"군자는 말 잘한다는 것으로 남을 천거하지도 않으며, 그 사람만을 보고 그의 말을 폐기하지도 아니하느니라."

子曰：「君子不以言擧人，不以人廢言.」

【擧】薦擧하다. 혹은 擧用하다의 두 가지 뜻이 있다.

"不以言擧人, 不以人廢言"(石可)

 諺解

 陶山本　子(ᄌᆞ)ㅣ 골ᄋᆞ샤딕 君子(군ᄌᆞ)ᄂᆞᆫ 言(언)으로뻐 人(신)을 擧(거)티
아니ᄒᆞ며 人(신)으로뻐 言(언)을 廢(폐)티 아니 ᄒᆞᄂᆞ니라

栗谷本　子(ᄌᆞ)ㅣ ᄀᆞᄅᆞ샤딕 君子(군ᄌᆞ)ᄂᆞᆫ 言(언)으로뻐 人(인)을 擧(거)티
아니ᄒᆞ며 人(인)으로뻐 言(언)을 廢(폐)티 아니ᄒᆞᄂᆞ니라

◆ 集 註

없음.

402(15-23)

子貢問曰

자공子貢이 여쭈었다.

"한 마디 말이면서 종신토록 행해야 할 것이 있습니까?"

공자가 이렇게 말하였다.

"그것은 '서恕'일 것이로다! 자신이 하고자 하지 않는 일을 남에게 베풀지 말라."**

子貢問曰:「有一言而可以終身行之者乎?」

子曰:「其『恕』乎! 己所不欲, 勿施於人.」㊀

"己所不欲, 勿施於人"(石可)

【子貢】端木賜.

【恕】里仁篇 081(4-15)에「夫子之道, 忠恕而已矣」라 하였다.

＊ 뒤의 句節은 顔淵篇 280(12-2)에도 실려 있다.

＊《中庸》第13章에「忠恕違道不遠: 施諸己而不願, 亦勿施於人」이라 하였다.

◉ 諺解

    子貢(주공)이 묻주와 글오듸 一言(일언)이오 可(가)히 뻐 身(신)이
終(죵)토록 行(힝)홈즉 흔 者(쟈)ㅣ 인느니잇가 子(주)ㅣ 글오샤듸
그 恕(셔)ㄴ뎌 己(긔)의 欲(욕)디 아니ᄒᆞᄂᆞᆫ 바룰 人(신)의게 施(시)티
말올 띠니라

    子貢(주공)이 問(문)ᄒᆞ야 글오듸 흔 말이 可(가)히 뻐 몸이 맛도록
行(힝)홀 者(쟈)ㅣ 잇ᄂᆞ니잇가 子(주)ㅣ ᄀᆞᄅᆞ샤듸 그 恕(셔)ㄴ뎌
己(긔)의 欲(욕)디 아닌ᄂᆞᆫ 바룰 人(인)의게 施(시)티 마로미니라

◆ **集註**

402-㊀

推己及物, 其施不窮, 故可以終身行之.

○ 尹氏曰:「學貴於知要. 子貢之問, 可謂知要矣. 孔子告以求仁之方也. 推而極之, 雖聖人之無我, 不出乎此. 終身行之, 不亦宜乎?」

　자신을 미루어 外物에 미치면 그 베풂이 다함이 없다. 그 때문에 終身토록 실행할 수 있는 것이다.

　尹氏(尹焞)는 이렇게 말하였다. "배움은 요체로 아는 것을 귀히 여긴다. 子貢의 질문은 가히 요체를 알았다 할 수 있다. 孔子가 仁을 구하는 방법을 일러 준 것이다. 미루어서 이를 극진히 하면, 비록 聖人의 無我의 경지도 여기에서 넘어서지 않을 것이다. 終身토록 이를 실행함이 역시 당연하지 않겠는가?"

403(15-24)

吾之於人也

공자가 말하였다.

"내가 남에게 누구를 헐뜯고 누구를 칭찬하랴? 만약 칭찬해야 할 바가 있는 사람이라면, 그는 이미 시험을 거친 자일 것이다. 지금의 이 백성들은 삼대三代 때부터 곧은 도라고 여겼던 것을 실행해 내려온 것이다."

子曰:「吾之於人也, 誰毀誰譽? 如有所譽者, 其有所試矣.㊀ 斯民也, 三代之所以直道而行也.」㊁

【三代】夏·殷·周의 開國 始祖時代, 夏禹·殷湯·周文王·武王의 시대를 뜻한다.

陶山本

子(ᄌ)ㅣ 골ᄋ샤ᄃᆡ 내 人(ᅀᅵᆫ)에 누를 毀(훼)ᄒ며 누를 譽(여)ᄒ리오
만일에 譽(여)ᄒᄂᆫ 배 이시면 그 試(시)ᄒᆫ 배 인ᄂ니라
이 民(민)은 三代(삼ᄃᆡ)의 直道(딕도)로ᄡᅥ 行(ᄒᆡᆼ)ᄒ던 배니라

栗谷本

子(ᄌ)ㅣ ᄀᆞᄅᆞ샤ᄃᆡ 내 人(인)의게 누를 毀(훼)ᄒ며 누를 譽(예)ᄒ리오
만일 譽(예)홀 배 이실 딘댄 그 試(시)혼 배 이쇼미니라
이 民(민)은 三代(삼ᄃᆡ)의 直道(딕도)로ᄡᅥ 行(ᄒᆡᆼ)ᄒ던 배니라

403-㊀

譽, 平聲.

○ 毀者, 稱人之惡而損其眞. 譽者, 揚人之善而過其實. 夫子無是也, 然或有所譽者,
則必嘗有以試之, 而知其將然矣. 聖人善善之速, 而無所苟如此. 若其惡惡, 則已緩矣.
是以雖有以前知其惡, 而終無所毀也.

譽는 平聲이다.

○ 毀란 남의 惡을 들추고 그 진실을 손상시키는 것이요 譽란 남의 善을
宣揚하고 그 사실을 지나치게 해 주는 것이다. 夫子에게는 이것이 없으나 혹
칭찬해야 할 바가 있으면, 반드시 일찍이 이미 시험해 본 적이 있어 그가
장차 그렇게 훌륭히 되리라고 알았던 경우이다. 聖人이 善을 善하다 하는 것이
속히 하여 구차한 바가 없도록 함이 이와 같았던 것이다. 만약 그 惡을 惡하다
하는 경우에는 이미 급히 하지 않는다. 이로써 비록 지난날 그의 惡함을 알았다
하여도 끝내 貶毀하는 바가 없었던 것이다.

403-㉂

斯民者, 今此之人也. 三代, 夏·商·周也. 直道, 無私曲也. 言吾之所以無所毀譽者, 蓋以此民, 卽三代之時所以善其善·惡其惡而無所私曲之民. 故我今亦不得而枉其是非之實也.

○ 尹氏曰:「孔子之於人也, 豈有意於毀譽之哉? 其所以譽之者, 蓋試而知其美故也. 斯民也, 三代所以直道而行, 豈得容私於其間哉?」

斯民이란 지금 이 사람들이다. 三代는 夏·商·周이다. 直道란 私曲이 없는 것이다. 내가 남을 毀譽하는 바가 없는 까닭은 대개 이 사람들, 즉 三代에 善을 善으로 여기고 惡을 惡으로 여겨 私曲한 바가 없는 百姓이기 때문이다. 나도 지금 역시 是非의 사실을 잘못 되었다 할 수 없음을 말한 것이다.

○ 尹氏(尹焞)는 이렇게 말하였다. "孔子가 남에게 있어서 어찌 毀譽의 뜻을 두었겠는가? 그 칭찬에 주어야 할 이유가 있는 것은 대체로 시험을 하여, 그 아름다움을 알고 있었기 때문이다. 斯民也는 三代에 곧은 道로써 행동한 바이니 어찌 그 사이에 私로써 용납시킬 수 있겠는가?"

404(15-25)

吾猶及史之闕文也

공자가 말하였다.

"나는 역사 속의 빠진 부분은 그대로 비워두는 것과, 말馬을 가진 자가 남에게 빌려주어 타게 하는 것을 보았는데 지금은 그런 경우가 없구나!"*

> 子曰:「吾猶及史之闕文也. 有馬者借人乘之, 今亡 矣夫!」㊀

【及】 미치다. 보다(見)의 뜻(楊時).
【史之闕文】 古代의 史官들은 의심나는 부분이 있으면 그대로 비워 두었다는 뜻으로 본다. 그러나 역사를 기록하면서 빠뜨렸다고 보는 견해도 있다.

【借人乘之】남에게 빌려주어 타게 함.
【亡】음이 '무'이다. 無와 같다. 聲訓으로 풀이한다.
* 本章은 역대로 논란이 많았으며, 정확한 뜻을 만족할 만하게 밝혀 내지 못하고
있다. 包咸의 《論語章句》와 皇侃의 《論語義疏》에서는 本章을 둘로 나누었다.
즉 『有馬者』 이하와 그 앞은 별개의 문장이라 보았다. 그런가 하면 宋代 葉夢得의
《石林燕語》에서는 《漢書》 藝文志를 근거로 『有馬者借人乘之』의 7자는 衍文이라
주장하였다. 《諺解》에는 "史官이 文을 비워두다"로 되어 있다.

 子(ᄌ)ㅣ 글ᄋ샤ᄃᆡ 내 오히려 史(ᄉ)의 文(문)을 闕(궐)홈과 馬(마)
두는 者(쟈)ㅣ 人(신)을 빌려 乘(승)ᄒᆞ욤을 及(급)호니 이제 업슨뎌

子(ᄌ)ㅣ ᄀᆞᄅ샤ᄃᆡ 내 오히려 史(ᄉ)의 文(문)을 闕(궐)홈과 馬(마)
둣는 者(쟈)ㅣ 人(인) 빌려 乘(승)호믈 及(급)하얏더니 이제는 업슨뎌

◆ 集 註

404-㊀

夫, 音扶.
○ 楊氏曰:「史闕文·馬借人, 此二事孔子猶及見之. 今亡矣夫, 悼時之益偸也.」
愚謂:「此必有爲而言. 蓋雖細故, 而時變之大者可知矣.」
○ 胡氏曰:「此章義疑, 不可强解.」

夫는 음이 扶(부)이다.
○ 楊氏(楊時)는 이렇게 말하였다. "史闕文과 馬借人, 이 두 가지 사실은 孔子도
오히려 볼 수 있었다는 뜻이고, 今亡矣夫는 시대가 더욱 偸安해짐을 슬퍼한다는
뜻이다."

내 생각으로는 이렇다. "이는 틀림없이 어떤 행위가 있어 말한 것이리라. 아마 비록 미세한 이유였겠지만 시대의 변화가 컸기 때문임을 가히 알 수 있다."

○ 胡氏(胡寅)는 이렇게 말하였다. "이 章에 뜻은 의심스럽다. 억지로 풀이해서는 안 된다."

405(15-26)

巧言亂德

공자가 말하였다.

"교묘한 말은 덕을 어그러뜨리고, 작은 일을 참지 못하면 큰 모책을 혼란스럽게 하나니라."

子曰:「巧言亂德. 小不忍, 則亂大謀.」㊀

【小不忍】 작은 일에 참음이 없음. 작은 일에 참지 못함.

"巧言亂德" "小不忍, 則亂大謀" (石可)

陶山本　子(주) │ 글ᄋᆞ샤듸 巧(교)ᄒᆞᆫ 言(언)은 德(덕)을 亂(란)ᄒᆞ고 小(쇼)를 忍(신)티 몯ᄒᆞ면 大謀(대모)를 亂(란)ᄒᆞᄂᆞ니라

栗谷本　子(주) │ ᄀᆞᄅᆞ샤듸 巧(교)ᄒᆞᆫ 말은 德(덕)을 어즈리고 쟈그믈 ᄎᆞᆷ디 몯호믄 큰 謀(모)를 어즈리ᄂᆞ니라

◈ 集 註

405-㈠

巧言, 變亂是非, 聽之使人喪其所守. 小不忍, 如婦人之仁 · 匹夫之勇皆是.

巧言은 是非를 變亂시키므로 이를 듣게 되면 사람으로 하여금 지킬 바를 잃게 한다. 小不忍은 婦人之仁 · 匹夫之勇 같은 경우가 모두 이런 것이다.

406(15-27)

衆惡之

공자가 말하였다.

"많은 사람이 그를 미워하더라도 반드시 잘 살펴볼 것이요, 많은 사람이 그를 좋아한다고 해도 반드시 잘 살펴보아야 하느니라."*

子曰:「衆惡之, 必察焉; 衆好之, 必察焉.」㊀

【衆惡之】惡는 미워하다의 뜻. 惡은 '오'로 읽는다.
* 本章은 子路篇 326(13-24) 및 里仁篇 069(4-3)와 의미가 비슷하다.

子(ᄌ)ㅣ ᄀᆞᆯᄋᆞ샤ᄃᆡ 衆(즁)이 惡(오)ᄒᆞ야도 반ᄃᆞ시 察(찰)ᄒᆞ며 衆(즁)이 好(호)ᄒᆞ야도 반ᄃᆞ시 察(찰)홀 ᄯᅵ니라

 子(ᄌ)ㅣ ᄀᆞᄅᆞ샤ᄃᆡ 衆(즁)이 惡(오)홀 디라도 반ᄃᆞ시 ᄉᆞᆯ피며 衆(즁)이 好(호)홀 디라도 반ᄃᆞ시 ᄉᆞᆯ필 디니라

◆ 集 註

406-㊀

好·惡, 並去聲.
○ 楊氏曰：「惟仁者能好惡人. 衆好惡之而不察, 則或蔽於私矣.」

好·惡(오)는 모두가 去聲이다.
○ 楊氏(楊時)는 이렇게 말하였다. "오직 어진 자만이 능히 남을 好惡(좋아하고 미워함)할 수 있다. 많은 사람이 好惡하더라도 살피지 않으면 혹 사사로움에 가리워질 수 있다."

407(15-28)

人能弘道

공자가 말하였다.
"사람이 도를 넓히는 것이지, 도가 사람을 넓히는 것이 아니로다."

子曰:「人能弘道, 非道弘人.」㊀

【弘道】 넓히다. 弘은 擴大, 廓大와 같은 뜻.

諺 解

 陶山本   子(주)ㅣ 굴ㅇ샤듸 人(신)이 能(능)히 道(도)를 弘(홍)ㅎ고
道(도)ㅣ 人(신)을 弘(홍)홈이 아니니라

栗谷本   子(주)ㅣ ㄱㄹ샤듸 人(인)이 能(능)히 道(도)를 弘(홍)ㅎ고
道(도)ㅣ 人(인)을 弘(홍)호미 아니니라

◈ 集 註

407-㊀

弘, 廓而大之也. 人外無道, 道外無人. 然人心有覺, 而道體無爲; 故人能大其道,
道不能大其人也.

○ 張子曰:「心能盡性, 人能弘道也; 性不知檢其心, 非道弘人也.」

弘은 넓혀서 이를 크게 하는 것이다. 사람 밖에 道가 없고 道밖에 사람이
있는 것이 아니다. 그러나 사람의 마음 속에는 지각이 있으나 道體에는 爲(作爲)가
없다. 그러므로 사람이 능히 그 道를 넓힐 수 있으나, 도는 사람을 능히 크게
해줄 수가 없는 것이다.

○ 張子(張載)는 이렇게 말하였다. "마음이 능히 天性을 다 할 수 있으니,
이것이 사람이 능히 道를 넓힐 수 있는 것이다. 天性은 그 마음을 點檢할 줄
모르니, 이것이 道가 사람을 넓힐 수 없음이다."

408(15-29)

過而不改

공자가 말하였다.

"허물이 있는데도 이를 고치지 않는 것, 이를 일러 허물이라 일컫는 것이다."**

子曰:「過而不改, 是謂過矣.」㊀

* 《韓詩外傳》卷3에 「過而改之, 是不過也」라 하였다.
* 《左傳》宣公 2年 傳에 「人誰無過? 過而能改, 善莫大焉」이라 하였고, 《穀梁傳》僖公 22年 傳에는 「過而不改, 又之, 是謂之過」라 하였다.

"過而不改, 是謂過矣"(石可)

 諺 解

 子(ᄌ)ㅣ ᄀᆞᄅᆞ샤ᄃᆡ 過(과)ㅣ오 改(ᄀᆡ)티 아니홈이 이 닐온 過(과)ㅣ니라

 子(ᄌ)ㅣ ᄀᆞᄅᆞ샤ᄃᆡ 過(과)ㅣ오 改(ᄀᆡ)티 아니호미 이 닐온 過(과)ㅣ니라

◈ 集 註

408-㊀

過而能改, 則復於無過. 惟不改, 則其過遂成, 而將不及改矣.

허물이 있어 능히 고치면 다시 허물 없음으로 되돌아오게 된다. 그러나 허물을 고치지 않으면 그 허물이 마침내 이루어져서 장차 고침에 이를 수 없다.

409(15-30)

吾嘗終日不食

공자가 말하였다.

"내 일찍이 하루 종일토록 밥도 먹지 아니하고 밤이 다하도록 잠도 자지 아니한 채 생각해 보았지만 모두가 무익한 것이요, 배움 만한 것이 없더라."*

子曰:「吾嘗終日不食, 終夜不寢, 以思,㊀ 無益,㊁ 不如學也.」㊂

*《大戴禮記》勸學篇에 「孔子曰:『吾嘗終日而思矣, 不如須臾之所學也.』」라 하였다(《荀子》勸學篇에도 같음).

子(ᄌ)ㅣ ᄀᆞᆯ ᄋᆞ샤ᄃᆡ 내 일즉 日(실)이 終(죵)토록 食(식)디 아니ᄒᆞ며 夜(야)ㅣ 終(죵)토록 寢(침)티 아니ᄒᆞ야 ᄡᅥ 思(ᄉᆞ)ᄒᆞ니 益(익)이 업슨디라 學(ᄒᆞᆨ)홈만 ᄀᆞᆮ디 몯ᄒᆞ도다

 子(ᄌ)ㅣ ᄀᆞᄅᆞ샤ᄃᆡ 내 일즉 日(일)이 終(죵)토록 食(식)디 아니며 夜(야)ㅣ 終(죵)토록 寢(침)티 아니ᄒᆞ야 ᄡᅥ 思(ᄉᆞ)ᄒᆞ니 益(익)호미 업슨 디라 學(ᄒᆞᆨ)홈만 ᄀᆞᆮ디 못ᄒᆞ도다

◆ 集 註

409-㊀

句.

句이다(語彙나 單語, 낱 글자가 아니고 문장 구절이라는 뜻).

409-㊁

句.

句이다.

409-㊂

此爲思而不學者言之. 蓋勞心以必求, 不如遜志而自得也.
李氏曰「夫子非思而不學者, 特垂語以敎人爾.」

이는 생각만 하고 배우지 않는 자를 위해서 말한 것이다. 대체로 마음을 수고롭게 하여 반드시 求하겠다고 하는 것은, 뜻을 겸손히 하여 스스로 터득함만 같지 못하다.

李氏(李郁)는 이렇게 말하였다. "夫子는 생각만 하고 배우지 않는 그런 사람이 아니다. 특별히 이 말을 내려 주어 사람을 가르치려 한 것뿐이다."

君子謀道不謀食

공자가 말하였다.

"군자라면 도를 도모할 것이지 먹을 것을 도모해서는 안 된다. 농사를 짓고 있다 해도 굶주림이 그 가운데에 있을 수 있지만, 배움이란 그 가운데에 벼슬이 있게 마련이다. 군자라면 도를 근심할 일이지 가난을 근심할 일이 아니로다."

> 子曰:「君子謀道不謀食. 耕也, 餒在其中矣; 學也, 祿在其中矣. 君子憂道不憂貧.」㊀

【餒】 굶주림, 농사를 지어도 흉년을 만나면 굶주릴 수 있다는 뜻. '뇌'로 읽는다.

子(ᄌᆞ) ㅣ 글ᄋ샤ᄃᆡ 君子(군ᄌᆞ)ᄂᆞᆫ 道(도)ᄅᆞᆯ 謀(모)ᄒᆞ고 食(식)을
謀(모)티 아니ᄒᆞᄂᆞ니 耕(경)홈애 餒(뇌) 그 中(듕)에 잇고 學(흑)홈애
祿(록)이 그 中(듕)에 잇ᄂᆞ니 君子(군ᄌᆞ)ᄂᆞᆫ 道(도)ᄅᆞᆯ 憂(우)ᄒᆞ고
貧(빈)을 憂(우)티 아니ᄒᆞᄂᆞ니라

子(ᄌᆞ) ㅣ ᄀᆞᄅᆞ샤ᄃᆡ 君子(군ᄌᆞ)ᄂᆞᆫ 道(도)ᄅᆞᆯ 謀(모)ᄒᆞ고 食(식)을
謀(모)티 아닛ᄂᆞ니 耕(경)호매 餒(뇌) ㅣ 그 가온대 잇고 學(흑)호매
祿(록)이 그 가온대 잇ᄂᆞ니 君子(군ᄌᆞ)ᄂᆞᆫ 道(도)ᄅᆞᆯ 憂(우)ᄒᆞ고
貧(빈)을 憂(우)티 아닛ᄂᆞ니라

◆ 集 註

410-㉠

餒, 奴罪反.
○ 耕所以謀食, 而未必得食. 學所以謀道, 而祿在其中. 然其學也, 憂不得乎道而已;
非爲憂貧之故, 而欲爲是以得祿也.
○ 尹氏曰:「君子治其本而不卹其末, 豈以自外至者爲憂樂哉?」

餒는 反切로 '如罪反'(뇌)이다.
○ 農事는 먹을 것을 도모하는 것이지만, 반드시 먹을 것을 얻는다는 보장이
있는 것은 아니다. 배움은 道를 도모하는 것이지만, 祿이 그 가운데 있다. 그러나
그 배움이란 道를 터득하지 못하면 어쩌나 함을 근심하는 것이지, 가난함의 근심을
없애기 위해 祿을 얻으려고 하는 것은 아니다.
○ 尹氏(尹焞)는 이렇게 말하였다. "君子는 그 근본을 다스리되 그 末은 걱정하지
않는다. 어찌 밖으로부터 이른 것으로써 근심이나 즐거움으로 삼겠는가?"

411(15-32)

知及之

공자가 말하였다.

"지혜가 그에 미친다 해도 인仁으로써 이를 지켜내지 못하면, 비록 얻었다 해도 반드시 잃고 말 것이다. 지혜가 그에 미치고 인으로써 능히 이를 지킨다 해도 장경莊敬으로써 임하지 않으면, 백성들이 공경하지 않게 된다. 지혜가 그에 미치고 인으로써 이를 지키며, 장경으로써 임한다 해도, 백성을 움직이되 예禮로서 하지 않으면, 잘 해낼 수가 없게 된다."

子曰:「知及之, 仁不能守之; 雖得之, 必失之.㊀ 知及之, 仁能守之. 不莊以涖之, 則民不敬.㊁ 知及之, 仁能守之, 莊以涖之, 動之不以禮, 未善也.」㊂

【涖】'리'로 읽으며 臨과 같다. 雙聲互訓 관계이다. '莊重하게 百姓에게 臨함'을
말한다.
【善】'善하다'와 '잘하다'의 두 가지 풀이가 있다.

 諺解

陶山本　子(ᄌ)ㅣ 글ᄋ샤ᄃᆡ 知及(디급)ᄒ고도 仁(신)이 能(능)히 守(슈)티
몯ᄒ면 비록 得(득)하나 반ᄃ시 失(실)ᄒᄂ니라

知及(디급)ᄒ며 仁(신)이 能(능)히 守(슈)ᄒ고도 莊(장)ᄋ로ᄡᅥ 涖(리)티
아니ᄒ면 民(민)이 敬(경)티 아니ᄒᄂ니라

知及(디급)ᄒ며 仁(신)이 能(능)히 守(슈)ᄒ며 莊(장)ᄋ로ᄡᅥ 涖(리)ᄒ고도
動(동)호ᄃᆡ 禮(례)로ᄡᅥ 아니ᄒ면 善(션)티 몯ᄒ니라

栗谷本　子(ᄌ)ㅣ ᄀ라샤ᄃᆡ 知(디)ㅣ 及(급)ᄒ고도 仁(인)이 能(능)히
守(슈)티 몯ᄒ면 비록 得(득)ᄒ나 반ᄃ시 失(실)ᄒᄂ니라

知(디) 及(급)ᄒ며 仁(인)이 能(능)히 守(슈)코도 莊(장)ᄒ야 ᄡᅥ 涖(리)티
몯ᄒ면 民(민)이 敬(경)티 아니ᄒᄂ니라

知(디)ㅣ 及(급)ᄒ며 仁(인)이 能(능)히 守(슈)ᄒ며 莊(장)ᄒ야 ᄡᅥ 涖(리)코도
動(동)ᄒ기를 禮(례)로ᄡᅥ 아니면 善(션)티 아니ᄒ니라

集註

411-㉠

知, 去聲.
○ 知足以知此理, 而私欲間之, 則無以有之於身矣.

知는 去聲이다.
○ 지혜로 보아 족히 이 이치를 알 수 있으나, 私欲이 그 틈에 끼인다면
이를 몸에 지닐 수 없다.

411-㊁

莅, 臨也. 謂臨民也. 知此理而無私欲以間之, 則所知者在我而不失矣. 然猶有不莊者, 蓋氣習之偏, 或有厚於內而不嚴於外者. 是以民不見其可畏而慢易之. 下句放此.

莅는 臨하다의 뜻으로, 百姓에게 臨하는 것을 일컫는다. 이 이치를 알고 私欲이 그 틈에 끼이지 않게 한다면 아는 바가 나에게 있어 잃지 않게 된다. 그러나 오히려 莊嚴하지 못한 것이 있는 것은, 대체로 氣習(기질과 습성)이 치우쳐 혹 안으로는 厚하나 밖으로 莊嚴하지 못하기 때문일 것이다. 이로써 百姓은 가히 두려워할 바는 보지 못하고, 교만하고 쉽게 여기게 되는 것이다. 아래 구절도 이와 같다.

411-㊂

動之, 動民也. 猶曰: 鼓舞而作興之云爾. 禮, 謂義理之節文.
○ 愚謂:「學至於仁, 則善有諸己而大本立矣. 莅之不莊, 動之不以禮, 乃其氣禀學問之小疵, 然亦非盡善之道也. 故夫子歷言之, 使知德愈全則責愈備, 不可以爲小節而忽之也.」

動之는 百姓을 움직이는 것이다. 鼓舞시켜 作興시킨다고 말하는 것과 같다.
○ 내 생각은 이렇다. "배움이 仁에 다다르면 善이 자기 몸에 있게 되어 큰 근본이 세워진다. 百姓에게 臨하되 莊嚴하지 못하고, 百姓을 움직이게 하되 禮로써 하지 못하는 것은, 그 氣禀과 學問의 작은 흠이지만, 그러나 역시 盡善之道는 아니다. 그러므로 夫子가 이를 말하여 德이 온전해질수록 책임도 더욱 갖추어, 小節이라 하여 소홀히 해서는 안 됨을 알도록 한 것이다."

412(15-33)

君子不可小知而可大受也

공자가 말하였다.

"군자는 작은 일을 가지고는 그의 참모습이 알려질 수 없으나, 큰 일은 맡아서 할 수 있다. 그러나 소인은 큰 일은 맡을 수 없으나, 작은 일로는 그의 능력이 알려질 수가 있다."

子曰:「君子不可小知而可大受也, 小人不可大受而可 小知也.」㊀

【小知】 사소한 일로 능력 있다고 세상에 알려짐. 혹은 知를 '알아보다, 알게 되다'로 풀이하기도 한다.
【大受】 큰 임무를 맡음.

子(ᄌ)ㅣ ᄀᆞᆯ으샤딕 君子(군ᄌ)는 可(가)히 小(쇼)에 知(디)티 몯ᄒ고 可(가)히 大(대)엔 受(슈)홀 꺼시오 小人(쇼신)은 可(가)히 大(대)엔 受(슈)티 몯ᄒ고 可(가)히 小(쇼)에 知(디)홀 꺼시니라

 子(ᄌ)ㅣ ᄀᆞᆯ샤딕 君子(군ᄌ)는 可(가)히 小(쇼)로 아디 몯ᄒ고 可(가)히 크게 受(슈)홀디오 小人(쇼인)은 可(가)히 크게 受(슈)티 몯ᄒ고 可(가)히 小(쇼)로 알 디니라

◈ 集 註

412-㊀

此言觀人之法. 知, 我知之也. 受, 彼所受也. 蓋君子於細事未必可觀, 而材德足以任重; 小人雖器量淺狹, 而未必無一長可取.

이는 사람 관찰법을 말한 것이다. 知는 내가 안다는 뜻이요, 受는 상대가 받는 것이다. 대체로 君子는 사소한 일에는 반드시 볼 만함이 있어야 되는 것은 아니지만 才質과 德은 족히 중요한 일을 맡을 수 있다. 小人은 비록 기량은 얕고 협소하나 그렇다고 해서 반드시 한 가지 취할 만한 장점이 없으란 법도 없다.

413(15-34)

民之於仁也

공자가 말하였다.

"백성에게 인仁이란 급하기가 물불보다 더하다. 그런데도 물불에 대해서는, 나는 그것을 잘못 밟아 죽는 자를 보았지만, 인을 밟다가 죽었다는 자는 아직 보지 못하였다."

> 子曰:「民之於仁也, 甚於水火. 水火, 吾見蹈而死者矣,
> 未見蹈仁而死者也.」㊀

【甚於水火】 현실 생활에서 물이나 불보다 더 급하고 소용이 닿는 것이 仁이라는 뜻. 《孟子》 盡心(上)에 「民非水火不生活」이라 하였다.

【蹈仁】 仁을 실행하려고 애씀. '仁을 遂行하느라 죽었다는 사람은 보지 못하였다' 는 뜻.

子(ᄌ)ㅣ ᄀᆞᆯ 오샤ᄃᆡ 民(민)이 仁(신)에 水火(슈화)도곤 甚(심)ᄒᆞ니 水火(슈화)ᄂᆞᆫ 내 蹈(도)ᄒᆞ야 死(ᄉᆞ)ᄒᆞᄂᆞᆫ 者(쟈)ᄅᆞᆯ 보앗거니와 仁(신)을 蹈(도)ᄒᆞ야 死(ᄉᆞ)ᄒᆞᄂᆞᆫ 者(쟈)ᄅᆞᆯ 보디 몯게라

 子(ᄌ)ㅣ ᄀᆞᄅᆞ샤ᄃᆡ 民(민)의게 仁(인)이 水火(슈화)두곤 甚(심)ᄒᆞ니 水火(슈화)ᄂᆞᆫ 내 蹈(도)ᄒᆞ야 주근 者(쟈)ᄅᆞᆯ 보앗거니와 仁(인)을 蹈(도)ᄒᆞ야 주근 者(쟈)ᄅᆞᆯ 보디 몯게라

◆ 集 註

413-㊀

民之於水火, 所賴以生, 不可一日無. 其於仁也亦然. 但水火外物, 而仁在己. 無水火, 不過害人之身, 而不仁則失其心. 是仁有甚於水火, 而尤不可一日無者也. 況水火 或有時而殺人, 仁則未嘗殺人, 亦何憚而不爲哉?

李氏曰: 「此夫子勉人爲仁之語.」

下章放此.

百姓에게 있어서 물과 불이란 의지해서 사는 것으로, 하루라도 없어서는 안 된다. 仁에 있어서도 역시 그와 같다. 단지 물과 불은 外物이요, 仁은 나에게 있는 것이다. 물과 불이 없으면 사람의 몸에 害를 주는데 불과하지만, 仁하지 못하면 그 마음을 잃게 된다. 이러한 仁이 물불보다 심함이 있고 더욱이 하루라도 없어서는 안 되는 것이다. 하물며 물과 불은 혹 때에 따라서는 사람을 죽게도 하지만, 仁은 일찍이 사람을 죽게 한 적이 없다. 그러니 어찌 꺼려 하며 실행하지 않을 수 있겠는가?

李氏(李郁)는 이렇게 말하였다. "이는 夫子가 사람이 仁을 行하도록 면려시키는 말이다."

아래 章도 이와 같다.

當仁不讓於師

공자가 말하였다.

"인仁에 당하여는 스승에게도 양보하지 않아야 한다."

子曰:「當仁, 不讓於師.」⊖

● **諺解**

 子(즈)ㅣ 굴ᄋ샤ᄃᆡ 仁(신)을 當(당)ᄒ야 師(스)에 讓(샹)티 아니홀
ᄯᅵ니라

 子(즈)ㅣ ᄀᆞᄅ샤ᄃᆡ 仁(인)을 當(당)ᄒ얀 師(스)의게도 讓(양)티
아닐 디니라

414-㊀

當仁, 以仁爲己任也. 雖師亦無所遜, 言當勇往而必爲也. 蓋仁者, 人所自有而自
爲之, 非有爭也, 何遜之有?

○ 程子曰:「爲仁在己, 無所與遜. 若善名在外, 則不可不遜.」

當仁이란 仁을 자신의 임무로 삼는 것이다.
비록 스승일지라도 역시 그에게 양보할 바가
없다는 것은 의당 용감히 나아가 반드시 실행해
야 함을 말한다. 대개 仁이란 사람이 자연스럽게
가지고 스스로 行하는 것으로, 다툼이 있는 것이
아니니 어찌 謙遜(양보)이 있겠는가?

○ 程子(程顥)는 이렇게 말하였다. "仁을 行하
는 것은 자신에게 있으므로 讓步(謙遜)와 관련
없다. 만약 善하다는 이름이 밖으로 나는 것이라
면 양보하지 않을 수 없을 것이다."

"當仁不讓"(石可)

415(15-36)

君子貞而不諒

공자가 말하였다.

"군자는 곧은 도리를 지키되 작은 신의에 매달리지 않느니라."

子曰:「君子貞而不諒.」㊀

【貞】 大信. 곧은 道理.《賈子》道術篇에「言行抱一謂之貞」이라 하였고,《廣雅》
釋詁(一)에「貞, 正也」라 하였다.

【諒】 작은 信義. 혹은 固執. 朱駿聲《說文通訓定聲》에 이 '諒'자를 '劲'의 假借字라
하였다. '고집스럽다'의 뜻이다.

子(ᄌ)ㅣ ᄀᆞᆯᄋᆞ샤ᄃᆡ 君子(군ᄌ)ᄂᆞᆫ 貞(뎡)ᄒᆞ고 諒(량)티 아니ᄒᆞ니라

 子(ᄌ)ㅣ ᄀᆞᄅᆞ샤ᄃᆡ 君子(군ᄌ)ᄂᆞᆫ 貞(뎡)코 諒(량)티 아니ᄒᆞ니라

◆ 集 註

415-㊀

貞, 正而固也. 諒, 則不擇是非而必於信.

貞은 바르면서 굳은 것이다. 諒은 是非를 가리지 않고 믿음에만 期必함이다.

416(15-37)

事君

공자가 말하였다.

"임금을 섬김에는 그 일을 공경히 하고, 그 식록食祿은 뒤로 미루는 것이니라."

子曰:「事君, 敬其事而後其食.」⊖

【食】食祿, 俸祿. '식'으로 읽는다.

諺 解

子(ㅈ)ㅣ 골오샤되 君(군)을 事(ㅅ)호되 그 事(ㅅ)를 敬(경)ㅎ고
그 食(식)을 後(후)홀 띠니라

子(ㅈ)ㅣ ㄱ론샤되 君(군)을 事(ㅅ)호되 그 事(ㅅ)를 敬(경)ㅎ고
그 食(식)을 後(후)홀 디니라

 集 註

416-㊀

後, 與『後獲』之後同. 食, 祿也. 君子之仕也, 有官守者修其職, 有言責者盡其忠.
皆以敬吾之事而已, 不可先有求祿之心也.

後는 '後獲'(139(6-20))의 '後'자와 같다. 食은 祿이다. 君子가 벼슬함에는 지킬
관직을 가진 자는 그 직책을 닦고, 말의 책임이 있는 자는 그 충성을 다하는
것이다. 모두가 나의 일만 공경히 하면 그뿐이며, 祿을 먼저 구하는 마음이
있어서는 안 된다.

417(15-38)

有敎無類

공자가 말하였다.

"가르침에는 유별함이 없어야 한다."**

子曰:「有敎無類.」㉠

【類】貴賤貧富 등을 구별함.

* 述而篇 154(7-7)에「自行束脩以上, 吾未嘗無誨焉」이라 하였다.

* 한편 本章의 뜻에 대하여《諺解》에는 "가르치게 되면 사람들은 差異가 없어진다"
라는 뜻으로 보았으나, 楊伯峻·毛子水 등은 "사람을 구별하여 가르쳐서는 안
된다"는 뜻으로 보았다. 그리고 劉寶楠의《論語正義》에는 皇疏를 인용하여「人乃
有貴賤, 同宜資敎, 不可以其種類庶鄙, 而不敎之也. 敎之則善, 本無類也」라 하였다.
그 외에 何晏의《論語集解》에 인용된 馬融의 注에는「言人所在見敎, 無有種類」라
하였다.

〈有教無類〉石刻畫(石可)

 諺 解

 子(ᄌ)ㅣ ᄀᆞᆯᄋᆞ샤ᄃᆡ 敎(교)를 두면 類(류)ㅣ 업ᄉ리니라

 子(ᄌ)ㅣ ᄀᆞᄅ샤ᄃᆡ 敎(교)ㅣ 이시면 類(류)ㅣ 업스니라

◈ 集 註

417-㊀

人性皆善, 而其類有善惡之殊者, 氣習之染也. 故君子有敎, 則人皆可以復於善,
而不當復論其類之惡矣.

사람의 성품은 모두가 善한대도 그 類에 있어서 善惡의 차이가 있는 것은, 氣質과 習性에 물들었기 때문이다. 따라서 君子가 교육함이 있으면 사람은 모두가 善으로 복귀하게 된다. 그러니 다시 그 類가 惡하다느니 하는 論議를 해서는 안 된다.

道不同

공자가 말하였다.

"도가 같지 않으면 모책을 함께 꾸미지 말 것이니라."

子曰:「道不同, 不相爲謀.」㊀

諺解

 子(ᄌ)ㅣ ᄀᆯᄋ샤ᄃᆡ 道(도)ㅣ 同(동)티 아니면 섈ᄋ 爲(위)ᄒ야
謀(모)티 몯ᄒᄂ니라

 子(ᄌ)ㅣ ᄀᆯᄋ샤ᄃᆡ 道(도)ㅣ 同(동)티 아니면 서르 爲(위)ᄒ야
謀(모)티 몯ᄒᄂ니라

◆ **集註**

418-㉠

爲, 去聲.
○ 不同, 如善惡邪正之類.

爲는 去聲이다.
○ 不同은 善惡・邪正의 類別 같은 것이다.

419(15-40)

辭達而已矣

공자가 말하였다.
"말辭이란 통하게 하면 될 뿐이다."**

子曰:「辭達而已矣.」㊀

【辭】言語文辭.
* 言語의 지나친 수식을 경계한 말이다.
*《儀禮》聘禮에「辭無常, 孫而說. 辭多則史, 少則不達. 辭苟足以達, 義之至也」라
  하였다.

子(조)ㅣ 굴오샤딕 辭(ᄉ)ᄂᆞᆫ 達(달)ᄒᆞᆯ ᄯᆞᄅᆞᆷ이니라

 子(조)ㅣ ᄀᆞᄅᆞ샤딕 辭(ᄉ)ᄂᆞᆫ 達(달)ᄒᆞᆯ ᄯᆞᄅᆞᆷ이니라

◈ 集 註

419-㊀

辭, 取達意而止, 不以富麗爲工.

辭는 뜻의 通達함을 취하는 데에 그치는 것으로, 富麗함을 工(잘함)으로 여기지는
않는다.

420(15-41)

師冕見

악사 면冕이 뵈러 와서 계단에 다다르자, 공자가 이렇게 일러주었다.

"계단입니다."

그가 자리에 이르자 공자가 이렇게 안내하였다.

"자리입니다."

모두가 자리에 앉자 공자가 다시 이렇게 일러주었다.

"아무개는 여기에 앉아 있고, 아무개는 여기에 앉아 있습니다."

악사 면이 떠나자 자장子張이 여쭈었다.

"악사와 말씀을 나눌 때의 도입니까?"

공자가 이렇게 대답하였다.

"그렇다. 진실로 악사를 돕는 도리이니라."

師冕見, 及階, 子曰:「階也.」

　　　及席, 子曰:「席也.」

　　皆坐, 子告之曰:「某在斯, 某在斯.」㊀

師冕出.

　　　　子張問曰:「與師言之道與?」㊁

　　　　子曰:「然. 固相師之道也.」㊂

【師冕】師는 樂師. 대개 장님이었다. 冕은 이름.

【子張】顓孫師.

● 諺 解

　　師(스)ㅣ언 冕(면)이 見(현)홀씨 階(계)예 미처늘 子(즈)ㅣ 글ㅇ
샤디 階(계)라 ㅎ시고 席(셕)에 미처늘 子(즈)ㅣ 글ㅇ샤디 席(셕)이라
ㅎ시고 다 坐(좌)ㅎ야늘 子(즈)ㅣ 告(고)ㅎ야 글ㅇ샤디 某(모)ㅣ
이예 잇고 某(모)ㅣ 이예 잇다 ㅎ시다

師(스)ㅣ언 冕(면)이 出(츌)커늘 子張(즈댱)이 묻즈와 글오디 師(스)로
더블어 言(언)ㅎ는 道(도)ㅣ 니잇가

子(즈)ㅣ 글ㅇ샤디 그러ㅎ다 본디 師(스)를 相(샹)ㅎ는 道(도)ㅣ니라

　　師冕(스면)이 뵈옵거늘 階(계)예 미츠매 子(즈)ㅣ ᄀᆞᄅ샤디
階(계)라 ㅎ시고 席(셕)에 미츠메 子(즈)ㅣ ᄀᆞᄅ샤디 席(셕)이라
ㅎ시고 다 坐(좌)호매 子(즈)ㅣ 告(고)ㅎ야 ᄀᆞᄅ샤디 某(모)ㅣ 이예
이시며 某(모)ㅣ 이예 잇다ㅎ더시다

師冕(스면)이 出(츌)커늘 子張(즈댱)이 問(문)ㅎ야 글오디 師(스)와 더브러
言(언)ㅎ는 道(도)ㅣ 잇가

子(즈)ㅣ ᄀᆞᄅ샤디 그러ㅎ다 본디 師(스)를 相(샹)ㅎ는 道(도)ㅣ니라

420-㊀

見, 賢遍反.

○ 師, 樂師, 瞽者. 冕, 名. 再言某在斯, 歷擧在坐之人以詔之.

見은 反切로 '賢遍反'(현)이다.

○ 師는 樂師이며 장님이다. 冕은 이름이다. 두 번 '某在斯'라 한 것은 앉아 있는 사람을 자세히 거론하여 그에게 말해 준 것이다.

420-㊁

與, 平聲.

○ 聖門學者, 於夫子之一言一動, 無不存心省察如此.

與는 平聲이다.

○ 聖人 門下의 배우는 자들은 夫子의 말 한 마디, 행동 하나에도 마음에 두어 省察하지 않는 바가 없음이 이와 같았던 것이다.

420-㊂

相, 去聲.

○ 相, 助也. 古者瞽必有相, 其道如此. 蓋聖人於此, 非作意而爲之, 但盡其道而已.

○ 尹氏曰:「聖人處己爲人, 其心一致, 無不盡其誠故也. 有志於學者, 求聖人之心, 於斯亦可見矣.」

范氏曰:「聖人不侮鰥寡, 不虐無告, 可見於此. 推之天下, 無一物不得其所矣.」

相은 去聲이다.

○ 相은 돕다(助)의 뜻이다. 옛날에 장님에게는 반드시 도와주는 자가 있었으며 (《周禮》 春官 太師에 '凡樂事相瞽'라 함), 그 道는 이(本文)와 같았다. 대개 聖人이 이 일에 대하여 作爲의 뜻으로 이렇게 한 것이 아니라, 다만 그 道를 다하였을 뿐이다.

○ 尹氏(尹焞)는 이렇게 말하였다. "聖人은 자신의 處함과 남을 위함에 있어서는 그 마음이 일치하였으며, 그 성의를 다하지 않음이 없었기 때문이다. 배움에 뜻을 둔 자라면 聖人의 마음을 찾음에 여기서도 역시 발견할 수 있을 것이다."

范氏(范祖禹)는 이렇게 말하였다. "聖人이 홀아비나 과부를 업신여기지 않으며, 고할 데 없는 이를 학대하지 않음을 여기서 가히 볼 수 있다. 이를 天下에 미루어 보면 하나의 사물도 제자리를 얻지 못하는 경우는 없을 것이다."

논
어

〈後蜀石經〉(後蜀) 1938 四川 成都 출토

계씨季氏 第十六

총14장(421-434)

◈ **集註**

洪氏曰:「此篇或以爲齊論.」
凡十四章.

홍씨洪氏(洪興祖)는 이렇게 말하였다. "이 편篇은 혹 ≪제론齊論≫이
아닌가 한다."
모두 14장이다.

421(16-1)

季氏將伐顓臾

　　계씨季氏가 장차 전유顓臾를 벌伐하려 하자 염유冉有·계로季路가 공자를 뵙고 이렇게 알렸다.

　　"계씨가 장차 전유에게 일을 벌이려 합니다."

　　공자가 이렇게 물었다.

　　"구求야! 이는 너의 잘못 때문에 일어난 일이 아니냐? 무릇 전유는 옛날 선왕이 동몽東蒙의 제주祭主로 삼으셨고, 게다가 방역邦域의 가운데에 자리하고 있어, 이는 사직지신社稷之臣이니 어찌 벌할 대상일 수 있겠느냐?"

　　염유가 이렇게 대답하였다.

　　"계씨가 그리 하고자 하는 것입니다. 우리 두 신하는 모두가 그렇게 하지 않고자 합니다."

공자가 다시 이렇게 말하였다.

"구야! 주임周任이 '힘을 다 펼쳐 벼슬에 나가되 능치 못하거든 그만둘 것이다'라 하였단다. 장님이 위험에 처하였는데도 이를 붙들어 주지 못하고, 그가 넘어지려 하는데도 그를 잡아주지 못한다면, 그 어찌 그런 자의 도움으로 쓰이겠느냐? 게다가 너의 말이 잘못되었구나. 호시虎兕가 우리를 뛰쳐나왔고, 거북 껍질과 옥이 궤 속에서 깨어진다면 이것이 누구의 잘못이겠느냐?"

염유가 다시 이렇게 말하였다.

"지금의 전유는 견고하고, 게다가 계씨의 땅 비읍費邑에 가까워 만약 지금 취하지 아니하면, 후세에 반드시 자손의 우환이 될 것이라고 여기기 때문입니다."

공자가 다시 이렇게 말하였다.

"구야! 군자는 자신은 그만두었다 하면서 하고자 하는 것은 반드시 하고야 만다는 핑계를 대는 말을 아주 싫어한단다. 내丘 들으니 나라와 가정을 가진 자는 적은 것을 걱정할 것이 아니라, 고르게 분배되지 못함을 걱정해야 하고, 가난함을 걱정할 것이 아니라, 백성이 편안함을 누리지 못함을 걱정해야 한다고 하였다. 대개 고르게 분배되면 가난을 느끼지 않게 되고, 화목하면 적다고 느끼지 않게 되며, 평안하면 기울다고 느끼지 않게 되는 법이다. 무릇 이와 같이 하였는데도 먼데 사람이 복종해오지 않는다면 문덕文德을 잘 닦아 찾아오도록 해야 하는 것이다. 그들이 이미 복종해 온 다음에는 그들을 안심시켜야 하는 것이다. 지금 중유와 염유, 너희들은 그 계씨를 도우면서 먼 데 사람이 복종해 오지도 않고, 그들을 능히 찾아오도록 하지 못하면서, 나라는 갈라지고 무너지고 흩어지며 부서지고 있는데도 능히 이를 지켜내지 못하고, 도리어 군대를 일으켜 나라 안을 흔들고 있구나. 나는 계손씨의 우환이 전유에게 있는 것이 아니라, 바로 소장지내蕭牆之內에 있는 것이 아닌가 한다."

季氏將伐顓臾.㊀

冉有·季路見於孔子曰:「季氏將有事於顓臾.」㊁

孔子曰:「求! 無乃爾是過與?㊂ 夫顓臾, 昔者, 先王以爲東蒙主, 且在邦域之中矣, 是社稷之臣也. 何以伐爲?」㊃

冉有曰:「夫子欲之, 吾二臣者皆不欲也.」㊄

孔子曰:「求! 周任有言曰:『陳力就列, 不能者止.』危而不持, 顛而不扶, 則將焉用彼相矣?㊅ 且爾言過矣, 虎兕出於柙, 龜玉毀於櫝中, 是誰之過與?」㊆

冉有曰:「今夫顓臾, 固而近於費. 今不取, 後世必爲子孫憂.」㊇

孔子曰:「求! 君子疾夫舍曰欲之而必爲之辭.㊈ 丘也聞有國有家者, 不患寡而患不均, 不患貧而患不安. 蓋均無貧, 和無寡, 安無傾.㊉ 夫如是, 故遠人不服, 則修文德以來之. 旣來之, 則安之.㊊ 今由與求也, 相夫子, 遠人不服, 而不能來也; 邦分崩離析, 而不能守也;㊋ 而謀動干戈於邦內. 吾恐季孫之憂, 不在顓臾, 而在蕭牆之內也.」㊌

【季氏】季孫氏. 冉有와 季路가 季氏 집안의 家臣이 되어 있었다.

【顓臾】魯나라의 屬國. 附庸國. 지금의 山東省 費縣 서북쪽의 顓臾村.《左傳》僖公 21年에「顓臾, 風姓也, 實司太皥與有濟之祀」라 하였다.

【冉有】冉求. 字는 子有.

【季路】仲由. 字는 子路.

【有事】《左傳》成公 12年에「國之大事, 在祀與戎」이라 하여 전쟁을 뜻한다.

【東蒙】蒙山. 지금의 山東省 蒙陰縣 남쪽이며, 費縣과 경계를 이루고 있다.《漢書》地理志에「泰山郡蒙陰, 禹貢蒙山在西南, 有祠, 顓臾國在蒙山下」라 하였다.

【周任】古代의 어떤 史官. 구체적으로는 알 수 없다.

【費】魯나라 季氏의 采邑. 지금의 山東省 費縣 서남쪽 費城.

【干戈】방패와 창. 轉意되어 전쟁을 뜻한다.

【蕭牆】蕭는 肅, 牆은 屛과 같다. 나라의 塞門 안을 가리킨다. 君臣의 相見之禮에 肅然히 敬意를 표해야 하는 곳이라는 뜻에서 유래되었다 하며, 결국 魯나라 내의 문제라는 뜻. 內憂라는 뜻으로 넓어졌다. '蕭墻'으로도 쓴다(《諺解》).

⊙ 諺解

 季氏(계시)ㅣ 쟝춫 顓臾(젼유)를 伐(벌)호려 ᄒᆞ더니
冉有(셤유)와 季路(계로)ㅣ 孔子(공ᄌᆞ)끠 見(현)ᄒᆞ야 글오ᄃᆡ
季氏(계시)ㅣ 쟝춫 顓臾(젼유)에 事(ᄉᆞ)를 두려 ᄒᆞ노쇠이다

孔子(공ᄌᆞ)ㅣ 골ᄋᆞ샤ᄃᆡ 求(구)아 아니 네의 이 過(과)아

顓臾(젼유)는 녜 先王(션왕)이 뻐 東蒙(동몽)의 主(쥬)를 삼ᄋᆞ시고 ᄯᅩ 邦域(방역) 가온ᄃᆡ 인ᄂᆞᆫ 디라 이 社稷(샤직)ㅅ 臣(신)이니 엇디 뻐 伐(벌)ᄒᆞ리오

冉有(셤유)ㅣ 골오ᄃᆡ 夫子(부ᄌᆞ)ㅣ 欲(욕)ᄒᆞ건뎡 우리 二臣(ᅀᅵ신)은 다 欲(욕)디 아니ᄒᆞ노이다

孔子(공ᄌᆞ)ㅣ 골ᄋᆞ샤ᄃᆡ 求(구)아 周任(쥬심)이 言(언)을 두어 골오ᄃᆡ 力(력)을 陳(딘)ᄒᆞ야 列(렬)에 就(춰)ᄒᆞ야 能(능)티 몯ᄒᆞᄂᆞᆫ 者(쟈)ㅣ 止(지)홀ᄠᆞ라 ᄒᆞ니 危(위)호ᄃᆡ 持(디)티 몯ᄒᆞ며 顚(뎐)호ᄃᆡ 扶(부)티 몯ᄒᆞ면 쟝춫 어ᄃᆡ 뻐 相(샹)을 쁘리오

또 네 言(언)이 過(과)ㅎ도다 虎(호)와 兕(시)ㅣ 柙(합)에 出(츌)ㅎ여 龜(귀)와 玉(옥)이 櫝中(독듕)에셔 毀(훼)홈이 이 뉘 過(과)오

冉有(염유)ㅣ 골오디 이제 顓臾(젼유)ㅣ 固(고)ㅎ고 費(비)에 近(근)ㅎ니 이제 取(취)티 아니ㅎ면 後世(후셰)예 반드시 子孫(ㅈ손)의 憂(우)ㅣ 되리이다

(缺落: 未諺解 부분임)

이제 由(유)와 다못 求(구)는 夫子(부ㅈ)를 相(샹)호디 遠人(원신)이 服(복)디 아니호디 能(능)히 來(릭)케 몯ㅎ며 邦(방)이 分崩(분붕)ㅎ며 離析(리셕)호디 能(능)히 守(슈)티 몯ㅎ고

干戈(간과)를 邦內(방닉)예 動(동)홈을 謀(모)ㅎ니 나는 季孫(계손)의 憂(우)ㅣ 顓臾(젼유)에 잇디 아니ㅎ고 蕭墻(쇼쟝)ㅅ 內(닉)예 이실까 저허ㅎ노라

 季氏(계시)ㅣ 쟝춧 顓臾(젼유)를 치려커늘

冉有(염유)와 季路(계로)ㅣ 孔子(공ㅈ)씌 뵈오와 골오디 季氏(계시)ㅣ 쟝춧 顓臾(젼유)에 事(ㅅ)를 둘러이다

孔子(공ㅈ)ㅣ ᄀᆞ르샤디 求(구)아 아니 네 이 過(과)ㅎ냐

顓臾(젼유)는 네 先王(션왕)이 뻐 東蒙(동몽) 主(쥬)를 삼ᄋ시고 또흔 邦域(방역) 가온대 이신 디라 이는 社稷(샤직)의 臣(신)이니 엇디 뻐 伐(벌)ㅎ리오

冉有(염유)ㅣ 골오디 夫子(부ㅈ)ㅣ 欲(욕)홀 ᄰᅳᆫ이언뎡 우리 두 신하는 다 欲(욕)디 아닛노이다

孔子(공ㅈ)ㅣ ᄀᆞ르샤디 求(구)아 周任(쥬임)이 말을 두어 골오디 力(력)을 陳(딘)ㅎ야 列(렬)의 나아가 能(능)티 몯ㅎ는 者(쟈)는 止(지)홀 디니 危(위)호매 持(디)티 몯ㅎ며 顚(뎐)호디 扶(부)티 몯ㅎ면 相(샹)을 쟝춧 어딘 쓰료 ㅎ니라

또흔 네 말이 過(과)ㅎ도다 虎兕(호시)ㅣ 柙(합)에셔 나며 龜玉(귀옥)이 櫝(독) 가온대셔 毀(훼)ㅎ면 이 뉘 過(과)오

冉有(염유)ㅣ 골오디 이제 顓臾(젼유)ㅣ 固(고)ㅎ고 費(비)예 갓가오니 이제 取(취)티 아니ㅎ면 後世(후셰)예 반드시 子孫(ㅈ손)의 근심이 되리이다

孔子(공ㅈ)ㅣ ᄀᆞ르샤디 求(구)아 君子(군ㅈ)는 欲(욕)ㅎ노라 니르디 아니코 구틱여 辭(ㅅ)호믈 아쳐ㅎᄂᆞ니라

丘(구)는 그르니 國(국)을 두며 家(가)를 둣는 者(쟈)는 寡(과)를 患(환)티 말고 均(균)티 아니호믈 患(환)ㅎ며 貧(빈)을 患(환)티 말고 安(안)티 아니호믈

患(환)홀 거시라 ᄒᆞ니 均(균)ᄒᆞ면 貧(빈)호미 업고 和(화)ᄒᆞ면 寡(과)호미 업고 安(안)ᄒᆞ면 傾(경)호미 업ᄉᆞ니라

이ᄀᆞᄐᆞᆫ 디라 故(고)로 遠人(원인)이 服(복)디 아니커든 文德(문덕)을 修(슈)ᄒᆞ야 ᄡᅧ 來(ᄅᆡ)케 ᄒᆞ고 이믜 來(ᄅᆡ)ᄒᆞ얀 安(안)케 ᄒᆞᄂᆞ니라

이제 由(유)와 다ᄆᆞᆺ 求(구)ᄂᆞᆫ 夫子(부ᄌᆞ)ᄅᆞᆯ 相(샹)호ᄃᆡ 遠人(원인)이 服(복)디 아녀도 能(능)히 來(ᄅᆡ)케 몯ᄒᆞ며 邦(방)이 分崩(분붕)ᄒᆞ며 離析(리셕)호ᄃᆡ 能(능)히 守(슈)티 몯ᄒᆞ고

干戈(간과)ᄅᆞᆯ 邦內(방ᄂᆡ)예 動(동)호ᄆᆞᆯ 謀(모)ᄒᆞᄂᆞ니 나ᄂᆞᆫ 季孫(계손)의 시름이 顓臾(젼유)의 잇디 아니코 蕭墻(쇼쟝) 안희 이실가 젓노라

◈ 集註

421-㊀

顓, 音專. 臾, 音兪.

○ 顓臾, 國名, 魯附庸也.

顓은 음이 專(전)이다. 臾는 음이 兪(유)이다

○ 顓臾는 나라 이름이며, 魯나라의 附庸(속국)이다.

421-㊁

見, 賢遍反.

○ 按左傳·史記, 二子仕季氏不同時. 此云爾者, 疑子路嘗從孔子自衛反魯, 再仕季氏, 不久而復之衛也.

見은 反切로 '賢遍反'(현)이다.

○《左傳》(定公 12年·13年)과《史記》(魯周公世家·孔子世家)를 보면 두 사람이 季氏에게 벼슬한 것이 같은 시기가 아니다. 여기에 말한 것은 子路가 일찍이 孔子를 따라 衛나라에서 魯나라로 돌아와 다시 季氏에게 벼슬하다가 얼마 지나지 않아 다시 衛나라로 간 것이 아닌가 한다.

421-㉢

與, 平聲.

○ 冉求爲季氏聚斂, 尤用事. 故夫子獨責之.

與는 平聲이다.

○ 冉求가 季氏를 위하여 세금을 거두며 더욱이 그 일을 도맡아 하였다
(269(11-16)). 그 때문에 夫子가 유독 그를 질책한 것이다.

421-㉣

夫, 音扶.

○ 東蒙, 山名. 先王封顓臾於此山之下, 使主其祭, 在魯地七百里之中. 社稷,
猶云公家. 是時四分魯國, 季氏取其二, 孟孫·叔孫各有其一. 獨附庸之國尙爲
公臣, 季氏又欲取以自益. 故孔子言顓臾乃先王封國, 則不可伐; 在邦域之中, 則不
必伐; 是社稷之臣, 則非季氏所當伐也. 此事理之至當, 不易之定體, 而一言盡其曲折
如此, 非聖人不能也.

夫는 음이 扶(부)이다.
○ 東蒙은 山이름이다. 先王이 顓臾를 이 山 아래 땅에 봉하여 그 제사를 주재토록
하였으며, 魯나라 땅 7백 리 안에 있었다. 社稷은 公家라고 일컫는 말과 같다.
이 당시 魯나라를 넷으로 나눈다면, 季氏가 그 둘을 가졌고 公孫氏와 叔孫氏가
각각 하나씩 차지하고 있는 셈이었다(《左傳》昭公 5年 참조). 오직 附庸國(부속국)
만은 그래도 公臣이었는데, 季氏가 다시 이것까지 취하여 자신에게 보태려 하였다.
그 때문에 孔子가 顓臾는 先王이 봉한 나라이므로 가히 칠 수 없으며, 邦域(魯나라
영역) 안에 있으니 칠 필요가 없고, 이는 社稷의 신하이니 季氏가 칠 명분이 아니라고
한 것이다. 이는 사리로도 지당한 것이요, 바꿀 수 없는 定體인데, 한 마디 말로
그 曲折을 다함이 이와 같았으니, 聖人이 아니라면 불가능하였을 것이다.

421-㉤

夫子, 指季孫. 冉有實與謀, 以夫子非之, 故歸咎於季氏.

夫子는 季孫을 가리킨다. 冉有는 실제로 謀議에 참여하였고, 夫子가 이를
그릇되다 하자 그 때문에 허물을 季氏에게 돌린 것이다.

421-㈥

任, 平聲. 焉, 於虔反. 相, 去聲, 下同.
○ 周任, 古之良史. 陳, 布也. 列, 位也. 相, 瞽者之相也. 言二子不欲則當諫,
諫而不聽, 則當去也.

任은 平聲이다. 焉은 反切로 '於虔反'(언)이다. 相은 去聲이며 아래도 같다.
○ 周任은 옛날의 훌륭한 史家이다. 陳은 펼쳐놓다(布)이다. 列은 位이다.
相은 장님의 도우미이다. 두 사람이 하고자 하지 않았다면 諫함이 마땅하고,
諫해서 듣지 않는다면 의당 떠나야 한다.

421-㈦

兕, 徐履反. 柙, 戶甲反. 櫝, 音獨. 與, 平聲.
○ 兕, 野牛也. 柙, 檻也. 櫝, 匱也. 言在柙而逸, 在櫝而毁, 典守者不得辭其過.
明二子居其位而不去, 則季氏之惡, 己不得不任其責也.

兕는 反切로 '徐履反'(시)이며, 柙은 '戶甲反'(합)이다. 櫝은 음이 獨(독)이며,
與는 平聲이다.
○ 兕는 들소이다. 柙은 檻(우리)이며 櫝은 匱이다. 우리 안에 있다가 逸脫해
나와 안에 있는 것이 망가뜨려졌다면, 이를 지키는 者가 그 과실을 용서받을
수 없음을 말한 것이다. 두 사람이 그 위치에 居하면서 떠나지 않는다면, 季氏의
악행에 대해 자신들이 그 책임을 지지 않을 수 없다는 것을 밝힌 것이다.

421-㈧

夫, 音扶.
○ 固, 謂城郭完固. 費, 季氏之私邑. 此則冉有之飾辭, 然亦可見其實與季氏之謀矣.

夫는 음이 扶(부)이다.

○ 固는 城郭이 완전하고 견고함을 말한다. 費는 季氏의 사사로운 邑이다.
이는 곧 冉有가 꾸며낸 말이다. 그러나 역시 季氏의 모의에 참가하였음이 사실임을
알 수 있다.

421-⑨

夫, 音扶. 舍, 上聲.
○ 欲之, 謂貪其利.

夫는 음이 扶(부)이다. 舍는 去聲이다.
○ 欲之는 그 이익을 탐한다는 말이다.

421-⑩

寡, 謂民少; 貧, 謂財乏; 均, 謂各得其分; 安, 謂上下相安. 季氏之欲取顓臾,
患寡與貧耳. 然是時季氏據國, 而魯君無民, 則不均矣. 君弱臣強, 互生嫌隙, 則不安矣.
均則不患於貧而和, 和則不患於寡而安, 安則不相疑忌, 而無傾覆之患.

寡는 百姓이 적다는 말이다. 貧은 재물이 궁핍함을 일컫는다. 均은 각기
그 몫을 얻는다는 뜻이며, 安은 上下가 서로 편안함을 말한다. 季氏의 욕심이
顓臾를 취하고자 하는 것은, 자신의 百姓이 적고 가난함을 근심한 때문이다.
그러나 당시 季氏는 나라를 가지고 있고 魯나라 임금은 百姓도 없었으니, 이는
고르지 못한 것이다. 임금은 약하고 臣下는 강하여 서로 사이에 嫌疑와 間隔이
생겼으니 이는 不安한 것이다. 고르면 가난에 걱정이 없어 和할 것이며, 和하면
적음에 근심이 없어 평안하며, 평안하면 서로 사이에 의심과 시기가 없어
傾覆之患이 없게 될 것이다.

421-⑪

夫, 音扶.
○ 內治修, 然後遠人服. 有不服, 則修德以來之, 亦不當勤兵於遠.

夫는 음이 扶(부)이다.

○ 안으로 政治가 잘 다스려진 연후에야 먼데 사람이 복종해 오는 것이다. 먼 데 사람이 복종하지 않음이 있으면 德을 닦아 오도록 하여야 하며, 역시 먼 곳까지 勤兵(군대를 보내어 싸움)하는 것은 옳지 않다.

421-㊂

子路雖不與謀, 而素不能輔之以義, 亦不得爲無罪, 故倂責之. 遠人, 謂顓臾. 分崩離析, 謂四分公室, 家臣屢叛.

子路는 비록 謀議에 가담하지는 않았지만 본디 능히 義로써 보필하지 못하였으니, 역시 罪가 없다고 할 수는 없다. 그 때문에 함께 질책한 것이다. 遠人은 顓臾를 일컫는다. 分崩離析은 公室을 四分하여 家臣들이 자주 반란을 일으킴을 말한다 (《左傳》定公 5年).

421-㊃

干, 楯也. 戈, 戟也. 蕭牆, 屛也. 言不均不和, 內變將作. 其後哀公果欲以越伐魯而去季氏.
○ 謝氏曰:「當是時, 三家强, 公室弱, 冉求又欲伐顓臾以附益之. 夫子所以深罪之, 爲其瘠魯以肥三家也.」
洪氏曰:「二子仕於季氏, 凡季氏所欲爲, 必以告於夫子. 則因夫子之言而救止者, 宜亦多矣. 伐顓臾之事, 不見於經傳, 其以夫子之言而止也與?」

干은 방패이며, 戈는 창이다. 蕭牆은 막음(屛)이다. 不均不和하여 內變이 장차 일어날 것임을 말한 것이다. 그 뒤 哀公은 과연 越나라 힘으로 魯나라를 쳐서 季氏를 제거하려 하였다(《左傳》哀公 27年).
○ 謝氏(謝良佐)는 이렇게 말하였다. "이 당시에 三家는 강하고 公室은 약하였는데, 冉有는 게다가 顓臾를 정벌하여 더 보태 주려고 하였다. 夫子가 이를 깊이 罪라고 여긴 까닭은, 그것이 魯나라를 瘦瘠하게 하여 三家를 살찌우는 것이었기 때문이었다."
洪氏(洪興祖)는 이렇게 말하였다. "두 사람이 季氏에게 벼슬하면서 무릇 季氏가 하고자 하는 모든 바를 반드시 夫子에게 알렸을 것이다. 그렇다면 夫子의 말을 근거로 중지를 얻어낸 일도 의당 많았을 것이다. 顓臾를 친 사건이 經傳(《春秋經》이나 《左傳》 등)에 보이지 않으니, 그것은 夫子의 말에 따라 중지하였기 때문인가?"

422(16-2)

天下有道

공자가 말하였다.

"천하에 도가 있으면 예악과 정벌이 천자天子의 결정으로부터 나오지만, 천하게 도가 없으면 예악과 정벌이 제후諸侯에게서 나온다. 이렇게 제후로부터 나오면 대체로 십세十世가 되도록 나라를 잃지 않을 자가 드물게 된다. 더구나 대부大夫로부터 나오게 되면 오세五世에 나라를 잃지 않을 자가 드물 것이며, 배신陪臣이 나라의 운명을 쥐게 된다면 삼세三世에 나라를 잃지 않을 자 드물 것이다. 천하에 도가 있으면 정치가 대부의 손에 있을 수가 없다. 천하에 도가 있으면 서민들은 정치에 대하여 의논할 일도 없다."

孔子曰:「天下有道, 則禮樂征伐自天子出; 天下無道, 則禮樂征伐自諸侯出. 自諸侯出, 蓋十世希不失矣; 自大夫出, 五世希不失矣; 陪臣執國命, 三世希不失矣.㊀ 天下有道, 則政不在大夫.㊁ 天下有道, 則庶人不議.」㊂

【天子】중국 전체의 共主. 周나라의 天子를 뜻한다. 周나라 때에는 周나라만이 王을 칭하였으며, 제후는 公侯伯子男(주로 公)을 칭하였다. 그러나 春秋 후기부터 제후들도 王을 칭하여 戰國時代에는 모두가 王을 칭하였으며 周室의 천자는 그 實權과 威名을 잃게 된다.

【希】稀와 같다.

【陪臣】家臣, 측근.

【庶人不議】庶民들은 私議가 없다. 政治에 대하여 비난할 것이 없다는 뜻이다.

◉ 諺解

陶山本　孔子(공ᄌ)ㅣ 글ᄋ샤ᄃᆡ 天下(텬하)ㅣ 道(도)ㅣ 이시면 禮樂(례악)과 征伐(정벌)이 天子(텬ᄌ)로브터 出(츌)ᄒᆞ고 天下(텬하)ㅣ 道(도)ㅣ 업스면 禮樂(례악)과 征伐(정벌)이 諸侯(져후)로브터 出(츌)ᄒᆞᄂᆞ니 諸侯(져후)로브터 出(츌)ᄒᆞ면 十世(십셰)예 失(실)티 아니리 듬을고 태우로브터 出(츌)ᄒᆞ면 五世(오셰)예 失(실)티 아니리 듬을고 陪臣(ᄇᆡ신)이 國命(국명)을 執(집)ᄒᆞ면 三世(삼셰)예 失(실)티 아니리 듬으니라

天下(텬하)ㅣ 道(도)ㅣ 이시면 政(정)이 태우에 잇디 아니ᄒᆞ고

天下(텬하)ㅣ 道(도)ㅣ 이시면 庶人(셔신)이 議(의)티 아니ᄒᆞᄂᆞ니라

孔子(공ᄌᆞ)ㅣ ᄀᆞᄅᆞ샤ᄃᆡ 天下(텬하)ㅣ 道(도)ㅣ 이시면 禮樂(례악)과 征伐(졍벌)이 天子(텬ᄌᆞ)로브터 나고 天下(텬하)ㅣ 道(도)ㅣ 업스면 禮樂(례악)과 征伐(졍벌)이 諸侯(져후)로브터 나ᄂᆞ니 諸侯(져후)로브터 나면 十世(십셰)예 일티 아니리 드믈고 大夫(대부)로브터 나면 五世(오셰)예 일티 아니리 드믈고 陪臣(ᄇᆡ신)이 國命(국명)을 자브면 三世(삼셰)예 일티 아니리 드므니라

天下(텬하)ㅣ 道(도)ㅣ 이시면 政(졍)이 大夫(대부)으게 잇디 아니ᄒᆞ며 天下(텬하)ㅣ 道(도)ㅣ 이시면 庶人(셔인)이 의논ᄒᆞ디 아닛ᄂᆞ니라

◆ 集 註

422-㊀

先王之制, 諸侯不得變禮樂, 專征伐. 陪臣, 家臣也. 逆理愈甚, 則其失之愈速. 大約世數, 不過如此.

先王의 制度에 諸侯는 禮樂을 바꾸거나 征伐을 단독으로 결정할 수 없다《禮記》 王制. 陪臣은 家臣을 말한다. 이치를 거스름이 심할수록 그 잃는 것도 더욱 빠르다. 대략의 世數가 이와 같음을 지나지 않는다.

422-㊁

言不得專政.

政治를 專橫할 수 없음을 말한 것이다.

422-㊂

上無失政, 則下無私議. 非箝其口使不敢言也.
○ 此章通論天下之勢.

위에서 失政이 없으면 아래에는 사사로운 비평이 없게 된다. 그 입을 재갈 물려 감히 말하지 못하게 하는 것이 아니다.

○ 이 章은 天下의 형세를 通論한 것이다.

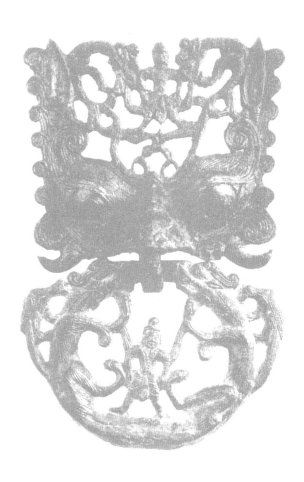

423(16-3)

祿之去公室五世矣

공자가 말하였다.

"녹祿이 공실公室에서 나오지 않은 지가 이미 오세五世가 되었고, 정치가 대부에게서 미친 지가 이미 사세四世가 되었다. 그 때문에 삼환三桓의 자손들이 미쇠하게 된 것이다."

孔子曰:「祿之去公室五世矣, 政逮於大夫四世矣, 故夫三桓之子孫, 微矣.」㊀

【五世】孔子 당시 이전까지 魯나라 君主는 宣公·成公·襄公·昭公·定公이었다.

【四世】季氏는 文子·武子·平子·桓子의 4대에 이른다.

【政逮於大夫】국사의 정책 결정이 임금에게까지 미치지 못하고 대부의 손에까지만 미쳐 결재됨을 말한다. 여기서는 三桓의 전횡을 뜻한다.

【三桓】魯나라의 三卿. 仲孫氏(孟孫氏)·叔孫氏·季孫氏. 이들은 모두 魯나라 桓公의 子孫이므로 三桓氏라 부른다.

● 諺解

孔子(공ᄌᆞ)ㅣ 골ᄋᆞ샤ᄃᆡ 祿(록)이 公室(공실)에 去(거)ᄒᆞ얀디 五世(오셰)오 政(졍)이 태우에 逮(톄)ᄒᆞ얀디 四世(ᄉᆞ셰)니 故(고)로 三桓(삼환)의 子孫(ᄌᆞ손)이 微(미)ᄒᆞ니라

孔子(공ᄌᆞ)ㅣ ᄀᆞᄅᆞ샤ᄃᆡ 祿(록)이 公室(공실)의 去(거)ᄒᆞ얀디 五世(오셰)ㅣ오 政(졍)이 大夫(대부)에 미쳔디 四世(ᄉᆞ셰)니 그러모로 三桓(삼환)의 子孫(ᄌᆞ손)이 微(미)ᄒᆞ니라

◆ 集註

423-㊀

夫, 音扶.

○ 魯自文公薨, 公子遂殺子赤, 立宣公, 而君失其政, 歷成·襄·昭·定, 凡五公. 逮, 及也. 自季武子始專國政, 歷悼·平·桓子, 凡四世, 而爲家臣陽虎所執. 三桓, 三家, 皆桓公之後. 此以前章之說推之, 而知其當然也.

○ 此章專論魯事, 疑與前章皆定公時語,

蘇氏曰:「禮樂征伐自諸侯出, 宜諸侯之强也, 而魯以失政; 政逮於大夫, 宜大夫之强也, 而三桓以微, 何也? 强生於安, 安生於上下之分定. 今諸侯大夫皆陵其上, 則無以令其下矣. 故皆不久而失之也.」

夫는 음이 扶(부)이다.

○ 魯나라는 文公(B.C. 626~606 재위)이 죽고 나서 公子 遂가 子赤을 죽이고 宣公(B.C. 608~591 재위)을 세우면서부터 君主가 政治를 잃게 되었으며(《左傳》文公 18年), 成公(B.C. 509~495 재위)·襄公(B.C. 572~542 재위)·昭公(B.C. 541~510 재위)·定公(B.C. 509~495 재위)을 거쳐왔다. 逮는 미치다(及)이다. 季武子가 처음 국정을 專橫하여 季悼子·季平子·季桓子까지 모두 4세를 거치면서 家臣 陽虎에게 이끌려 다녔다. 三桓은 三家를 말하며, 모두가 齊 桓公의 後裔이다. 이는 앞장의 내용으로써 추론해 보면 그 당연함을 알 수 있을 것이다.

○ 이 章은 오로지 魯나라 사건을 논하고 있어, 앞장과 함께 모두가 定公 때에 말한 것이 아닌가 한다.

蘇氏(蘇軾)는 이렇게 말하였다. "禮樂과 征伐이 諸侯의 결정에서 나온다면 의당 諸侯가 강해야 함에도 魯나라는 정권을 잃었고, 정치가 大夫에게서 미치면 大夫가 강해야 함에도 三桓은 미약해지고 말았으니, 무슨 이유인가? 강함이란 안정에서 생기고, 안정은 上下의 직분이 정해진 곳에서 생긴다. 지금 諸侯나 大夫가 모두 그 上을 능멸하였다면 그 下를 명령할 길이 없다. 그 때문에 모두 오래 가지 못하고 잃고 만 것이다."

424(16-4)

益者三友

공자가 말하였다.

"이익이 되는 벗이 세 가지이며 손해가 되는 벗이 세 가지이다. 벗이 곧고, 벗이 성실하고, 벗이 들음이 많으면 유익하다. 그러나 벗이 편벽便辟되고, 벗이 남을 기쁘게 하기만 하고, 벗이 편녕便佞하면 이는 손해가 된다."*

孔子曰:「益者三友, 損者三友. 友直, 友諒, 友多聞, 益矣. 友便辟, 友善柔, 友便佞, 損矣.」㊀

【直】正直, 곧음.

【諒】誠信.《說文》에「諒, 信也」라 하였다. 그러나 憲問篇 14의 諒은 '小信'의 뜻으로《論語》내에서도 그 뜻이 다르다.

【多聞】見聞이 넓음.

【便辟】치우쳐 괴벽스러움. 쌍성어. 辟은 '벽'(僻)으로 읽는다.

【善柔】남의 기분을 맞추어 주는 데에 능함.

【便佞】말만 잘 꾸미며 실천이 없음.

* 本章의 해석은《諺解》를 따랐으나 『友』를 동사로 보아 "곧은 이를 벗하고, 성실한 자를 벗하며, 많이 들은 자를 벗하면 이익이 된다"(아래 문장도 같다)라고 풀이함이 타당할 듯하다 (毛子水·楊伯峻).

"友直, 友諒, 友多聞, 益矣" "友便辟, 友善柔, 友便佞, 損矣"(石可)

● 諺解

孔子(공ᄌᆞ)ㅣ ᄀᆞᆯᄋᆞ샤ᄃᆡ 益(익)ᄒᆞᆫ 者(쟈)ㅣ 三友(삼우)ㅣ오 損(손)ᄒᆞᆫ 者(쟈)ㅣ 三友(삼우)ㅣ니 直(딕)을 友(우)ᄒᆞ며 諒(량)을 友(우)ᄒᆞ며 多聞(다문)을 友(우)ᄒᆞ면 益(익)ᄒᆞ고 便辟(편벽)을 友(우)ᄒᆞ며 善柔(션유)를 友(우)ᄒᆞ며 便佞(편녕)을 友(우)ᄒᆞ면 損(손)ᄒᆞᄂᆞ니라

孔子(공ᄌᆞ)ㅣ ᄀᆞ르샤ᄃᆡ 益(익)ᄒᆞᆫ 者(쟈)ㅣ 세 버디오 損(손)ᄒᆞᆫ 者(쟈)ㅣ 세 버디니 友(우)ㅣ 直(딕)ᄒᆞ며 友(우)ㅣ 諒(량)ᄒᆞ며 友(우)ㅣ 문(聞)이 하미 益(익)호미오 友(우)ㅣ 便辟(편벽)ᄒᆞ며 友(우)ㅣ 善柔(션유)ᄒᆞ며 友(우)ㅣ 便佞(편녕)호미 損(손)호미니라

424-㊀

便, 平聲. 辟, 婢亦反.

○ 友直, 則聞其過. 友諒, 則進於誠. 友多聞, 則進於明. 便, 習熟也. 便辟, 謂習於威儀而不直. 善柔, 謂工於媚悅而不諒. 便佞, 謂習於口語而無聞見之實. 三者損益, 正相反也.

○ 尹氏曰:「自天子以至於庶人, 未有不須友以成者. 而其損益有如是者, 可不謹哉?」

便은 平聲이며, 辟은 反切로 '婢亦反'(벽)이다.

○ 벗이 곧으면 자신의 허물을 들을 수 있고, 친구가 誠信하면 성실로 나아가게 되며, 벗이 들음이 많으면 명석한 데로 나아가게 된다. 便은 습관이 익숙해진 것이다. 便辟은 威儀에 습관이 되어 곧지 못함을 말한다. 善柔는 媚悅(남의 환심을 사려는 행동)에 뛰어나 誠信하지 못함을 뜻하며, 便佞은 입으로만 하는 것이 습관이 되어 見聞의 실질이 없는 것을 일컫는다. 세 가지의 손해와 이익은 정반대가 된다.

○ 尹氏(尹焞)는 이렇게 말하였다. "天子로부터 庶人에 이르기까지 친구를 필수로 하여 이루지 않은 경우란 없는데, 그 損益에 이런 것이 있으니, 가히 삼가지 않을 수 있겠는가?"

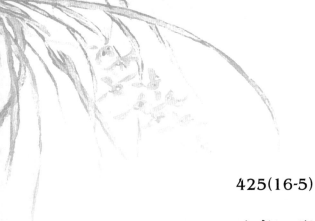

425(16-5)

益者三樂

공자가 말하였다.

"이익이 되는 즐김이 세 가지요, 손해가 되는 즐김이 세 가지이다. 예악에 맞추기를 즐기는 것, 남의 잘하는 일을 밝혀주기를 즐기는 것, 어진 벗을 많이 사귀기를 즐기는 것, 이는 이익이 되는 일이다. 그러나 교만하고 방자함을 즐기는 것, 편안히 노는 것을 즐기는 것, 연락宴樂만을 즐기는 것, 이는 손해가 되는 일이다."

孔子曰:「益者三樂, 損者三樂. 樂節禮樂, 樂道人之善, 樂多賢友, 益矣. 樂驕樂, 樂佚遊, 樂宴樂, 損矣.」⊖

【樂驕樂】교만하고 방자한 즐거움을 즐기는 것. '요교락'으로 읽는다.
【樂宴樂】耽荒淫溺한 즐거움을 즐기는 것. '요연락'으로 읽는다.

◉ 諺解

陶山本
孔子(공ᄌ)ㅣ 굴ᄋ샤ᄃᆡ 益(익)ᄒᆞᆫ 者(쟈)ㅣ 三樂(삼요)ㅣ오 損(손)ᄒᆞᆫ 者(쟈)ㅣ 三樂(삼요)ㅣ니 禮樂(례악) 節(절)홈을 樂(요)ᄒᆞ며 人(신)의 善道(션도)홈을 樂(요)ᄒᆞ며 賢友(현우)ㅣ 多(다)홈을 樂(요)ᄒᆞ면 益(익)ᄒᆞ고 驕樂(교락)을 樂(요)ᄒᆞ며 佚遊(일유)를 樂(요)ᄒᆞ며 宴樂(연락)을 樂(요)ᄒᆞ면 損(손)ᄒᆞᄂᆞ니라

栗谷本
孔子(공ᄌ)ㅣ ᄀᆞᄅ샤ᄃᆡ 益(익)ᄒᆞᆫ 者(쟈)ㅣ 세 樂(요)호미오 損(손)ᄒᆞᆫ 者(쟈)ㅣ 세 樂(요)호미니 禮樂(례악)을 節(절)ᄒᆞ기를 樂(요)ᄒᆞ며 人(인)의 善(션) 니ᄅ기를 樂(요)ᄒᆞ며 賢友(현우)ㅣ 하기를 樂(요)호미 益(익)호미오 驕樂(교락)을 樂(요)ᄒᆞ며 佚遊(일유)를 樂(요)ᄒᆞ며 宴樂(연락)을 樂(요)호미 損(손)호미니라

◈ 集註

425-㊀

樂, 五敎反. 禮樂之樂, 音岳. 驕樂·宴樂之樂, 音洛.

○ 節, 謂辨其制度聲容之節. 驕樂, 則侈肆而不知節. 佚遊, 則惰慢而惡聞善. 宴樂, 則淫溺而狎小人. 三者損益, 亦相反也.

○ 尹氏曰:「君子之於好樂, 可不謹哉?」

樂는 反切로 '五敎反'(요)이다. 禮樂의 樂은 음이 岳(악)이다. 驕樂·宴樂의 樂은 음이 洛(락)이다.

○ 節은 制度와 聲容의 節度를 변별함을 일컫는다. 驕樂하게 되면 사치하고 방종하여 節度를 알지 못한다. 佚遊하면 게으르고 태만하여 善을 듣기를 싫어한다. 宴樂하면 淫蕩하며 耽溺하여 小人을 親狎하게 된다. 세 가지의 損益은 여기 서로 상반된다.

○ 尹氏(尹焞)는 이렇게 말하였다. "君子가 좋아함과 즐김에 가히 삼가지 않을 수 있겠는가?"

426(16-6)

侍於君子有三愆

공자가 말하였다.

"군자를 모시고 있을 때 세 가지 잘못을 저지를 수가 있다. 상대가 말을 아직 마치지 않았는데 자기가 먼저 나서서 말하는 것, 이를 조躁라 한다. 자신이 말할 차례가 되었는데도 말을 하지 않는 것, 이를 은隱이라 한다. 상대의 안색은 살펴보지도 아니하고 말을 내뱉는 것, 이를 고瞽라 한다."*

孔子曰:「侍於君子有三愆: 言未及之而言謂之躁, 言及之而不言謂之隱, 未見顏色而言謂之瞽.」㊀

【愆】 허물, 과실, 실수의 뜻.
【躁】 조급하고 경솔한 말을 내뱉는 태도.
【隱】 숨긴 채 말을 하지 않는 것.
【瞽】 장님. 여기서는 남의 말이나 안색을 살필 줄 모른다는 뜻.
＊《荀子》勸學篇에 「未可與言而言謂之傲; 可與言而不言謂之隱; 不觀氣色而言謂
 之瞽. 君子不傲・不隱・不瞽, 謹順其身」이라 하였다.

　　孔子(공ᄌᆞ)ㅣ ᄀᆞᄅᆞ샤ᄃᆡ 君子(군ᄌᆞ)에 侍(시)홈애 三愆(삼건)이
인ᄂᆞ니 言(언)이 及(급)디 아니ᄒᆞ야셔 言(언)홈을 躁(조)ㅣ라 닐ᄋᆞ고
言(언)이 及(급)호ᄃᆡ 言(언)티 아니홈을 隱(은)이라 닐ᄋᆞ고 顔色
(안ᄉᆡᆨ)을 보디 아니ᄒᆞ고 言(언)홈을 瞽(고)ㅣ라 닐ᄋᆞᄂᆞ니라

　　孔子(공ᄌᆞ)ㅣ ᄀᆞᄅᆞ샤ᄃᆡ 君子(군ᄌᆞ)의게 侍(시)호매 세 愆(건)이
잇ᄂᆞ니 言(언)이 及(급)디 몯ᄒᆞ여셔 言(언)호ᄆᆞᆯ 躁(조)ㅣ라 니ᄅᆞ고
言(언)이 及(급)호매 言(언)티 아니호ᄆᆞᆯ 隱(은)이라 니ᄅᆞ고 顔色
(안ᄉᆡᆨ)을 보디 아니코 言(언)호ᄆᆞᆯ 瞽(고)ㅣ라 니ᄅᆞᄂᆞ니라

◆ 集註

426-㊀

君子, 有德位之通稱. 愆, 過也. 瞽, 無目, 不能察言觀色.
〇 尹氏曰: 「時然後言, 則無三者之過矣.」

君子는 德과 지위를 가진 자의 通稱이다. 愆은 허물(過)이다. 瞽는 눈이 없어
말과 顔色을 살피지도 볼 수도 없다.
　〇 尹氏(尹焞)는 이렇게 말하였다. "때가 맞은 연후에 말한다면 이 세 가지의
허물이 없을 것이다."

427(16-7)

君子有三戒

공자가 말하였다.

"군자로서 경계할 일이 세 가지가 있다. 젊을 때에는 혈기가 고정되지 않은 상태이니 경계해야 할 일이 색色에 있고, 장성하여서는 혈기가 바야흐로 강성하니 경계해야 할 일이 싸움에 있으며, 노쇠해서는 혈기가 이미 쇠하였으니 경계할 일이 득得에 있느니라."*

孔子曰:「君子有三戒: 少之時, 血氣未定, 戒之在色;
及其壯也, 血氣方剛, 戒之在鬪; 及其老也,
血氣旣衰, 戒之在得.」⊖

【色】異性에 대한 호기심.

【得】貪得. 好利를 뜻한다.

*《淮南子》詮言訓에「凡人之性, 少則猖狂, 壯則彊暴, 老則好利」라 하였다.

諺 解

陶山本 孔子(공즈)ㅣ 글ᄋ샤딕 君子(군즈)ㅣ 三戒(삼계) 인ᄂ니 少(쇼)ᄒᆞᆫ 時(시)예 血氣(혈긔) 定(뎡)티 몯ᄒᆞ얀ᄂᆞᆫ 디라 戒(계)홈이 色(식)에 잇고 그 壯(장)에 미처 血氣(혈긔) 뵈야호로 剛(강)ᄒᆞ얀ᄂᆞᆫ 디라 戒(계)홈이 鬪(투)에 잇고 그 老(로)에 미처 血氣(혈긔) 이믜 衰(쇠)ᄒᆞ얀ᄂᆞᆫ 디라 戒(계)홈이 得(득)에 인ᄂᆞ니라

栗谷本 孔子(공즈)ㅣ ᄀᆞᄅ샤딕 君子(군즈)ㅣ 세 戒(계)호미 잇ᄂᆞ니 져믄 제ᄂᆞᆫ 血氣(혈긔) 定(뎡)티 몯훈 디라 戒(계)호미 色(식)의 잇고 그 壯(장)호매 미처ᄂᆞᆫ 血氣(혈긔) 비야흐로 剛(강)훈 디라 戒(계)호미 鬪(투)의 잇고 그 늘그매 미처ᄂᆞᆫ 血氣(혈긔) 이믜 衰(쇠)훈 디라 戒(계)호미 得(득)의 잇ᄂᆞ니라

集 註

427-㊀

血氣, 形之所待以生者, 血陰而氣陽也. 得, 貪得也. 隨時知戒, 以理勝之, 則不爲血氣所使也.

○ 范氏曰:「聖人同於人者血氣也, 異於人者志氣也. 血氣有時而衰, 志氣則無時而衰也. 少未定·壯而剛·老而衰者, 血氣也. 戒於色·戒於鬪·戒於得者, 志氣也. 君子養其志氣, 故不爲血氣所動, 是以年彌高而德彌邵也.」

血氣란 몸(形)이 기대어 살아가는 것으로, 血은 陰이고 氣는 陽이다. 得은 얻기를 貪하는 것이다. 隨時로 경계함을 알아 이치로 이를 이겨내면, 血氣에 의해 부림을 당하지 않게 된다.

○ 范氏(范祖禹)는 이렇게 말하였다. "聖人이 보통사람과 같은 것은 血氣이며, 보통 사람과 다른 것은 志氣이다. 血氣는 결국 衰할 때가 있지만 志氣는 시간이 흘러도 衰함이 없다. 젊어서 안정되지 못하고 壯年에는 강하며 늙어서 衰하는 것은 血氣이다. 그러나 色에 경계를 두며, 싸움에 경계를 두고, 얻는 것에 경계를 두는 것은 志氣이다. 君子는 그 志氣를 기른다. 그러므로 血氣에 의해 움직이지 않는다. 이 때문에 나이가 많아질수록 그에 따라 德이 높아지는 것이다."

428(16-8)

君子有三畏

공자가 말하였다.

"군자로서 두렵게 여겨야 할 것이 세 가지가 있다. 천명天命을 두렵게 여겨야 하는 것, 대인大人을 두렵게 여겨야 하는 것, 성인聖人의 말씀을 두렵게 여겨야 하는 것이 이것이다. 소인은 천명을 모른 채 두려워하지도 않으며, 대인을 친압하려 들고, 성인의 말을 모욕하려 든다."

孔子曰:「君子有三畏: 畏天命, 畏大人, 畏聖人之言.⊖ 小人不知天命而不畏也, 狎大人, 侮聖人之言.」⊖

【大人】 높은 자리에 있는 사람. 권력과 해결 능력을 가진 사람.
【狎】 親狎함. 가까운 사이라 해서 마구 대하는 것.

 諺解

陶山本   孔子(공ㅈ)ㅣ ㄹㆍ샤ᄃㅣ 君子(군ㅈ)ㅣ 三畏(삼외) 인ㄴ니 天命
(텬명)을 畏(외)ᄒ며 大人(대인)을 畏(외)ᄒ며 聖人(성인)의
言(언)을 畏(외)ᄒᄂ니라
小人(쇼인)은 天命(텬명)을 아디 몯ᄒ야 畏(외)티 아니ᄒᄂ디라 大人(대인)을
狎(압)ᄒ며 聖人(성인)의 言(언)을 侮(모)ᄒᄂ니라

栗谷本   孔子(공ㅈ)ㅣ ㄱ르샤ᄃㅣ 君子(군ㅈ)ㅣ 세 가지 畏(외)호미 잇ᄂ니
天命(텬명)을 畏(외)ᄒ며 大人(대인)을 畏(외)ᄒ며 聖人(성인)의
言(언)을 畏(외)ᄒᄂ니라
小人(쇼인)은 天命(텬명)을 아디 몯ᄒ야 畏(외)티 아닛ᄂ디라 大人(대인)을
狎(압)ᄒ며 聖人(성인)의 言(언)을 侮(모)ᄒᄂ니라

 集註

428-㊀

畏者, 嚴憚之意也. 天命者, 天所賦之正理也. 知其可畏, 則其戒謹恐懼, 自有不能
已者. 而付畀之重, 可以不失矣. 大人聖言, 皆天命所當畏. 知畏天命, 則不得不畏之矣.

畏란 엄히 여겨 꺼린다는 뜻이다. 天命이란 하늘로부터 부여받은 바의 正理이다.
그 가히 두려워할 것임을 안다면 戒謹(경계하고 삼감)하고, 恐懼(두려워함. 쌍성어)하여
저절로 능히 그만둘 수 없게 된다. 그리하여 付畀(부부, 부여받음. 쌍성어)된 重任을
잃지 않을 수 있다. 大人과 聖人의 말은 모두가 의당 두렵게 여겨야 할 바의
天命이다. 天命을 두려워할 줄 안다면 이(大人·聖言)를 두려워하지 않을 수 없을
것이다.

428-㈁

侮, 戲玩也. 不知天命, 故不識義理, 而無所忌憚如此.

○ 尹氏曰:「三畏者, 修己之誠當然也. 小人不務修身誠己, 則何畏之有?」

侮는 희롱하여 놀리는 것이다. 天命을 알지 못하므로 그 때문에 義理를 인식하지 못하여, 忌憚하는 바가 없음이 이와 같다.

○ 尹氏(尹焞)는 이렇게 말하였다. "세 가지 두려움은 자신을 수양하는 정성에 있어서 당연한 것이다. 小人으로서 修養誠己에 힘쓰지 않는다면 어찌 두려움이라는 것이 있겠는가?"

429(16-9)

生而知之者上也

공자가 말하였다.

"나면서부터 아는 것은 최상이며, 배워서 아는 것은 그 다음이며, 불통(困)하여도 배워나가는 것은 다시 그 다음이다. 불통하면서도 배우지 않는다면 이는 백성으로서 이에 가장 아래가 되는 것이다."*

> 孔子曰:「生而知之者上也, 學而知之者次也; 困而學之, 又其次也; 困而不學, 民斯爲下矣.」⊖

【生而知之者】 聖人을 뜻한다.

【困而學之】 바탕은 막혀 있으나 힘들여 배운다는 뜻이다. '困'은 不通으로 풀이하였다.

*《中庸》第20章에 「或生而知之; 或學而知之; 或困而知之, 及其知之, 一也」라 하였다.

◉ 諺解

孔子(공주) | 글 ᄋ샤ᄃᆡ 生(싱)ᄒ야 知(디)ᄒᄂᆞᆫ 者(쟈)ᄂᆞᆫ 上(샹)
이오 學(흑)ᄒ야 知(디)ᄒᄂᆞᆫ 者(쟈)ᄂᆞᆫ 次(ᄎ) | 오 困(곤)ᄒ야
學(흑)홈이 ᄯᅩ 그 次(ᄎ) | 니 困(곤)ᄒᄋᄃᆡ 學(흑)디 아니ᄒ면 民(민)
이라 이에 下(하) | 되ᄂᆞ니라

孔子(공주) | ᄀᆞᄅᆞ샤ᄃᆡ 生(싱)ᄒ며 안 者(쟈)ᄂᆞᆫ 上(샹)이오
學(흑)ᄒ야 안 者(쟈)ᄂᆞᆫ 버그미오 困(곤)ᄒ야 學(흑)ᄒᄂᆞᆫ 이ᄂᆞᆫ ᄯᅩ
그 버그미니 困(곤)ᄒᄋᄃᆡ 學(흑)디 아니면 民(민)의셔 下(하) | 될
디니라

◆ 集 註

429-㊀

困, 謂有所不通. 言人之氣質不同, 大約有此四等.

○ 楊氏曰:「生知學知以至困學, 雖其質不同, 然及其知之一也. 故君子惟學之爲貴,
困而不學, 然後爲下.」

困은 통하지 못하는 바가 있음을 일컫는다. 사람의 氣質이 같지 않으니 대략
이 네 등급이 있음을 말한 것이다.

○ 楊氏(楊時)는 이렇게 말하였다. "生知・學知에서 困學에 이르기까지 비록
그 바탕은 다르나 知에 미치는 것은 하나이다. 그러므로 君子는 배움을 귀히
여기며 不通하면서도 배우지 않으려 한 뒤에야 下級으로 삼는 것이다."

430(16-10)

君子有九思

공자가 말하였다.

"군자에게는 염두에 두어야 할 아홉 가지 생각이 있다. 볼 때는 밝음을 염두에 둘 것, 들을 때는 총명함을 염두에 둘 것, 얼굴 표정에는 따뜻함을 염두에 둘 것, 모습에는 공손함을 염두에 둘 것, 말에는 충성됨을 염두에 둘 것, 일 처리에는 공경함을 염두에 둘 것, 의문이 나는 일에는 묻기를 염두에 둘 것, 분한 일에는 어려움을 염두에 둘 것, 얻는 것이 있을 때는 의義를 염두에 둘 것 등이다."

孔子曰:「君子有九思: 視思明, 聽思聰, 色思溫, 貌思恭,
言思忠, 事思敬, 疑思問, 忿思難, 見得思義.」○

【思】 염두에 두고 기준을 세워 주의해야 할 관점.
【忿思難】 분함을 표출하였다가 나중에 난관에 부딪칠 일을 염두에 두어야 함을
뜻한다.

◉ 諺解

陶山本 孔子(공ᄌ)ㅣ ᄀᆞᆯ오샤ᄃᆡ 君子(군ᄌ)ㅣ 九思(구ᄉ)ㅣ 인ᄂᆞ니
視(시)에 明(명)을 思(ᄉ)ᄒᆞ며 聽(텽)에 聰(총)을 思(ᄉ)ᄒᆞ며 色(ᄉᆡᆨ)에
溫(온)을 思(ᄉ)ᄒᆞ며 貌(모)에 恭(공)을 思(ᄉ)ᄒᆞ며 言(언)에 忠(튱)을 思(ᄉ)
ᄒᆞ며 事(ᄉ)에 敬(경)을 思(ᄉ)ᄒᆞ며 疑(의)예 問(문)을 思(ᄉ)ᄒᆞ며 忿(분)에
難(난)을 思(ᄉ)ᄒᆞ며 得(득)을 見(견)ᄒᆞ고 義(의)ᄅᆞᆯ 思(ᄉ)ᄒᆞᄂᆞ니라

栗谷本 孔子(공ᄌ)ㅣ ᄀᆞᄅᆞ샤ᄃᆡ 君子(군ᄌ)ㅣ 아홉 가지 思(ᄉ)ᄅᆞᆯ 둣ᄂᆞ니
視(시)애 明(명)을 思(ᄉ)ᄒᆞ며 聽(텽)애 聰(총)을 思(ᄉ)ᄒᆞ며 色(ᄉᆡᆨ)애
溫(온)을 思(ᄉ)ᄒᆞ며 貌(모)애 恭(공)을 思(ᄉ)ᄒᆞ며 言(언)애 忠(튱)을 思(ᄉ)
ᄒᆞ며 事(ᄉ)애 敬(경)을 思(ᄉ)ᄒᆞ며 疑(의)예 問(문)을 思(ᄉ)ᄒᆞ며 忿(분)애
難(난)을 思(ᄉ)ᄒᆞ며 得(득)을 보고 義(의)ᄅᆞᆯ 思(ᄉ)호미니라

◈ 集註

430-㊀

難, 去聲.

○ 視無所蔽, 則明無不見. 聽無所壅, 則聰無不聞. 色, 見於面者. 貌, 擧身而言.
思問, 則疑不蓄. 思難, 則忿必懲. 思義, 則得不苟.

○ 程子曰:「九思各專其一.」

謝氏曰:「未至於從容中道, 無時而不自省察也.『雖有不存焉者, 寡矣』, 此之
謂『思誠』.」

難은 去聲이다.

○ 보는 데에 가리우는 바가 없으면 밝아, 보지 못할 것이 없다. 들음에 막히는 바가 없으면 귀가 밝아 듣지 못할 것이 없다. 色은 얼굴에 드러나는 것이요, 貌는 온몸을 다 들어 하는 말이다. 질문을 생각하면 의혹이 쌓이지 않으며, 어려움을 염두에 두면 분함은 틀림없이 징계될 것이고, 義를 염두에 두면 얻음에 구차하지 않게 된다.

○ 程子(程頤)는 이렇게 말하였다. "九思는 각각 그 하나씩에 전념해야 한다."

謝氏(謝良佐)는 이렇게 말하였다. "조용(從容, 첩운어)히 中道에 아직 이르지 않았다면 때때로 스스로 성찰하지 않음이 없어야 한다. '비록 存心을 갖지 못한 경우가 있더라도 寡가 되는 것이다'(《孟子》盡心下 257(14-35)에 '孟子曰: 養心, 莫善於寡欲, 其爲人也寡欲, 雖有不存焉者, 寡矣; 其爲人也多欲, 雖有存焉, 寡矣'라 함). 이를 일러 '思誠'(역시 《孟子》離婁上 073(7-12)에 '是故, 誠者, 天之道也; 思誠者, 人之道也'라 하였으며, 《中庸》 20章의 '誠者, 天之道也; 誠之者, 人之道也'와 같음)이라는 것이다."

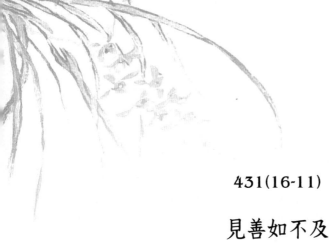

431(16-11)

見善如不及

공자가 말하였다.

"'훌륭한 것을 보거든 마치 그에 미치지 못하면 어쩌나 하고, 훌륭치 못한 것을 보거든 마치 끓는 물에 손을 집어넣듯이 여겨야 한다.' 나는 그러한 사람을 보기도 하였고 그러한 말을 듣기고 하였다. 그러나 '숨어 살 때는 자신의 뜻을 찾아야 하며, 의를 행할 때에는 그 도를 통달시켜야 한다.' 나는 이렇게 해야 한다는 말은 들어보았지만 그렇게 하는 사람은 아직 보지 못하였다."*

孔子曰:『『見善如不及, 見不善如探湯.』吾見其人矣,
吾聞其語矣.⊖『隱居以求其志, 行義以達
其道.』吾聞其語矣, 未見其人也.」⊖

【探湯】끓는 물 속에서 무엇을 찾으려 맨손을 집어넣는 행동을 뜻한다.

【行義】실제 행동에 나섰을 때의 상황을 뜻한다. 邢昺은 「謂好行義事, 以遠其仁道也」라 하였다.

* 『 』안의 두 구절은 命題이거나 당시의 格言인 듯하다.

◉ 諺解

 孔子(공ᄌᆞ)ㅣ ᄀᆞᄅᆞ샤ᄃᆡ 善(션)을 見(견)ᄒ고 及(급)디 몯ᄒᆞᆯᄃᆞᆺ ᄒᆞ며 不善(블션)을 見(견)ᄒ고 湯(탕)을 探(탐)ᄐᆞᆺ 홈을 내 그 人(신)을 보고 내 그 語(어)를 드런노라

隱居(은거)ᄒᆞ야 ᄡᅥ 그 志(지)를 求(구)ᄒᆞ며 義(의)를 行(ᄒᆡᆼ)ᄒᆞ야 ᄡᅥ 그 道(도)를 達(달)홈을 내 그 語(어)를 드럿고 그 人(신)을 見(견)티 몯ᄒᆞ얀노라

 孔子(공ᄌᆞ)ㅣ ᄀᆞᄅᆞ샤ᄃᆡ 善(션)을 보고 밋디 몯ᄒᆞᆯᄃᆞᆺ ᄒᆞ고 不善(블션)을 보고 湯(탕)을 探(탐)ᄐᆞᆺ ᄒᆞ기를 내 그 人(인)을 보며 내 그 말을 드럿노라

隱居(은거)ᄒᆞ야 ᄡᅥ 그 ᄠᅳᆮ을 求(구)ᄒᆞ며 義(의)를 行(ᄒᆡᆼ)ᄒᆞ야 ᄡᅥ 그 道(도)를 達(달)ᄒᆞ기를 내 그 말을 듯고 그 人(인)을 보디 몯게라

◈ 集 註

431-㊀

探, 吐南反.

○ 眞知善惡而誠好惡之, 顔·曾·冉·閔之徒, 蓋能之矣. 語, 蓋古語也.

探은 反切로 '吐南反'(탐)이다.

○ 진실로 善惡을 알아야 호오好惡할 수 있는 것이니, 顔回·曾參·冉伯牛·閔子騫 같은 이들이 아마 이에 능하였을 것이다. 그 말(語)은 대체로 옛말로 여겨진다.

431-㉓

求其志, 守其所達之道也. 達其道, 行其所求之志也. 蓋惟伊尹·太公之流, 可以
當之. 當時若顔子, 亦庶乎此. 然隱而未見, 又不幸而蚤死, 故夫子云然.

求其志란 그 통달하는 바의 道를 지키는 것이요, 遠其道란 그 구한 바의
뜻을 실행하는 것이다. 아마 오직 伊尹과 太公 같은 이들이어야 가히 이에
해당되리라. 당시 顔子 같은 경우도 역시 이에 가깝다. 그러나 숨어서 나타나지
않았고 게다가 불행히 일찍 죽었으므로 夫子가 이렇게 말한 것이다.

432(16-12)

齊景公有馬千駟

　제齊 경공景公은 말 4천 마리나 있었지만 그가 죽는 날 백성들은 그를 덕이 있는 임금이라 칭하지는 않았다. 그러나 백이伯夷·숙제叔齊는 수양산首陽山 아래에서 굶주렸지만 사람들은 지금까지도 그를 칭송하고 있다. 이를 두고 말한 것인저!*

齊景公有馬千駟, 死之日, 民無德而稱焉.
伯夷叔齊餓于首陽之下, 民到于今稱之.⊖ 其斯之謂與!⊖

〈伯夷叔齊採薇圖〉 宋 李唐(그림)

【齊 景公】 春秋時代 齊나라 君主. 孔子·晏子時代의 君主이며, 말(馬)을 좋아하였고 궁실을 화려하게 꾸몄다. 在位 58년(B.C. 547~490).

【千駟】 4천 마리. 여기서는 많은 말을 뜻한다. 지금 山東省 淄博市 臨淄鎭에 殉馬坑 遺跡을 통해 그 일부를 알 수 있다.

【首陽】 山 이름. 伯夷와 叔齊가 採薇하다가 죽었다 한다. 위치에 대해서는 의견이 분분하다.

* 本章의 첫머리에 顔淵篇 288(12-10)의 『誠不以富, 亦祇以異』의 《詩經》 구절이 이곳에 와야 한다고 보았다(程頤). 그러나 胡寅은 도리어 『其斯之謂與』 앞에 있어야 한다고 하였다.

⊙ 諺 解

 齊景公(졔경공)이 馬(마) 千駟(쳔ᄉ)를 두되 死(ᄉ)ᄒᆞᆫ 날애 民(민)이 德(덕)을 稱(칭)홈이 업고 伯夷(빅이)와 叔齊(슉졔)ᄂᆞᆫ 首陽(슈양)ᄉ 下(하)에 餓(아)호ᄃᆡ 民(민)이 이제 닐으히 稱(칭)ᄒᆞᄂᆞ니라
그 이를 닐옴인뎌

 齊景公(졔경공)이 물 千駟(쳔ᄉ)를 두되 死(ᄉ)ᄒᆞᆫ 날애 民(민)이 德(덕)을 일ᄏᆞᄅᆞᆷ이 업고 伯夷(빅이) 叔齊(슉졔)ᄂᆞᆫ 首陽(슈양) 아래셔 주리되 民(민)이 이제 니르히 일ᄏᆞ라니
그 이룰 니름인뎌

432-㊀

駟, 四馬也. 首陽, 山名.

駟는 네 마리 말이다. 首陽은 山 이름이다.

432-㊁

與, 平聲.
○ 胡氏曰:「程子以爲第十二篇錯簡『誠不以富, 亦祇以異』, 當在此章之首. 今詳文勢, 似當在此句之上. 言人之所稱, 不在於富, 而在於異也.」
愚謂:「此說近是, 而章首當有『孔子曰』字, 蓋闕文耳. 大抵此書後十篇多闕誤.」

與는 平聲이다.
○ 胡氏(胡寅)는 이렇게 말하였다. "程子(程頤)는 제12편(顔淵篇 288(12-10))의 錯簡인 '誠不以富, 亦祇以異'는 마땅히 이 문장의 첫 머리에 있어야 한다고 하였다. 지금 文勢를 자세히 살펴보면 의당 이 구절의 위(즉 '其斯之謂與'의 앞에 있어야함)에 있어야 할 듯하다. 사람이 칭찬하는 것은 富에 있지 않고 특이함에 있다는 뜻을 말한 것이다."

내 생각으로는 이렇다 "이 논리는 맞는 듯하다. 그러나 문장의 첫머리에도 의당 '孔子曰'의 글자가 있어야 하는데 아마 闕文인 듯하다. 대체로 이 책의 뒤쪽 10篇은 闕誤(闕文과 誤記)가 많다."

433(16-13)

陳亢問於伯魚曰

진강陳亢이 백어伯魚에게 이렇게 물었다.

"그대는 특이한 것을 들은 것이 있는가?"

백어가 이렇게 대답하였다.

"특이한 것을 들은 것은 없습니다. 일찍이 아버지(공자)께서 홀로 서 계실 때에 내鯉가 빠른 걸음으로 뜰을 지나려 하자, 아버지께서 '시詩를 배웠느냐?'라 물으시기에 '아직 배우지 못하였습니다'라 대답하였지요. 그러자 '시를 배우지 않고서는 말을 할 수 없느니라'라 하셨습니다. 그래서 저는 물러나 시를 배웠습니다. 다른 날에 아버지께서 홀로 서 계실 때에 제가 빠른 걸음으로 뜰을 지나려 하자, 아버지께서 '예禮를 배웠느냐?'라 물으시기에 '아직 배우지 못하였습니다'라 대답하였지요. 그러자 '예를 배우지 않으면 설 수가 없느니라'라 하셨습니다. 그래서 저는 물러나 예를 배우게 되었습니다. 들었다면 이 두 마디 말씀이지요."

진강이 물러나 기뻐하며 이렇게 말하였다.

"하나를 물어 세 가지를 얻었도다. 시를 듣고 예를 들었으며, 또한 군자가 그 아들을 멀리함을 들었도다."

陳亢問於伯魚曰:「子亦有異聞乎?」㊀
　　　對曰:「未也. 嘗獨立, 鯉趨而過庭. 曰:
　　　『學詩乎?』對曰:『未也.』『不學詩,
　　　無以言.』鯉退而學詩.㊁ 他日, 又
　　　獨立, 鯉趨而過庭. 曰:『學禮乎?』
　　　對曰:『未也.』『不學禮, 無以立.』
　　　鯉退而學禮.㊂ 聞斯二者.」㊃
陳亢退而喜曰:「問一得三, 聞詩, 聞禮, 又聞君子
　　　之遠其子也.」㊄

【陳亢】陳子禽. 孔子의 弟子. 亢은 '강'으로 읽는다.
【伯魚】孔鯉. 孔子의 아들. 字는 伯魚.
【獨立】홀로 서 있음. 주위에 사람이 없음.
【遠其子】遠은 遠私. 사사롭게 대하지 않음. 즉 門人과 전혀 달리 대하지 않았음을 뜻한다.

⊙ 諺解

 陳亢(딘강)이 伯魚(빅어)의게 물어 골오듸 子(주) ┃ 또혼 異(이)혼 聞(문)이 인ᄂ냐

對(듸)ᄒ야 골오듸 몯ᄒ얀노라 일쯕 혼자 셧거시늘 鯉(리) ┃ 趨(추)ᄒ야 庭(뎡)애 過(과)ᄒ다니 골ᄋ샤듸 詩(시)를 學(혹)ᄒ얀ᄂ다 對(듸)ᄒ야 골오듸 몯ᄒ얀노이다 詩(시)를 學(혹)디 아니ᄒ면 뻐 言(언)티 몯ᄒ리라 ᄒ야시늘 鯉(리) ┃ 退(퇴)ᄒ야 詩(시)를 學(혹)호라

달은 날애 쏘 혼자 셧거시늘 鯉(리) ┃ 趨(추)ᄒ야 庭(뎡)에 過(과)ᄒ다니 골ᄋ샤듸 禮(례)를 學(혹)ᄒ얀ᄂ다 對(듸)ᄒ야 골오듸 몯ᄒ얀노이다 禮(례)를 學(혹)디 아니ᄒ면 뻐 立(립)디 몯ᄒ리라 ᄒ야시늘 鯉(리) ┃ 退(퇴)ᄒ야 禮(례)를 學(혹)호라

이 二者(ᅀᅵ쟈)를 들언노라

陳亢(딘강)이 退(퇴)ᄒ야 喜(희)ᄒ야 골오듸 一(일)을 問(문)홈애 三(삼)을 得(득)호니 詩(시)를 聞(문)ᄒ며 禮(례)를 聞(문)ᄒ고 쏘 君子(군주)의 그 子(주)를 遠(원)홈을 聞(문)호라

栗谷本 陳亢(딘강)이 伯魚(빅어)ᄃ려 問(문)ᄒ야 골오듸 子(주) ┃ 쏘혼 다른 드르미 잇ᄂ냐

對(듸)ᄒ야 골오듸 업다 일즉 혼자 셔 겨시거늘 鯉(리) ┃ 趨(추)ᄒ야 庭(뎡)의 디나다니 ᄀᄅ샤듸 詩(시)를 學(혹)ᄒ얀ᄂ다 對(듸)ᄒ야 골오듸 몯ᄒ얏노이다 詩(시)를 學(혹)디 아니면 뻐 言(언)호미 업스리라 ᄒ야시늘 鯉(리) ┃ 믈러와 詩(시)를 學(혹)ᄒ고

다른 날애 쏘 혼자 셔 겨시ᄂ늘 鯉(리) ┃ 趨(추)ᄒ야 庭(뎡)의 디나다니 ᄀᄅ샤듸 禮(례)를 學(혹)ᄒ얏ᄂ다 對(듸)ᄒ야 골오듸 몯ᄒ얏노이다 禮(례)를 學(혹)디 아니면 뻐 立(립)호미 업스리라 ᄒ야시늘 鯉(리) ┃ 믈러와 禮(례)를 學(혹)호니

이 두 가지를 드럿노라

陳亢(딘강)이 믈러와 깃거 골오듸 흐나흘 무로매 세흘 어드니 詩(시)를 드르며 禮(례)를 듯고 쏘 君子(군주)의 그 子(주)를 멀리 호믈 듯과라

433-㊀

亢, 音剛.
○亢以私意窺聖人, 疑必陰厚其子.

亢은 音이 剛(강)이다.
○ 陳亢은 사사로운 관점으로 孔子를 엿보며, 틀림없이 그 아들에게는 남몰래 후하게 해주리라고 의심하였던 것이다.

433-㊁

事理通達, 而心氣和平, 故能言.

事理가 通達하고 心氣가 和平하게 된다. 그러므로 말에 能하게 된다.

433-㊂

品節詳明, 而德性堅定. 故能立.

品節이 상세히 밝아지고 德性이 굳게 안정된다. 그러므로 능히 설 수 있는 것이다.

433-㊃

當獨立之時, 所聞不過如此, 其無異聞可知.

홀로 서 있을 때인데도 들은 바가 이에 불과하니, 다른 특별한 들음이 없으리라는 것을 가히 알 수 있다.

433-⑤

遠, 去聲.

○ 尹氏曰:「孔子之敎其子, 無異於門人, 故陳亢以爲遠其子.」

遠은 去聲이다.

○ 尹氏(尹焞)는 이렇게 말하였다. "孔子가 그 아들을 가르침에 門人들과 다를 바가 없었으므로, 陳亢은 그 아들을 멀리하는 것이라 여긴 것이다."

434(16-14)

邦君之妻

　　나라 임금의 처를, 임금이 부를 때는 '부인夫人'이라 하고, 부인이
스스로를 일컬을 때는 '소동小童'이라 하며, 그 나라 사람들이 칭할 때는
'군부인君夫人'이라 하고, 다른 나라 사람들에게 말할 때는 '과소군寡小君'
이라 하며, 다른 나라 사람들이 부를 때는 역시 '군부인'이라 한다.*

　　邦君之妻, 君稱之曰『夫人』, 夫人自稱曰『小童』;
邦人稱之曰『君夫人』, 稱諸異邦曰『寡小君』; 異邦人
稱之亦曰『君夫人』.㊀

* 이는 앞에 『子曰』이 빠진 것으로 보이며, 諸侯의 婦人의 稱號에 대한 것이다. 崔述은 《洙泗考信錄》에서 본장은 後人이 사적으로 기록한 메모 형태의 글이 正文으로 잘못 들어간 것이 아닌가 의심하였다. 그러나 《古論》과 《魯論》 및 기타 古本에도 실려 있어, 崔述의 논리는 신빙성이 없다고 주장하는 이도 있다 (楊伯峻).

◉ 諺 解

陶山本 邦君(방군)의 妻(쳐)를 君(군)이 稱(칭)ᄒ야 ᄀᆞᆯ오ᄃᆡ 夫人(부신) 이라 ᄒ고 夫人(부신)이 스스로 稱(칭)ᄒ야 ᄀᆞᆯ오ᄃᆡ 小童(쇼동)이라 ᄒ고 邦人(방신)이 稱(칭)ᄒ야 ᄀᆞᆯ오ᄃᆡ 君夫人(군부신)이라 ᄒ고 異邦(이방)에 稱(칭)ᄒ야 ᄀᆞᆯ오ᄃᆡ 寡小君(과쇼군)이라 ᄒ고 異邦(이방) 사ᄅᆞᆷ이 稱(칭)홈애 ᄯᅩᄒᆞᆫ ᄀᆞᆯ오ᄃᆡ 君夫人(군부신)이라 ᄒᄂᆞ니라

栗谷本 邦君(방군)의 妻(쳐)를 君(군)이 일ᄏᆞ라 ᄀᆞᆯ오ᄃᆡ 夫人(부인)이라 ᄒ고 夫人(부인)이 스스로 일ᄏᆞ라 ᄀᆞᆯ오ᄃᆡ 小童(쇼동)이라 ᄒ고 邦人 (방인)이 일ᄏᆞ라 ᄀᆞᆯ오ᄃᆡ 君夫人(군부인)이라 ᄒ고 다ᄅᆞᆫ 邦(방)에 가 일ᄏᆞ라 ᄀᆞᆯ오ᄃᆡ 寡小君(과쇼군)이라 ᄒ고 다ᄅᆞᆫ 邦人(방인)이 일ᄏᆞ라매 ᄯᅩᄒᆞᆫ ᄀᆞᆯ오ᄃᆡ 君夫人(군부인)이라 ᄒᄂᆞ니라

◆ 集 註

434-㊀

寡, 寡德, 謙辭.
○ 吳氏曰:「凡語中所載如此類者, 不知何謂. 或古有之, 或夫子嘗言之, 不可考也.」

寡는 德이 적다는 뜻으로, 謙讓의 말이다.

○ 吳氏(吳棫)는 이렇게 말하였다. "무릇 《論語》 중에 실린 말로 이런 類들은 무엇을 말한 것인지 알 수 없다. 혹 옛날에 이미 있었는지, 아니면 夫子가 말하였던 적이 있었던 것인지 상고할 길이 없다."

논어

〈開成石經〉(唐)

傳曰何以大功也尊不同
也尊同則得服其親服公
之庶昆弟火夫之庶子為
母妻昆弟傳曰何以大功
也先君餘尊之所厭不得
過大功也大夫之庶子則從
乎大夫而降也父之所從
降乎亦不敢降也皆為其
從父昆弟之為大夫者為
元之昆弟之嬙人子通人
者大夫之妾為君之庶子女
子子嫁者夫嫁者為世父
母叔父母姑姊嫁傳曰嫁
者其嫁於大夫者也未嫁
者成人而未嫁者也何以
大功也妾為君之黨服得

양화陽貨 第十七

총26장(435-460)

◈ **集註**

凡二十六章.

모두 26장이다.

435(17-1)

陽貨欲見孔子

양화陽貨가 공자를 만나보고자 하였지만 공자가 만나주지 않았다. 양화는 이에 공자에게 찐 돼지를 먼저 선물하였다. 공자는 할수없이 양화가 집에 없는 틈을 타서, 고맙다는 인사를 하러 찾아가다가 길에서 양화를 마주치게 되었다. 양화가 공자에게 이렇게 말하였다.

"오시오. 내 그대에게 할 말이 있소."

그러고는 다시 이렇게 말하였다.

"보물이라고 품고 있으면서 그 나라를 미혹하게 하니, 그것이 인仁 이라고 할 수 있습니까?"

공자가 말하였다.

"안되지요."

"일을 하고 싶다고 벼르면서 그 때마다 자주 놓치고 있으니, 가히 슬기롭다고 할 수 있습니까?"

공자가 말하였다.
"안되지요."
"해와 달은 가고 있습니다. 세월은 나에게 함께 해 주지 않습니다."
공자는 그제야 이렇게 말하였다.
"좋습니다. 내 장차 벼슬을 하리이다."*

陽貨欲見孔子, 孔子不見, 歸孔子豚. 孔子時其亡也,
而往拜之. 遇諸塗.㊀
　謂孔子曰:「來! 予與爾言.」
　　　　曰:「懷其寶而迷其邦, 可謂仁乎?」
　　　　曰:「不可.」
　　　　　「好從事而亟失時, 可謂知乎?」
　　　　曰:「不可.」
　　　　　「日月逝矣, 歲不我與.」
　孔子曰:「諾, 吾將仕矣.」㊁

【陽貨】陽虎(貨와 虎는 쌍성관계). 季氏의 家臣. 陽貨는 오히려 三桓을 소멸시키려
다가 뜻을 이루지 못하자 晉나라로 도망하였다. 何晏의《論語集解》와 朱熹의
《論語集注》등 모두 陽貨를 陽虎로 하며 같은 인물로 보았으나, 일찍이 趙岐는
《孟子注》에서 「陽貨, 魯大夫也; 陽虎, 魯季氏家臣也」라 하여 별개의 두 사람으로
보았다.《左傳》에는 陽貨란 인물이 없다. 한편 淸代 崔述은《洙泗考信錄》에서
이는 서로 다른 두 사람임을 자세히 辨析하고 있다.
【歸】饋와 같다. '선물로 보내다'의 뜻이다. 464(18-4) 참조.

【豚】찐 돼지(蒸豚)이다. 이를 선물로 준 것이며, 고대의 예에 선물을 받을 때는 집에서 직접 받지 않으면, 찾아가 예를 표해야 한다. 陽虎가 만나기 위해 의도적으로 보낸 것이다. 자세한 풀이는《孟子》滕文公下 058(6-7)에 실려 있다.

【亡】無와 같다. '무'로 읽는다.

【往拜之】《孟子》滕文公에「大夫有賜於士, 不得受於其家, 則往拜其門」이라 하였다.

【亟】자주. 누차. 그때마다. 음은 '기'이다.

【吾將仕矣】孔子는 陽貨가 권세를 쥐고 있을 때에는 벼슬하지 않았다.《左傳》定公 8年·9年 참조.

＊ 본장의 두 차례의『曰不可』를 朱註와《諺解》등에는 孔子가 대답한 말이라고 보고 있다. 그러나 王引之의《經傳釋詞》에「有一人之言而自爲問答者, 則加曰字以 別之」라 하여 孔子가 대답을 아니 하자 陽貨가 스스로 판단하여 말한 것이라 하였다. 楊伯峻·毛子水도 이렇게 풀이하였다. 그러나《四書讀本》과《四書 全譯》에는 孔子의 대답으로 해석하였다. 여기서는 우선 朱子의 설과《諺解》를 따라 풀이하였다.

 諺 解

陽貨(양화)ㅣ 孔子(공ᄌᆞ)를 뵈게코져커늘 孔子(공ᄌᆞ)ㅣ 보디 아니 ᄒᆞ신대 孔子(공ᄌᆞ)ᄭᅴ 豚(돈)을 歸(귀)ᄒᆞ야늘 孔子(공ᄌᆞ)ㅣ 그 업슴을 時(시)ᄒᆞ야 가 拜(빅)ᄒᆞ더시니 길헤 遇(우)ᄒᆞ시다

孔子(공ᄌᆞ)ᄭᅴ 닐어 ᄀᆞᆯ오ᄃᆡ 來(릭)ᄒᆞ라 내 널로 더블어 言(언)호리라 ᄀᆞᆯ오ᄃᆡ 그 寶(보)를 懷(회)ᄒᆞ야 그 邦(방)을 迷(미)케 홈이 可(가)히 仁(신)이라 닐ᄋᆞ랴 ᄀᆞᆯᄋᆞ샤ᄃᆡ 可(가)티 아니ᄒᆞ다 事(ᄉᆞ)를 從(죵)홈을 好(호)호ᄃᆡ ᄌᆞ조 時(시)를 失(실)홈이 可(가)히 知(디)라 닐ᄋᆞ랴 ᄀᆞᆯᄋᆞ샤ᄃᆡ 可(가)티 아니ᄒᆞ다 日月(실월)이 가ᄂᆞᆫ 디라 歲(셰) 나를 與(여)티 아니ᄒᆞᄂᆞ니라 孔子(공ᄌᆞ)ㅣ ᄀᆞᆯᄋᆞ샤ᄃᆡ 諾(락)다 내 쟝ᄎᆞᆺ 仕(ᄉᆞ)호리라

陽貨(양화) ㅣ 孔子(공ㅈ)를 見(견)케코져 ㅎ거늘 孔子(공ㅈ) ㅣ
보디 아니ㅎ신대 孔子(공ㅈ)씌 豚(돈)을 歸(귀)ㅎ야늘 孔子(공ㅈ) ㅣ
그 亡(무)흔 제를 時(시)ㅎ야 가 拜(비)ㅎ더시니 길헤 만나시다
孔子(공ㅈ)씌 닐러 골오디 오라 내 너와 더브러 말ㅎ오리라 골오디 그 寶(보)를
푸머셔 그 邦(방)을 迷(미)케 호미 可(가)히 仁(인)이라 니ㄹ랴 ㄱㄹ샤디
可(가)티 아니타 事(ㅅ)의 從(죵)호믈 됴히 녀기되 ㅈ조 時(시)를 失(실)호미
可(가)히 知(디)타 니ㄹ랴 ㄱㄹ샤디 可(가)티 아니타 日月(일월)이 逝(셔)ㅎ는
디라 歲(셰) ㅣ 나를 與(여)티 아니ㅎㄴ니라 孔子(공ㅈ) ㅣ ㄱㄹ샤디 諾(락)다
내 쟝춧 仕(ㅅ)호리라

◆ 集 註

435-㉠

歸, 如字, 一作饋.

○ 陽貨, 季氏家臣, 名虎. 嘗囚季桓子而專國政. 欲令孔子來見己, 而孔子不往.
貨以禮, 大夫有賜於士, 不得受於其家, 則往拜其門. 故瞰孔子之亡而歸之豚, 欲令
孔子來拜而見之也.

歸는 글자 그대로이며, 饋로도 쓴다.

○ 陽貨는 季氏의 家臣으로, 이름은 虎이다. 일찍이 季桓子를 가두고 國政을
專橫한 적이 있다《左傳》定公 5年). 孔子로 하여금 찾아와 자신을 만나보게 하려
하였으나, 孔子가 가지 않았다. 陽貨는 禮에 大夫가 士에게 물건을 하사함에 그
집에서 이를 본인이 직접 받지 못하였으면, 大夫의 집에 찾아가 拜禮해야 한다는
것으로 계획을 짠 것이다. 그 때문에 孔子가 집에 없는 틈을 보아 그때 삶은
돼지를 선물하여 孔子로 하여금 와서 拜禮케 하여 만나보고자 한 것이다.

435-㉡

好・亞・知, 並去聲.

○ 懷寶迷邦, 謂懷藏道德, 不救國之迷亂. 亟, 數也. 失時, 謂不及事幾之會. 將者, 且然而未必之辭. 貨語皆譏孔子而諷使速仕. 孔子固未嘗如此, 而亦非不欲仕也, 但不仕於貨耳. 故直據理答之, 不復與辯, 若不諭其意者.

○ 陽貨之欲見孔子, 雖其善意, 然不過欲使助己爲亂耳. 故孔子不見者, 義也. 其往拜者, 禮也. 必時其亡而往者, 欲其稱也. 遇諸途而不避者, 不終絶也. 隨問而對者, 理之直也. 對而不辯者, 言之孫而亦無所詘也.

楊氏曰:「揚雄謂:『孔子於陽貨也, 敬所不敬, 爲詘身以信道.』非知孔子者. 蓋道外無身, 身外無道. 身詘矣而可以信道, 吾未之信也.」

好・亟(기)・知는 모두 去聲이다.

○ 懷寶迷邦(보물을 품고 나라를 미혹하게 함)이란 道德을 품고도 나라의 迷亂을 구제하지 못함을 이른 것이다. 亟(기)는 잦다(數, 음은 삭)의 뜻이다. 失時란 일의 기미에 미치지 못함을 말한다. 將이란 장차 그렇게 되려 하지만 꼭 그렇지는 않다는 표현이다. 陽貨의 말은 모두가 孔子를 譏弄하여 속히 벼슬하도록 諷諭한 것이다. 孔子가 진실로 일찍이 이와 같지 않았으나, 역시 벼슬을 않겠다고 한 것도 아니다. 다만 陽貨에게는 벼슬하지 않을 뿐이다. 그 때문에 곧바로 이치를 근거로 대답하고 더이상 더불어 변론을 하지 않아, 마치 그 뜻을 알아차리지 못한 듯이 한 것이다.

○ 陽貨가 孔子를 보고자 한 것은, 비록 善意라 해도 자기를 도와 亂을 일으키는 것을 시키고자 하는 것뿐이었다. 그 때문에 孔子가 만나 주지 않는 것은 義이며, 가서 拜禮한 것은 禮이다. 꼭 그가 없는 때를 이용하여 찾아간 것은 그에 맞추고자 한 것이다. 길에서 이를 만나자 피하지 않은 것은, 끊는 것으로 끝을 맺지는 않으려 한 것이다. 그의 질문에 따라 대답한 것은 이치의 곧음이요, 대답하되 변론하지 않은 것은 말은 공손히 하되 역시 굽힐 바가 없다는 것이다.

楊氏(楊時)는 이렇게 말하였다. "揚雄은 '孔子가 陽貨에게 있어서 恭敬하지 말아야 할 사람을 恭敬한 것은, 자신의 몸을 굽혀 道를 펴보려(信은 伸과 같음) 함이었다'(《法言》 五百篇)라 하였는데, 이는 孔子를 모르는 것이다. 대체로 道 밖에는 몸도 없고, 몸 밖에는 道가 없다. 몸이 굽어진다고 도를 펼 수 있다는 것은, 나는 아직 믿을 수 없다."

436(17-2)

性相近也

공자가 말하였다.

"사람의 본성은 서로 비슷하나, 습관에 의해 서로 멀어지느니라."

子曰:「性相近也, 習相遠也.」㊀

【性】사람의 本性, 品性, 稟性.

南山本   子(ᄌ)ㅣ ᄀᆞᆯ으샤ᄃᆡ 性(셩)이 서ᄅᆞ 갓가오나 習(습)으로 서ᄅᆞ 머ᄂᆞ
니라

 栗谷本   子(ᄌ)ㅣ ᄀᆞᄅᆞ샤ᄃᆡ 性(셩)이 서ᄅᆞ 近(근)ᄒᆞ나 習(습)이 서ᄅᆞ 遠(원)
ᄒᆞᄂᆞ니라

◈ 集 註

436-㊀

此所謂性, 兼氣質而言者也. 氣質之性, 固有美惡之不同矣. 然以其初而言, 則皆
不甚相遠也. 但習於善則善, 習於惡則惡, 於是始相遠耳.

○ 程子曰:「此言氣質之性. 非言性之本也. 若言其本, 則性卽是理, 理無不善,
孟子之言『性善』是也. 何相近之有哉?」

　여기서 말한 바의 性이란 氣質을 겸하여 한 말이다. 氣質之性은 진실로 美惡의
같지 않음이 있다. 그러나 그 초기로 말하면 모두가 심히 서로 먼 관계는
아니다. 다만 善에 습관을 들이면 선해지고, 惡에 습관을 들이면 악해지는
것으로, 이렇게 하여 비로소 서로 멀어질 뿐이다.

　○ 程子(程頤)는 이렇게 말하였다. "여기서는 氣質之性을 말한 것이지 性의
本을 말한 것이 아니다. 만약 그 근본(本然之性)을 말하였다면, 性은 곧 理요
理는 善하지 않는 것이 없으니, 孟子가 말한 '性善'(《孟子》告子上 146(11-6) 참조)이
이것이다. 어찌 서로 가깝다 함이 있겠는가?"

437(17-3)

唯上知與下愚不移

공자가 말하였다.

"오직 가장 높은 슬기로움과 가장 낮은 어리석음은 변화시킬 수가 없도다."*

子曰:「唯上知與下愚不移.」⊖

【下愚】 下等의 愚人.

* 孔安國은 「上知不可使爲惡, 下愚不可使强賢」이라 하였다.

子(ᄌ)ㅣ ᄀᆞᄅ익ᅣ티 오직 上知(샹디)와 다믓 下愚(하우)ᄂ 移(이)티
아니ᄒᆞᄂᆞ니라

子(ᄌ)ㅣ ᄀᆞᄅ샤티 오직 上知(샹디)와 다믓 下愚(하우)ᄂ 옮디
아닛ᄂᆞ니라

437-㊀

知, 去聲.

○ 此承上章而言. 人之氣質相近之中, 又有美惡一定, 而非習之所能移者.

○ 程子曰:「人性本善, 有不可移者, 何也? 語其性則皆善也, 語其才則有下愚之
不移. 所謂下愚有二焉; 自暴自棄也. 人苟以善自治, 則無不可移, 雖昏愚之至,
皆可漸磨而進也. 惟自暴者, 拒之以不信; 自棄者, 絶之以不爲, 雖聖人與居, 不能
化而入也, 仲尼之所謂下愚也. 然其質非必昏且愚也, 往往強戾而才力有過人者,
商辛是也. 聖人以其自絶於善, 謂之下愚, 然考其歸則誠愚也.」

或曰:「此與上章當合爲一, 『子曰』二字, 蓋衍文耳.」

知는 去聲이다.

○ 이는 윗장을 이어받아 말한 것이다. 사람의 氣質이 서로 相近한 가운데서도
美惡의 一定함은 있어, 익힌다고 해서 능히 바꿀 수 있는 것이 아니다.

○ 程子(程頤)는 이렇게 말하였다. "人性은 본래 善한데 옮길 수 없는 것이 있다
한 것은 무슨 때문인가? 그 性은 모두 善하다고 말하나 그 才能에 있어서는
下愚로써 바꾸지 못함이 있다. 소위 下愚란 두 가지가 있다. 自暴와 自棄이다.
사람이 진실로 善으로써 자신을 다스린다면 옮기지 못할 바가 없어, 비록 昏愚함이
지극하다 하여도 모두가 점차 연마되어 나아질 수 있다. 오직 自暴하는 자는

이를 거부하고 믿지 않으며, 自棄하는 자는 이를 끊고 실행하지 않음으로써 비록 聖人이 함께 거처하여도 능히 교화시켜 들어갈 수 없으니, 仲尼가 소위 말한 下愚이다. 그러나 그 바탕이 꼭 어둡고 어리석은 것도 아닌데, 왕왕 强戾하고 才力이 남보다 뛰어난 자가 있으니 商辛(紂)이 바로 그러한 사람이다《史記》殷本紀). 聖人은 그 스스로 善을 거절하는 이유 때문에 그를 下愚라 일컬은 것이다. 그러나 그 귀착됨을 보면 진실로 어리석은 것이다.”

或者는 이렇게 말하였다. “이곳은 윗장과 더불어 의당 하나가 되어야한다. ‘子曰’ 두 글자는 대체로 衍文일 따름이다.”

438(17-4)

子之武城

공자가 무성武城에 갔을 때, 현가지성弦歌之聲을 듣고는 빙긋이 웃으면서 이렇게 말하였다.

"닭 잡는 데 어찌 소 잡는 칼을 쓰리오?"

자유子游가 이렇게 말하였다.

"옛날 제偃가 선생님께 듣기로 '군자는 도를 배우면 남을 사랑하게 되고, 소인이 도를 배우면 쉽게 부릴 수 있다'라 하셨습니다."

공자가 이렇게 말하였다.

"얘들아! 자유의 말이 옳도다. 방금 내 말은 희언戲言이었다."*

〈武城絃歌〉 조선시대 판화

子之武城, 聞弦歌之聲.㊀
夫子莞爾而笑, 曰:「割雞焉用牛刀?」㊁
　　　子游對曰:「昔者, 偃也聞諸夫子曰:『君子學
　　　　　　道則愛人, 小人學道則易使也.』」㊂
　　　子曰:「二三子! 偃之言是也. 前言戲
　　　　　　之耳.」㊃

【武城】 魯나라 邑 이름. 당시 子游(偃言)가 그곳의 邑宰가 되어 있었다.
【弦歌之聲】 子游가 音樂으로 그곳 사람들을 敎化시키고 있었다.
【莞爾而笑】 미소를 띠고 웃다의 뜻이다. 「莞爾」는 雙聲連綿語이다.
* 『小人學道則易使』는 憲問篇 376(14-44)을 볼 것.

●諺解

陶山本 子(ᄌ)ㅣ 武城(무셩)에 가샤 弦歌(현가)ㅅ 소ᄅᆡ롤 들으시다
夫子(부ᄌ)ㅣ 莞爾(완ᄉᆡ)히 笑(쇼)ᄒᆞ야 ᄀᆞᆯ으샤ᄃᆡ 雞(계)롤 割(할)
홈애 엇디 牛刀(우도)롤 ᄡᅳ리오

子游(ᄌ유)ㅣ 對(ᄃᆡ)ᄒᆞ야 ᄀᆞᆯ오ᄃᆡ 녜 偃(언)이 夫子(부ᄌ)씌 듣조오니 ᄀᆞᆯ으샤ᄃᆡ
君子(군ᄌ)ㅣ 道(도)롤 學(혹)ᄒᆞ면 사ᄅᆞᆷ을 ᄉᆞ랑ᄒᆞ고 小人(쇼신)이 道(도)롤
學(혹)ᄒᆞ면 브림이 쉽다 호이다

子(ᄌ)ㅣ ᄀᆞᆯ으샤ᄃᆡ 二三子(ᄉᆡ삼ᄌ)아 偃(언)의 言(언)이 是(시)ᄒᆞ니 前言
(젼언)은 戲(희)홈이니라

栗谷本 子(ᄌ)ㅣ 武城(무셩)의 가샤 弦歌(현가)의 소ᄅᆡ를 드ᄅᆞ시고
夫子(부ᄌ)ㅣ 莞爾(완이)히 우어 ᄀᆞ르샤ᄃᆡ 雞(계) 割(할)ᄒᆞ기예
엇디 牛刀(우도)롤 ᄡᅳ리오

子游(ᄌ유)ㅣ 對(ᄃᆡ)ᄒᆞ야 ᄀᆞᆯ오ᄃᆡ 녜 偃(언)이 夫子(부ᄌ)씌 듯ᄌᆞ오니 ᄀᆞ르샤ᄃᆡ
君子(군ᄌ)ㅣ 道(도)롤 빅호면 人(인)을 ᄉᆞ랑ᄒᆞ고 小人(쇼인)이 道(도)롤
ᄇᆞ호면 브리기 쉽다 ᄒᆞ더시다

子(ᄌ)ㅣ ᄀᆞ르샤ᄃᆡ 二三子(이삼ᄌ)아 偃(언)의 말이 올ᄒᆞ니 前(젼)의 말은
희롱호미니라

◆集註

438-㊀

弦, 琴瑟也. 時子游爲武城宰, 以禮樂爲敎, 故邑人皆弦歌也.

弦은 琴瑟(樂器 이름)이다. 당시 子游는 武城의 邑宰로써, 禮樂으로써 敎化를
삼고 있었기 때문에 邑 사람들이 모두 악기를 연주하고 노래를 부르고 있었던
것이다.

438-㊁

莞, 華版反. 焉, 於虔反.

○ 莞爾, 小笑貌, 蓋喜之也. 因言其治小邑, 何必用此大道也?

莞은 反切로 '華版反'(환, 〈언해〉에는 '완'으로 읽었음)이며, 焉은 '於虔反'(언)이다.

○ 莞爾는 작게 웃는 모습으로 대체로 즐거워하는 것이다. 이를 근거로 그 작은 邑을 다스리면서 꼭 이런 大道를 써야 하는가라고 말한 것이다.

438-㊂

易, 去聲.

○ 君子小人, 以位言之. 子游所稱, 蓋夫子之常言. 言君子小人, 皆不可以不學. 故武城雖小, 亦必教以禮樂.

易은 去聲이다.

○ 君子와 小人은 그 직위로 말한 것이다. 子游가 칭한 것은 대체로 夫子가 늘 말하던 것이리라. 君子와 小人은 누구나 배우지 않을 수 없음을 말한 것이다. 그 때문에 武城은 비록 작은 고을이지만 역시 반드시 禮樂으로써 가르쳐야 한다는 것이다.

438-㊃

嘉子游之篤信, 又以解門人之惑也.

○ 治有大小, 而其治之必用禮樂, 則其爲道一也. 但衆人多不能用, 而子游獨行之. 故夫子驟聞而深喜之, 因反其言以戲之. 而子游以正對, 故復是其言, 而自實其戲也.

子游의 篤信함을 가상히 여겼으며, 또한 門人들의 의혹을 풀어 준 것이다.

○ 다스림에는 大小가 있으나 그 다스림이 반드시 禮樂을 써야 함은, 그 道됨이 하나이기 때문이다. 다만 많은 사람들이 흔히 이를 응용하지 못하는데 子游만은 유독 이를 실행하였다. 그 때문에 夫子가 갑자기 듣고 매우 기꺼워하였으며, 그 말을 반대로 하여 이를 희롱한 것이다. 그러나 子游가 정면으로 대응하자 그 때문에 다시 이 말을 옳다고 하고는, 스스로가 희롱이었음을 실증한 것이다.

439(17-5)

公山弗擾以費畔

공산불요公山弗擾가 비費 땅을 근거로 반畔을 일으키며 공자를 부르자, 공자가 가고자 하였다. 이에 자로子路가 좋지 않게 여기며 이렇게 말하였다.

"갈 곳이 없으면 그칠 일이지 하필 공산씨의 땅으로 가려 하십니까?"

공자가 이렇게 말하였다.

"무릇 나를 부른 자가 어찌 한갓 이유 없이 부르겠느냐? 만약 나를 써주는 자가 있기만 하다면, 나는 그를 동쪽의 주(周)나라로 만들어 볼 텐데!"

公山弗擾以費畔, 召, 子欲往.㊀

子路不說, 曰:「末之也, 已, 何必公山氏之之也?」㊁

子曰:「夫召我者, 而豈徒哉? 如有用我者,
吾其爲東周乎!」㊂

【公山弗擾】 人名.《史記》에는 公山不狃로 실려 있다. 季氏 집안의 家宰로 費 땅에서
난을 일으켰다.《左傳》定公 5年・8年・12年 및 哀公 8年을 볼 것.

【畔】 叛・返・反과 같다. 同音聲訓이다. 毛奇齡은 「畔, 謀逆」이라 하였다.

【末之也, 已】 舊本에는 이를 「末之也已」로 읽어, 가지 않겠다의 뜻으로 풀이하였으나
武億의《經讀考異》에는 「末之也, 已」로 읽어 갈 곳이 없으면 그만두다로 풀이
하였다. 末은 無와 같다.

【東周】 여기서는 周(文王과 武王)의 정치를 동쪽(費・魯)으로 옮겨 자신이 실현
시켜보겠다는 뜻이다.

● 諺解

廟山本   公山弗擾(공산블요) | 費(비)로써 畔(반)ᄒᆞ야 召(쇼)ᄒᆞ야늘
子(ᄌᆞ) | 往(왕)코쟈 ᄒᆞ더시니

子路(ᄌᆞ로) | 說(열)티 아니ᄒᆞ야 ᄀᆞᆯ오ᄃᆡ 갈 ᄃᆡ 업슬 ᄯᆞ름이니 엇디 반ᄃᆞ시
公山氏(공산시)의게 가시리잇고

子(ᄌᆞ) | ᄀᆞᆯ으샤ᄃᆡ 나ᄅᆞᆯ 召(쇼)ᄒᆞᄂᆞᆫ 者(쟈)ᄂᆞᆫ 엇디 ᄒᆞᆫ갓 ᄒᆞ리오 만일 나ᄅᆞᆯ
쓸 者(쟈) | 이실 ᄯᅵᆫ댄 내 그 東周(동쥬)ᄅᆞᆯ ᄒᆞᆯ ᄯᅵᆫ뎌

公山弗擾(공산블요) ㅣ 費(비)로뻐 畔(반)ᄒᆞ야 김(쇼)ᄒᆞ거늘 子(ᄌᆞ)ㅣ 가고져 ᄒᆞ더시니

子路(ᄌᆞ로)ㅣ 깃거 아녀 굴오듸 갈 듸 업슨 디니 엇디 구틔여 公山氏(공산시)의게 가리잇고

子(ᄌᆞ)ㅣ ᄀᆞᄅᆞ샤듸 날 김(쇼)ᄒᆞᆫ 者(쟈)ㅣ 엇디 ᄒᆞᆫ갓 ᄒᆞ리오 만일 날을 쓰리이실 딘댄 내 그 東周(동쥬)ㅣ 되게 홀 딘뎌

◈ 集註

439-㊀

弗擾, 季氏宰. 與陽虎共執桓子, 據邑以叛.

弗擾는 季氏의 家宰이다. 陽虎와 함께 桓子를 잡아 두고, 그 邑을 근거로 叛亂을 일으킨 것이다.

439-㊁

說, 音悅.
○ 末, 無也. 言道旣不行, 無所往矣, 何必公山氏之往乎?

說은 음이 悅(열)이다.
○ 末은 없다(無, 고대의 聲訓)의 뜻이다. 道가 이미 실행되지 못하여 어디 갈 곳이 없다 한들 하필이면 公山氏에게로 가려 하느냐고 말한 것이다.

439-㊂

夫, 音扶.
○ 『豈徒哉』, 言必用我也. 『爲東周』, 言興周道於東方.
○ 程子曰:「聖人以天下無不可有爲之人, 亦無不可改過之人, 故欲往. 然而終不往者, 知其必不能改故也.」

夫는 음이 扶(부)이다.

○ '豈徒哉'란 틀림없이 나를 등용할 것임을 말한 것이다. '爲東周'란 周나라의 道를 東方에서 흥하게 하겠다는 말이다.

○ 程子(程頤)는 이렇게 말하였다. "聖人은 天下에는 가히 아무 것도 하지 못할 사람이란 없고, 역시 과실을 고칠 수 없는 사람도 없다고 여겼다. 그 때문에 가고자 한 것이다. 그러나 끝내 가지 않은 것은, 그가 틀림없이 고치지 못할 것임을 알았기 때문이다."

440(17-6)

子張問仁於孔子

자장子張이 인仁에 대하여 공자에게 여쭙자, 공자가 이렇게 말하였다.

"천하에 다음의 다섯 가지를 능히 실행한다면, 인을 실행한다고 할 수 있으리라."

"청컨대 무엇인지 여쭙습니다."

공자는 이렇게 설명하였다.

"공恭·관寬·신信·민敏·혜惠이니라. 공손하면 업신여김을 받지 않게 되고, 관용을 베풀면 무리를 얻게 되며, 신의를 지키면 사람이 나를 믿고 의지하게 되고, 민첩하게 하면 공을 이루게 되며, 은혜를 베풀면 족히 사람을 부릴 수 있느니라."

子張問仁於孔子. 孔子曰:「能行五者於天下爲仁矣.」
「請問之.」
曰:「恭, 寬, 信, 敏, 惠. 恭則不侮, 寬則得衆, 信則
人任焉, 敏則有功, 惠則足以使人.」㊀

【子張】顓孫師.
【人任】남이 나를 신임함. 혹은 남이 나를 믿고 의지하다의 뜻으로도 새긴다.

● 諺 解

陶山本　子張(ᄌ댱)이 仁(신)을 孔子(공ᄌ)끠 묻ᄌ온대 孔子(공ᄌ)ㅣ
ᄀᆞᆯ으샤ᄃᆡ 能(능)히 五者(오쟈)를 天下(텬하)에 行(ᄒᆡᆼ)ᄒᆞ면 仁(신)을
ᄒᆞ욤이니라 請(쳥)컨댄 묻ᄌᆞᄫᅱ이다 ᄒᆞ대 ᄀᆞᆯ으샤ᄃᆡ 恭(공)과 寬(관)과 信(신)과
敏(민)과 惠(혜)니 恭(공)ᄒᆞ면 侮(모)티 아니ᄒᆞ고 寬(관)ᄒᆞ면 衆(즁)을 得(득)
ᄒᆞ고 信(신)ᄒᆞ면 人(신)이 任(심)ᄒᆞ고 敏(민)ᄒᆞ면 功(공)이 잇고 惠(혜)ᄒᆞ면
足(족)히 뻐 人(신)을 使(ᄉᆞ)ᄒᆞ리니라

栗谷本　子張(ᄌ댱)이 孔子(공ᄌ)끠 仁(인)을 問(문)ᄒᆞ대 孔子(공ᄌ)ㅣ
ᄀᆞᄅᆞ샤ᄃᆡ 能(능)히 다ᄉᆞᆺ 者(쟈)를 天下(텬하)의 行(ᄒᆡᆼ)ᄒᆞ면 仁(인)이
되리라 請(쳥)ᄒᆞ야 問(문)ᄒᆞ대 ᄀᆞᄅᆞ샤ᄃᆡ 恭(공)과 寬(관)과 信(신)과 敏(민)과
惠(혜)니 恭(공)ᄒᆞ면 侮(모)티 아니코 寬(관)ᄒᆞ면 衆(즁)을 得(득)ᄒᆞ고 信(신)
ᄒᆞ면 人(인)이 任(임)ᄒᆞ이고 敏(민)ᄒᆞ면 功(공)이 잇고 惠(혜)ᄒᆞ면 足(족)히
뻐 人(인)을 브릴 디니라

440-㊀

行是五者, 則心存而理得矣.『於天下』, 言無適而不然, 猶所謂『雖之夷狄, 不可棄』者.
五者之目, 蓋因子張所不足而言耳. 任, 倚仗也, 又言其效如此.

　○ 張敬夫曰：「能行此五者於天下, 則其心公平而周遍可知矣, 然恭其本與!」

　李氏曰：「此章與六言・六蔽・五美・四惡之類, 皆與前後文體大不相似.」

이 다섯 가지를 실행하면 마음이 존속되어 이치가 터득될 것이다. '於天下'란
가는 곳마다 그렇지 않은 곳이 없다라는 말로, 소위 '비록 이적의 땅에 갈지라도
버릴 수 없는 것'(子路篇 321(13-19))이란 말과 같다. 다섯 가지 조목은 아마 子張이
부족한 바였기에 말한 것일 뿐이리라. 任은 의지하여 기대는 것이다. 다시
그 효과가 이와 같음을 말한 것이다.

　○ 張敬夫(張栻)는 이렇게 말하였다. "天下에 능히 이 다섯 가지를 실행할
수 있다면, 그 마음이 공평하고 두루 미치게 됨을 가히 알 수 있다. 그러나
恭敬이 그 本이리라!"

　李氏(李郁)는 이렇게 말하였다. "이 장은 六言・六蔽(442(17-8))와 五美・四惡
(498(20-2))의 類로 모두가 앞뒤의 문체와는 서로 매우 닮지 않았다."

441(17-7)

佛肸召

필힐佛肸이 공자를 초청하자, 공자가 가고자 하였다. 그러자 자로子路가 이렇게 말하였다.

"지난 날 제由가 선생님께 듣기로 '몸소 그 자신에게 선하게 하지 못하는 자에게는 군자는 찾아가지 않아야 한다'라 하셨습니다. 그런데 필힐이 지금 중모中牟 땅을 근거로 배반을 하였는데, 선생님께서 그곳엘 가시려 하니 어찌된 일입니까?"

이에 공자는 이렇게 말하였다.

"그렇다. 내 그러한 말을 한 적이 있다. 그러나 '굳세도다! 갈아도 얇아지지 않네'라 하지 않았더냐? 또 '희도다! 물들여도 검어지지 않네'라 말하지 않았더냐? 내 어찌 포과匏瓜이겠느냐? 어찌 능히 매달아 놓기만 하고 먹지 못하는 것일 수가 있겠느냐?"*

佛肸召, 子欲往.㊀

子路曰:「昔者由也聞諸夫子曰:『親於其身爲不善者,
　　君子不入也.』佛肸以中牟畔, 子之往也, 如
　　之何?」㊁

子曰:「然, 有是言也. 不曰『堅乎! 磨而不磷』; 不曰
　　『白乎! 涅而不緇.』㊂ 吾豈匏瓜也哉? 焉能繫
　　而不食?」㊃

【佛肸】晉나라 大夫. 中牟 땅을 근거로 叛亂을 일으켰다.《說苑》立節篇·《新序》
義勇篇 등에 그 고사가 자세히 실려 있다. 그러나 그 시기는 哀公 20年으로
孔子가 죽은 지 5년 후이다. '필힐'로 읽는다.

【子路】仲由.

【中牟】地名. 春秋時代 晉나라 邑. 지금의 河北省 邢台縣과 邯鄲 사이. 河南省의
中牟와는 다르다. 佛肸은 范氏, 中行氏의 家臣으로 中牟의 縣長이었다. 趙簡子가
이들을 치자 이에 趙簡子에게 반기를 들고 亂을 일으켰다.

【磷】薄과 같다.

【涅】검게 물들다의 뜻. '녈'로 읽는다.

【匏瓜】박의 일종. 甘匏瓜·苦匏瓜 두 종류가 있으며, 쓴 것은 먹을 수 없다.《國語》
魯語에「苦瓠匏不材, 於人共濟而已」라 하였고,《莊子》逍遙遊에「今子有五石
之匏, 何不盧以爲大樽, 而浮乎江湖?」라 하였다. 그러나 본장에서는 물을 뜨는
용도의 바가지로 보았다. 한편 皇侃은 별 이름이 아닌가 하여「一通云, 匏瓜,
星名也. 言人有材智, 宜佐時理務, 爲人所用; 豈得如匏瓜繫天而不可食耶!」라
하였다.

＊ 인용된 구절은 당시 格言이거나 逸詩가 아닌가 한다.

陶山本 佛肸(필힐)이 召(쇼)ᄒ야ᄂᆯ 子(ᄌ)ㅣ 往(왕)코쟈 ᄒ더시니
子路(ᄌ로)ㅣ 골오ᄃᆡ 녜 由(유)ㅣ 夫子(부ᄌ)ᄭᅴ 듣ᄌ오니 골ᄋ샤ᄃᆡ
親(친)히 그 몸애 不善(블션)을 ᄒᄂᆫ 者(쟈)ㅣ어든 君子(군ᄌ)ㅣ 드디 아니ᄂᆞ니라
ᄒ시니 佛肸(필힐)이 中牟(듕모)로ᄢᅥ 畔(반)ᄒ거ᄂᆯ 子(ᄌ)의 往(왕)ᄒ심은
엇더니잇고
子(ᄌ)ㅣ 골ᄋ샤ᄃᆡ 然(션)ᄒ다 이 말이 인ᄂᆞ니라 堅(견)타 닐ᄋ디 아년ᄂᆞ냐
磨(마)ᄒ야도 磷(린)티 아니ᄒᄂᆞ니라 白(빅)다 닐ᄋ디 아년ᄂᆞ냐 涅(날)ᄒ야도
緇(츼)티 아니ᄒᄂᆞ니라
내 엇디 匏瓜(포과)ㅣ라 엇디 能(능)히 繫(계)ᄒ야 食(식)디 아니ᄒ리오

栗谷本 佛肸(필힐)이 召(쇼)ᄒ거ᄂᆯ 子(ᄌ)ㅣ 가고져 ᄒ더시니
子路(ᄌ로)ㅣ 골오ᄃᆡ 녜 由(유)ㅣ 夫子(부ᄌ)ᄭᅴ 듯ᄌ오니 ᄀᆞᄅᆞ샤ᄃᆡ
親(친)히 그 몸의 不善(블션)을 ᄒᄂᆫ 者(쟈)ᄂᆫ 君子(군ᄌ)ㅣ 드디 아닛ᄂᆞ다
ᄒ더시니 佛肸(필힐)이 中牟(듕모)로ᄢᅥ 畔(반)ᄒ거ᄂᆯ 子(ᄌ)의 往(왕)ᄒ샴은
엇디잇고
子(ᄌ)ㅣ ᄀᆞᄅᆞ샤ᄃᆡ 그러ᄒ다 이 말이 잇거니와 堅(견)ᄒ다 니ᄅᆞ디 아니냐
磨(마)ᄒ야도 磷(린)티 아니며 白(빅)ᄒ다 니ᄅᆞ디 아니냐 涅(날)ᄒ야도
緇(츼)티 아닛ᄂᆞ니라
내 엇디 匏(포)와 瓜(과)ㅣ라 엇디 能(능)히 繫(계)ᄒ야 食(식)디 아니리오

441-㊀

佛, 音弼. 肸, 許密反.
○ 佛肸, 晉大夫趙氏之中牟宰也.

佛은 음이 弼(필)이며, 肸은 反切로 '許密反'(힐)이다.

○ 佛肸은 晉나라 大夫 趙氏의 中牟 땅 邑宰이다.

441-㊁

子路恐佛肸之浼夫子, 故問此以止夫子之行. 親, 猶自也. 不入, 不入其黨也.

子路는 佛肸이 夫子를 더럽힐까 걱정하여, 그 때문에 이로써 夫子가 가는 것을 말렸던 것이다. 親은 自(스스로)와 같다. 不入은 그 黨에 들어가지 않는 것이다.

441-㊂

磷, 力刃反. 涅, 乃結反.

○ 磷, 薄也. 涅, 染皂物. 言人之不善, 不能浼己.

楊氏曰:「磨不磷, 涅不緇, 而後無可無不可. 堅白不足, 而欲自試於磨涅, 其不磷緇也者, 幾希.」

磷은 反切로 '力刃反'(린)이며, 涅은 '乃結反'(녈)이다.

○ 磷은 얇다(薄)는 뜻이며, 涅은 물건에 검을 물을 들이는 것이다. 남의 不善으로 자신을 더럽힐 수 없음을 말한 것이다.

楊氏(楊時)는 이렇게 말하였다. "갈아도 얇아지지 아니하고, 검은 물을 들여도 검어지지 아니한 이후에는 可함도 없고 不可함도 없게 된다. 堅白으로는 부족하여 스스로 磨涅(갈거나 물들이는 것)로 시험해보고자 하였을 때, 얇아지지 아니하고 검은 물이 들지 않은 자는 거의 드물 것이다."

441-㊃

焉, 於虔反.

○ 匏, 瓠也. 匏瓜繫於一處而不能飲食, 人則不如是也.

○ 張敬夫曰:「子路昔者之所聞, 君子守身之常法. 夫子今日之所言, 聖人體道之大權也. 然夫子於公山佛肸之召皆欲往者, 以天下無不可變之人, 無不可爲之事也. 其卒不往者, 知其人之終不可變而事之終不可爲耳. 一則生物之仁, 一則知人之智也.」

焉은 反切로 '於虔反'(언)이다.

○ 匏는 바가지(瓠, 표주박)이다. 표주박은 한 곳에 매어 두면, 이를 이용해 마실 수도 먹을 수도 없다. 사람이라면 이와 같을 수 없는 것이다.

○ 張敬夫(張栻)는 이렇게 말하였다. "子路가 옛날에 들었던 바는 君子로써 守身하는 常法이었고, 夫子가 지금 한 말은 聖人이 道를 체득하는 大權이다. 그러나 夫子가 公山弗擾와 佛肸이 불렀을 때 가고자 하였던 것은, 天下에 변화시킬 수 없는 사람이란 없고, 할 만한 일이 없는 경우란 없다고 여겼기 때문이었다. 그러나 결국 가지 않은 것은 그 사람도 끝내 변화시킬 수 없고, 일이라는 것도 끝내 할 수 없다는 것을 알았기 때문이다. 하나는 萬物의 仁을 생성시키는 것이요, 하나는 사람을 알아보는 지혜이다."

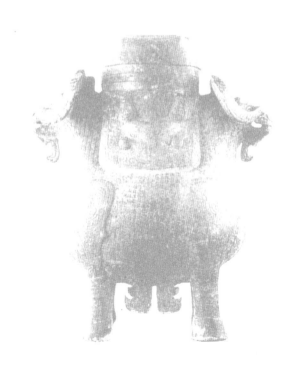

442(17-8)

由也

공자가 말하였다.

"유由야! 너는 육언六言과 육폐六蔽에 대하여 들어본 적이 있느냐?"

자로子路가 대답하였다.

"아직 없습니다."

"앉아라! 내 너에게 말해주마. 인仁을 좋아한다고 하면서 배움을 즐겨하지 않으면 그 폐단은 어리석음으로 나타난다. 슬기로움을 좋아한다고 하면서 배움을 즐겨하지 않으면 그 폐단은 방탕한 것으로 나타난다. 믿음을 좋아한다고 하면서 배움을 즐겨하지 않으면 그 폐단은 해적害賊으로 나타난다. 곧음을 좋아한다고 하면서 배움을 즐겨하지 않으면 그 폐단은 말만 급한 것으로 나타난다. 용맹을 좋아한다 하면서 배움을 즐겨하지 않으면 그 폐단은 혼란으로 나타난다. 강剛함을 좋아한다고 하면서 배움을 즐겨하지 않으면 그 폐단은 광狂으로 나타난다."

子曰:「由也! 女聞六言六蔽矣乎?」

對曰:「未也.」㊀

「居! 吾語女.㊁ 好仁不好學, 其蔽也愚; 好知不
好學, 其蔽也蕩; 好信不好學, 其蔽也賊; 好直
不好學, 其蔽也絞; 好勇不好學, 其蔽也亂;
好剛不好學, 其蔽也狂.」㊂

【由】仲田, 子路.
【居】坐와 같다. 앉다.
【絞】그 폐단이 말로 급하게 나타남. '교'로 읽는다.
【剛】剛强함.
【狂】狂妄, 마구 대들거나, 조급하고 경솔하게 나섬을 뜻한다.

● 諺解

 子(ㅈ) ㅣ ᄀᆞᆯᄋᆞ샤ᄃᆡ 由(유)아 네 六言(륙언)에 六蔽(륙폐)를 드런
ᄂᆞᆫ다 對(ᄃᆡ)ᄒᆞ야 ᄀᆞᆯ오ᄃᆡ 몯ᄒᆞᆫ얀노이다
居(거)ᄒᆞ라 내 너ᄃᆞ려 語(어)호리라
仁(신)을 好(호)ᄒᆞ고 學(ᄒᆞᆨ)을 好(호)티 아니ᄒᆞ면 그 蔽(폐) ㅣ 愚(우)ᄒᆞ고
知(디)를 好(호)ᄒᆞ고 學(ᄒᆞᆨ)을 好(호)티 아니ᄒᆞ면 그 蔽(폐) ㅣ 蕩(탕)ᄒᆞ고
信(신)을 好(호)ᄒᆞ고 學(ᄒᆞᆨ)을 好(호)티 아니ᄒᆞ면 그 蔽(폐) ㅣ 賊(적)ᄒᆞ고
直(딕)을 好(호)ᄒᆞ고 學(ᄒᆞᆨ)을 好(호)티 아니ᄒᆞ면 그 蔽(폐) ㅣ 絞(교)ᄒᆞ고
勇(용)을 好(호)ᄒᆞ고 學(ᄒᆞᆨ)을 好(호)티 아니ᄒᆞ면 그 蔽(폐) ㅣ 亂(란)ᄒᆞ고
剛(강)을 好(호)ᄒᆞ고 學(ᄒᆞᆨ)을 好(호)티 아니ᄒᆞ면 그 蔽(폐) ㅣ 狂(광)ᄒᆞᄂᆞ니라

子(즈)ㅣ ᄀᆞᄅᆞ샤ᄃᆡ 由(유)아 네 六言(륙언)과 六蔽(륙폐)를 드럿
ᄂᆞ다 對(ᄃᆡ)ᄒᆞ야 ᄀᆞᆯ오ᄃᆡ 몯ᄒᆞ얏노이다

　居(거)ᄒᆞ라 내 너ᄃᆞ려 니로리라

　仁(인)을 好(호)ᄒᆞ고 學(ᄒᆞᆨ)을 好(호)티 아니면 그 蔽(폐)호미 愚(우)ᄒᆞ고
知(디)를 好(호)ᄒᆞ고 學(ᄒᆞᆨ)을 好(호)티 아니면 그 蔽(폐)호미 蕩(탕)ᄒᆞ고
信(신)을 好(호)ᄒᆞ고 學(ᄒᆞᆨ)을 好(호)티 아니면 그 蔽(폐)호미 賊(적)ᄒᆞ고
直(딕)을 好(호)ᄒᆞ고 學(ᄒᆞᆨ)을 好(호)티 아니면 그 蔽(폐)호미 絞(교)ᄒᆞ고
勇(용)을 好(호)ᄒᆞ고 學(ᄒᆞᆨ)을 好(호)티 아니면 그 蔽(폐)호미 亂(란)ᄒᆞ고
剛(강)을 好(호)ᄒᆞ고 學(ᄒᆞᆨ)을 好(호)티 아니면 그 蔽(폐)호미 狂(광)ᄒᆞᄂᆞ니라

◈ 集註

442-㉠

女, 音汝, 下同.
○ 蔽, 遮掩也.

女는 음이 汝(여)이다. 아래도 같다.
○ 蔽는 막아서 가리는 것이다.

442-㉡

語, 去聲.
○ 禮: 君子問更端, 則起而對. 故夫子諭子路, 使還坐而告之.

語는 去聲이다.
○《禮》에는 君子가 질문할 때 단서(화제)를 바꾸면 일어나서 대답하게 되어
있다(《禮記》曲禮). 그 때문에 夫子가 子路를 깨우쳐 다시 돌아와 앉도록 하고
일러 준 것이다.

442-㊂

好·知, 並去聲.

○ 六言皆美德, 然徒好之而不學以明其理, 則各有所蔽. 愚, 若可陷可罔之類. 蕩, 謂窮高極廣而無所止. 賊, 謂傷害於物. 勇者, 剛之發. 剛者, 勇之體. 狂, 躁率也.

○ 范氏曰:「子路勇於爲善, 其失之者, 未能好學以明之也, 故告之以此. 曰勇, 曰剛, 曰信, 曰直, 又皆所以救其偏也.」

好·知는 모두가 去聲이다.

○ 六言은 모두가 美德이다. 그러나 한갓 좋아하기만 하면서 배워 그 이치를 밝히지 아니하면, 각각 그 가려지는 바가 있다. 즉 愚는 함정에 빠질 수도 있고 속임을 당할 수도 있는 것과 같은 類(143(6-24))이다. 蕩은 높은 것을 끝까지 하고 넓은 것도 끝까지 하되 그칠 줄 모르는 것이다. 賊은 물건에 傷害가 되는 것이다. 勇이란 剛의 드러남이요, 剛이란 勇의 體이다. 狂은 조급하고 경솔한 것이다.

○ 范氏(范祖禹)는 이렇게 말하였다. "子路는 善을 실행하는 데에는 용감하였지만 실수하는 것은, 아직 배우기를 좋아하여 그로써 이를 밝혀내는 데에는 능하지 못하였다는 점이다. 그 때문에 이로써 일러준 것이다. 勇·剛·信·直이라고 말한 것은 모두가 그의 치우친 부분을 구제해 주기 위한 것이다."

443(17-9)

小子何莫學夫詩

공자가 말하였다.

"얘들아! 어찌 시詩를 배우지 아니하느냐? 시는 가히 감흥하게 하고, 살필 수 있게 하며, 무리 짓게 하고, 원망하게 한단다. 가까이는 아비를 섬길 수 있으며, 멀리는 임금을 섬길 수 있단다. 게다가 조수초목鳥獸草木의 이름도 널리 알 수 있단다."

子曰:「小子! 何莫學夫詩?㊀ 詩, 可以興,㊁ 可以觀,㊂
可以群,㊃ 可以怨.㊄ 邇之事父, 遠之事君;㊅
多識於鳥獸草木之名.」㊆

【小子】제자를 부르는 호칭. '二三子'와 같다. 包咸은 「小子, 門人也」라 하였다.
【邇】가깝다.
【鳥獸草木】《詩經》에 나오는 많은 物名과 그 生態를 뜻한다. 많은 상식을 얻게
됨을 말한다.

◉ 諺 解

 子(ᄌ)ㅣ ᄀᆞᆯᄋᆞ샤ᄃᆡ 小子(쇼ᄌ)ᄂᆞᆫ 엇디 詩(시)를 學(ᄒᆞᆨ)디 아니
ᄒᆞᄂᆞ뇨

詩(시)ᄂᆞᆫ 可(가)히 ᄡᅥ 興(흥)ᄒᆞ며

可(가)히 ᄡᅥ 觀(관)ᄒᆞ며

可(가)히 ᄡᅥ 群(군)ᄒᆞ며

可(가)히 ᄡᅥ 怨(원)ᄒᆞ며

갓가이ᄂᆞᆫ 父(부)를 事(ᄉᆞ)홈이며 멀리ᄂᆞᆫ 君(군)을 事(ᄉᆞ)홈이오

鳥獸(됴슈)와 草木(초목)의 일홈을 해 알 꺼시니라

 子(ᄌ)ㅣ ᄀᆞᄅᆞ샤ᄃᆡ 小子(쇼ᄌ)ᄂᆞᆫ 엇디 詩(시)를 비호디 아닛ᄂᆞ뇨
詩(시)ᄂᆞᆫ 可(가)히 ᄡᅥ 興(흥)ᄒᆞ며

可(가)히 ᄡᅥ 觀(관)ᄒᆞ며

可(가)히 ᄡᅥ 羣(군)ᄒᆞ며

可(가)히 ᄡᅥ 怨(원)ᄒᆞ며

갓가이론 아비를 셤기며 멀리론 님금을 셤기고

鳥獸(됴슈)와 草木(초목)의 일홈을 해 아ᄂᆞ니라

443-㈠

夫, 音扶.
○ 小子, 弟子也.

夫는 음이 扶(부)이다.
○ 小子는 弟子이다.

443-㈡

感發志意.

志意를 感發시키는 것이다.

443-㈢

考見得失.

得失을 살펴보는 것이다.

443-㈣

和而不流.

和하면서도 流蕩하지 않는 것이다.

443-㈤

怨而不怒.

원망하되 노하지 않는 것이다.

443-六

人倫之道, 詩無不備, 二者擧重而言.

　人倫之道에 대하여 《詩》는 구비하지 않은 것이 없지만, 이 두 가지는 그 중 중요한 것을 거론하여 말한 것이다.

443-七

其緒餘, 又足以資多識.
○ 學詩之法, 此章盡之. 讀詩經者, 所宜盡心也.

　나머지를 풀어보면 또한 족히 자료로 삼아 많이 알 수 있는 것이다.
○ 詩를 배우는 법은 이 章이 말한 것 그대로 모두이다. 《詩經》을 읽는 자는 의당 마음을 다하여야 할 바이다.

444(17-10)

子謂伯魚曰

공자가 아들 백어伯魚에게 이렇게 말하였다.

"너는 주남周南·소남召南을 배웠느냐? 사람으로서 주남·소남을 배우지 아니하면 이는 마치 담벼락을 마주하고 서 있는 것과 같으니라!"

子謂伯魚曰:「女爲周南·召南矣乎? 人而不爲周南·
召南, 其猶正牆面而立也與!」㊀

【伯魚】 孔鯉. 孔子의 아들.
【周南·召南】《詩經》國風의 처음 두 篇. 周南에는 關雎 이하 11편, 召南에는 鵲巢이하 14편 등 모두 25편이 실려 있다.

子(ᄌ)ㅣ 伯魚(ᄇᆡᆨ어)ᄃ려 닐어 ᄀᆞᄅᆞ샤ᄃᆡ 네 周南(쥬남)과 召南(쇼남)을 ᄒᆞ연ᄂᆞᆫ다 사ᄅᆞᆷ이오 周南(쥬남)과 召南(쇼남)을 ᄒᆞ디 아니ᄒᆞ면 그 正(졍)히 墻(쟝)을 面(면)ᄒᆞ야 立(립)홈 ᄀᆞᆮᄐᆞ뎌

子(ᄌ)ㅣ 伯魚(ᄇᆡᆨ어)ᄃ려 닐러 ᄀᆞᄅᆞ샤ᄃᆡ 네 周南(쥬남) 召南(쇼남)을 ᄇᆡ환ᄂᆞᆫ다 人(인)이오 周南(쥬남) 召南(쇼남)을 ᄇᆡᄒᆞ디 아니면 그 正(졍)히 담의 ᄂᆞᆺ두어 셤 ᄀᆞᆮᄐᆞ뎌

◈ 集 註

444-㊀

女, 音汝. 與, 平聲.
○ 爲, 猶學也. 周南·召南, 詩首篇名. 所言皆修身齊家之事. 正牆面而立, 言卽其至近之地, 而一物無所見, 一步不可行.

女는 음이 汝(여)이며, 與는 平聲이다.
○ 爲는 배우다(學)의 뜻과 같다. 周南·召南은 《詩經》 앞머리의 篇名이다. 말한 바는 모두가 修身齊家의 일이다. 正牆面而立이란 지극히 가까운 곳이더라도 하나의 물건도 보이지 않아, 한 걸음도 걸을 수 없음을 말한 것이다.

445(17-11)

禮云禮云

공자가 말하였다.

"예禮가 어쩌고 예가 어쩌고 한다고 예물로 쓰이는 구슬이나 비단을
두고 한 말이겠느냐? 악樂이 어떻고 악이 어떻고 한다고 종鐘이나 북
같은 악기를 두고 한 말이겠느냐?"*

子曰:「禮云禮云, 玉帛云乎哉? 樂云樂云, 鐘鼓云乎哉?」㊀

【玉帛】 禮物로 쓰이는 玉이나 비단.
【鐘鼓】 音樂에 쓰이는 樂器.
*《禮記》 仲尼燕居에 「子曰: 師, 爾以爲必鋪几筵·升降酌獻酬酢, 然後謂之禮乎?
爾以爲必行綴兆·興羽籥·作鐘鼓, 然後謂之樂乎? 言而履之, 禮也; 行而樂之,
樂也」라 하였다.

◉ 諺解

 子(ᄌ)ㅣ 글ᄋ샤ᄃᆡ 禮(례)라 닐ᄋ며 禮(례)라 닐ᄋ나 玉帛(옥빅)을 닐ᄋ랴 樂(악)이라 닐ᄋ며 樂(악)이라 닐ᄋ나 鍾鼓(죵고)를 닐ᄋ랴

 子(ᄌ)ㅣ ᄀ르샤ᄃᆡ 禮(례)라 니르며 禮(례)라 이른ᄃᆞᆯ 玉帛(옥빅)을 니르랴 樂(악)이라 니르며 樂(악)이라 니른ᄃᆞᆯ 鍾鼓(죵고)를 니르랴

◆ 集註

445-㊀

敬而將之以玉帛, 則爲禮; 和而發之以鐘鼓, 則爲樂. 遺其本而專事其末, 則豈禮樂之謂哉?

○ 程子曰: 「禮只是一箇序, 樂只是一箇和. 只此兩字, 含蓄多少義理. 天下無一物無禮樂. 且如置此兩椅, 一不正, 便是無序. 無序便乖, 乖便不和. 又如盜賊至爲不道, 然亦有禮樂. 蓋必有總屬, 必相聽順, 乃能爲盜. 不然, 則叛亂無統, 不能一日相聚而爲盜也. 禮樂無處無之, 學者須要識得.」

공경하면서 장차 이를 玉帛으로 하면 禮가 되고, 和하면서 이를 鐘鼓로 펴면 樂이 된다. 그 근본을 잃고 오로지 그 末에 매달리면 어찌 禮樂이란 일컬음이 되겠는가?

○ 程子(程頤)는 이렇게 말하였다. "禮란 다만 한 개의 질서일 뿐이며, 樂은 다만 한 가지 조화일 뿐이다. 다만 이 두 글자이지만 꽤 많은 義理를 함축하고 있다. 天下에 그 어느 한 물건도 禮樂이 없는 것이 없다. 잠시 예를 든다면 여기에 두 의자를 놓았을 때, 하나가 반듯하지 않으면 이는 곧 질서가 없는 것이다. 질서가 없으면 어그러지게 되고, 어그러지면 곧 조화롭지 못하다. 또 예를 들어 도둑이 지극히 道가 없는 짓을 하지만, 역시 禮樂이 있다. 반드시 總屬(우두머리와 부하)이 있어 틀림없이 서로 듣고 따라야 능히 도둑이 될 수 있는 것이다. 그렇지 않으면 叛亂이 일어나 통제할 수가 없어 하루라도 서로 모여서 도둑질을 할 수가 없다. 禮樂이란 없이 할 곳이 없으니 배우는 자는 모름지기 이를 알아 터득해야 한다."

446(17-12)

色厲而內荏

공자가 말하였다.

"얼굴 색은 엄숙하게 가지면서 속으로는 겁약한 사람은 소인에게 비유한다면 그 벽을 뚫고 담을 넘는 좀도둑이라고나 할까?"

子曰:「色厲而內荏, 譬諸小人, 其猶穿窬之盜也與?」㊀

【內荏】안으로 매우 柔弱함. 荏은 '임'으로 읽는다.
【穿窬之盜】벽을 뚫고 담을 넘음.《孟子》에는 穿踰之心(253)이라 하였다.

子(ᄌ)ㅣ ᄀᆞᆯㅇ샤ᄃᆡ 色(ᄉᆡᆨ)이 厲(려)ᄒ고 內(ᄂᆡ)ㅣ 荏(심)홈을 小人(쇼신)의게 譬(비)컨댄 그 穿窬(쳔유)ᄒᄂᆞᆫ 盜(도) ᄀᆞᆮ튼뎌

子(ᄌ)ㅣ ᄀᆞᄅᆞ샤ᄃᆡ 色(ᄉᆡᆨ)이 厲(려)코 안ᄒ로 荏(임)ᄒ니를 小人(쇼인)의게 譬(비)컨댄 그 穿(쳔)ᄒ며 窬(유)ᄒᄂᆞᆫ 도적 ᄀᆞᆮ튼뎌

◆ 集 註

446-㉠

荏, 而審反. 與, 平聲.

○ 厲, 威嚴也. 荏, 柔弱也. 小人, 細民也. 穿, 穿壁. 窬, 踰牆. 言其無實盜名, 而常畏人知也.

荏은 反切로 '而審反'(임)이며, 與는 平聲이다.

○ 厲는 威嚴을 뜻하며, 荏은 柔弱하다는 뜻이다. 小人은 細民(영세한 백성)이다. 穿은 벽을 뚫는 것이고, 窬는 담을 넘는 것이다. 실제 도둑이라는 이름은 없지만 항상 남이 알까 두려워함을 말한 것이다.

鄕原

공자가 말하였다.

"마을에서 아는 척하는 자는 덕을 해치는 도적이로다."

子曰:「鄕原, 德之賊也.」⊖

【鄕原】 鄕愿으로도 쓰며, 愿은 아는 척하는 것. 한 고을에서 아는 척하는 위선자를
뜻한다. 《孟子》 盡心(下)에 구체적으로 「何以是嘐嘐也? 言不顧行, 行不顧言,
則曰:『古之人, 古之人, 行何爲踽踽涼涼? 生斯世也, 爲斯世也, 善斯可矣.』
閹然媚於世也者, 是鄕原也. 又說; 非之無擧也, 刺之無刺也. 同乎流俗, 合乎汚世.
居之似忠信, 行之似廉潔, 衆皆悅之, 自以爲是, 而不可與人堯舜之道. 故曰『德之
賊』也.」라 하였다.

子(ᄌ)ㅣ 글ᄋ샤ᄃᆡ 鄕(향)의 原(원)ᄒᆞᆫ 이ᄂᆞᆫ 德(덕)의 賊(적)이니라

 子(ᄌ)ㅣ ᄀᆞᄅᆞ샤ᄃᆡ 鄕原(향원)은 德(덕)의 賊(적)이니라

◈ 集 註

447-㊀

鄕者, 鄙俗之意. 原, 與愿同. 荀子『原愨』, 註『讀作愿』是也. 鄕原, 鄕人之愿者也. 蓋其同流合汙以媚於世, 故在鄕人之中, 獨以愿稱. 夫子以其似德非德, 而反亂乎德, 故以爲德之賊而深惡之. 詳見孟子末篇.

鄕이란 비루하고 속되다는 의미이며, 原은 愿과 같다. 《荀子》에 '原愨'(《荀》榮辱篇에 '孝弟原愨'이라 한 부분)에 대하여, 註에 '讀作愿'이라 한 것이 이것이다. 鄕原은 시골 사람 중에 아는 척하는 자(愿)이다. 대체로 同流合汙(유속과 더러움에 합류함)하여 세상에 잘 보이려는 자로서, 그 때문에 시골 사람 중에 홀로 愿이라 칭해지는 것이다. 夫子는 그것이 德같으나 德이 아닌 것으로, 도리어 德에 혼란을 주는 것이라 여겨, 그 때문에 德之賊으로 삼아 깊이 미워한 것이다. 상세한 것은 《孟子》 末篇 (《孟子》 盡心下, 위의 註)을 보라.

"鄕原, 德之賊也"(石可)

448(17-14)

道聽而塗說

공자가 말하였다.

"길가에서 주워듣고 길가에서 퍼뜨리는 말은 덕을 버리는 짓이로다."*

子曰:「道聽而塗說, 德之棄也.」⊖

---

* 이는 475(19-4)와 연결하여 《漢書》藝文志 諸子略 小說家流를 설명하는 말로 인용되어 있다. 한편 「塗說」은 말을 粉飾하다는 뜻으로 볼 수 있다.

"道聽而塗說, 德之棄也"(石可)

○ 諺 解

 子(<)ㅣ 글ㅇ샤되 道(도)에셔 聽(텽)ᄒ고 塗(도)에셔 說(셜)ᄒ면 德(덕)을 棄(기)홈이니라

 子(<)ㅣ ᄀᆞᄅᆞ샤되 道(도)애 듯고 塗(도)애 說(셜)ᄒ면 德(덕)을 棄(기) 호미니라

◈ 集 註

448-㊀

雖聞善言, 不爲己有, 是自棄其德也.
○ 王氏曰:「君子多識前言往行, 以畜其德, 道聽塗說, 則棄之矣.」

비록 좋은 말을 들었다 하여도 자신의 것으로 삼지 못하면, 이는 스스로 그 德을 버리는 것이다.
○ 王氏(王安石)는 이렇게 말하였다. "君子는 前言往行(옛사람의 말과 행동)에 대하여 많이 알아 그 德을 길러야 한다. 道聽塗說하면 이것을 버리는 것이다."

449(17-15)

鄙夫可與事君也與哉

공자가 말하였다.

"비루한 자와 더불어 함께 임금을 섬길 수 있겠는가? 벼슬을 얻지 못하였을 때에는 얻겠다고 안달하고, 이미 얻고 나서는 잃을까봐 안달 하느니라. 이렇게 진실로 잃을까 걱정만 하는 자라면 하지 못할 짓이 없게 된다."

子曰:「鄙夫, 可與事君也與哉?㊀ 其未得之也, 患得之; 旣得之, 患失之.㊁ 苟患失之, 無所不至矣.」㊂

【患得之】王符의《潛夫論》愛日篇에 「孔子疾夫未之得也, 患不得之; 旣得之, 患失之者」라 하여 「患不得之」로 보았으며,《荀子》子道篇과《說苑》雜言篇에도 「孔子曰: 小人者, 其未得也, 則憂不得; 旣已得之, 又恐失之」라 하였다. 宋代 沈作喆의《寓簡》에도 역시 「東坡解云: 患得之, 當作患不得之」라 하였다. 즉 얻지 못함을 걱정하다의 뜻이 된다. 여기서는 "얻겠다고 걱정하다"로 하였다. 그 밖에 臧琳의《經義雜言》에도 「古人之言, 多氣急而文簡: 如論語『其未得之也, 患得之』, 以『得』爲『不得』; 猶尙書以『可』爲『不可』」라 하였다.

 諺解

 陶山本
　　　子(ㅈ)ㅣ 골ㅇ샤딕 鄙夫(비부)는 可(가)히 더블어 님금을 섬기랴
　　　그 得(득)디 몯ㅎ얀 得(득)홈을 患(환)ㅎ고 이믜 得(득)ㅎ얀
　　　失(실)홈을 患(환)ㅎ느니
진실로 失(실)홈을 患(환)ㅎ면 至(지)티 아니홀 빼 업느니라

 栗谷本
　　　子(ㅈ)ㅣ ㄱㄹ샤딕 鄙夫(비부)는 可(가)히 더브러 君(군)을 事(ㅅ)ㅎ랴
　　　그 得(득)디 몯ㅎ야신 제는 得(득)호믈 患(환)ㅎ고 이믜 得(득)ㅎ얀
　　　失(실)홀가 患(환)ㅎ느니
진실로 失(실)홀가 患(환)ㅎ면 니르디 아닐 배 업스니라

◆ 集 註

449-㉠

與, 平聲.
○ 鄙夫, 庸惡陋劣之稱.

與는 平聲이다.
○ 鄙夫는 庸劣하고 惡하며, 비루하고 졸렬한 것에 대한 稱號이다.

449-㊁

何氏曰:「患得之, 謂患不能得之.」

何氏(何晏)는 이렇게 말하였다. "患得之란 능히 얻지 못할까 걱정한다는 말이다."

449-㊂

小則吮癰舐痔, 大則弑父與君, 皆生於患失而已.

○ 胡氏曰:「許昌靳裁之有言曰:『士之品大槪有三; 志於道德者, 功名不足以累其心; 志於功名者, 富貴不足以累其心; 志於富貴而已者, 則亦無所不至矣.』志於富貴, 卽孔子所謂『鄙夫』也.」

작게는, 종기를 빨고 치질을 핥으면(《莊子》列禦寇篇에 '秦王有病召醫, 破癰潰痤者得車一乘, 舐痔者得車五乘, 所治愈下, 得車愈多'라 하였고, 《漢書》佞幸傳에 실려 있는 鄧通의 故事도 있으며, 《潛夫論》賢難篇에는 다음과 같이 기록되어 있다. '鄧通幸於文帝, 盡心而不違, 吮癰而無怍色. 帝病不樂, 從容曰: '天下誰最愛朕者乎?' 鄧通欲稱太子之孝, 則因對曰: '莫若太子之最愛陛下也.' 及太子問疾, 帝令吮癰, 有難之色, 帝不悅而遣太子. 旣而聞鄧通之常吮癰也, 乃慙而怨之. 及嗣帝位, 遂致通罪而使至於餓死.') 크게는 그 아비와 임금을 시해하는 것이며, 이는 모두가 잃을까 걱정하는 데에서 생기는 일일 따름이다.

○ 胡氏(胡安國)는 이렇게 말하였다. "許昌(地名)의 靳裁之란 사람이 이렇게 말하였다. '선비의 品位에는 대개 세 가지가 있다. 道德에 뜻을 둔 자는, 공명도 그 마음을 괴롭히기에 부족하고, 공명에 뜻을 둔 자는, 부귀도 그 마음을 묶을 수 없다. 그러나 부귀에만 뜻을 둔 자라면 역시 이르지 못할 것이 없다.' 부귀에 뜻을 둔 자가 바로 孔子가 말한 바의 鄙夫이다."

古者民有三疾

공자가 말하였다.

"옛날의 사람들로서는 세 가지 질疾이 있었으나 지금은 그것조차 없다. 옛날의 광狂은 자신있게 하는 행동이 있었으나, 지금의 광은 방탕하기만 하고, 옛말의 궁矜은 모남이 있었으나 지금의 궁은 분려忿戾하기만 하며, 옛날의 우愚는 곧았으나 지금의 우는 속임수를 쓸 뿐이다."

子曰:「古者, 民有三疾, 今也或是之亡也.㊀ 古之狂也肆, 今之狂也蕩; 古之矜也廉, 今之矜也忿戾; 古之愚 也直, 今之愚也詐而已矣.」㊁

【三疾】狂·矜·愚의 偏短된 행동. 狂은 狂簡, 矜은 矜持, 愚는 愚直을 뜻한다.
【亡】無와 같음. '무'로 읽는다.
【肆】구애받음이 없이 자신 있게 행동함.
【廉】廉隅. 귀퉁이처럼 모나고 날카로움.
【忿戾】사나워 다툼에까지 이르는 행동. 戾는 厲와 같다.

◉ 諺解

陶山本　子(ᄌ) ㅣ ᄀᆞᆯ ᄋᆞ샤ᄃᆡ 녜 民(민)이 三疾(삼질)이 잇더니 이제ᄂᆞᆫ 或(혹) 이도 업도다

녯 狂(광)은 肆(ᄉ)ᄒᆞ더니 이젯 狂(광)은 蕩(탕)ᄒᆞ고 녯 矜(긍)은 廉(렴)ᄒᆞ더니 이젯 矜(긍)은 忿戾(분려)ᄒᆞ고 녯 愚(우)ᄂᆞᆫ 直(딕)ᄒᆞ더니 이젯 愚(우)ᄂᆞᆫ 詐(사)ᄒᆞᆯ ᄯᆞ름이로다

栗谷本　子(ᄌ) ㅣ ᄀᆞᄅᆞ샤ᄃᆡ 녜 民(민)이 세 병이 잇더니 이제ᄂᆞᆫ 或(혹) 이도 업도다

녯 狂(광)은 肆(ᄉ)ᄒᆞ더니 이젯 狂(광)은 蕩(탕)ᄒᆞ고 녯 矜(긍)은 廉(렴)ᄒᆞ더니 이젯 矜(긍)은 忿戾(분려)ᄒᆞ고 녯 愚(우)ᄂᆞᆫ 直(딕)ᄒᆞ더니 이젯 愚(우)ᄂᆞᆫ 詐(사)ᄒᆞᆯ ᄯᆞ름이로다

◆ 集註

450-㊀

氣失其平則爲疾, 故氣稟之偏者亦謂之疾. 昔所謂疾, 今亦亡之, 傷俗之益偸也.

氣가 그 평형을 잃으면 疾이 된다. 그 때문에 氣稟이 치우친 자도 역시 疾이라 일컫는 것이다. 옛날 소위 疾이라 부르던 것도 지금은 없어졌다 하였으니, 세속이 더욱 偸惡해진 것을 상심한 것이다.

450-㉔

狂者, 志願太高. 肆, 謂不拘小節. 蕩則踰大閑矣. 矜者, 持守太嚴. 廉, 謂稜角陗厲.
忿戾則至於爭矣. 愚者, 暗昧不明. 直, 謂徑行自遂. 詐則挾私妄作矣.

○ 范氏曰:「末世滋僞, 豈惟賢者不如古哉? 民性之蔽, 亦與古人異矣.」

狂이란 志願이 너무 높은 것이며, 肆란 小節에 얽매이지 않는 것이다.
蕩이란 大閑(큰 한계)도 넘어서는 것이다. 矜이란 가지고 지키는 것이 너무 엄한
것이요, 廉은 마름모 각의 깎임이 심한 것이다. 忿戾하면 다툼에 이르게 된다.
愚란 어둡고 우매하여 명석하지 못한 것이다. 直은 지름길로 행하여 스스로
이르는 것이다. 속이면 사사로움을 끼고 마구 일을 벌이게 된다.

○ 范氏(范祖禹)는 이렇게 말하였다. "末世에 거짓이 滋生한다 하니, 어찌 오직
어진 자만 옛날만 못하다 하겠는가! 백성의 性이 가려짐도 역시 옛사람과
달라진 것이다."

451(17-17)

巧言令色

공자가 말하였다.
"교묘한 말과 얼굴색 꾸밈을 잘하는 자 치고 어진 이는 드물도다!"*

子曰:「巧言令色, 鮮矣仁.」⊖

* 본장은 學而篇 003(1-3)과 같다.

諺 解

 陶山本   없음

 栗谷本   없음

◇ 集 註

451-㊀

重出.

거듭 나왔다.(學而篇 003(1-3))

452(17-18)

惡紫之奪朱也

1

공자가 말하였다.

"보라색이 붉은 색을 **빼앗는** 것이 증오스럽도다. 정鄭나라 음악이
아악雅樂을 어지럽히는 것이 증오스럽도다. 말 잘하는 자가 나라를
뒤엎고 있는 것이 증오스럽도다."*

> 子曰:「惡紫之奪朱也, 惡鄭聲之亂雅樂也, 惡利口之
> 覆邦家者.」㊀

【朱】 당시 諸侯의 衣服의 正色이었다. 보라색이 붉은 색을 간섭하여 正色을
흐리게 한다는 뜻이다. 《左傳》哀公 17年에 「紫衣狐裘」라 하여 당시 紫色의
옷을 입는 것이 유행하였던 듯하다.

【鄭聲】鄭나라 音樂. 淫亂의 상징으로 늘 거론되었다(前出).

【雅樂】正樂. 정통의 음악.

【覆】덮다(부)가 아닌 뒤엎다(복)의 뜻으로 보고 있다. 구체적으로 그러한 사건이
있었는지의 역사 사실은 알 수 없다. 다만《左傳》哀公 17年에 衛나라 渾良夫가
紫衣狐裘한 채 被罪되었다는 것을 통하여, 당시 제후들이 朱色 대신 紫色을
입었으며, 그들 제후가 나라를 뒤엎고 있다는 뜻으로 볼 수 있다.

*《孟子》盡心下 259(14-37)에「孔子曰: 惡似而非者: 惡莠, 恐其亂苗也; 惡佞,
恐其亂義也; 惡利口, 恐其亂信也; 惡鄭聲, 恐其亂樂也; 惡紫, 恐其亂朱也; 惡鄕原,
恐其亂德也」라 하였다.

◉ 諺解

　　子(ᄌ)ㅣ ᄀᆞᄅᆞ샤딕 紫(ᄌ)의 朱(쥬)를 奪(탈)홈을 惡(오)ᄒ며
鄭聲(뎡셩)의 雅樂(아악)을 亂(란)홈을 惡(오)ᄒ며 利口(리구)의
邦家(방가)를 覆(복)ᄒᄂᆞᆫ 者(쟈)를 惡(오)ᄒ노라

　　子(ᄌ)ㅣ ᄀᆞᄅᆞ샤딕 紫(ᄌ)의 朱(쥬)를 奪(탈)ᄒ믈 惡(오)ᄒ며
鄭聲(뎡셩)의 雅樂(아악)을 亂(란)호믈 惡(오)ᄒ며 利口(리구)의
邦家(방가)를 覆(복)호믈 惡(오)ᄒ노라

◈ 集註

452-㊀

惡, 去聲. 覆, 芳服反.

○ 朱, 正色. 紫, 間色. 雅, 正也. 利口, 捷給. 覆, 傾敗也.

○ 范氏曰:「天下之理, 正而勝者常少, 不正而勝者常多, 聖人所以惡之也. 利口
之人, 以是爲非, 以非爲是, 以賢爲不肖, 以不肖爲賢. 人君苟悅而信之, 則國家之覆
也不難矣.」

惡(오)는 去聲이며, 覆은 反切로 '芳服反'(복)이다.

○ 朱는 正色이며, 紫는 間色이다. 雅는 正과 같다. 利口는 말솜씨가 민첩하고 給(남의 질문에 잘 대응함)한 것이다. 覆은 기울어 패하는 것이다.

○ 范氏(范祖禹)는 이렇게 말하였다. "天下의 이치는 올바르면서 나은 것이 항상 적고, 옳지 못하면서 낫다고 하는 것은 항상 많다. 聖人이 이 때문에 미워한 것이다. 입을 잘 움직이는 사람은 옳은 것을 그르다 하고, 그른 것을 옳다 하며, 어진 것을 불초하다 하고, 불초한 것을 어질다 한다. 임금 된 자가 진실로 그러한 자를 즐겨하고 믿는다면, 國家가 엎어지는 것도 어려운 일은 아니다."

453(17-19)

予欲無言

공자가 말하였다.

"나는 이제 말을 하지 않으련다."

자공子貢이 이렇게 말하였다.

"선생님께서 말씀을 아니하시면 저희들은 어떻게 전술합니까?"

이에 공자는 이렇게 말하였다.

"하늘이 무슨 말을 하느냐? 그런데도 사시四時가 운행하며, 백물百物이 생육하고 있다. 하늘이 무슨 말을 하느냐?"*

子曰: 「予欲無言.」㊀

子貢曰: 「子如不言, 則小子何述焉?」㊁

子曰: 「天何言哉? 四時行焉, 百物生焉, 天何言哉?」㊂

【子貢】端木賜.

【述】傳述의 뜻이다. 孔子의 가르침을 받아 배워 풀어냄을 말한다.

* 劉寶楠의 《孟子正義》疏에 「案夫子本以身教; 恐弟子徒以言求之, 故欲無言以發
  弟子之悟也」라 하였다.

● 諺 解

子(ᄌ)ㅣ 글ᄋᆞ샤ᄃᆡ 내 言(언)이 업고져 ᄒᆞ노라
子貢(ᄌ공)이 글오ᄃᆡ 子(ᄌ)ㅣ 만일 言(언)티 아니ᄒᆞ시면 곧 小子
(쇼ᄌ)ㅣ 므스거슬 述(슐)ᄒᆞ리잇고
子(ᄌ)ㅣ 글ᄋᆞ샤ᄃᆡ 天(텬)이 므슴 言(언)을 ᄒᆞ시리오 四時(ᄉ시) 行(ᄒᆡᆼ)ᄒᆞ며
百物(ᄇᆡᆨ믈)이 生(ᄉᆡᆼ)ᄒᆞᄂᆞ니 天(텬)이 므슴 言(언)을 ᄒᆞ시리오

子(ᄌ)ㅣ ᄀᆞᄅ샤ᄃᆡ 내 言(언)이 업고져 ᄒᆞ노라
子貢(ᄌ공)이 글오ᄃᆡ 子(ᄌ)ㅣ 만일 言(언)티 아니ᄒᆞ시면 곧 小子
(쇼ᄌ)ㅣ 므서슬 述(슐)ᄒᆞ리잇고
子(ᄌ)ㅣ ᄀᆞᄅ샤ᄃᆡ 天(텬)이 므슴 言(언)을 ᄒᆞ시리오 四時(ᄉ시) 行(ᄒᆡᆼ)ᄒᆞ며
百物(ᄇᆡᆨ믈)이 生(ᄉᆡᆼ)ᄒᆞᄂᆞ니 天(텬)이 므슴 言(언)을 ᄒᆞ시리오

◆ 集 註

453-㊀

學者, 多以言語觀聖人, 而不察其天理流行之實, 有不待言而著者. 是以徒得其言,
而不得其所以言, 故夫子發此以警之.

배우는 자들은 주로 言語를 기준으로 聖人을 살펴볼 뿐, 天理의 흐름이 말은
기다리지 않고도 드러나는 것은 살피지 못한다. 이로써 한갓 그 말만 터득할
뿐, 그 말의 所以는 터득하지 못하고 있다. 그 때문에 夫子가 이를 펴 보여
警責한 것이다.

453-㉡

子貢正以言語觀聖人者, 故疑而問之.

子貢이 바로 言語로써 聖人을 살펴본 자이다. 그 때문에 의아하게 여겨 이것을 질문한 것이다.

453-㉢

四時行, 百物生, 莫非天理發見流行之實, 不待言而可見. 聖人一動一靜, 莫非妙道精義之發, 亦天而已, 豈待言而顯哉? 此亦開示子貢之切, 惜乎, 其終不喩也!
○ 程子曰:「孔子之道, 譬如日星之明, 猶患門人未能盡曉, 故曰:『予欲無言』. 若顏子則便默識, 其他則未免疑問, 故曰『小子何述?』」
又曰:「『天何言哉? 四時行焉, 百物生焉』, 則可謂至明白矣.」
愚按:「此與前篇無隱之意相發, 學者詳之.」

四時가 운행되고 百物이 자라는 것은 天理가 발현하여 流行하는 실질이 아님이 없으니, 말을 기다리지 않아도 가히 알 수 있다. 聖人의 一動一靜도 妙道精義(신묘한 道와 정밀한 義)의 발현이 아님이 없으니 역시 天道일 따름이다. 그러니 어찌 말을 기다리고서야 드러나는 것이겠는가? 이 역시 子貢에게 펴 보인 절실한 것이건만 아깝도다, 그는 끝내 깨닫지 못하였도다.

○ 程子(程顥)는 이렇게 말하였다. "孔子의 道는 비유하자면, 해와 별이 반짝이는 것과 같건만 오히려 門人들이 능히 다 깨닫지 못함을 걱정하는 것이었다. 그래서 '나는 이제 말을 하지 않으련다'라 한 것이다. 만약 顏回였다면 곧바로 黙識(149) 하였을 것이나, 그 외의 사람들이라면 의문을 면치 못하였을 것이다. 그 때문에 '小子何述?'이라 한 것이다."

또 이렇게 말하였다. '天何言哉? 四時行焉, 百物生焉'이라 하였으니, 지극히 명백한 것이라 할 수 있다."

내 생각으로는 이렇다. "이곳은 前篇의 '無隱'(述而篇 170(7-23))의 뜻과 서로 서로 밝혀주는 것이니, 배우는 자는 상세히 살펴야한다."

454(17-20)

孺悲欲見孔子

유비﹝孺悲﹞가 공자를 뵙고자 하였지만, 공자는 병을 핑계로 사양하였다. 그 심부름 온 자가 문밖을 나서자 슬﹝瑟﹞을 가져다가 연주하며 노래를 불러, 그 심부름 온 자가 듣도록 하였다.

> 孺悲欲見孔子, 孔子辭以疾.
> 將命者出戶, 取瑟而歌, 使之聞之.㊀

【孺悲】 人名. 魯나라 사람. 孔子에게서 士喪禮를 배웠다. 《禮記》雜記에 「恤由之喪, 哀公使孺悲之孔子學士喪禮, 士喪禮於是乎書」라 하였다.
【將命者】 孺悲의 심부름을 온 사람이라는 뜻(379(14-47) 참조).

● 諺 解

 陶山本　　孺悲(슈비)ㅣ 孔子(공ᄌ)를 보ᅀᆞᆸ고져 ᄒ거늘 孔子(공ᄌ)ㅣ
疾(질)로뻐 辭(ᄉ)ᄒ시고 命(명)을 將(쟝)ᄒ 者(쟈)ㅣ 戶(호)애
出(츌)커늘 瑟(슬)을 取(취)ᄒ야 歌(가)ᄒ샤 ᄒ여곰 聞(문)케 ᄒ시다

 栗谷本　　孺悲(유비)ㅣ 孔子(공ᄌ)를 보ᅀᆞᆸ고져 ᄒ거늘 孔子(공ᄌ)ㅣ
疾(질)로뻐 辭(ᄉ)ᄒ시고 命(명) 將(쟝)ᄒ 者(쟈)ㅣ 戶(호)의
出(츌)커늘 瑟(슬)을 取(취)ᄒ야 歌(가)ᄒ샤 히여곰 듯게 ᄒ시다

◆ 集 註

454-㊀

孺悲, 魯人, 嘗學士喪禮於孔子. 當是時必有以得罪者. 故辭以疾, 而又使知其非疾,
以警敎之也.
程子曰:「此孟子所謂『不屑之敎誨』, 所以深敎之也.」

孺悲는 魯나라 사람으로 일찍이 孔子에게서 〈士喪禮〉를 배웠다(《禮記》 雜記).
그 당시 틀림없이 무슨 이유로 죄(잘못)를 얻었을 것이다. 그 때문에 병을 핑계로
孔子가 사양하고, 다시 그 심부름 온 자로 하여금 병이 아님을 알도록 하여 이를
경계하여 가르친 것이다.
程子(程頥)는 이렇게 말하였다. "이것이 孟子가 소위 말한 바의 '不屑之敎誨'(탐탁하게
여기지 않는 가르침, 그 사람이 깨끗하지 않을 때 거절하여 깨닫도록 하는 가르침.《孟子》 告下 176(12-6)에
'孟子曰: 敎亦多術矣, 予, 不屑之敎誨也者, 是亦敎誨之而已矣'라 함)이니, 이로써 깊이 이를 가르친
것이다."

455(17-21)

宰我問三年之喪

재아宰我가 여쭈었다.

"삼 년 동안 상喪을 지켜야 하나 기년期年으로도 이미 너무 깁니다. 군자가 그 일로 삼 년 동안 예禮를 익히지 않으면 예는 틀림없이 무너지고 말 것이며, 삼 년 동안 악樂을 익히지 않으면 악도 틀림없이 무너지고 말 것입니다. 묵은 곡식은 이미 바닥나고, 새 곡식은 이미 패어 오르며, 찬수鑽燧도 그 불을 바꾸어야 합니다. 그러니 일년 정도로 그칠 만하다고 여깁니다."

공자가 이렇게 물었다.

"무릇 쌀밥을 먹고 비단옷을 입으면 너는 편안하다고 여기느냐?"

재아가 대답하였다.

"편안합니다."

"네가 편안하다니, 그러면 네 하고 싶은 대로 하려무나! 무릇 군자의 거상居喪에는 맛있는 음식을 먹어도 달지 않으며, 음악을 들어도 즐겁지 아니하며, 거처에도 편안을 느끼지 못하기 때문에 그러한 것은 하지 않는 것이다. 그런데 지금 너는 편안하다고 하니, 그렇다면 네 하고 싶은 대로 하려무나!"

재아가 나가자 공자는 이렇게 말하였다.

"재아(予)는 어질지 못하도다! 자식은 태어난 지 삼 년이 지난 연후에야 부모의 품에서 벗어날 수 있는 것이다. 무릇 삼 년의 상기喪期는 천하의 통상通喪이다. 재아(予)는 과연 삼 년 동안 부모의 사랑을 받은 자인가?"

> 宰我問:「三年之喪, 期已久矣.㉠ 君子三年不爲禮,
> 禮必壞; 三年不爲樂, 樂必崩.㉡ 舊穀旣沒,
> 新穀旣升, 鑽燧改火, 期可已矣.」㉢
> 　子曰:「食夫稻, 衣夫錦, 於女安乎?」
> 　曰:「安.」㉣
> 　「女安, 則爲之! 夫君子之居喪, 食旨不甘, 聞
> 樂不樂, 居處不安, 故不爲也. 今女安, 則
> 爲之!」㉤
> 宰我出.
> 　子曰:「予之不仁也! 子生三年, 然後免於父母之懷.
> 夫三年之喪, 天下之通喪也, 予也有三年之
> 愛於其父母乎?」㉥

【宰我】宰予. 字는 子我.

【期已久矣】期를 '滿 1年'으로 보아 '1년 정도도 이미 오랜 것이다'로 해석한다. 朞(一周年)와 같은 뜻이다.

【鑽燧改火】옛날 나무를 비벼 불을 얻을 때, 계절마다 사용하는 나무가 달랐다. 馬融이 인용한《周書》月令篇에 의하면「春取楡柳之火, 夏取棗杏之火, 季夏取桑柘之火, 秋取柞楢之火, 冬取槐檀之火」라 하였다.

【稻】쌀밥. 좋은 곡식을 상징한다.

【旨】맛있는 음식.

● 諺解

陶山本 宰我(지아)] 묻즈오딕 三年(삼년)ㅅ 喪(상)이 期(긔)] 이믜 오라도소이다

君子(군ᄌ)] 三年(삼년)을 禮(례)를 ᄒ디 아니ᄒ면 禮(례)] 반ᄃ시 壞(회)ᄒ고 三年(삼년)을 樂(악)을 ᄒ디 아니ᄒ면 樂(악)이 반ᄃ시 崩(붕)ᄒ리니

舊穀(구곡)이 이믜 沒(몰)ᄒ고 新穀(신곡)이 이믜 升(승)ᄒ며 燧(슈)를 鑽(찬)ᄒ야 火(화)를 改(기)ᄒᄂ니 期(긔)만ᄒ고 可(가)히 已(이)ᄒ얌즉 ᄒ도소이다

子(ᄌ)] 골ᄋ샤딕 稻(도)를 食(식)ᄒ며 錦(금)을 衣(의)홈이 네게 安(안)ᄒ냐 골ᄋ되 安(안)ᄒ이다

네 安(안)커든 ᄒ라 君子(군ᄌ)의 喪(상)애 居(거)홈애 旨(지)를 食(식)ᄒ야도 甘(감)티 아니ᄒ며 樂(악)을 聞(문)ᄒ야도 樂(락)디 아니ᄒ며 居處(거쳐)ᄒ욤애 安(안)티 아니ᄒᄂ 故(고)로 ᄒ디 아니ᄒᄂ니 이제 네 安(안)ᄒ거든 ᄒ라

宰我(지아)] 出(츌)커늘 子(ᄌ)] 골ᄋ샤딕 予(여)의 不仁(블신)홈이여 子(ᄌ)] 生(싱)ᄒ 三年(삼년)인 然後(션후)에 父母(부모)의 懷(회)예 免(면)ᄒᄂ니 三年(삼년)ㅅ 喪(상)은 天下(텬하)앳 通(통)ᄒ 喪(상)이니 予(여)] 三年(삼년)ㅅ 愛(이)를 그 父母(부모)에 둔ᄂ냐

栗谷本 　　宰我(지아)ㅣ 問(문)호딕 三年(삼년)의 喪(상)이 期(긔)예 이믜 오라도소이다

君子(군ㅈ)ㅣ 三年(삼년)을 禮(례)를 ㅎ디 아니면 禮(례)ㅣ 반ᄃ시 허러디고 三年(삼년)을 樂(악)을 아니면 樂(악)이 반ᄃ시 믄허디리이다

녯 穀(곡)이 이믜 沒(몰)ㅎ며 새 穀(곡)이 이믜 升(승)ㅎ며 燧(슈)를 鑽(찬)ㅎ야 火(화)를 改(기)ㅎᄂ니 期(긔)예 可(가)히 말 ᄶ시로소이다

子(ㅈ)ㅣ ᄀᄅ샤딕 稻(도)를 食(식)ㅎ며 錦(금)을 衣(의)호미 네게 편안ㅎ냐 굴오딕 편안ㅎ이다

네 편안커든 ㅎ라 君子(군ㅈ)의 居喪(거상)호매 旨(지)를 食(식)ㅎ야도 甘(감)티 아니ㅎ며 樂(악)을 드러도 樂(락)디 아니ㅎ며 居處(쳐)애 居(거)ㅎ야 편안티 아닌 디라 故(고)로 ㅎ디 아니ㅎᄂ니 이제 네 편안커든 ㅎ라

宰我(지아)ㅣ 出(츌)커늘 子(ㅈ)ㅣ ᄀᄅ샤딕 予(여)의 仁(인)티 아니호미여 子(ㅈ)ㅣ 난디 三年(삼년) 後(후)제 父母(부모)의 품의 免(면)ㅎᄂ니 三年(삼년)의 喪(상)은 天下(텬하)의 通(통)ㅎ 喪(상)이니 予(여)ㅣ 三年(삼년)의 愛(이)를 그 父母(부모)의게 둣ᄂ가

◈ 集 註

455-㊀

期, 音基, 下同.
○ 期, 周年也.

期는 음이 基(기)이며, 아래도 같다.
○ 期는 1주년이다.

455-㊁

恐居喪不習而崩壞也.

居喪하느라 익히지 못하여 붕괴될까 두려워한 것이다.

455-㊂

鑽, 祖官反.

○ 沒, 盡也. 升, 登也. 燧, 取火之木也. 改火, 春取楡柳之火, 夏取棗杏之火,
夏季取桑柘之火, 秋取柞楢之火, 冬取槐檀之火, 亦一年而周也. 已, 止也. 言期年則
天運一周, 時物皆變, 喪至此可止也.

尹氏曰:「短喪之說, 下愚且恥言之. 宰我親學聖人之門, 而以是爲問者, 有所疑於
心而不敢强焉爾.」

鑽은 反切로 '祖官反'(환, 찬. 원음은 좐)이다.

○ 沒은 다함이다. 升은 오르다의 뜻이며, 燧는 불을 취하는 나무이다. 改火란
봄에는 楡柳(느릅나무와 버드나무)로 불씨를 취하고, 여름에는 棗杏(대추나무와 살구나무)로
불을 얻으며, 여름 끝(음력 6월경)에는 桑柘(뽕나무와 산뽕나무)로 불씨를 얻고, 가을에는
柞楢(떡갈나무와 느릅나무)에서 불씨를 얻어쓰며, 겨울에는 槐檀(홰나무와 박달나무)로
불을 얻어 쓰니, 또한 1년이 한 주기가 된다(《周禮》夏官 司爟章). 已는 그치다의
뜻이다. 1년이 되면 하늘의 운행이 한 바퀴를 돌아 四時의 생물이 모두 바뀌므로,
喪도 여기에 이르면(1년이 됨) 그쳐도 가하다고 말한 것이다.

尹氏(尹焞)는 이렇게 말하였다. "喪期를 단축하여야 한다는 것은 下愚조차도
말하기를 부끄러워한다. 그런데 宰我는 聖人을 직접 배운 門人으로서 이를
질문거리로 삼은 것은, 마음에 의혹이 나는 부분이 있어 감히 억지로 이를
참으려 하지 않은 것일 뿐이다."

455-㊃

夫, 音扶, 下同. 衣, 去聲. 女, 音汝, 下同.

○ 禮. 父母之喪: 旣殯, 食粥·麤衰. 旣葬, 疏食·水飮, 受以成布. 期而小祥, 始食菜果, 練冠縓緣·要絰不除, 無食稻衣錦之理. 夫子欲宰我反求諸心, 自得其所以不忍者. 故問之以此, 而宰我不察也.

夫는 음이 扶(부)이며, 아래도 같다. 衣는 去聲이다. 女는 음이 汝(여)이며, 아래도 같다.

○《禮》에 父母의 喪에는 이미 殯所를 차리고는, 죽을 먹고 거친 최질(衰絰)을 입게 되어 있다. 그리고 이미 장례를 치름에는 거친 밥에 물을 마시며 成布(가는 베옷)를 받아 입는다. 1년이 지나 小祥에 이르러서야 비로소 채소, 과일을 먹을 수 있으며, 練布冠에 붉은 색 緣을 두른 옷을 입으나, 허리의 絰은 풀지 않는다 (《禮記》 閒傳에 실려 있음). 쌀밥에 비단옷을 먹고 입는 것은 이치로 없게 되어 있다. 夫子는 宰我가 이를 자기 마음속에서 찾아서 스스로 그 不忍(차마 하지 못함)의 所以를 터득하게 하고자 한 것이다. 그 때문에 이것으로써 질문하였으나 宰我가 알아차리지 못한 것이다.

455-⑤

樂, 上如字, 下音洛.
○ 此夫子之言也. 旨, 亦甘也. 初言『女安, 則爲之』, 絶之之辭. 又發其不忍之端, 以警其不察. 而再言『女安, 則爲之』以深責之.

樂은 위에 있는 글자와 같이 '악'이며, 아래는 음이 洛(락)이다.
○ 이는 夫子가 한 말이다. 旨는 역시 달다(맛있다)의 뜻이다. 처음 말한 '女安則爲之'는 끊은 말이다. 다시 不忍之端(차마 그렇게 할 수 없는 단서·이유)을 밝혀 그의 불찰을 경계하였으며, 다시 한 번 '女安則爲之'라 하여 깊이 질책한 것이다.

455-⑥

宰我旣出, 夫子懼其眞以爲可安而遂行之, 故深探其本而斥之. 言由其不仁, 故愛親之薄如此也. 懷, 抱也. 又言君子所以不忍於親, 而喪必三年之故. 使之聞之, 或能反求而終得其本心也.

○ 范氏曰:「喪雖止於三年, 然賢者之情則無窮也. 特以聖人爲之中制而不敢過, 故必俯而就之. 非以三年之喪, 爲足以報其親也. 所謂三年然後免於父母之懷, 特以責宰我之無恩, 欲其有以跂而及之爾.」

　宰我가 이미 나가고 나서, 夫子는 그가 정말로 그렇게 하는 것이 편안하다고 여겨 이를 수행할까 두려웠다. 그 때문에 그 근본을 깊이 탐구하여 이를 叱斥한 것이다. 宰我가 不仁하기 때문에 어버이에 대한 사랑이 엷기가 이와 같다고 말한 것이다. 懷는 抱이다. 다시 君子가 어버이에게 차마 하지 못하는 所以 때문에 喪에는 반드시 3년을 하는 이유를 말한 것이다. 그리하여 이를 듣고 혹 능히 돌이켜 찾아서 끝내 그 본심을 터득하도록 한 것이다.

　○ 范氏(范祖禹)는 이렇게 말하였다. "喪이 비록 3년에 그치지만 어진 자의 情이라면 끝이 없는 것이다. 특별히 聖人이 그 기간을 중간 정도로 제정하여 감히 지나칠 수 없어, 그 때문에 반드시 굽혀 이에 따르는 것이지, 3년의 喪期라면 그 어버이에 대한 보답이 충분하다고 여겨서 그러한 것은 아니다. 소위 '3년 지나서야 부모 품에서 벗어날 수 있다'라 한 것은 특별히 宰我의 無恩을 질책하여 그로 하여금 따라와 이에 미치도록 함일 뿐이다."

456(17-22)

飽食終日

공자가 말하였다.

"종일 실컷 배불리 먹기만 하고, 마음쓰는 곳은 없다면 어쩔 수 없도다! 박혁博奕이라도 있지 않은가? 이러한 것이라도 한다면 오히려 그치고 있는 것보다 나을 것이다."

子曰:「飽食終日, 無所用心, 難矣哉! 不有博奕者乎? 爲之, 猶賢乎已.」㊀

【博奕】局戱와 圍棋. 博은 내기놀이. 奕은 장기나 바둑 따위를 말한다. '박혁'으로 읽는다. '博奕'으로도 쓴다.
【已】不動作. 아무 것도 아니하고 멈춘 채 그대로 있음을 말한다.

"飽食終日, 無所用心, 難矣哉"(石可)

　　子(ㅈ)ㅣ 굴ᄋ샤ᄃᆡ 飽(포)히 食(식)ᄒ고 日(실)을 終(죵)ᄒ야 ᄆᆞᄋᆞᆷ을 ᄡᆞ 빼 업ᄉ면 難(난)ᄒᆞᆫ 디라 博弈(박혁)ᄒ리 잇디 아니ᄒᄂ야 ᄒ욤이 오히려 已(이)홈도곤 賢(현)ᄒᄂ니라

　　子(ㅈ)ㅣ ᄀᆞ르샤ᄃᆡ 食(식)을 飽(포)히 ᄒ고 日(일)을 終(죵)호매 ᄆᆞᄋᆞᆷ 쓰는 배 업소미 어려운뎌 博奕(박혁)이 잇디 아니ᄒᄂ야 호미 오히려 마롬도곤 나ᄋ니라

◈ 集 註

456-㊀

博, 局戲也. 弈, 圍棊也. 已, 止也.
李氏曰:「聖人非教人博弈也, 所以甚言無所用心之不可爾.」

博은 局戲(장기)이며, 弈은 圍棋(바둑)이다. 已는 그치다(그만두다)이다.
　李氏(이욱)는 이렇게 말하였다. "聖人이 사람들로 하여금 장기나 바둑을 하라고 가르친 것이 아니라, 마음 쓸 곳이 없는 것은 不可할 따름임을 심하게 말한 것일 뿐이다."

457(17-23)

子路曰君子尚勇乎

자로子路가 말하였다.

"군자는 용맹을 숭상합니까?"

공자가 이렇게 말하였다.

"군자라면 의義를 으뜸으로 여긴다. 군자로서 용맹만 있고 의가 없으면 난을 일으키게 되며, 소인으로서 용맹만 있고 의가 없으면 도둑질이나 하게 되느니라."

> 子路曰:「君子尚勇乎?」
>
> 　子曰:「君子義以爲上, 君子有勇而無義爲亂, 小人
> 　　　　有勇而無義爲盜.」㊀

【子路】仲由.

陶山本　　子路(ᄌ로)ㅣ 굴오딕 君子(군ᄌ)ㅣ 勇(용)을 尙(샹)ᄒᄂ니잇가
子(ᄌ)ㅣ 굴ᄋ샤딕 君子(군ᄌ)ㅣ 義(의)로뻐 上(샹)을 삼ᄂ니 君子
(군ᄌ)ㅣ 勇(용)이 잇고 義(의) 업ᄉ면 亂(란)을 ᄒ고 小人(쇼신)이
勇(용)이 잇고 義(의) 업ᄉ면 盜(도)를 ᄒᄂ니라

栗谷本　　子路(ᄌ로)ㅣ 굴오딕 君子(군ᄌ)ㅣ 勇(용)을 尙(샹)ᄒᄂ니잇가
子(ᄌ)ㅣ ᄀᄅ샤딕 君子(군ᄌ)는 義(의)로뻐 上(샹)을 삼ᄂ니 君子
(군ᄌ)ㅣ 勇(용)이 잇고 義(의) 업스면 亂(란)을 ᄒ고 小人(쇼인)이
勇(용)이 잇고 義(의) 업스면 盜(도)를 ᄒᄂ니라

◈ 集 註

457-㊀

尙, 上之也. 君子爲亂, 小人爲盜, 皆以位而言者也.
尹氏曰:「義以爲尙, 則其爲勇也大矣. 子路好勇, 故夫子以此救其失也.」
胡氏曰:「疑此子路初見孔子時問答也.」

尙은 높이 여기는 것이다. 君子가 亂을 짓고 小人이 도둑질을 한다는 것은
모두가 그 지위로써 말한 것이다.

尹氏(尹焞)는 이렇게 말하였다. "義를 숭상할 것으로 여기면 그 勇猛을 실행함이
클 것이다. 子路는 용맹을 좋아하였다. 그 때문에 夫子가 이것으로써 그의
실수를 구제한 것이다."

胡氏(胡寅)는 이렇게 말하였다. "이는 子路가 孔子를 처음 뵈었을 때의 問答이
아닌가 한다."

458(17-24)

子貢曰君子亦有惡乎

자공子貢이 말하였다.

"군자도 역시 미워하는 것이 있습니까?"

공자가 이렇게 말하였다.

"미워하는 것이 있지. 남의 악을 들어내는 자를 미워하고, 하류下流에 거하면서 윗사람을 비방하는 자를 미워하며, 용맹만 있고 예禮가 없는 자를 미워하고, 과감하면서 꽉 막힌 자를 미워하느니라."

그리고 이렇게 물었다.

"사(賜: 자공)야! 너도 미워하는 것이 있느냐?"

"남의 잘못을 엿보아 이를 앎이라고 여기는 자를 미워하고, 공손하지 못한 것을 용맹인 줄로 여기는 자를 미워하며, 남의 사사로운 일을 들춰내는 것을 곧은 것인 양 여기는 자를 미워합니다."

子貢曰:「君子亦有惡乎?」

子曰:「有惡: 惡稱人之惡者, 惡居下流而訕上者,

惡勇而無禮者, 惡果敢而窒者.」㊀

曰:「賜也亦有惡乎?」

「惡徼以爲知者, 惡不孫以爲勇者, 惡訐以爲

直者.」㊁

【有惡】惡은 '미워하다, 혐오하다'의 뜻. '오'로 읽는다.
【惡稱人之惡者】앞의 惡은 '오', 뒤는 '악'으로 읽는다.
【下流】아래의 무리.
【賜】端木賜. 字는 子貢.

● 諺 解

子貢(ㅈ공)이 글오듸 君子(군ㅈ)ㅣ 쪼흔 惡(오)홈이 인ᄂᆞ니잇가
子(ㅈ)ㅣ 글ᄋᆞ샤듸 惡(오)홈이 인ᄂᆞ니 人(신)의 惡(악)을 稱(칭)ᄒᆞᄂᆞᆫ
者(쟈)를 惡(오)ᄒᆞ며 下流(하류)에 居(거)ᄒᆞ야 上(샹)을 訕(산)ᄒᆞᄂᆞᆫ 者(쟈)를
惡(오)ᄒᆞ며 勇(용)ᄒᆞ고 禮(례)업슨 者(쟈)를 惡(오)ᄒᆞ며 果敢(과감)ᄒᆞ고
窒(딜)ᄒᆞᆫ 者(쟈)를 惡(오)ᄒᆞᄂᆞ니라

글ᄋᆞ샤듸 賜(ᄉ)ㅣ 쪼흔 惡(오)홈이 인ᄂᆞ냐 徼(요)홈오로뻐 知(디)를 삼ᄂᆞᆫ
者(쟈)를 惡(오)ᄒᆞ며 不孫(블손)오로뻐 勇(용)을 삼ᄂᆞᆫ 者(쟈)를 惡(오)ᄒᆞ며
訐(알)로뻐 直(딕)을 삼ᄂᆞᆫ 者(쟈)를 惡(오)ᄒᆞ노이다

子貢(ᄌᆞ공)이 글오ᄃᆡ 君子(군ᄌᆞ)ㅣ ᄯᅩ흔 惡(오)호미 잇ᄂᆞ니잇가 子(ᄌᆞ)ㅣ ᄀᆞᄅᆞ샤ᄃᆡ 惡(오)호미 잇ᄂᆞ니 人(인)의 惡(악)을 稱(칭)ᄒᆞᄂᆞᆫ 者(쟈)를 惡(오)ᄒᆞ며 下流(하류)의 居(거)ᄒᆞ야 上(샹)을 訕(산)ᄒᆞᄂᆞᆫ 者(쟈)를 惡(오)ᄒᆞ며 勇(용)코 禮(례)ㅣ 업슨 者(쟈)를 惡(오)ᄒᆞ며 果敢(과감)코 窒(딜)흔 者(쟈)를 惡(오)ᄒᆞᄂᆞ니라

ᄀᆞᄅᆞ샤ᄃᆡ 賜(ᄉᆞ)ㅣ ᄯᅩ흔 惡(오)호미 잇ᄂᆞ냐 徼(요)ᄒᆞ고 뻐 知(디)호라 ᄒᆞᄂᆞᆫ 者(쟈)를 惡(오)ᄒᆞ며 孫(손)티 아니코 뻐 勇(용)호라 ᄒᆞᄂᆞᆫ 者(쟈)를 惡(오)ᄒᆞ며 訐(알)ᄒᆞ고 뻐 直(딕)호라 ᄒᆞᄂᆞᆫ 者(쟈)를 惡(오)ᄒᆞ노이다

◈ 集註

458-㈠

惡, 去聲, 下同. 惟『惡者』之惡如字. 訕, 所諫反.

○ 訕, 謗毁也. 窒, 不通也. 稱人惡, 則無仁厚之意. 下訕上, 則無忠敬之心. 勇無禮, 則爲亂. 果而窒, 則妄作. 故夫子惡之.

惡(오)는 去聲이다. 아래도 같다. 다만 '惡者'의 惡은 글자 그대로 入聲(악)이다. 訕은 反切로 '所諫反'(산)이다.

○ 訕은 훼방(헐뜯다)이다. 窒은 통하지 못하는 것이다. 남의 惡을 칭하게 되면 仁厚之意가 없게 되며, 아랫사람이 윗사람을 비방하게 되면 忠敬之心이 없게 된다. 勇猛하면서 禮가 없으면 亂을 짓게 되고, 과감하면서 막히게 되면 마구 일을 저지르게 된다. 그 때문에 夫子가 이를 미워한 것이다.

458-㈢

徼, 古堯反. 知·孫, 並去聲. 訐, 居謁反.

○ 『惡徼』以下, 子貢之言也. 徼, 伺察也. 訐, 謂攻發人之陰私.

○ 楊氏曰:「仁者無不愛, 則君子疑若無惡矣. 子貢之有是心也, 故問焉以質其是非.」

侯氏曰:「聖賢之所惡如此, 所謂『惟仁者, 能惡人』也.」

徼는 反切로 '告堯反'(교, 《諺解》에는 '요'로 되어 있음)이다. 知·孫은 모두가 去聲이다. 訐(갈)은 '居謁反'(갈, 《諺解》에는 '알'로 되어 있음)이다.

○ '惡徼' 이하는 子貢의 말이다. 徼는 몰래 엿보는 것이며, 訐은 남의 陰私(몰래 하고 사사로운 사생활)를 공격하고 폭로하는 것이다.

○ 楊氏(楊時)는 이렇게 말하였다. "어진 자는 사랑하지 못할 게 없다 하였으니, 그렇다면 君子는 이러한 미워함이 없어야 한다고 의심되지만, 子貢이 이러한 마음이 있었기 때문에 이를 질문하여 그 시비를 質正한 것이다."

侯氏(侯仲良)는 이렇게 말하였다. "聖賢이 미워하는 바가 이와 같음이 소위 말하는 '오직 仁者라야 능히 남을 미워할 수 있다'(里仁篇 069(4-3))라는 것이다."

459(17-25)

唯女子與小人爲難養也

공자가 말하였다.

"오직 여자와 소인은 기르기가 힘들다. 가까이 하면 불손하게 굴고, 멀리하면 원망을 한다."

子曰:「唯女子與小人爲難養也, 近之則不孫, 遠之則怨.」㊀

【爲難養】 '수양시키기가 어려운 부류라 여긴다'로 해석할 수도 있다.
【不孫】 不遜과 같다.

諺解

子(ᄌ)ㅣ ᄀᆞᆯᄋᆞ샤ᄃᆡ 오직 女子(녀ᄌ)와 다믓 小人(쇼신)이 養(양)홈이 어려오니 갓가이 ᄒᆞ면 孫(손)티 아니ᄒᆞ고 멀리 ᄒᆞ면 怨(원)ᄒᆞᄂᆞ니라

 子(ᄌ)ㅣ ᄀᆞᄅᆞ샤ᄃᆡ 오직 女子(녀ᄌ)와 다믓 小人(쇼인)은 치기 어려우니 近(근)ᄒᆞ면 孫(손)티 아니코 遠(원)ᄒᆞ면 怨(원)ᄒᆞᄂᆞ니라

◆ 集註

459—㊀

近·孫·遠, 並去聲.
○ 此小人, 亦謂僕隷下人也. 君子之於臣妾, 莊以涖之, 慈以畜之, 則無二者之患矣.

近·孫·遠은 모두 去聲이다.
○ 여기서의 小人이란 奴隷나 下人을 일컫는다. 君子가 臣妾에 있어서 장엄함으로 임하고, 자상함으로 길러 준다면 이런 두 가지의 근심은 없을 것이다.

460(17-26)

年四十而見惡焉

공자가 말하였다.

"나이 마흔이 되고도 미움을 받으면 이는 끝난 것이다."

子曰:「年四十而見惡焉, 其終也已.」㉠

【見惡】미움을 받음.

子(ᄌ)ㅣ 글ᄋ샤ᄃᆡ 年(년)이 四十(ᄉ십)이오 惡(오)홈을 보면 그 ᄆᆞᄎᆞᆯ ᄯᄅᆞᆷ이니라

 子(ᄌ)ㅣ ᄀᆞᄅᆞ샤ᄃᆡ 나히 四十(ᄉ십)에 惡(오)호믈 보면 그 終(죵)홀 ᄯᄅᆞᆷ이니라

◈ 集註

460-㊀

惡, 去聲.

○ 四十, 成德之時, 見惡於人, 則止於此而已, 勉人及時遷善改過也.

蘇氏曰:「此亦有爲而言, 不知其爲誰也.」

惡(오)는 去聲이다.

○ 四十은 德을 이루는 시기인데 남에게 미움을 산다면 여기에서 끝나고 말 뿐이다. 사람은 그 때에 맞게 遷善改過할 것을 권면한 것이다.

蘇氏(蘇軾)는 이렇게 말하였다. "이 역시 무슨 이유가 있어서 한 말일 터이나, 그 누구를 위해서인지는 알 수 없다."

논
어

〈路遇隱者圖〉 石刻畫(石可)

미자微子 第十八

총11장(461-471)

◈ **集註**

此篇多記聖賢之出處, 凡十一章.

이 편篇은 성현聖賢의 출처出處(세상에 나가고, 숨음)를 기록한 것이
많으며 모두 11장이다.

461(18-1)

微子去之

미자微子는 떠나가고 기자箕子는 노예가 되었으며, 비간比干은 간언을 하다가 죽음을 당하였다. 공자가 이렇게 말하였다.

"은殷나라에 세 사람의 어진 이가 있었다."*

微子去之, 箕子爲之奴, 比干諫而死.㊀

孔子曰:「殷有三仁焉.」㊁

【微子】 이름은 啓이며 殷나라 말기 紂王의 庶兄. 그의 어머니는 帝乙의 첩이었다가 정식 妻가 된 다음 다시 紂를 낳았다. 이에 紂가 정통을 인정받아 帝位에 올랐다 (《呂氏春秋》仲冬期 참조). 그러나 《孟子》告子章에는 微子를 紂의 叔父라 하였다. 周 武王이 紂를 滅한 후, 微子를 宋에 봉하여 殷의 제사를 잇도록 하였다(《史記》宋微子世家 참조).

【箕子】紂王의 叔父. 紂가 무도하게 굴자 머리를 풀어헤치고 奴隷를 자처하였다.
원래 箕 땅에 봉해졌으며 子는 爵號이다.

【比干】역시 紂王의 叔父. 紂에게 諫言을 하자 '聖人에게는 7개의 구멍이 있다고
하였는데 확인해보자'라 하며 그를 죽여 해부하였다 한다.

* 《史記》 殷本紀에 「帝乙長子曰微子啓; 啓母賤, 不得嗣. 帝乙崩, 子辛立; 天下謂
之紂. 帝紂好酒淫樂, 厚賦稅; 百姓怨望. 西伯卒, 紂愈淫亂不止. 微子數諫, 不聽;
遂去. 比干乃强諫紂. 紂怒, 曰:『吾聞聖人心有七竅.』剖比干觀其心. 箕子懼,
乃詳狂爲奴: 紂又囚之」라 하였다.

◉ 諺解

 　　微子(미즈)는 去(거)ᄒ고 箕子(긔즈)는 奴(노)ㅣ 되고 比干
(비간)은 諫(간)ᄒ야 죽으니라
孔子(공즈)ㅣ 글ᄋ샤ᄃᆡ 殷(은)에 三仁(삼신)이 인ᄂ니라

 　　微子(미즈)는 去(거)ᄒ고 箕子(긔즈)는 奴(노)ㅣ 되시고 比干
(비간)은 諫(간)ᄒ야 주그니라
孔子(공즈)ㅣ ᄀᆞ르샤ᄃᆡ 殷(은)의 三仁(삼인)이 잇ᄂ니라

◆ 集 註

461-㊀

微·箕, 二國名. 子, 爵也. 微子, 紂庶兄. 箕子·比干, 紂諸父. 微子見紂無道,
去之以存宗祀. 箕子·比干皆諫, 紂殺比干, 囚箕子以爲奴, 箕子因佯狂而受辱.

微와 箕는 둘 모두 나라 이름이다. 子는 爵位이다. 微子는 紂의 庶兄이며, 箕子와
比干은 紂의 諸父(아버지 항렬)이다. 微子는 紂의 무도함을 보고 그를 떠나 宗祀(종족의
제사)를 보존하였다. 箕子와 比干은 모두 나서서 諫言을 하였으며, 紂는 比干을

죽이고, 箕子를 가두어 奴隷로 삼았다. 箕子는 이로 인하여 거짓으로 미친 체하며 욕을 받았다(《史記》 宋微子世家).

461-㊁

三人之行不同, 而同出於至誠惻怛之意, 故不咈乎愛之理, 而有以全其心之德也.
楊氏曰:「此三人者, 各得其本心, 故同謂之仁.」

세 사람의 행동은 같지 않으나 한결같이 至誠과 惻怛의 뜻에서 나왔다. 그 때문에 사랑의 이치에 어긋남이 없이 그 마음의 德을 온전히 할 수 있었던 것이다.
楊氏(楊時)는 이렇게 말하였다. "이 세 사람은 각각 그 本心을 얻었다. 그 때문에 똑같이 仁이라 일컬은 것이다."

462(18-2)

柳下惠爲士師

유하혜柳下惠가 사사士師가 되어 세 번이나 축출을 당하자 어떤 이가 물었다.

"그대는 가히 떠날 만하지 않습니까?"

그러자 그는 이렇게 말하였다.

"도道를 곧게 하면서 사람을 섬기다보면 어디를 간들 세 번 정도는 축출되지 않겠는가? 도를 굽혀 사람을 섬길 바에야 하필 부모의 나라를 버리고 떠나겠는가?"

柳下惠爲士師, 三黜. 人曰:「子未可以去乎?」
曰:「直道而事人, 焉往而不三黜? 枉道而事人,
   何必去父母之邦?」⊖

【柳下惠】魯나라의 賢人(前出). 392 참조.

【士師】獄官. 재판, 판결을 맡은 관직.

【三黜】여기서의 三은 꼭 3번이라기보다 자주 갈등을 일으켜 축출당함을 뜻한다고
보고 있다.

◉ 諺解

南山本 柳下惠(류하혜)ㅣ 士師(ᄉᄉ)ㅣ 되여셔 세 번 黜(튤)ᄒ여늘 사름이
굴오ᄃᆡ 子(ᄌ)ㅣ 可(가)히 뻐 去(거)티 몯ᄒ랴 굴오ᄃᆡ 道(도)를
곧게 ᄒ야 사름을 셤기면 어듸 가 세 번 黜(튤)티 아니ᄒ며 道(도)를 굽혀
사름을 셤기면 엇디 반ᄃ시 父母(부모)의 邦(방)을 去(거)ᄒ리오

栗谷本 柳下惠(류하혜)ㅣ 士師(ᄉᄉ)ㅣ 되여 세 번 내텨늘 人(인)이 굴오ᄃᆡ
子(ᄌ)ㅣ 可(가)히 뻐 去(거)티 몯ᄒ랴 굴오ᄃᆡ 道(도)를 直(딕)히
ᄒ야 人(인)을 셤기면 어듸 가 세 번 내티디 아니며 道(도)를 枉(왕)ᄒ야
人(인)을 셤길 거시면 엇디 구틔여 父母(부모)의 邦(방)을 去(거)ᄒ리오

◈ 集註

462-㊀

三, 去聲. 焉, 於虔反.

○ 士師, 獄官. 黜, 退也. 柳下惠三黜不去, 而其辭氣雍容如此, 可謂和矣. 然其不能
枉道之意, 則有確乎不可拔者. 是則所謂『必以其道, 而不自失焉』者也.

○ 胡氏曰:「此必有孔子斷之之言而亡之矣.」

三은 去聲이며, 焉은 反切로 '於虔反'(언)이다.

○ 士師는 獄의 官吏이다. 黜은 쫓겨남(退)이다. 柳下惠는 세 번 축출당했어도
떠나지 않고, 그 辭氣(말투)가 雍容(부드러움. 첩운어)함이 이와 같았으니 가히 和라

이를 만하다(《孟子》 032). 그러나 道를 굽힐 수 없다는 뜻에서는 절대로 뽑힐 수 없는 확고함을 가진 자였다. 이것이 곧 "반드시 그 道로써 하여 스스로 잃지 않는다"(《孟子》 公孫丑上 032에 柳下惠를 평한 말)라는 것이다.

○ 胡氏(胡寅)는 이렇게 말하였다. "여기에 틀림없이 孔子가 판단하여 한 말이 있어야 하나 없어졌다."

463(18-3)

齊景公待孔子曰

　제齊 경공景公이 공자를 대우하면서 이렇게 제의하였다.

"계씨季氏만큼 대우하기에는 내 능히 그럴 수 없습니다. 계씨와 맹씨 孟氏 중간 정도로 대우해 드리리다."

그리고 또 이렇게 말하였다.

"내 이미 늙었소이다. 쓸 수 없군요."

공자는 제나라를 떠났다.*

齊景公待孔子曰:「若季氏, 則吾不能; 以季孟之間待之.」

曰:「吾老矣, 不能用也.」

孔子行.⊖

【齊 景公】孔子·晏子와 同時代 인물로 齊나라의 君主(前出).
【季孟之間】魯나라 三桓 중에 季孫氏가 가장 높았으며, 그 다음이 孟孫氏였다.
　孔子를 그 중간쯤으로 대우해 주겠다는 뜻이다. 閒은 間과 같다.
＊ 이 이야기는《史記》孔子世家에 자세히 실려 있다.

◉ 諺解

　齊景公(제경공)이 孔子(공ᄌᆞ)를 待(ᄃᆡ)ᄒᆞ욤을 글오ᄃᆡ 만일 季氏
(계시)ㄴ 則(즉) 내 能(능)티 몯ᄒᆞ려니와 季孟(계ᄆᆡᆼ)ㅅ 스이로ᄡᅥ
待(ᄃᆡ)호리라 ᄒᆞ고 글오ᄃᆡ 내 늙은 디라 能(능)히 쓰디 몯ᄒᆞ리로다
ᄒᆞᆫ대 孔子(공ᄌᆞ)(ᄌᆞ)ㅣ 行(ᄒᆡᆼ)ᄒᆞ시다

　齊景公(제경공)이 孔子(공ᄌᆞ)를 待(ᄃᆡ)ᄒᆞ야 ᄀᆞᄅᆞ샤ᄃᆡ 만일 季氏
(계시)ᄂᆞᆫ 내 能(능)티 몯ᄒᆞ려니와 季孟(계ᄆᆡᆼ)의 間(간)으로ᄡᅥ
待(ᄃᆡ)호리라 ᄒᆞ더시니 ᄀᆞᄅᆞ샤ᄃᆡ 내 老(로)ᄒᆞᆫ 디라 能(능)히 쓰디
몯ᄒᆞᆯ로다 ᄒᆞ야시ᄂᆞᆯ 孔子(공ᄌᆞ)(ᄌᆞ)ㅣ 行(ᄒᆡᆼ)ᄒᆞ시다

◈ 集 註

463-㊀

魯三卿, 季氏最貴, 孟氏爲下卿. 孔子去之, 事見世家. 然此言必非面語孔子, 蓋自
以告其臣, 而孔子聞之爾.

○ 程子曰:「季氏强臣, 君待之之禮極隆, 然非所以待孔子也. 以季·孟之間待之,
則禮亦至矣. 然復曰『吾老矣, 不能用也』, 故孔子去之. 蓋不繫待之輕重, 特以不用而
去爾.」

　魯나라 三卿 중에 季氏가 가장 귀하고 孟氏는 낮은 卿이었다. 孔子가 齊나라에서
떠나 버린 일은《史記》孔子世家를 보라. 그러나 이는 틀림없이 孔子를 대면

(직접 만남)하고 할 말은 아닐 것이다. 아마 스스로 그 臣下에게 고한 것인데 孔子가 이를 들었을 뿐이리라.

○ 程子(程頤)는 이렇게 말하였다. "季氏는 강한 臣下였으므로 임금이 그를 대우하는 禮가 지극히 융성하였을 것이다. 그러나 孔子를 그렇게 대우할 이유는 아니었다. 季氏와 孟氏의 중간 정도로 대우한다 하여도 禮로 보아 역시 지극한 것이다. 그런데 다시 '吾老矣, 不能用也'라 하였으니, 그 말 때문에 孔子가 떠난 것이다. 아마 대우의 輕重에 매인 일이 아니라, 특별히 등용하지 못하겠다는 말 때문에 떠난 것일 뿐이리라."

464(18-4)

齊人歸女樂

　제濟나라 사람이 여자 악대樂隊를 보내오자, 계환자季桓子가 이를
받아들여 사흘 동안이나 조회를 열지 않았다. 공자가 떠났다.*

齊人歸女樂, 季桓子受之, 三日不朝, 孔子行.⊖

【歸】 보내옴. 435(17-1) 참조.
【女樂】 여자들로 구성된 樂隊.
【季桓子】 季孫斯. 魯나라 定公때부터 哀公때까지의 執政卿. 哀公 3年에 죽었다.
* 이 사건은 《史記》 孔子世家와 《韓非子》 內儲說에도 실려 있다.

〈辭官去魯〉 석각화(石可)

 齊(제)ㅅ 사롬이 女樂(녀악)을 歸(귀)ㅎ야눌 季桓子(계환ㅈ)ㅣ
받고 三日(삼일)을 朝(됴)티 아니ㅎ대 孔子(공ㅈ)ㅣ 行(힝)ㅎ시다

齊人(졔인)이 女樂(녀악)을 歸(귀)ㅎ야눌 季桓子(계환ㅈ)ㅣ
밧고 사흘을 朝(됴)티 아니ㅎ대 孔子(공ㅈ)ㅣ 行(힝)ㅎ시다

◆ 集 註

464-㉠

歸, 如字, 或作饋. 朝, 音潮.

○ 季桓子, 魯大夫, 名斯. 按史記, 定公十四年, 孔子爲魯司寇, 攝行相事. 齊人懼,
歸女樂以沮之.

尹氏曰:「受女樂而怠於政事如此, 其簡賢棄禮, 不足與有爲可知矣. 夫子所以行也, 所謂『見幾而作, 不俟終日』者與?」

○ 范氏曰:「此篇記仁賢之出處, 而折中以聖人之行, 所以明中庸之道也.」

歸는 글자 대로이며, 혹 饋(궤)로도 쓴다. 朝는 음이 潮(조)이다.

○ 季桓子는 魯나라 大夫로 이름은 斯이다. 《史記》(孔子世家)를 보면 定公 14年(B.C. 496)에 孔子는 魯나라 司寇가 되어 宰相의 일을 攝行하였다. 齊나라 사람들이 이를 두려워하여 여자 악대를 보내어 이를 저지하려 한 것이다.

尹氏(尹焞)는 이렇게 말하였다. "여자 악대를 받아들여 政事에 태만하기가 이와 같았으니, 그 簡賢棄禮(어진 이에게 소홀히 하고 禮를 폐기함)하여 더불어 함께 일을 하기에 족하지 못하였음을 가히 알 수 있다. 夫子가 떠난 이유는 소위 말하는 '見幾而作, 不俟終日'(그 기미를 보고 행동해야 하며 종일 기다릴 필요가 없음.《周易》 繫辭傳의 구절)라는 것이 아니겠는가?"

○ 范氏(范祖禹)는 이렇게 말하였다. "이 篇은 仁賢들의 出處(벼슬하고 물러서는 여부)를 기록하여 聖人의 행동을 折中(절충)함으로써 中庸의 道를 밝힌 것이다."

465(18-5)

楚狂接輿歌而過孔子曰

초楚나라 광인狂人 접여接輿가 공자의 수레를 지나면서 이렇게 노래하였다.

"봉鳳이여, 봉이여! 어찌 덕이 그리도 쇠하였는가? 지나간 일은 간諫할 수 없으나 다가오는 것은 그나마 좇을 수 있는 것. 그만두어라, 그만두어라! 지금에 정치한다는 것은 위태로울 뿐이로다!"

공자가 수레에서 내려 그와 말을 나누어보고자 하였지만, 그는 내달아 피해버려 더불어 말을 해볼 수가 없었다.*

楚狂接輿歌而過孔子曰:「鳳兮鳳兮! 何德之衰? 往者
不可諫, 來者猶可追. 已而,
已而! 今之從政者殆而!」㊀
孔子下, 欲與之言. 趨而辟之, 不得與之言.㊁

【狂人】 狂簡한 隱士를 일컫는 말.

【接輿】 이를 人名으로 보지 않고 '수레에 접근하면서'의 말로 풀이하기도 한다.
曹之升의 《四書撫餘說》에 「論語所記隱士皆以其事名之. 門者謂之晨門. 杖者謂
之丈人, 津者謂之沮・溺, 接孔子之輿子謂之接輿, 非名亦非字也」라 하였다. 한편
정식으로 이름을 陸通이라 하여 楚나라 昭王 때 人物로 보기도 한다. 그의
일화는 《韓詩外傳》卷二 049(2-21)와 《列女傳》卷2 賢明篇・《莊子》人間世・
《後漢書》崔駰傳 注・皇甫謐의 《高士傳》卷上(陸通)・嵇康의 《高士傳》(《太平
御覽》509)・《渚宮舊事》등에 미화되어 널리 실려 있다.

【鳳】 治世나 聖人이 나타나면 봉황이나 瑞獸가 출현한다고 믿었다. 그런데 孔子가
이를 기다려도 나타나지 않음을 譏弄한 것이다. 한편 孔子 자신을 봉에 비유한
重義法 표현이기도 하다.

【從政者】 일반적으로 '정치에 참여하는 자'로 풀이하나 의미로 보아 '정치에
참여하는 것'이라 보아야 할 것이다. 孔子가 정치에 뜻을 둠을 말한 것이다.

【辟】 去聲으로 음이 '피'이며 '避'와 같다.

* 淸代 崔述은 《洙泗考信錄》3에서 이 微子篇의 接輿, 沮溺(466), 丈人(467)에
대하여 「文皆似莊子, 與論語他篇之言不倫; 恐係後人之所僞託」이라 하여
이 3章은 후인의 위탁일 가능성이 있다고 보았다.

陶山本 楚(초)앳 狂(광)인 接輿(졉여)ㅣ 歌(가)ᄒ고 孔子(공ᄌ)를 過(과)ᄒ야 ᄀᆞ로오듸 鳳(봉)이여 鳳(봉)이여 엇디 德(덕)이 衰(쇠)ᄒ뇨 往(왕)혼 者(쟈)ᄂᆞᆫ 可(가)히 諫(간)티 몯ᄒ려니와 來(릯)ᄒᄂᆞᆫ 者(쟈)ᄂᆞᆫ 오히려 可(가)히 追(튜)홀 ᄯ니 마롤 ᄯᅥ어다 마롤 ᄯᅥ어다 이젯 政(졍)을 從(죵)ᄒᄂᆞᆫ 者(쟈)ㅣ 殆(틱)ᄒ니라

孔子(공ᄌ)ㅣ ᄂᆞ리샤 더블어 말ᄒ고져 ᄒ더시니 趨(추)ᄒ야 辟(피)ᄒ니 시러곰 더블어 말ᄒ디 몯ᄒ시다

栗谷本 楚狂(초광) 接輿(졉여)ㅣ 歌(가)ᄒ야 孔子(공ᄌ)ᄭᅴ 過(과)ᄒ야 ᄀᆞ로오듸 鳳(봉)이여 鳳(봉)이여 엇디 德(덕)이 衰(쇠)ᄒ뇨 往(왕)혼 者(쟈)ᄂᆞᆫ 可(가)히 諫(간)티 몯ᄒ려니와 來(릯)ᄒᄂᆞᆫ 者(쟈)ᄂᆞᆫ 오히려 可(가)히 追(튜)홀 디니 마롤 디어다 마롤 디어다 이제 政(졍)을 從(죵)ᄒᄂᆞᆫ 者(쟈)ㅣ 殆(틱)ᄒ니라

孔子(공ᄌ)ㅣ ᄂᆞ리샤 더브러 말ᄒ고쟈 ᄒ더시니 趨(추)ᄒ야 辟(피)ᄒ니 시러곰 더브러 말 몯ᄒ시다

465-㉠

接輿, 楚人, 佯狂避世. 夫子時將適楚, 故接輿歌而過其車前也. 鳳有道則見, 無道則隱, 接輿以比孔子, 而譏其不能隱爲德衰也. 來者可追, 言及今尙可隱去. 已, 止也. 而, 語助辭. 殆, 危也. 接輿蓋知尊夫子而趨不同者也.

接輿는 楚나라 사람으로, 거짓으로 미친 체하여 세상을 피하였다. 夫子가 당시 장차 楚나라에 가려 하자, 그 때문에 接輿가 노래하며 孔子의 수레 앞을 지나간 것이다. 鳳은 道가 있으면 나타나고 道가 없으면 숨는다. 接輿가 이를 孔子에 비유하여 능히 숨지 못하여 德이 쇠퇴해감을 譏弄한 것이다. 來者可追란

지금 같은 세상에는 오히려 가히 숨을 수 있다는 것을 말한 것이다. 己는 그치다(止)이며 而는 어조사이다. 殆는 위태롭다는 뜻이다. 接輿는 아마 夫子를 존경해야 한다는 것은 알았으나, 그 趨向이 다른 자였을 것이다.

465-㊂

辟, 去聲.

○ 孔子下車, 蓋欲告之以出處之意. 接輿自以爲是, 故不欲聞而辟之也.

辟(피)는 去聲이다.

○ 孔子가 수레에서 내린 것은 아마도 그에게 出處之意를 일러주고자 함이었을 것이다. 接輿는 스스로 자신이 옳다고 여겼기 때문에 듣지 않으려고 피한 것이다.

466(18-6)

長沮桀溺耦而耕

장저長沮와 걸닉桀溺이 짝을 이루어 밭을 갈고 있었다. 공자가 그들 곁을 지나다가 자로子路를 시켜 나루터가 어디인지를 물어보게 하였다. 그러자 장저가 이렇게 되물었다.

"무릇 저기 고삐를 잡고 있는 이가 누구요?"

자로가 대답하였다.

"공구孔丘라는 분이시오."

장저가 다시 물었다.

"노魯나라의 공구입니까?"

"그렇소."

이에 장저가 다시 이렇게 말하였다.

"그렇다면 나루터가 어디인지 아실 터인데."

자로는 할 수 없이 이번에는 걸닉에게 물어보았다. 걸닉이 이렇게 되물었다.

"그대는 누구요?"

"중유仲由라고 하오."

걸닉이 다시 물었다.

"노나라 공구를 따르는 무리인가?"

"그렇소."

그러자 걸닉이 이렇게 말하였다.

"도도한 물결에 천하가 다 휩쓸려 있는데 그대는 누구와 함께 이를 바꾼단 말인가? 게다가 그대는 사람을 피하는 선비를 따르기보다는 차라리 세상을 피하는 선비를 따르는 것만 같겠는가?"

그리고는 다시 흙 덮는 일을 그치지 않고 계속하는 것이었다.

자로가 공자에게로 가서 이를 고하자 선생님(공자)은 무연憮然히 이렇게 말하였다.

"비록 새나 짐승과는 함께 무리를 이루어 살 수 없다 해도, 내가 이 세상 사람들과 함께 하지 않는다면 그 누구와 함께 할 수 있겠는가? 그러나 천하에 도가 있다면 나丘는 더불어 함께 세상을 바꾸겠다고 나서지는 않았을 것이다."

長沮·桀溺耦而耕, 孔子過之, 使子路問津焉.㊀

長沮曰:「夫執輿者爲誰?」

子路曰:「爲孔丘.」

　　曰:「是魯孔丘與?」

　　曰:「是也.」

　　曰:「是知津矣.」㊁

問於桀溺.

桀溺曰:「子爲誰?」

　　曰:「爲仲由.」

　　曰:「是魯孔丘之徒與?」

　對曰:「然.」

　　曰:「滔滔者天下皆是也, 而誰以易之? 且而與
　　　　其從辟人之士也, 豈若從辟世之士哉?」

耰而不輟.㊂

子路行以告.

夫子憮然曰:「鳥獸不可與同群, 吾非斯人之徒與而
　　　　誰與? 天下有道, 丘不與易也.」㊃

【長沮·桀溺】두 사람의 隱者 이름. 그러나 隱者가 스스로 이름을 밝히지 않았을
것이라 여겨 沮·溺은 강물에 의지해 사는 사람이라는 뜻으로도 본다. (앞장
接輿 注 참조)

【耦】고대 소 대신 두 사람이 앞에서 쟁기를 끌고 뒤에서 따르는 밭갈이. '우'로 읽는다.

【子路】仲由.

【且而】而는 너(爾)의 뜻.

【與其~豈若】'~함이 어찌~함과 같겠는가?' 뒤의 내용이 더 낫다는 뜻.

【耰】씨를 파종한 후 다시 흙을 덮는 작업. '우'로 읽는다.

◉ 諺解

南山本　　　長沮(댱져)과 桀溺(걸릭)이 耦(우)ᄒᆞ야 耕(경)ᄒᆞ거늘 孔子(공ᄌᆞ)ㅣ 過(과)ᄒᆞ실 시 子路(ᄌᆞ로)로 ᄒᆞ여곰 津(진)을 무르라 ᄒᆞ신대 長沮(댱져)ㅣ ᄀᆞᆯ오ᄃᆡ 輿(여)에 執(집)ᄒᆞᆫ 者(쟈)ㅣ 누고 子路(ᄌᆞ로)ㅣ ᄀᆞᆯ오ᄃᆡ 孔丘(공구)ㅣ시니라 ᄀᆞᆯ오ᄃᆡ 이 魯(로)ㅅ 孔丘(공구)가 ᄀᆞᆯ오ᄃᆡ 이시니라 ᄀᆞᆯ오ᄃᆡ 이 津(진)을 아ᄂᆞ니라

桀溺(걸릭)의게 물은대 桀溺(걸릭)이 ᄀᆞᆯ오ᄃᆡ 子(ᄌᆞ)ㅣ 누고 ᄀᆞᆯ오ᄃᆡ 仲由(듕유)ㅣ로라 ᄀᆞᆯ오ᄃᆡ 이 魯(로)ㅅ 孔丘(공구)의 徒(도)가 對(ᄃᆡ)ᄒᆞ야 ᄀᆞᆯ오ᄃᆡ 그러ᄒᆞ다 ᄀᆞᆯ오ᄃᆡ 滔滔(도도)ᄒᆞᆫ 者(쟈)ㅣ 天下(텬하)ㅣ 다 이니 눌로 더블어 易(역)ᄒᆞ리오 ᄯᅩ 네 그 사ᄅᆞᆷ 辟(피)ᄒᆞᄂᆞᆫ 士(ᄉᆞ)를 조촘오로 더블어론 엇디 世(세)ㅣ 辟(피)ᄒᆞᄂᆞᆫ 士(ᄉᆞ)를 조촘 ᄀᆞᆺ트리오 ᄒᆞ고 耰(우)ᄒᆞ고 그치디 아니ᄒᆞ더라

子路(ᄌᆞ로)ㅣ 行(ᄒᆡᆼ)ᄒᆞ야 ᄡᅥ 告(고)ᄒᆞᆫ대 夫子(부ᄌᆞ)ㅣ 憮然(무션)ᄒᆞ야 ᄀᆞᆯ ᄋᆞ샤ᄃᆡ 鳥獸(됴슈)는 可(가)히 더블어 同群(동군)티 몯홀 꺼시니 내 이 사ᄅᆞᆷ의 徒(도)를 與(여)티 아니ᄒᆞ고 누를 與(여)ᄒᆞ리오 天下(텬하)ㅣ 道(도)ㅣ 이시면 丘(구)ㅣ 더블어 易(역)디 아니홀 이니라

栗谷本　　　長沮(댱져)와 桀溺(걸릭)이 耦(우)ᄒᆞ야 耕(경)ᄒᆞ거늘 孔子(공ᄌᆞ)ㅣ 過(과)ᄒᆞ실 시 子路(ᄌᆞ로)로 히여곰 津(진)을 問(문)ᄒᆞ신대 長沮(댱져)ㅣ ᄀᆞᆯ오ᄃᆡ 輿(여)에 執(집)ᄒᆞᆫ 者(쟈)ㅣ 뉘고 子路(ᄌᆞ로)ㅣ ᄀᆞᆯ오ᄃᆡ 孔丘(공구)ㅣ시니라 ᄀᆞᆯ오ᄃᆡ 이 魯(로) 孔丘(공구)가 ᄀᆞᆯ오ᄃᆡ 올타 ᄀᆞᆯ오ᄃᆡ 이 津(진)을 알리라

桀溺(걸릭)ᄃ려 問(문)ᄒ대 桀溺(걸릭)이 글오디 子(ᄌ)ㅣ 뉘고 글오디 仲由(듕유)ㅣ로라 글오디 이 魯(로) 孔丘(공구)의 徒(도)가 對(디)ᄒ야 글오디 그러타 글오디 滔滔(도도)ᄒ 者(쟈)ㅣ 天下(텬하)ㅣ 다 이니 눌로 더브러 고티리오 ᄯ흔 네 다믓 그 人(인)을 辟(피)ᄒᄂ 士(ᄉ)ᄅᆯ 조초ᄆᆞᆫ 엇디 世(셰)ᄅᆯ 辟(피)ᄒᄂ 士(ᄉ)ᄅᆯ 조ᄎᆞᆷ ᄀᆺᄐ리오 ᄒ고 耰(우)ᄒ고 輟(텰)티 아니터라

子路(ᄌ로)ㅣ 行(ᄒᆡᆼ)ᄒ야 뻐 告(고)ᄒ대 夫子(부ᄌ)ㅣ 憮然(무연)ᄒ야 ᄀᆞᆯ샤ᄃᆡ 鳥獸(됴슈)ᄅᆯ 可(가)히 더브러 羣(군)을 同(동)티 몯홀 디니 내 이 人(인)의 徒(도)와 與(여)티 아니코 눌과 與(여)ᄒ리오 天下(텬하)ㅣ 道(도)ㅣ 이시면 丘(구)ㅣ 더브러 고티디 아니리라

◆ **集註**

466-㊀

沮, 七餘反. 溺, 乃歷反.

○ 二人, 隱者. 耦, 並耕也. 時孔子自楚反乎蔡. 津, 濟渡處.

沮는 反切로 '七餘反'(쳐)이며, 溺은 '乃歷反'(닉)이다.

○ 두 사람은 隱者이다. 耦는 함께 밭을 가는 것이다. 당시 孔子가 楚나라로부터 蔡나라로 돌아오던 길이었다. 津은 강물을 건너는 곳(나루)이다.

466-㊁

夫, 音扶. 與, 平聲.

○ 執輿, 執轡在車也. 蓋本子路御而執轡, 今下問津, 故夫子代之也. 知津, 言數周流, 自知津處.

夫는 음이 扶(부)이며, 與는 平聲이다.

○ 執輿는 고삐를 잡은 채 수레에 있는 것이다. 대개 본래 子路가 수레를 몰면서 고삐를 잡았었으나, 지금 내려와 나루를 묻고 있어 그 때문에 夫子가 대신하고 있었던 것이다. 知津은 자주 周流하였으니 스스로 나루를 알 것임을 말한 것이다.

466-㊂

徒與之與, 平聲. 滔, 吐刀反. 辟, 去聲. 耰, 音憂.

○ 滔滔, 流而不反之意. 以, 猶與也. 言天下皆亂, 將誰與變易之? 而, 汝也. 辟人, 謂孔子; 辟世, 桀溺自謂. 耰, 覆種也. 亦不告以津處.

徒與의 與는 平聲이다. 滔는 反切로 '吐刀反'(토)이다. 辟(피)는 去聲이며, 耰는 음이 憂(우)이다.

○ 滔滔는 흘러가고 다시 되돌아오지 못한다는 뜻이다. 以는 與와 같다. 天下가 모두 혼란하니 장차 누구와 더불어 이를 바꾼단 말인가 라고 말한 것이다. 而는 汝(너)이다. 辟人은 孔子를 일컫는 것이며, 辟世는 桀溺 자신을 일컫는다. 耰는 씨앗을 덮는 일이다. 역시 나루를 일러주지 않았다.

466-㊃

憮, 音武. 與, 如字.

○ 憮然, 猶悵然, 惜其不喩己意也. 言所當與同羣者, 斯人而已, 豈可絶人逃世以爲潔哉? 天下若已平治, 則我無用變易之. 正爲天下無道, 故欲以道易之耳.

○ 程子曰:「聖人不敢有忘天下之心, 故其言如此也.」

張子曰:「聖人之仁, 不以無道必天下而棄之也.」

憮는 음이 武(무)이다. 與는 글자 그대로이다.

○ 憮然은 悵然과 같다. 자신의 뜻을 알아차리지 못함을 애석히 여긴 것이다. 의당 함께 무리를 이룰 자는 이 사람들뿐이니 어찌 絶人逃世하여 그것을 깨끗한 것으로 삼을 수 있겠는가? 天下가 만약 이미 平治되었다면, 나는 變易시키려 함에 쓰임이 없겠지만, 마침 天下에 道가 없기 때문에 道로써 이를 바꾸려 할 뿐임을 말한 것이다.

○ 程子(程頤)는 이렇게 말하였다. "聖人은 감히 天下를 잊고 살 수가 없어 그 때문에 이렇게 말한 것이다."

張子(張載)는 이렇게 말하였다. "聖人의 仁은 天下에 道가 없다는 이유로 天下를 꼭 그렇다 하면서 포기하는 일은 하지 않는다."

467(18-7)

子路從而後遇丈人

자로子路가 공자를 따르다가 뒤처진 채, 길에서 어떤 장인丈人을
만났다. 그는 지팡이로써 대그릇을 메고 있었다. 자로가 물었다.

"그대는 우리 선생님을 보셨습니까?"

그 장인이 도리어 이렇게 물었다.

"사지도 부지런히 하지 않고, 오곡도 구분하지 못하는데 누가 선생님
이란 말인가?"

그리고는 지팡이를 던져놓고 김을 매기 시작하는 것이었다. 자로가
손을 모으고 공손히 서 있자, 자로를 머물러 묵게 하고 닭을 잡고
기장밥을 지어 먹여주면서, 그의 두 아들도 인사를 시켜주었다. 이튿날
자로가 떠나 공자를 찾아 이를 고하자 공자는 이렇게 말하였다.

"은자로다."

그리고는 자로를 시켜 다시 찾아가 뵙도록 하였다. 그곳에 이르러 보니 그는 떠나고 없었다. 자로는 이렇게 말하였다.

"벼슬하지 않는 것은 의義가 없는 것이다. 장유長幼의 예절도 폐할 수 없거늘 군신의 관계를 어찌 폐할 수 있겠는가? 자신의 몸만 깨끗이 하겠다고 하다가는 대륜大倫을 어지럽히고 마는 것이다. 군자로서 벼슬하는 것은 그 의를 실행하기 위함이다. 우리의 도가 행해지지 못한다는 것은 우리도 이미 알고는 있다."**

子路從而後, 遇丈人, 以杖荷蓧.

子路問曰:「子見夫子乎?」

　丈人曰:「四體不勤, 五穀不分. 孰爲夫子?」

植其杖而芸.㊀

子路拱而立.㊁

止子路宿, 殺雞爲黍而食之, 見其二子焉.㊂

明日, 子路行以告. 子曰:「隱者也.」使子路反見之.

至, 則行矣.㊃ 子路曰:「不仕無義. 長幼之節, 不可廢也;

君臣之義, 如之何其廢之? 欲潔其身, 而亂大倫. 君子

之仕也, 行其義也. 道之不行, 已知之矣.」㊄

【子路】仲由.

【丈人】여기서도 역시 丈은 杖의 假借字로 지팡이를 짚은 이로 본다 혹은 杖은 지팡이가 아니라 막대기이며, 이로써 짐을 메고 가는 사람이라는 뜻으로 보기도 한다.

【蓧】대나무나 풀로 만든 그릇, 바구니. '조'로 읽는다.

【四體不勤, 五穀不分】 宋 呂本中의 《紫微雜說》과 淸 朱彬의 《經傳考證》·宋翔鳳의 《論語發微》 등 모두가 丈人이 자기 자신을 두고 한 말이라 보았으며, 그 외 일부는 丈人이 子路를 질책하는 말로써 자로가 그러한 자라고 보았다(朱子). 그 외에 「孰爲夫子」는 '누가 선생님이란 말이냐?' 또는 '내 어찌 너의 선생님이 누구인지 알겠는가?'(毛子水)로 풀이하는 경우도 있다.

【植】 음이 '치'이다. 漢代 《石經》에는 「置」로 되어 있다. 《詩經》 商頌의 「置我鞉鼓」의 箋에 「置, 讀曰植」라 하였고, 《尙書》 金縢의 「植璧秉珪」의 鄭玄 注에는 「植, 古置字」라 하였다. 그러나 經傳의 植은 주로 "꽂다, 심다, 세우다"로 풀이하고, 置는 "세우다" 외에 "放置하다, 버리다, 내던지다"로 풀이된다. 그 때문에 여기의 「植其杖」은 "그 지팡이(막대기)를 던져놓고"로 해석함이 옳다고 주장하고 있다.

【芸】 '김매다'의 뜻. '耘'과 같다(通假字). '운'으로 읽는다.

【大倫】 人倫. 父子·長幼·朋友 사이의 倫常.

* 맨 끝의 『子路曰』을 子路가 丈人의 식구들에게 한 말로 보기도 한다. 그런가 하면 朱子의 설명에 의하면(467-5) 「子路反, 子曰」(福州本)로 되어 있어 "子路가 돌아오자 孔子가 말하였다"로 풀이되어 孔子가 말한 것이 된다(그러나 朱子도 "사실 여부를 알 수 없다"(未知是否)라 하였다).

* 崔述은 《洙泗考信錄》(3)에서 후인의 위탁이라고 보았다(465의 주 참조).

◉ 諺解

閩山本 子路(ᄌ로)ㅣ 從(죵)ᄒ야 後(후)ᄒ얏더니 丈人(댱신)이 杖(댱)으로써 蓧(됴)메니를 만나 子路(ᄌ로)ㅣ 물어 ᄀᆞ로ᄃᆡ 子(ᄌ)ㅣ 夫子(부ᄌ)를 보냐 丈人(댱신)이 ᄀᆞ로ᄃᆡ 四體(ᄉ테)를 勤(근)티 아니ᄒ며 五穀(오곡)을 分(분)티 몯ᄒᄂᆞ니 뉘 夫子(부ᄌ)오 ᄒ고 그 杖(댱)을 植(티)ᄒ고 芸(운)ᄒ더라

子路(ᄌ로)ㅣ 拱(공)ᄒ고 立(립)ᄒᆫ대

子路(ᄌ로)를 止(지)ᄒ야 재여 雞(계)를 殺(살)ᄒ며 黍(셔)를 爲(위)ᄒ야 머키고 그 두 아ᄃᆞᆯ을 뵈여ᄂᆞᆯ ᄇᆞᆰ는 날애 子路(ᄌ로)ㅣ 行(ᄒᆡᆼ)ᄒ야 뻐 告(고)ᄒᆫ대 子(ᄌ)ㅣ ᄀᆞᄅᆞ샤ᄃᆡ 隱者(은쟈)ㅣ로다 ᄒ시고 子路(ᄌ로)로 ᄒ여곰 反(반)ᄒ야 보라 ᄒ시니 至(지)ᄒᆫ 則(즉) 行(ᄒᆡᆼ)ᄒ돗더라

子路(ᄌ로)ㅣ ᄀᆞᆯ오ᄃᆡ 仕(ᄉᆞ)티 아니홈이 義(의)ㅣ 업스니 長幼(댱유)의
節(졀)을 可(가)히 廢(폐)티 몯ᄒᆞ거니 君臣(군신)의 義(의)를 엇디 그 廢(폐)
ᄒᆞ리오 그 몸을 潔(결)코쟈 ᄒᆞ야 큰 倫(륜)을 亂(란)ᄒᆞ놋다 君子(군ᄌᆞ)의
仕(ᄉᆞ)홈은 그 義(의)를 行(ᄒᆡᆼ)홈이니 道(도)의 行(ᄒᆡᆼ)티 몯홈은 이믜 아ᄅᆞ시
ᄂᆞ니라

栗谷本　子路(ᄌ로)ㅣ 조차셔 ᄠᅥ뎟더니 丈人(댱인)이 杖(댱)으로ᄡᅥ
蓧(됴)를 메니를 만나 子路(ᄌ로)ㅣ 問(문)ᄒᆞ야 ᄀᆞᆯ오ᄃᆡ 子(ᄌᆞ)ㅣ
夫子(부ᄌᆞ)를 본다 丈人(댱인)이 ᄀᆞᆯ오ᄃᆡ 四體(ᄉᆞ톄)를 勤(근)티 아니ᄒᆞ며
五穀(오곡)을 分(분)티 몯ᄒᆞᄂᆞ니 뉘 夫子(부ᄌᆞ)오 ᄒᆞ고 그 杖(댱)을 셰우고
芸(운)ᄒᆞ더라

子路(ᄌ로)ㅣ 플뎡딜러 션대

子路(ᄌ로)를 머므러 재여 雞(계)를 주기며 黍(셔)를 ᄒᆞ야 머기고 그 두
아들을 뵈여ᄂᆞᆯ 이튼날애 子路(ᄌ로)ㅣ 行(ᄒᆡᆼ)ᄒᆞ야 ᄡᅥ 告(고)ᄒᆞᆫ대 子(ᄌᆞ)ㅣ
ᄀᆞᄅᆞ샤ᄃᆡ 隱者(은쟈)ㅣ로다 ᄒᆞ시고 子路(ᄌ로)로 ᄒᆡ여곰 도라가 보라 ᄒᆞ시니
니르니ᄂᆞᆫ 行(ᄒᆡᆼ)ᄒᆞ둣더라

子路(ᄌ로)ㅣ ᄀᆞᆯ오ᄃᆡ 仕(ᄉᆞ)티 아니호미 義(의)ㅣ 업스니 長幼(댱유)의
節(졀)을 可(가)히 廢(폐)티 몯ᄒᆞ곤 君臣(군신)의 義(의)를 엇디 그 廢(폐)ᄒᆞ리오
그 몸을 조히 ᄒᆞ고져 ᄒᆞ야 大倫(대륜)을 어즈러이놋다 君子(군ᄌᆞ)의 仕(ᄉᆞ)ᄂᆞᆫ
그 義(의)를 行(ᄒᆡᆼ)호미니 道(도)의 行(ᄒᆡᆼ)티 몯호ᄆᆞᆯ 이믜 아ᄅᆞ시니라

◈ 集註

467-㊀

蓧, 徒弔反. 植, 音値.

○ 丈人, 亦隱者. 蓧, 竹器. 分, 辨也. 五穀不分, 猶言不辨菽麥爾, 責其不事農業而
從師遠遊也. 植, 立之也. 芸, 去草也.

蓧ᄂᆞᆫ 反切로 '徒弔反'(조)이다. 植ᄂᆞᆫ 음이 値(치)이다.

○ 丈人은 역시 隱者이다. 蓧는 대나무 그릇이다. 分은 변별(辨)하다의 뜻이다. 五穀不分은 '不辨菽麥'(콩과 보리도 변별하지 못함.《左傳》成公 18年 참조)이라는 말과 같으며, 그(子路)가 농업에는 종사하지 않으면서 스승을 따라 멀리 돌아다님을 질책한 것이다. 植는 세워 놓는 것이다. 芸은 풀을 뽑는 일이다.

467-㊁

知其隱者, 敬之也.

그가 隱者임을 알고 공경을 표한 것이다.

467-㊂

食, 音嗣. 見, 賢遍反.

食는 음이 嗣(사)이다. 見은 反切로 '賢遍反'(현)이다.

467-㊃

孔子使子路反見之, 蓋欲告之以君臣之義. 而丈人意子路必將復來, 故先去之以滅其跡, 亦接輿之意也.

孔子가 子路로 하여금 다시 가서 뵙도록 한 것은 아마 君臣之義를 일러주고 싶어서였을 것이다. 그리고 丈人도 子路가 틀림없이 다시 찾아오리라 생각하고 그 때문에 먼저 떠나 그 종적을 없애 버린 것으로 역시 接輿의 의도와 같다.

467-㊄

長, 上聲.
○ 子路述夫子之意如此. 蓋丈人之接子路甚倨, 而子路益恭, 丈人因見其二子焉. 則於長幼之節, 固知其不可廢矣, 故因其所明以曉之. 倫, 序也. 人之大倫有五: 『父子有親, 君臣有義, 夫婦有別, 長幼有序, 朋友有信』是也. 仕所以行君臣之義,

故雖知道之不行而不可廢. 然謂之義, 則事之可否, 身之去就, 亦自有不可苟者.
是以雖不潔身以亂倫, 亦非忘義以徇祿也. 福州有國初時寫本, 『路』下有『反子』二字,
以此爲子路反而夫子言之也. 未知是否?

○ 范氏曰: 「隱者爲高, 故往而不返. 仕者爲通, 故溺而不止. 不與鳥獸同羣, 則決
性命之情以饕富貴. 此二者皆惑也, 是以依乎中庸者爲難. 惟聖人不廢君臣之義,
而必以其正, 所以或出或處而終不離於道也.」

長은 上聲이다.

○ 子路가 孔子의 뜻을 이와 같이 서술한 것이다. 대체로 丈人이 子路를
접견함에는 심히 거만하였으나, 子路가 더욱 공손히 하자 丈人이 이로 인하여
그 두 아들을 접견시킨 것이리라. 그렇다면 長幼之節에 있어서 진실로 이를
폐기할 수 없음을 알고, 그 때문에 그 밝은 바(大倫)로써 이를 알도록 한 것이다.
大倫은 차례이다. 사람의 대륜은 다섯 가지가 있으니 '父子有親, 君臣有義,
夫婦有別, 長幼有序, 朋友有信'(《孟子》滕文公上. 050(5-4))이 이것이다. 벼슬하는
자는 君臣之義를 실행하는 것이다. 그러므로 비록 道가 실행되지 못함을 안다
할지라도 이를 폐기할 수는 없는 것이다. 그러나 이를 義라고 표현한 것은
일의 可否와 자신의 거취는 역시 스스로 구차스럽게 하지 않는다는 뜻이 들어
있다. 이 때문에 비록 자신을 깨끗이 하여 倫常을 어지럽히지는 않았다 해도,
역시 義를 잊고 俸祿만 따르지도 않는 것이다. 福州(지금의 福建省 福州)에 國初(宋初)의
寫本에는 '路' 아래에 '反子' 두 글자가 더 실려 있다. 이로 보면 子路가 돌아오자
夫子가 말해 준 것이다. 맞는지의 여부는 알 수 없다.

○ 范氏(范祖禹)는 이렇게 말하였다. "隱者는 고상하다고 여겨 그 때문에 떠나고는
돌아오지 않은 것이다. 벼슬하는 자는 스스로를 통달한 자라 여긴다. 그 때문에
탐닉하여 그치지 못한다. 鳥獸와 더불어 함께 무리 짓지 않으면 性命의 情을
갈라놓아 富貴를 탐내게 된다. 이 두 가지는 모두가 미혹된 것이다. 이 때문에
中庸에 의거하기가 어려운 것이다. 오직 聖人만이 君臣之義를 폐기시키지 않으
면서도, 반드시 그 正道로써 한다. 그 때문에 或出或處(나가기도 하고 운둔하기도
함)하되 끝내 道에서 떠나지 않는 것이다."

468(18-8)

逸民

일민逸民으로는 백이伯夷·숙제叔齊·우중虞仲·이일夷逸·주장朱張·유하혜柳下惠·소련少連이 있다. 공자가 이렇게 말하였다.

"그 뜻을 굽히지 아니하고 그 몸을 욕되지 않게 한 자는 백이와 숙제로다!"

그리고 다시 이렇게 말하였다.

"유하혜와 소련은 뜻도 낮추고 그 몸도 욕되게 하였으나, 말이 윤리에 맞으며 행동도 법도와 사려에 맞았으니 바로 이러한 점이 있을 따름이다."

그리고 다시 말하였다.

"우중과 이일은 숨어살면서 직언을 마음놓고 하였으나 그 몸은 깨끗함에 맞았고, 폐해야 한다고 주장하는 것도 권權에 맞았다. 그러나 나는 이들과는 다르다. 가한 것도 없고 불가한 것도 없도다."

〈伯夷叔齊採薇圖〉 宋 李唐(그림)

逸民: 伯夷·叔齊·虞仲·夷逸·朱張·柳下惠·少連.㊀
子曰:「不降其志, 不辱其身, 伯夷·叔齊與!」㊁
謂「柳下惠·少連, 降志辱身矣, 言中倫, 行中慮, 其
斯而已矣.」㊂
謂「虞仲·夷逸, 隱居放言, 身中清, 廢中權.㊃ 我則異
於是, 無可無不可.」㊄

【逸民】 遺逸無位한 백성. 隱者. 혹은 절개로 벼슬을 마다한 一群의 지식인들.
二十五史 중에는 〈逸民傳〉을 설정한 예도 있다.

【虞仲】 즉 仲雍. 太伯의 아우이며, 季歷의 兄. 古公亶父(太王)의 아들로 아버지가
季歷의 아들 昌(文王)에게 뜻을 두자, 太伯과 함께 蠻夷 땅으로 도망하였다
(泰伯篇과《史記》周本紀 참조).

【夷逸】 벼슬을 맡도록 청해오자 피해 달아났다 한다(《尸子》참조).

【朱張】 사적을 알 수 없다.

【柳下惠】 前出(392. 462)

【少連】 東夷人이라 하며,《禮記》雜記에 孔子가 그의 孝誠을 칭찬한 내용이
있다.

陶山本 逸(일)혼 民(민)은 伯夷(빅이)와 叔齊(슉졔)와 虞仲(우듕)과 夷逸(이일)과 朱張(쥬댱)과 柳下惠(류하혜)와 少連(쇼련)이니라

子(ᄌ)ㅣ 골ᄋ샤ᄃᆡ 그 ᄠᅳ들 降(강)티 아니ᄒᆞ며 그 몸을 辱(욕)디 아니홈은 伯夷(빅이)와 叔齊(슉졔)ㄴ뎌

柳下惠(류하혜)와 少連(쇼련)을 닐ᄋ샤ᄃᆡ ᄠᅳ들 降(강)ᄒᆞ며 몸을 辱(욕)ᄒᆞ나 말이 倫(륜)에 마ᄌ며 行(힝)이 慮(려)에 마ᄌ니 그 이 ᄯᆞ름이니라

虞仲(우듕)과 夷逸(이일)을 닐ᄋ샤ᄃᆡ 隱居(은거)ᄒᆞ야 말을 放(방)ᄒᆞ나 몸이 淸(쳥)에 마ᄌ며 廢(폐)ㅣ 權(권)에 마ᄌ니라

나ᄂᆞᆫ 이에 달라 可(가)홈도 업스며 可(가)티 아니홈도 업소라

栗谷本 逸(일)혼 民(민)이 伯夷(빅이)와 叔齊(슉졔)와 虞仲(우듕)과 夷逸(이일)과 朱張(쥬댱)과 柳下惠(류하혜)와 少連(쇼련)이니

子(ᄌ)ㅣ ᄀᆞᄅᆞ샤ᄃᆡ 그 志(지)를 降(강)티 아니ᄒᆞ며 그 身(신)을 辱(욕)디 아니ᄒᆞ니ᄂᆞᆫ 伯夷(빅이)와 叔齊(슉졔)ㄴ뎌

柳下惠(류하혜)와 少連(쇼련)을 니ᄅᆞ샤ᄃᆡ 志(지)를 降(강)ᄒᆞ며 身(신)을 辱(욕)ᄒᆞ나 言(언)이 倫(륜)의 中(듕)ᄒᆞ며 行(힝)이 慮(려)의 中(듕)ᄒᆞ니 그 이럴 ᄯᆞ름이니라

虞仲(우듕)과 夷逸(이일)을 니ᄅᆞ샤ᄃᆡ 隱居(은거)ᄒᆞ야 言(언)을 放(방)ᄒᆞ니 身(신)이 淸(쳥)의 中(듕)ᄒᆞ며 廢(폐)호미 權(권)의 中(듕)ᄒᆞ니라

나ᄂᆞᆫ 이에 달라 可(가)ㅣ 업스며 不可(블가)ㅣ 업소라

468-㊀

少, 去聲, 下同.

○ 逸, 遺逸. 民者, 無位之稱. 虞仲, 卽仲雍, 與泰伯同竄荊蠻者. 夷逸·朱張, 不見經傳. 少連, 東夷人.

少는 去聲이며 아래도 같다.

○ 逸은 遺逸(누락되어 빠짐)이란 뜻이요, 民이란 지위가 없음을 말한다. 虞仲은 곧 仲雍이며, 泰伯과 함께 荊蠻으로 도망 간 사람이다. 夷逸·朱張은 經이나 傳에 보이지 않는다. 少連은 東夷 사람이다.

468-㈂

與, 平聲.

與는 平聲이다.

468-㈃

中, 去聲, 下同.

○ 柳下惠, 事見上. 倫, 義理之次第也. 慮, 思慮也. 中慮, 言有意義合人心. 少連事不可考. 然記稱其『善居喪, 三日不怠, 三月不解. 朞悲哀, 三年憂』. 則行之中慮, 亦可見矣.

中은 去聲이며 아래도 같다.

○ 柳下惠의 사적은 위를 보라(392, 462). 倫은 義理의 차례이다. 與는 思慮이다. 中慮는 意義가 사람 마음에 합함이 있음을 말한다. 少連의 일은 상고할 수 없다. 그러나 《禮記》에 그를 두고 "喪을 잘 처리하여 사흘을 게을리 하지 않았고, 석달을 태만하지 않았다. 열두 달을 비애에 젖고 3년을 근신하였다"(《禮記》 雜記下에 '孔子曰: 少連·大連善居喪, 三日不怠, 三月不解, 期悲哀, 三年憂, 東夷之子也'라 함)라 한 것으로 보아 그의 행동이 사려에 맞았음을 가히 알 수 있다.

468-㈄

仲雍居吳, 斷髮文身, 裸以爲飾. 隱居獨善, 合乎道之淸. 放言自廢, 合乎道之權.

仲雍이 吳 땅에 살면서 머리카락을 자르고 文身하였으며, 벌거벗는 것으로써
수식을 삼았다(《左傳》 襄公 7年). 隱居하여 홀로 善하게 한 것은 道의 깨끗함에
합당하였다. 그리고 하고 싶은 말을 마구 하고 스스로 廢한 것은 道의 權衡에
합당하였다.

468-⑤

孟子曰:『孔子可以仕則仕, 可以止則止, 可以久則久, 可以速則速.』所謂『無可
無不可』也.

○ 謝氏曰:「七人隱遯不汙則同, 其立心造行則異. 伯夷·叔齊, 天子不得臣, 諸侯
不得友, 蓋已遯世離羣矣. 下聖人一等, 此其最高與! 柳下惠·少連, 雖降志而不枉己,
雖辱身而不求合, 其心有不屑也. 故言能中倫, 行能中慮. 虞仲·夷逸隱居放言,
則言不合先王之法者多矣. 然淸而不汙也, 權而適宜也, 與方外之士害義傷敎而亂
大倫者殊科. 是以均謂之逸民.」

尹氏曰:「七人各守其一節, 而孔子則無可無不可, 所以常適其可, 而異於逸民之
徒也.」

揚雄曰:「觀乎聖人則見賢人. 是以孟子語夷·惠, 亦必以孔子斷之.」

孟子는 이렇게 말하였다. "孔子는 벼슬할 만하면 벼슬하고, 그만둘 만하면
그만두었으며, 오래 할 만하면 오래 하고, 속히 그만두어야 할 만하면 속히
그만두었다."(《孟子》 公孫丑上 025에 '可以仕則仕, 可以止則止, 可以久則久, 可以速則速, 孔子也'라
함) 소위 말하는 "可함도 없고 不可함도 없다"는 것이다.

謝氏(謝良佐)는 이렇게 말하였다. "일곱 사람은, 은둔하여 더럽히지 않은 점은
똑같았지만, 그 立心造行(마음을 세우고 행동을 만듦)에 있어서는 다르다. 伯夷와 叔齊는
天子일지라도 그를 臣下로 삼을 수 없었고, 諸侯도 친구로 삼을 수 없는 人物로,
대체로 이미 세상을 은둔하여 무리를 떠난 이들이다. 聖人에서 한 등급 낮춘다면
이들이 가장 높을 것이다. 柳下惠·少連은 비록 뜻은 낮추었으나 자신은 굽히지
않았고, 몸이 욕됨을 당한다 하여도 합하기를 구하지 않았으니 그 마음에 자질구레

하지 않음이 있다. 그 때문에 말이 능히 윤리에 맞았고 행동은 능히 思慮에 맞았던 것이다. 虞仲과 夷逸은 隱居하면서 하고 싶은 말을 다 하였으니, 말이 先王의 법에 맞지 않는 경우가 많았다. 그러나 깨끗하여 더러움이 없었고 權衡하여 의당함에 맞았다. 方外之士들이 義를 해치고 교화를 손상시키면서 大倫을 어지럽히는 것과는 다른 분류(科)이다. 그러므로 똑같이 逸民이라 일컬은 것이다."

尹氏(尹焞)는 이렇게 말하였다. "일곱 사람은, 각각 그 한가지씩의 節操를 지켰으나 孔子라면 가함도 없고 불가함도 없어, 常心으로 그 可함에 적응하였으니, 逸民의 무리와는 달랐던 것이다."

揚雄(B.C. 53~A.D. 18. 字는 子雲이며 西漢 말의 哲學者 · 文學家 · 經學家. 《論語》를 모방하여 《法言》을 지음)은 이렇게 말하였다. "聖人을 관찰하면 賢人을 알 수 있다. 이 때문에 孟子가 伯夷 · 柳下惠를 거론할 때면 반드시 孔子를 들어 판단 기준을 삼은 것이다."(《孟子》 032. 132. 166. 204. 237 참조)

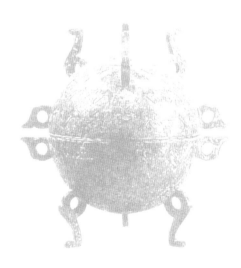

大師摯適齊

　태사(大師; 太師)인 지摯는 제齊나라로, 아반亞飯인 간干은 초楚나라로, 삼반三飯인 요繚는 채蔡나라로, 사반四飯인 결缺은 진秦나라로 떠나 버렸으며, 북을 치는 방숙方叔은 하내河內로, 소고를 흔드는 무武는 한중漢中으로 숨어들어갔고, 소사少師인 양陽과 경을 치는 양襄은 바다로 숨어들어 버렸다.*

　　大師摯適齊,㊀ 亞飯干適楚, 三飯繚適蔡, 四飯缺適秦,㊁ 鼓方叔入於河,㊂ 播鼗武入於漢,㊃ 少師陽· 擊磬襄入於海.㊄

【大師】 樂官의 長을 太師라 한다. 大는 太와 같다. '태사'로 읽는다.

【摯】 人名. 泰伯篇의 「師摯之始」(199)의 摯와 동일인으로 보이나 확실치 않다.
'지'로 읽는다.

【亞飯】 古代 天子나 諸侯가 飮食을 먹을 때 音樂을 연주하였다 하며, 그에 따라
연주자를 구분한 것으로 보인다. 그 이하 三飯·四飯 등도 같다. 그 외에 각
人名은 사적을 거의 알 수 없다.

【鼗】 小鼓로 양 끝에 줄로 방울을 달아 흔들면 소리가 나는 작은 북이다. '도'로
읽는다.

＊《漢書》 禮樂志에 「殷紂斷棄先祖之樂, 樂官師瞽, 抱其器而奔散; 或適諸侯, 或入
河海」라 하였다.

◉ 諺解

大師(태ᄉ)ㅣ언 摯(지)ᄂᆞᆫ 齊(졔)에 適(뎍)ᄒᆞ고
亞飯(아반)이언 干(간)은 楚(초)에 適(뎍)ᄒᆞ고 三飯(삼반)이언
繚(료)ᄂᆞᆫ 蔡(채)에 適(뎍)ᄒᆞ고 四飯(ᄉ반)이언 缺(결)은 秦(진)에 適(뎍)ᄒᆞ고
鼓(고)ᄒᆞᄂᆞᆫ 方叔(방슉)은 河(하)에 入(십)ᄒᆞ고
鼗(도)를 播(파)ᄒᆞᄂᆞᆫ 武(무)ᄂᆞᆫ 漢(한)에 入(십)ᄒᆞ고
少師(쇼ᄉ)ㅣ언 陽(양)과 磬(경)을 擊(격)ᄒᆞᄂᆞᆫ 襄(양)은 海(ᄒᆡ)예 入(십)ᄒᆞ니라

大師(태ᄉ) 摯(지)ᄂᆞᆫ 齊(졔)예 가고
亞飯(아반) 干(간)은 楚(초)의 가고 三飯(삼반) 繚(료)ᄂᆞᆫ 蔡(채)예
가고 四飯(ᄉ반) 缺(결)은 秦(진)의 가고
鼓(고)ᄒᆞᄂᆞᆫ 方叔(방슉)은 河(하)의 들고
播鼗(파도)ᄒᆞᄂᆞᆫ 武(무)ᄂᆞᆫ 漢(한)의 들고
少師(쇼ᄉ) 陽(양)과 擊磬(격경)ᄒᆞᄂᆞᆫ 襄(양)은 海(ᄒᆡ)의 드ᄂᆞ니라

469-㊀

大, 音泰.

○ 大師, 魯樂官之長. 摯, 其名也.

大는 음이 泰(태)이다.

○ 태사(大師)는 魯나라 樂官의 長이며, 摯는 그의 이름이다.

469-㊁

飯, 扶晚反. 繚, 音了.

○ 亞飯以下, 以樂侑食之官. 干·繚·缺, 皆名也.

飯은 反切로 '扶晚反'(반)이며, 繚는 음이 了(료)이다.

○ 亞飯 이하는 音樂으로써, 임금의 식사를 즐겁게 하는 官職이다(《周禮》春官 大司樂 참조). 干·繚·缺은 모두가 이름이다.

469-㊂

鼓, 擊鼓者. 方叔, 名. 河, 河內.

鼓는 북을 치는 사람이며, 方叔은 이름이다. 河는 河內(지역 이름)이다.

469-㊃

鼗, 徒刀反.

○ 播, 搖也. 鼗, 小鼓. 兩旁有耳, 持其柄而搖之, 則旁耳還自擊. 武, 名也. 漢, 漢中.

鼗(도)는 反切로 '徒刀反'(도)이다.

○ 播는 '흔들다'의 뜻이며 鼗는 小鼓이다. 양 곁에 귀가 있어 그 자루를 잡고 흔들면 곁의 귀가 돌아와 스스로 두드려 소리를 낸다. 武는 이름이며 漢은 漢中(지역 이름)이다.

469-⑤

少, 去聲.

○ 少師, 樂官之佐. 陽·襄, 二人名. 襄卽孔子所從學琴者. 海, 海島也.

○ 此記賢人之隱遁以附前章, 然未必夫子之言也. 末章放此.

張子曰:「周衰樂廢, 夫子自衛反魯, 一嘗治之. 其後伶人賤工識樂之正. 及魯益衰, 三桓僭妄, 自大師以下, 皆知散之四方, 逾河蹈海以去亂. 聖人俄頃之助, 功化如此. 『如有用我, 期月而可』. 豈虛語哉?」

少는 去聲이다.

○ 少師는 樂官의 보좌이다. 陽·襄은 두 사람의 이름이다. 襄은 바로 孔子가 거문고를 따라 배웠던 바의 그 사람이다(《史記》孔子世家). 海는 海島이다.

○ 이는 賢人의 은둔을 前章에 이어 기록한 것이다. 그러나 꼭 夫子가 한 말이라 여길 수는 없다. 끝장도 이와 같다.

張子(張載)는 이렇게 말하였다. "周나라가 쇠하여 音樂이 폐해지자 夫子가 魯나라로 돌아와 일찍이 한 번 이를 다스린 적이 있다. 그 뒤에 伶人(배우, 광대), 賤工도 音樂의 바름을 알게 되었다(219(9-14)). 그러나 魯나라가 더욱 쇠약해지고 三桓이 僭妄하게 굴자, 大師 이하가 모두 사방으로 흩어져 강을 넘고 바다를 건너 亂을 피해야 한다고 알게 되었다. 聖人의 잠깐 도움의 功化(공적과 교화)는 이와 같았다. '만약 나를 등용한다면 1년 열두 달이면 될 터인데'(312(13-10))라고 한 것이 어찌 헛된 말이겠는가?"

470(18-10)

周公謂魯公曰

주공周公이 노공魯公에게 이렇게 말하였다.

"군자는 친척을 버리지 아니하며, 대신들로 하여금 써주지 않는다는 원망을 품게 해서는 아니 된다. 옛 벗으로 구신舊臣이라면 큰 잘못이 없는 한 그들을 버리지 아니하며, 한사람에게 모든 것이 다 갖추어지기를 요구하지도 아니하느니라!"

> 周公謂魯公曰:「君子不施其親, 不使大臣怨乎不以.
>   故舊無大故, 則不棄也. 無求備於
>   一人!」⊖

"無求備於一人"(石可)

【周公】姫旦. 周나라 초기의 聖人.
조카 成王이 어려 이를 攝政하느라
자신의 封地인 魯나라에 직접 가지
못하고 아들 魯公(伯禽)을 보냈다.
【魯公】周公의 아들인 伯禽. 魯나라
를 다스렸다. 이 고사는 「一飯三
吐哺, 一沐三握髮」과 관련이 있다
(《史記》魯周公世家).
【君子】여기서는 爲政者를 가리킨다.

〈周公〉(姫旦)《三才圖會》

【不施其親】施는 弛로 본다. "遺棄하다. 해이하게 대하다"의 뜻이다.

◉ 諺解

周公(쥬공)이 魯公(로공)드려 닐어 굴오샤디 君子(군주) ㅣ 그
親(친)을 施(시)티 아니ᄒᆞ며 大臣(대신)으로 ᄒᆞ여곰 쁘디 아니홈을
怨(원)케 아니ᄒᆞ며 故舊(고구) ㅣ 大故(대고) ㅣ 업거든 棄(기)티
아니ᄒᆞ며 一人(일신)의게 備(비)홈을 求(구)티 마롤 띠니라

周公(쥬공)이 魯公(로공)ᄃ려 닐러 ᄀᆞ르샤ᄃᆡ 君子(군ᄌᆞ)ᄂᆞᆫ 그
親(친)을 ᄇᆞ리디 아니며 大臣(대신)으로 ᄒᆞ여곰 쓰디 아니호ᄆᆞᆯ
怨(원)티 아니케 ᄒᆞ며 故舊(고구)ㅣ 大故(대고)ㅣ 업ᄉᆞ면 ᄇᆞ리디
아니ᄒᆞ며 ᄒᆞᆫ 사ᄅᆞᆷ의게 ᄀᆞ조ᄆᆞᆯ 求(구)티 마롤 디니라

◈ 集 註

470-㊀

施, 陸氏本作弛, 詩紙反. 福本同.

○ 魯公, 周公子伯禽也. 弛, 遺棄也. 以, 用也. 大臣非其人則去之, 在其位則不可
不用. 大故, 謂惡逆.

李氏曰:「四者皆君子之事, 忠厚之至也.」

○ 胡氏曰:「此伯禽受封之國, 周公訓戒之辭. 魯人傳誦, 久而不忘也. 其或夫子
嘗與門弟子言之歟?」

施는 〈陸氏本〉(구체적인 판본을 알 수 없음)에는 弛로 실려 있으며, 反切로 '詩紙反'(시)
이다. 〈福本〉(宋初의 福州寫本)에도 역시 같다.

○ 魯公은 周公의 아들인 伯禽이다. 弛는 버리다(遺棄)의 뜻이며, 以는 用과
같다. 大臣은 그 맞는 사람이 아니면 버려야 하며, 그 직위에 있다면 쓰지 않을
수 없다. 大故는 惡逆이다.

李氏(李郁)는 이렇게 말하였다. "네 가지는 모두 君子의 일이며 忠厚의 지극함이다."

○ 胡氏(胡寅)는 이렇게 말하였다. "이는 伯禽이 封을 받아 그 나라(魯)로 갈
때 周公이 훈계한 말이다. 魯나라 사람들이 이를 傳誦하여 오래도록 잊지 않은
것이다. 그것은 혹 夫子가 일찍이 그 門下 弟子들과 말을 하였던 것인가?"

471(18-11)

周有八士

주周나라에 여덟 명의 선비가 있었으니, 백달伯達·백괄伯适·중돌仲突·중홀仲忽·숙야叔夜·숙하叔夏·계수季隨·계와季騧이다.**

周有八士: 伯達·伯适·仲突·仲忽·叔夜·叔夏·季隨·季騧.㊀

* 이들 여덟 선비들의 사적은 거의 알려진 것이 없다. 人名의 伯·仲·叔·季로 보아 네 쌍의 쌍둥이들이 아닌가 하기도 한다.

*《左傳》文公 18年 傳에「昔高陽氏有才子八人: 蒼舒·隤敱·檮戭·大臨·尨降·庭堅·仲容·叔達, 齊聖廣淵, 明允篤誠, 天下之民謂之八愷. 高辛氏有才子八人, 伯奮·仲堪·叔獻·季仲·伯虎·仲熊·叔豹·季狸, 忠肅共懿, 宣慈惠和, 天下之民謂之八元. 此十六族也, 世濟其美, 不隕其名, 以至于堯, 堯不能擧」라 하여 이러한 類의 의탁이 아닌가 한다.

周(쥬)에 八士(팔ᄉ) ㅣ 이시니 伯達(빅달)과 伯适(빅괄)과 仲突(듕돌)과 仲忽(듕홀)과 叔夜(슉야)와 叔夏(슉하)와 季隨(계슈)와 季騧(계와) ㅣ 니라

 　周(쥬)애 八士(팔ᄉ) ㅣ 이시니 伯達(빅달)과 伯适(빅괄)과 仲突(듕돌)과 仲忽(듕홀)과 叔夜(슉야)와 叔夏(슉하)와 季隨(계슈)와 季騧(계와) ㅣ 니라

◆ 集 註

471-㉠

騧, 烏瓜反.

○ 或曰「成王時人」, 或曰「宣王時人」. 蓋一母四乳而生八子也, 然不可考矣.

○ 張子曰:「記善人之多也.」

愚按:「此篇孔子於三仁・逸民・師摯・八士, 旣皆稱贊而品列之; 於接輿・沮・溺・丈人, 又每有惓惓接引之意, 皆衰世之志也, 其所感者深矣. 在陳之歎, 蓋亦如此. 三仁則無間然矣, 其餘數君子者, 亦皆一世之高士. 若使得聞聖人之道, 以裁其所過而勉其所不及, 則其所立, 豈止於此而已哉?」

騧는 反切로 '烏瓜反'(와)이다.

○ 어떤 이는 成王(姬誦) 때의 사람이라고도 하고, 또 어떤 이는 宣王(姬靜: B.C. 827~782) 때의 사람이라고도 하였다. 아마 한 어머니가 쌍둥이를 네 차례 낳아 여덟 명이 아닌가 하나 상고할 길이 없다.

張子(張載)는 이렇게 말하였다. "善人이 많았음을 기록한 것이다."

내 생각으로는 이렇다. "이 편은 孔子가 三仁·逸民·師摯·八士에 대하여 이미 모두를 칭찬하고 品列하였으며, 接輿·長沮·桀溺·丈人에 대해서는 다시 매번 맞이하여 인도해 주려는 안타까운 뜻이 있었던 것으로 모두가 세상이 쇠해간다는 뜻이며, 그 느낀 바가 깊다는 것이다. 陳에서의 탄식(113(5-21)·380(15-1))도 대체로 역시 이와 같다. 三仁(461)이라면 빈틈이 없으나 그 나머지 여러 君子들도 역시 모두가 一世의 高士이다. 만약 그들로 하여금 聖人의 道를 듣게 하여 그 지나침을 絕裁하고 그 못 미치는 바는 힘쓰도록 하였더라면, 그들이 세운 바가 어찌 여기에 그치고 말았겠는가?"

논어

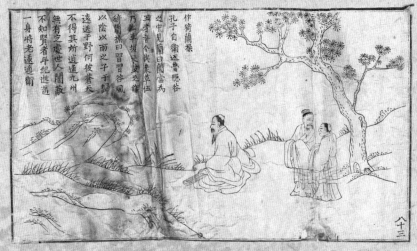

作猗蘭操
孔子自衛返曾隱谷
之中見蘭曰蘭當為
王者香今乃與衆草為
伍乃止車援琴鼓之作
猗蘭操曰習習谷風
以陰以雨之子于歸
遠送于野何彼蒼天
不得其所逍遙九州
無有之瘦世人閻敬
不知賢者年紀逝道
一身將老遂適衛

孔子作〈猗蘭操〉 조선시대 판화

자장子張 第十九

총25장(472-496)

◆ **集註**

此篇, 皆記弟子之言, 而子夏爲多, 子貢次之. 蓋孔門自顔子
以下, 穎悟莫若子貢; 自曾子以下, 篤實無若子夏. 故特記之詳焉.
凡二十五章.

이 편은 모두가 제자弟子들의 말을 기록한 것으로, 자하子夏가
말한 것이 많고, 자공子貢이 그 다음이다. 아마 공문孔門에는 안자顔子
(回, 顔淵)로부터 그 아래로 영오穎悟함이 자공子貢만한 이가 없고,
증자曾子(曾參)로부터 아래로 독실함으로는 자하子夏만한 이가 없었
으리라. 그 때문에 특별히 이를 상세하게 기록한 것일 것이다.
모두 25장이다.

472(19-1)

子張曰士見危致命

자장子張이 말하였다.

"선비는 위험을 보면 목숨을 바칠 생각을 하고, 소득을 보면 의를
생각해야 한다. 제사에는 공경을 염두에 두고, 상례에는 슬픔을 생각
해야 한다. 그렇게 하면 가可하느니라."**

> 子張曰:「士見危致命, 見得思義, 祭思敬, 喪思哀, 其可
> 已矣.」㊀

【致命】목숨을 바침.

* 본장의 일부는 憲問篇 345(14-13)과 같다.

* 《禮記》曲禮上에「臨財毋苟得, 臨難毋苟免」이라 하였고, 儒行에는「儒有見利不
虧其義, 見死不更其守」라 하였으며, 《荀子》不苟篇에는「君子畏患而不避義死,
欲利而不爲所非」라 하였다.

子張(ᄌ댱)이 ᄀᆞᆯ오ᄃᆡ 士(ᄉ)ㅣ 危(위)를 보고 命(명)을 致(티)ᄒᆞ며 得(득)을 보고 義(의)를 思(ᄉ)ᄒᆞ며 祭(졔)예 敬(경)을 思(ᄉ)ᄒᆞ며 喪(상)에 哀(이)를 思(ᄉ)ᄒᆞ면 그 可(가)ᄒᆞᆯ ᄯᆞ름이니라

 子張(ᄌ댱)이 ᄀᆞᆯ오ᄃᆡ 士(ᄉ)ㅣ 危(위)를 보고 命(명)을 致(티)ᄒᆞ며 得(득)을 보고 義(의)를 思(ᄉ)ᄒᆞ며 祭(졔)예 敬(경)을 思(ᄉ)ᄒᆞ며 喪(상)애 哀(이)를 思(ᄉ)ᄒᆞ면 그 可(가)히 마롤 디니라

◆ 集 註

472-㊀

致命, 謂委致其命, 猶言授命也. 四者立身之大節, 一有不至, 則餘無足觀. 故言士能如此, 則庶乎其可矣.

致命은 목숨을 위탁하여 바침을 말하며, 授命(345의 '危授命'을 말함)이란 말과 같다. 네 가지는 立身의 大節이다. 하나라도 지극하지 않으면 나머지는 족히 볼 것도 없다. 그 때문에 선비가 능히 이와 같이 한다면 거의 된다라고 말한 것이다.

473(19-2)

子張曰執德不弘

자장子張이 말하였다.

"덕德을 잡고 있으면서 넓히지 못하고, 도道를 믿으면서 돈독하게 못한다면 무엇을 가졌다 하고, 무엇을 갖지 못하였다 하겠는가?"

子張曰:「執德不弘, 信道不篤, 焉能爲有? 焉能爲亡?」⊖

【子張】 顓孫師.
【亡】 없다. 無와 같다. '무'로 읽는다.

子張(ㅈ댱)이 골오디 德(덕)을 執(집)홈이 弘(홍)티 몯ᄒᆞ며 道(도)를 信(신)홈이 篤(독)디 몯ᄒᆞ면 엇디 能(능)히 잇다 ᄒᆞ며 엇디 能(능)히 업다 ᄒᆞ리오

子張(ㅈ댱)이 골오디 德(덕)을 執(집)호디 弘(홍)히 아니ᄒᆞ며 道(도)를 信(신)호디 篤(독)히 아니ᄒᆞ면 엇디 能(능)히 有(유)ㅣ 되며 엇디 能(능)히 亡(무)ㅣ 되리오

◆集註

473-㊀

焉, 於虔反. 亡, 讀作無, 下同.
○ 有所得而守之太狹, 則德孤; 有所聞而信之不篤, 則道廢. 焉能爲有亡, 猶言不足爲輕重.

焉은 反切로 '於虔反'(언)이며, 亡는 무無로 읽는다. 아래도 같다.
○ 얻는 바가 있다고 이를 너무 편협하게 지키면 그 德이 고립되며, 들은 바가 있다고 이를 지키되 독실하게 하지 않으면 道가 피폐해진다. '焉能爲有亡'란 족히 輕重으로 여길 수 없다는 말과 같다.

子夏之門人問交於子張

자하子夏의 문인이 자장子張에게 사귐에 대하여 묻자, 자장이 이렇게 되물었다.

"자하께서는 무어라고 하더냐?"

그자가 대답하였다.

"자하께서 '가히 사귈 만하면 사귀고 불가한 자는 거절하라'고 하시더이다."

자장이 이렇게 말하였다.

"내가 들어 알고 있는 바와는 다르다. 군자는 어진 이를 존경하고 무리를 포용하며, 잘하는 이는 아름답게 여기고 능치 못한 이는 불쌍히 여겨야 하느니라. 내가 크게 어질다면 다른 사람에게 어찌 용납 받지 못할 바가 있겠으며, 내가 크게 어질지 못하다면 남이 장차 나를 거절해 버리고 말 것이니, 어찌 남을 거절할 수 있겠느냐?"

子夏之門人問交於子張.

子張曰:「子夏云何?」

　對曰:「子夏曰:『可者與之, 其不可者拒之.』」

子張曰:「異乎吾所聞: 君子尊賢而容衆, 嘉善而矜不能.

　　　　我之大賢與, 於人何所不容? 我之不賢與,

　　　　人將拒我, 如之何其拒人也?」㊀

【子夏】卜商.
【子張】顓孫師.

◉ 諺 解

南山本　子夏(자하)의 門人(문신)이 交(교)를 子張(자댱)의게 무른대 子張(자댱)이 굴오ᄃᆡ 子夏(자하)ㅣ 엇디 닐ᄋᆞ더뇨 對(ᄃᆡ)ᄒᆞ야 굴오ᄃᆡ 子夏(자하)ㅣ 굴오ᄃᆡ 可(가)ᄒᆞᆫ 者(쟈)를 與(여)ᄒᆞ고 그 可(가)티 아니ᄒᆞᆫ 者(쟈)를 拒(거)홀 ᄯᅡ름 ᄒᆞ더이다 子張(자댱)이 굴오ᄃᆡ 내 들온 바애 다른두다 君子(군ᄌᆞ)ᄂᆞᆫ 賢(현)을 尊(존)ᄒᆞ고 衆(즁)을 容(용)ᄒᆞ며 善(션)을 嘉(가)ᄒᆞ고 不能(블능)을 矜(긍)ᄒᆞᄂᆞ니 내 大賢(대현)일 ᄯᅵᆫ댄 人(신)에 어늬를 容(용)티 아닐 ᄲᅢ며 내 賢(현)티 몯홀 ᄯᅵᆫ댄 人(신)이 쟝ᄎᆞᆺ 나를 拒(거)ᄒᆞ리니 엇디 그 人(신)을 拒(거)ᄒᆞ리오

栗谷本　子夏(자하)의 門人(문인)이 子張(자댱)의게 交(교)를 問(문)ᄒᆞᆫ대 子張(자댱)이 굴오ᄃᆡ 子夏(자하)ㅣ 엇디 니르더뇨 對(ᄃᆡ)ᄒᆞ야 굴오ᄃᆡ 子夏(자하)ㅣ 굴오ᄃᆡ 可(가)ᄒᆞᆫ 者(쟈)란 與(여)ᄒᆞ고 그 可(가)티 아닌 者(쟈)란 拒(거)ᄒᆞ라 ᄒᆞ더이다 子張(자댱)이 굴오ᄃᆡ 내 드른 바와 다르도다

君子(군즈)는 賢(현)을 尊(존)ᄒ고 衆(즁)을 容(용)ᄒ며 善(션)을 嘉(가)ᄒ고
不能(블능)을 矜(긍)ᄒᄂ니 내 크게 어딜딘댄 人(인)에 어늬를 容(용)티 몯홀
배며 내 어디디 몯홀 딘댄 人(인)이 쟝ᄎᆺ 날 拒(거)ᄒ리니 엇디 그 人(인)을
拒(거)ᄒ리오

◆ 集 註

474-㊀

賢與之與, 平聲.

○ 子夏之言迫狹, 子張譏之是也. 但其所言, 亦有過高之弊. 蓋大賢雖無所不容,
然大故亦所當絶; 不賢固不可以拒人, 然損友亦所當遠. 學者不可不察.

賢與의 與는 평성이다.

○ 子夏의 말은 절박하고 협소하여 子張이 이를 비판한 것이 옳기는 하다.
다만 그가 말한 바도 역시 지나치게 높은 병폐가 있다. 대체로 大賢은 비록
포용하지 못하는 바가 없으나 큰 이유로는 역시 끊어야 할 것이다. 어질지
못한 자는 진실로 남을 거절할 수는 없지만 損友(424(16-4))라면 역시 의당 멀리하
여야 할 것이다. 배우는 자는 가히 살피지 않을 수 없다.

子夏曰雖小道

자하子夏가 말하였다.

"비록 작은 도道이기는 하나 반드시 그 속에 볼 만한 것이 있으리라. 그러나 원대한 것을 이루는 데는 통하지 못할까 두렵도다. 이 까닭으로 군자는 그렇게 하지 않는 것이니라."*

> 子夏曰：「雖小道, 必有可觀者焉; 致遠恐泥, 是以君子
> 不爲也.」㊀

【子夏】 卜商.
【恐泥】 鄭玄 注에 「泥, 謂滯陷不通」이라 하였다.
* 이 구절은 448(17-14)와 연결하여《漢書》藝文志 諸子略에 '小說家'를 설명하는 말로 인용되었다.

子夏(ᄌ하)ㅣ 굴오ᄃᆡ 비록 쟈근 道(도)ㅣ나 반ᄃᆞ시 可(가)히 보얌
즉혼 者(쟈)ㅣ 잇거니와 遠(원)에 致(티)ᄒᆞ욤애 泥(녜)ᄒᆞᆯ까 恐(공)ᄒᆞᆫ
디라 일로ᄡᅥ 君子(군ᄌᆞ)ㅣ ᄒᆞ디 아니ᄒᆞᄂᆞ니라

 子夏(ᄌ하)ㅣ 굴오ᄃᆡ 비록 져근 道(도)ㅣ나 반ᄃᆞ시 可(가)히 보얌
즉ᄒᆞ미 잇거니와 遠(원)의 致(티)호매 막힐가 젓는 디라 일로ᄡᅥ
君子(군ᄌᆞ)ㅣ ᄒᆞ디 아닛ᄂᆞ니라

◆ 集 註

475-㊀

泥, 去聲.

○ 小道, 如農圃醫卜之屬. 泥, 不通也.

○ 楊氏曰:「百家衆技, 猶耳目口鼻, 皆有所明而不能相通. 非無可觀也, 致遠則
泥矣, 故君子不爲也.」

泥는 去聲이다.

○ 小道란 농사, 채소 가꾸기, 의원, 점치는 일 등이다. 泥는 통하지 못함이다.

○ 楊氏(楊時)는 이렇게 말하였다. "百家의 온갖 技藝는 오히려 耳目口鼻와
같아 모두가 밝은 바가 있지만, 능히 相通하지는 못한다(《莊子》 天下篇 참조).
볼 만한 것이 없는 것이 아니라 원대함을 이루는 데는 장애가 된다. 그 때문에
君子는 하지 않는 것이다."

476(19-5)

子夏曰日知其所亡

자하子夏가 말하였다.

"날마다 그 배우지 못하였던 것을 알아내고, 달(月)로 이미 배워 능하였던 것을 잊지 않도록 한다면 가히 배움을 좋아한다고 이를 수 있느니라."

子夏曰:「日知其所亡, 月無忘其所能, 可謂好學也已矣.」㊀

【子夏】卜商.
【亡】無와 같다. '무'로 읽는다.

子夏(ᄌ하)ㅣ ᄀᆞᆯ오ᄃᆡ 날로 그 업슨 바ᄅᆞᆯ 알며 ᄃᆞᆯ로 그 能(능)ᄒᆞᄂᆞᆫ 바ᄅᆞᆯ 닛디 아니ᄒᆞ면 可(가)히 學(ᄒᆞᆨ)을 好(호)ᄒᆞᆫ다 닐엄즉 ᄒᆞᆯ ᄯᆞᄅᆞᆷ이니라

 子夏(ᄌ하)ㅣ ᄀᆞᆯ오ᄃᆡ 日(일)마다 업슨 바ᄅᆞᆯ 알며 月(월)애 그 能(능)ᄒᆞᄂᆞᆫ 바ᄅᆞᆯ 닛디 아니면 可(가)히 學(ᄒᆞᆨ)을 好(호)ᄒᆞᆫ다 니ᄅᆞᆯ디니라

◈ 集 註

476-㊀

亡, 讀作無. 好, 去聲.
○ 亡, 無也. 謂己之所未有.
○ 尹氏曰:「好學者, 日新而不失.」

亡는 무無로 읽는다. 好는 去聲이다.
○ 亡는 無이다. 자신이 아직 갖지 못한 바를 말한다.
○ 尹氏(尹焞)는 이렇게 말하였다. "배움을 좋아한다는 것은 날로 새로워져서 잃지 않는 것이다."

子夏曰博學而篤志

자하子夏가 말하였다.

"널리 배워 뜻을 돈독히 하고, 간절히 물어 가까이 생각하면, 인仁이 그 가운데에 있느니라."

子夏曰:「博學而篤志, 切問而近思, 仁在其中矣.」㊀

【子夏】 卜商.
【近思】 유추해서 문제에 접근함. 혹은 자신을 반성함. 또는 '가까이 자기 몸에 견주어 생각하다'의 뜻이다. 朱熹는 이 어휘에 깊은 의미를 부여하여 呂祖謙과 함께 《近思錄》을 저술하기도 하였다.

"博學而篤志, 切問而近思"(丘堂 呂元九)

　子夏(ᄌ하)ㅣ 글오딕 學(혹)을 博(박)히 ᄒ고 志(지)를 篤(독)히 ᄒ며 切(졀)히 問(문)ᄒ고 近(근)히 思(ᄉ)ᄒ면 仁(신)이 그 中(듕)에 인ᄂ니라

　子夏(ᄌ하)ㅣ 글오딕 學(혹)을 博(박)히 ᄒ며 志(지)를 篤(독)히 ᄒ며 問(문)을 切(졀)히 ᄒ고 思(ᄉ)를 近(근)히 ᄒ면 仁(인)이 그 中(듕)의 잇ᄂ니라

477-㊀

四者, 皆學問思辨之事耳, 未及乎力行而爲仁也. 然從事於此, 則心不外馳, 而所存自熟, 故曰『仁在其中矣』.

○ 程子曰:「博學而篤志, 切問而近思, 何以言仁在其中矣? 學者要思得之. 了此, 便是徹上徹下之道.」

又曰:「學不博則不能守約, 志不篤則不能力行. 切問近思在己者, 則仁在其中矣.」

又曰:「近思者以類而推.」

蘇氏曰:「博學而志不篤, 則大而無成; 泛問遠思, 則勞而無功.」

네 가지는 모두 博學·審問·愼思·明辨(《中庸》20章)의 일일 뿐이니, 힘써 행하여 仁을 실천하는 데에는 미치지 못한다. 그러나 이것에 종사하면 마음이 밖으로 내닫지 않아, 가진 바가 저절로 익숙해진다. 그 때문에 '仁在其中矣'라 한 것이다.

○ 程子(程顥, 程頤)는 이렇게 말하였다. "널리 배워 돈독히 하고, 간절히 물어 가까이 생각하는 것이 어찌 그 속에 仁이 있다고 말하였는가? 배우는 자라면 이를 생각하여 터득해야 한다. 이를 완료하고 나면 이것이 곧 徹上徹下(上下를 모두 관철함)의 道인 것이다."

또 이렇게 말하였다. "배움이 넓지 못하면 守約할 수 없고, 뜻이 독실하지 못하면 力行할 수 없다. 切問近思가 자신에게 있다면 仁이 그 가운데에 있는 것이다."

또 이렇게 말하였다. "近思란 類로써 미루어나가는(推測, 類推) 것이다."

蘇氏(蘇軾)는 이렇게 말하였다. "널리 배우되 뜻이 독실하지 못하면, 크기만 하고 성과는 없게 되고, 널리 묻되 생각하기를 멀리하면, 노고롭기만 할 뿐 功은 없다."

478(19-7)

子夏曰百工居肆以成其事

자하子夏가 말하였다.

"온갖 공인이 그 일터에서 그 맡은 일을 성취해 내고, 군자는 학문으로써 그 도道를 이루어 내야 하느니라."*

> 子夏曰:「百工居肆以成其事, 君子學以致其道.」⊖

【子夏】卜商.

【百工】온갖 물건을 만드는 기술자·노동자·匠人들

* 趙佑의《溫故錄》에는「此學以地言; 乃學校之學. 對居肆省一居字. 學記: 大學之敎也, 退息必有居學」이라 하였다(居學에 대해서는 025(2-9)를 보라).

子夏(᮫하)ㅣ 굴오ᄃᆡ 百工(ᄇᆡᆨ공)이 肆(ᄉᆞ)에 居(거)ᄒᆞ야 뻐 그
事(ᄉᆞ)를 成(셩)ᄒᆞ고 君子(군ᄌᆞ)ㅣ 學(ᄒᆞᆨ)ᄒᆞ야 뻐 그 道(도)를 致(티)
ᄒᆞᄂᆞ니라

子夏(᮫하)ㅣ 굴오ᄃᆡ 百工(ᄇᆡᆨ공)은 肆(ᄉᆞ)애 居(거)ᄒᆞ야 뻐 그
事(ᄉᆞ)를 成(셩)ᄒᆞ고 君子(군ᄌᆞ)ᄂᆞᆫ 學(ᄒᆞᆨ)ᄒᆞ야 뻐 그 道(도)를 致(티)
ᄒᆞᄂᆞ니라

◆ 集 註

478-㊀

肆, 謂官府造作之處. 致, 極也. 工不居肆, 則遷於異物而業不精. 君子不學, 則奪
於外誘而志不篤.

尹氏曰:「學所以致其道也. 百工居肆, 必務成其事. 君子之於學, 可不知所務哉?」

愚按:「二說相須, 其義始備.」

肆는 官府의 물건을 만드는 장소이다. 致는 지극히 함이다. 工人(匠人)이 공장에
머물러 있지 않으면 다른 사물로 뜻이 옮겨가 그 業이 정성스럽지 못하다.
君子가 배우지 않으면 外物의 유혹에 마음을 빼앗겨 뜻이 독실해지지 못한다.

尹氏(尹焞)는 이렇게 말하였다. "배움이란 그 道를 이루는 所以이다. 百工은
居肆하여 모름지기 그 일을 성취하기에 힘써야 한다. 君子가 學問함에 있어서
가히 힘써야 할 바를 알지 못할 수 있겠는가?"

내 생각으로는 이렇다. "두 가지 내용은 서로 필수되는 것으로 하여야 그
義가 비로소 완비된다."

479(19-8)

子夏曰小人之過也

자하子夏가 말하였다.

"소인의 과실에는 반드시 수식함이 있다."*

子夏曰:「小人之過也, 必文.」⊖

【子夏】卜商.
【文】수식함. 文飾과 같다. 변명함. 紋과 같다.
* 이를 "소인들은 허물이 있으면 반드시 수식한다"로 풀이하기도 한다.

◉ 諺 解

  子夏(ᄌ하)ㅣ ᄀᆯ오ᄃᆡ 小人(쇼신)의 過(과)ᄂᆞᆫ 반ᄃᆞ시 文(문)ᄒᆞᄂᆞ
니라

  子夏(ᄌ하)ㅣ ᄀᆯ오ᄃᆡ 小人(쇼인)의 過(과)ᄂᆞᆫ 반ᄃᆞ시 文(문)ᄒᆞᄂᆞ
니라

◈ 集 註

479-㉠

文, 去聲.

○ 文, 飾之也. 小人憚於改過, 而不憚於自欺, 故必文以重其過.

文은 去聲(紋)이다.

○ 文은 이를 수식하는 것이다. 小人은 허물을 고치는 일에는 꺼리면서,
자신을 속이는 데에는 꺼리지 않는다. 그 때문에 반드시 이를 수식하여 그
허물을 거듭하게 된다(더욱 무겁게 한다).

480(19-9)

子夏曰君子有三變

자하子夏가 말하였다.

"군자는 세 가지 변화가 있다. 멀리서 보면 엄숙한 모습이요, 가까이 이르러 보면 온화하며, 그 말을 들어보면 엄정함이 있다."

> 子夏曰:「君子有三變: 望之儼然, 卽之也溫, 聽其言 也厲.」㊀

【子夏】卜商.
【厲】날카롭고 정확함. 鄭玄은 「厲, 嚴正」이라 하였다.

子夏(ᄌ하)ㅣ 글오ᄃᆡ 君子(군ᄌ)ㅣ 三變(삼변)이 인ᄂ니 望(망)홈애 儼然(엄션)ᄒ고 卽(즉)홈애 溫(온)ᄒ고 그 言(언)을 聽(텽)홈애 厲(려)ᄒ니라

 子夏(ᄌ하)ㅣ 글오ᄃᆡ 君子(군ᄌ)ㅣ 세 번 變(변)호미 잇ᄂ니 望(망)호매 儼然(엄연)ᄒ고 卽(즉)호매 溫(온)ᄒ고 그 言(언)을 聽(텽)호매 厲(려)ᄒ니라

◆ 集 註

480-㊀

儼然者, 貌之莊. 溫者, 色之和. 厲者, 辭之確.
○ 程子曰:「他人儼然則不溫, 溫則不厲, 惟孔子全之.」
謝氏曰:「此非有意於變, 蓋並行而不相悖也, 如良玉溫潤而栗然.」

儼然이란 모습의 장엄함이요, 溫이란 얼굴 색의 온화함이며, 厲란 말의 정확함이다.
○ 程子(程頤)는 이렇게 말하였다. "다른 사람은 儼然하면 溫하지 못하였고, 溫하면 厲하지 못하였으나, 오직 孔子만은 이를 온전히 지니고 있었다."
謝氏(謝良佐)는 이렇게 말하였다. "이는 변하는 것에 뜻을 둔 것이 아니라 대체로 병행하면서 서로 어그러짐이 없었던 것이니, 마치 좋은 玉이란 溫潤하면서 栗然(매서운)한 것과 같다."(《禮記》射義篇 참조)

481(19-10)

子夏曰君子信而後勞其民

자하子夏가 말하였다.

"군자라면 믿음을 먼저 얻고 나서 그 백성을 부려야 한다. 믿음을
얻어놓지 않으면 자신들을 못살게 군다고 여기게 된다. 믿음을 얻은
다음에 충간해야 한다. 믿음을 얻어놓지 않으면 자신을 비방한다고
여기게 된다."

> 子夏曰:「君子信而後勞其民; 未信, 則以爲厲己也.
>   信而後諫; 未信, 則以爲謗己也.」⊖

【信】백성에게 믿음을 얻다. 혹은 '백성에게 믿음을 심다'의 뜻.
【厲己】'자신을 못살게 굴다, 학대하다'의 뜻으로 본다.

● 諺解

子夏(ᄌ하)ㅣ 굴오디 君子(군ᄌ)ㅣ 信(신)흔 後(후)에 그 民(민)을
勞(로)홀 ᄯ니 信(신)티 몯ᄒ면 뻐 己(긔)를 厲(려)흔다 ᄒ리니라
信(신)흔 後(후)에 諫(간)홀 ᄯ니 信(신)티 몯ᄒ면 뻐 己(긔)를
謗(방)흔다 ᄒ리니라

子夏(ᄌ하)ㅣ 굴오디 君子(군ᄌ)ㅣ 信(신)흔 後(후)에 그 民(민)을
勞(로)홀 디니 信(신)티 몯ᄒ면 뻐 己(긔)를 厲(려)흔다 ᄒ고 信(신)흔
後(후)에 諫(간)홀 디니 信(신)티 몯ᄒ면 뻐 己(긔)를 謗(방)흔다
ᄒᄂ니라

◆ 集註

481-㊀

信, 謂誠意惻怛而人信之也. 厲, 猶病也. 事上使下, 皆必誠意交孚, 而後可以有爲.

信은 誠意가 惻怛(간절함. 연면어)하여 남이 이를 믿어주는 것이다. 厲는 病(못살게
굴다)의 뜻이다. 위를 섬기고 아래를 부림에는 모두가 반드시 誠意가 交孚(믿음이
교환됨)된 이후에야 가히 할 수 있는 것이다.

子夏曰大德不踰閑

자하子夏가 말하였다.

"큰 덕이 범위(閑)를 넘어서지 않는다면, 작은 덕은 약간의 출입이
있어도 된다."*

子夏曰:「大德不踰閑, 小德出入可也.」㊀

【閑】闌과 같다. 범위, 한계를 뜻한다.

* 이는《韓詩外傳》卷2의 〈傾蓋而語〉 故事에 孔子가 직접 말한 것으로 실려 있다.
「孔子遭齊程本子於剡之間, 傾蓋而語終日. 有間, 顧子路曰:『由, 束帛十匹以贈先生.』
子路曰:『昔者, 由也聞之於夫子: 士不中道相見; 女無媒而嫁者, 君子不行也.』孔子曰:
『大德不踰閑; 小德出入可也.』」

陶山本   子夏(ᄌ하)ㅣ 글오ᄃᆡ 큰 德(덕)이 閑(한)에 踰(유)티 아니ᄒᆞ면 쟈근 德(덕)은 出入(츌십)ᄒᆞ야도 可(가)ᄒᆞ니라

 栗谷本   子夏(ᄌ하)ㅣ 글오ᄃᆡ 큰 德(덕)이 閑(한)을 踰(유)티 아니면 져근 德(덕)은 出入(츌입)ᄒᆞ야도 可(가)ᄒᆞ니라

◆ 集註

482-㉠

大德·小德, 猶言大節·小節. 閑, 闌也, 所以止物之出入. 言人能先立乎其大者, 則小節雖或未盡合理, 亦無害也.

○ 吳氏曰:「此章之言, 不能無弊. 學者詳之.」

大德·小德은 大節·小節이라는 말과 같다. 閑은 闌(문설주, 문지방, 작은 간격)을 뜻한다. 물건의 출입을 막기 위한 바의 것이다. 사람이 능히 먼저 그 큰 것을 세워 놓으면 小節이 비록 혹 合理에 未盡하다 하여도 역시 害가 없음을 말한 것이다.

○ 吳氏(吳棫)는 이렇게 말하였다. "이 章의 말은 폐단이 없을 수 없다. 배우는 자가 이를 상세히 살펴야 한다."

子游曰子夏之門人小子

자유子游가 말하였다.

"자하子夏의 문인 중에 어린아이들은 쇄소洒埽, 응대應對, 진퇴進退 등에 당해서는 옳다. 그러나 이는 말단의 일이다. 근본을 가르침이 없으니 어찌 가하겠는가?"

자하가 이 말을 듣고 이렇게 말하였다.

"아! 언유(言游; 자유)가 잘못 알고 있구나! 군자의 도道는 어느 것을 먼저라 하여 전수해 주고, 어느 것을 나중이라 하여 게을리 하겠는가? 초목에 비유하면 종류로 나누어 구별해 주어야 하는 것이다. 군자의 도를 어찌 가히 속일 수 있겠는가? 처음이 있고 마침이 있게 순서를 정한 것은, 오직 그 성인만이 할 수 있는 것이어늘!"

子游曰:「子夏之門人小子, 當洒埽應對進退, 則可矣.
抑末也. 本之則無, 如之何?」㊀

子夏聞之, 曰:「噫! 言游過矣! 君子之道, 孰先傳焉?
孰後倦焉? 譬諸草木, 區以別矣. 君子
之道, 焉可誣也? 有始有卒者, 其惟聖
人乎!」㊁

【子游】 言偃. 字는 子游.

【洒埽】 灑掃. 물 뿌리고 청소함. 판본에 따라 『灑掃』(內閣本), 『洒掃』(四部本)
등으로 표기되기도 한다. 모두가 같은 뜻의 異體字이다. '쇄소'로 읽는다.

【應對】 應言對答.

【進退】 나가고 물러남. 이상 모두 어린아이의 임무와 행동의 교육과정이다.

【抑】 '생각건대'의 뜻. 말을 바꿀 때 쓰는 말.

【草木】 여기서는 草木의 성질, 혹은 '종류에 따라 구별하다'의 뜻으로 본다.

【誣】 속이다. 그러나 誣罔으로 보는 견해(毛子水)와 歪曲으로 보는 견해(楊伯峻)가
있다.

【有始有卒】 有始有終과 같다. 차례와 순서를 뜻한다.

● 諺解

　　子游(ㅈ유)ㅣ 골오되 子夏(ㅈ하)의 門人(문신) 小子(쇼ㅈ)ㅣ
洒掃(새소)와 應對(응되)와 進退(진퇴)에 當(당)ㅎ얀 可(가)ㅎ나
末(말)이라 本(본)호 則(즉) 업스니 엇더ㅎ뇨

　子夏(ㅈ하)ㅣ 듣고 골오되 噫(희)ㅣ라 言游(언유)ㅣ 過(과)ㅎ도다 君子
(군ㅈ)의 道(도)ㅣ 어늬를 先(션)이라 ㅎ야 傳(뎐)ㅎ며 어늬를 後(후)ㅣ라

ᄒ야 倦(권)ᄒ리오 草木(초목)에 譬(비)컨댄 區(구)로써 別(별)홈이니 君子
(군ᄌ)의 道(도) ㅣ 엇디 可(가)히 誣(무)ᄒ리오 始(시)를 두며 卒(졸)을 둠은
그 오직 聖人(셩신)인뎌

 子游(ᄌ유) ㅣ ᄀᆞᆯ오ᄃᆡ 子夏(ᄌ하)의 門人(문인) 小子(쇼ᄌ) ㅣ
灑掃(새소)와 應對(응ᄃᆡ)와 進退(진퇴)ᄒ매 當(당)ᄒ얀 可(가)커니와
쏘흔 末(말)이라 本(본)은 업스니 엇디료

子夏(ᄌ하) ㅣ 듯고 ᄀᆞᆯ오ᄃᆡ 噫(희)라 言游(언유) ㅣ 過(과)ᄒ도다 君子(군ᄌ)의
道(도) ㅣ 뉘 先(션)이라 ᄒ야 傳(뎐)코 뉘 後(후) ㅣ라 ᄒ야 倦(권)ᄒ리오
草木(초목)의 譬(비)컨댄 區(구)로써 別(별)ᄒ디라 君子(군ᄌ)의 道(도) ㅣ
엇디 可(가)히 誣(무)ᄒ리오 始(시) ㅣ 이시며 卒(졸)이 이쇼믄 그 오직 聖人
(셩인)인뎌

◆ 集 註

483-㉠

洒, 色賣反. 埽, 素報反.
○ 子游譏子夏弟子, 於威儀容節之間則可矣, 然此小學之末耳, 推其本, 如大學
正心誠意之事, 則無有.

洒는 反切로 '色賣反'(쇄)이며, 埽는 '素報反'(소)이다.
○ 子游가 子夏의 弟子들이 威儀와 容節의 문제라면 可하지만, 이는 小學의
末일 뿐으로 그 本을 유추하여, 이를테면 大學의 正心·誠意의 일이라면 갖추고
있지 못하다고 譏弄한 것이다.

483-㉡

別, 必列反. 焉, 於虔反.
○ 倦, 如『誨人不倦』之倦. 區, 猶類也. 言君子之道, 非以其末爲先而傳之, 非以
其本爲後而倦教. 但學者所至, 自有淺深, 如草木之有大小, 其類固有別矣. 若不量

其淺深, 不問其生熟, 而槪以高且遠者强而語之, 則是誣之而已. 君子之道, 豈可如此? 若夫始終本末一以貫之, 則惟聖人爲然, 豈可責之門人小子乎?

○ 程子曰:「君子教人有序, 先傳以小者近者, 而後教以大者遠者. 非先傳以近小, 而後不教以遠大也.」

又曰:「洒掃應對, 便是形而上者, 理無大小故也. 故君子只在愼獨.」

又曰:「聖人之道, 更無精粗. 從洒掃應對, 與精義入神, 貫通只一理. 雖洒掃應對, 只看所以然如何.」

又曰:「凡物有本末, 不可分本末爲兩段事. 洒掃應對是其然, 必有所以然.」

又曰:「自洒掃應對上, 便可到聖人事.」

愚按:「程子第一條, 說此章文意, 最爲詳盡. 其後四條, 皆以明精粗本末, 其分雖殊, 而理則一. 學者當循序而漸進, 不可厭末而求本. 蓋與第一條之意, 實相表裏. 非謂末卽是本, 但學其末而本便在此也.」

別은 反切로 '必列反'(별)이며, 焉은 '於虔反'(언)이다.

○ 倦은 '誨人不倦'(149(7-2))의 倦과 같다. 區는 類와 같다. 君子의 道는 末을 먼저로 여겨 이를 전하는 것이 아니며, 그 本을 뒤로 여겨 가르침에 게을러도 된다는 것이 아님을 말한 것이다. 다만 배우는 자의 다다름에 저절로 淺深이 있으니, 마치 草木에 大小가 있어 그 종류에 고유한 구별이 있는 것과 같다. 만약 그 淺深을 요량하지 아니하고, 그 生熟을 묻지 아니하고, 그 높고도 원대한 것을 개괄하여 억지로 말해 준다면 이는 속이는 것일 따름이다. 君子의 道가 어찌 이와 같은 것이겠는가? 만약 무릇 始終本末을 하나로 꿰뚫는 것이라면 이는 오직 聖人만이 그럴 수 있으니, 어찌 가히 門人小子들에게 책임 지울 수 있겠는가?

○ 程子(程頤)는 이렇게 말하였다. "君子의 教育에는 차례가 있어 먼저 작은 것과 가까운 것을 전하여 주고, 그 뒤에 큰 것과 먼 것을 가르쳐 주는 것이다. 먼저 近小한 것을 전해 주지 않고는 뒤에도 원대한 것을 가르쳐 주지 않는다."

또 이렇게 말하였다. "洒掃應對는 곧 形而上의 것이니 이치로 보아 大小가 없기 때문이다. 그 때문에 君子는 오직 愼獨(內閣本에는 '謹獨'으로 되어 있음)에 뜻을 둘 뿐이다."

또 이렇게 말하였다. "聖人의 道는 精組(정밀함과 조밀함의 구분)가 없다. 洒掃應對로부터 精義가 入神하기까지 貫通함은, 다만 하나의 이치일 뿐이다. 비록 洒掃應對라 할지라도 오직 所以然이 어떠한가를 보면 된다."

또 이렇게 말하였다. "무릇 萬物에는 本末이 있으니, 그 本末을 두 가지 일로 나누어서는 안 된다. 洒埽應對가 그러한 것이니, 반드시 所以然이 있게 마련이다."

또 이렇게 말하였다. "洒埽應對로부터 이상으로 가면 가히 聖人의 일에 도달할 수 있는 것이다."

내 생각으로는 이렇다. "程子가 말한 제1條는 이 문장의 뜻을 설명한 것으로 가장 상세하고 극진하다. 그 뒤의 4條는 모두가 精粗本末을 밝힌 것으로, 그 분류는 비록 다르나 그 이치는 하나이다. 배우는 자는 의당 순서를 밟아 점진하되 末을 싫어하여 本만 구하려 해서는 안 된다. 대체로 제1條의 뜻과 실상은 表裏를 이루고 있다. 末이 곧 本이니, 단지 그 末만 배우면 本이 곧 여기에 있다고 말한 것은 아니다."

484(19-13)

子夏曰仕而優則學

자하子夏가 말하였다.

"벼슬하면서 여력이 있으면 배워야 하고, 배우고 나서 남음이 있으면
벼슬해야 한다."

子夏曰:「仕而優則學, 學而優則仕.」㊀

【子夏】卜商.
【優】餘力이 있음을 뜻한다. 餘暇의 뜻으로 풀이하기도 한다.

陶山本 子夏(ᄌ하)ㅣ 글오딕 仕(ᄉ)홈애 優(우)ᄒ 則(즉) 學(혹)ᄒ고 學(혹)홈애 優(우)ᄒ 則(즉) 仕(ᄉ)홀 띠니라

栗谷本 子夏(ᄌ하)ㅣ 글오딕 仕(ᄉ)ᄒ야 優(우)커든 學(혹)ᄒ고 學(혹)ᄒ야 優(우)커든 仕(ᄉ)홀 디니라

◈ 集 註

484-㊀

優, 有餘力也. 仕與學理同而事異, 故當其事者, 必先有以盡其事, 而後可及其餘. 然仕而學, 則所以資其仕者益深; 學而仕, 則所以驗其學者益廣.

優는 餘力이 있는 것이다. 벼슬과 學問은, 이치는 같으나 일은 다르다. 그 때문에 그 일을 담당한 자라면 반드시 먼저 그 일부터 극진히 하고 나서야 나머지 일에 관심이 미칠 수 있다. 그러나 벼슬하면서 배운다면 그 벼슬하는 데에 자질이 더욱 깊어질 것이요, 배우고 나서 벼슬을 하면 그 배움의 證驗이 더욱 넓어질 것이다.

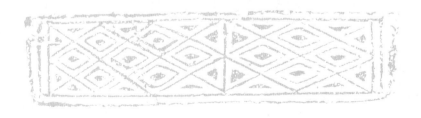

485(19-14)

子游曰喪致乎哀而止

자유子游가 말하였다.
"상례喪禮에는 애통함을 다할 따름이니라."

子游曰:「喪致乎哀而止.」㊀

【子游】言偃. 字는 子游.
【而止】'~할 뿐이다'(而已와 같음).

子游(ᄌ유) ㅣ ᄀᆯ오ᄃᆡ 喪(상)은 哀(이)를 致(티)ᄒ고 止(지)홀
ᄯᅵ니라

 子游(ᄌ유) ㅣ ᄀᆯ오ᄃᆡ 喪(상)은 哀(이)예 致(티)ᄒ고 止(지)홀
ᄃᆡ니라

◆ 集 註

485-㉠

致極其哀, 不尙文飾也.
楊氏曰: 「『喪, 與其易也寧戚』, 不若禮不足而哀有餘之意.」
愚按: 「『而止』二字, 亦微有過於高遠而簡略細微之弊. 學者詳之.」

슬픔은 극진히 하고 文飾은 숭상하지 않는다.

楊氏(楊時)는 이렇게 말하였다. "喪禮는 喪具가 잘 갖추어지기보다는 차라리
슬퍼함이 낫다'(八佾篇 044(3-4)라 하여 禮가 부족하더라도 슬픔이 남아도는 편이
낫다라는 뜻이다."

내 생각으로는 이렇다. "而止' 두 글자는 역시 미세하지만 高遠한 쪽으로
지나쳐, 미세한 부분을 簡略(簡忽)히 할 폐단이 있으니 배우는 자는 자세히
살펴보아야 한다."

子游曰吾友張也爲難能也

자유子游가 말하였다.

"내 친구 자장子張은 어려운 것을 처리하는 데에 능하다. 그러나 아직 인의 경지에 이르지는 못하였다."

子游曰:「吾友張也爲難能也, 然而未仁.」㊀

【子游】言偃.
【張】흔히 子張(顓孫師)으로 보고 있다.

子游(ᄌ유)ㅣ 골오ᄃᆡ 내 友(우) 張(댱)이 難(난)히 能(능)홀 꺼시나 그러나 仁(신)티 몯ᄒ니라

子游(ᄌ유)ㅣ 골오ᄃᆡ 내 벗 張(댱)이 能(능)키 어려우믈 ᄒ나 그러나 仁(인)티 몯ᄒ니라

◈ 集 註

486-㊀

子張行過高, 而少誠實惻怛之意.

子張의 행동은 지나치게 높아, 성실하고 惻怛(곡진함. 연면어)한 뜻은 적다.

487(19-16)

曾子曰堂堂乎張也

증자曾子가 말하였다.

"당당하다, 자장子張이여! 그러나 남과 함께 인을 실천하기는 어려운
인물이다."

曾子曰: 「堂堂乎張也! 難與並爲仁矣.」㊀

【曾子】曾參.
【張】이 곳에서도 역시 子張을 지칭한다고 여기고 있다.

曾子(증즈) ㅣ 골ᄋ샤ᄃᆡ 堂堂(당당)ᄒ다 張(댱)이여 더블어 ᄒᆞ 가지로 仁(신)을 홈이 어렵도다

 曾子(증즈) ㅣ ᄀᆞᄅᆞ샤ᄃᆡ 堂堂(당당)ᄒᆞᆫ 張(댱)이여 더브러 ᄒᆞ 가지로 仁(인)ᄒ기 어렵도다

◈ 集 註

487-㊀

堂堂, 容貌之盛. 言其務外自高, 不可輔而爲仁, 亦不能有以輔人之仁也.

○ 范氏曰:「子張外有餘而內不足, 故門人皆不與其爲仁. 子曰:『剛·毅·木·訥近仁.』寧外不足而內有餘, 庶可以爲仁矣.」

堂堂은 용모의 풍성함이다. 밖으로 높고자 자신하는 데에 힘쓰면서 輔而爲仁 (서로 도와 인을 실행함)하지 못하니 역시 남의 仁도 도와 줄 수 없음을 말한 것이다.

○ 范氏(范祖禹)는 이렇게 말하였다. "子張은 밖으로는 남음이 있으나, 안으로는 부족하였다. 그 때문에 門人들은 모두가 그와 더불어 仁을 행하기를 어렵게 여겼다. 孔子가 '剛·毅·木·訥이 仁에 가깝다'(子張篇 329(13-27))라 하였으니, 차라리 밖으로는 부족할지언정 안으로 남음이 있는 것이 爲仁을 하기에 가까운 것이다."

曾子曰吾聞諸夫子

증자曾子가 말하였다.

"내가 부자夫子에게서 듣기로는 '사람이 모든 일에 스스로를 다하지 않았다 해도 꼭 그렇게 해야 하는 일이라면 친상親喪이니라!'라 하셨다."

曾子曰:「吾聞諸夫子:『人未有自致者也, 必也親喪乎!』」㊀

【親喪】 어버이의 상.

曾子(증ᄌ)ㅣ 굴ᄋ샤ᄃᆡ 내 夫子(부ᄌ)ᄭᅴ 듣ᄌᆞ오니 사ᄅᆞᆷ이 스스로 致(티)홀 者(쟈)ㅣ 잇디 아니ᄒ니 반ᄃ시 親喪(친상)인뎌

 曾子(증ᄌ)ㅣ ᄀᆞᄅ샤ᄃᆡ 내 夫子(부ᄌ)ᄭᅴ 듯ᄌᆞ오니 人(인)이 스스로 致(티)호미 잇디 아니니 반ᄃ시 親喪(친상)인뎌

◆ 集 註

488-㉠

致, 盡其極也. 蓋人之眞情所不能自己者.

○ 尹氏曰:「親喪固所自盡也, 於此不用其誠, 惡乎用其誠?」

致는 그 지극함을 다하는 것(《孟子》滕文公上 048(5-2))이다. 대체로 사람의 眞情은 능히 그치지 못하는 것(《禮記》檀弓)이다.

○ 尹氏(尹焞)는 이렇게 말하였다. "親喪은 진실로 스스로 극진히 하여야 하는 바이다. 여기에 誠을 사용하지 않는다면 그 어디에 誠을 사용하겠는가?"

489(19-18)

曾子曰吾聞諸夫子

증자曾子가 말하였다.

"내가 부자夫子에게서 듣기로 '맹장자孟莊子의 효도는, 다른 것은 모두
그렇다고 하더라도 그가 아버지 때의 신하와 아버지의 정치를 고치지
아니한 것은 능히 따라하기 어려운 것이다'라 하셨다."

> 曾子曰:「吾聞諸夫子:『孟莊子之孝也, 其他可能也;
> 其不改父之臣與父之政, 是難能也.』」㊀

【曾子】 曾參.
【諸】 之於(之于, 之乎)의 合音字. '저'로 읽는다.
【孟莊子】 魯나라 大夫 孟獻子(仲蔑)의 아들인 仲孫速.

曾子(증조)ㅣ 골ᄋ샤ᄃᆡ 내 夫子(부조)ᄭᅴ 듣조오니 孟莊子(ᄆᆡᆼ장조)의
孝(효)ㅣ 그 他(타)ᄂᆞᆫ 可(가)히 能(능)ᄒ려니와 그 父(부)의 臣(신)과
다믓 父(부)의 政(정)을 改(ᄀᆡ)티 아니홈이 이 能(능)홈이 어려우니라

 曾子(증조)ㅣ ᄀᆞᄅᆞ샤ᄃᆡ 내 夫子(부조)ᄭᅴ 듣조오니 孟莊子(ᄆᆡᆼ장조)의
孝(효)ㅣ 그 他(타)ᄂᆞᆫ 可(가)히 能(능)ᄒ려니와 그 父(부)의 臣(신)과
다믓 父(부)의 政(정)을 改(ᄀᆡ)티 아니호믄 이 能(능)키 어려우니라

◆ 集 註

489-㉠

孟莊子, 魯大夫, 名速. 其父獻子, 名蔑. 獻子有賢德, 而莊子能用其臣, 守其政.
故其他孝行雖有可稱, 而皆不若此事之爲難.

孟莊子는 魯나라 大夫로 이름은 速이다. 아버지는 獻子로 이름은 蔑이다.
獻子가 어진 德이 있어, 그 아들 莊子가 능히 아버지의 臣下를 등용하여 그
政治를 그대로 지킨 것이다. 그 때문에 그의 다른 孝行도 비록 칭찬할 만하지만
이는 모두 이러한 일(아버지 臣下를 등용한 것)의 어려움만 같지는 못한 것이다.

孟氏使陽膚爲士師

맹씨孟氏가 양부陽膚를 사사士師로 삼자, 양부가 스승인 증자曾子에게
여쭈었다. 그러자 증자가 말하였다.

"윗사람이 그 도를 잃어 백성들이 흩어진 지 오래이다. 만약 그
사정을 잘 안다면 슬퍼하고 불쌍히 여길 일이지 기뻐하지는 말아라."*

孟氏使陽膚爲士師, 問於曾子.
曾子曰:「上失其道, 民散久矣. 如得其情, 則哀矜而
勿喜!」⊖

【孟氏】 구체적으로 누구인지 알 수 없다.

【陽膚】 曾子의 弟子라 한다.

【士師】 獄官. 獄吏. 法官.

【其情】 법을 어길 수밖에 없는 사정이라 보고 있다.

* 馬融의 注에「民之離散, 爲輕漂犯法, 乃上之所爲, 非民之過; 當哀矜之, 勿自喜能 得其情」이라 하였다.

 諺 解

孟氏(밍시)ㅣ 陽膚(양부)로 ㅎ여곰 士師(ᄉᆞᄉᆞ)를 삼은 디라 曾子 (증ᄌᆞ)ᄭᅴ 묻ᄌᆞ온대 曾子(증ᄌᆞ)ㅣ ᄀᆞᆯ ㅇ샤ᄃᆡ 上(샹)이 그 道(도)를 失(실)ㅎ야 民(민)이 散(산)ㅎ얀디 오라니 만일에 그 情(졍)을 得(득)ㅎ야든 哀矜(ᄋᆡᆼ긍)ㅎ고 喜(희)티 마롤 ᄯᅵ니라

孟氏(밍시)ㅣ 陽膚(양부)로 ㅎ여곰 士師(ᄉᆞᄉᆞ)롤 히여늘 曾子 (증ᄌᆞ)ᄭᅴ 問(문)ᄒᆞᆫ대 曾子(증ᄌᆞ)ㅣ ᄀᆞᄅᆞ샤ᄃᆡ 上(샹)이 그 道(도)롤 일허 民(민)이 散(산)ㅎ얀디 오라니 만일 그 情(졍)을 得(득)ㅎ야든 哀矜(ᄋᆡᆼ긍)코 깃거ᄒᆞ디 말롤 디니라

 集 註

490-㊀

陽膚, 曾子弟子. 民散, 謂情義乖離, 不相維繫.

謝氏曰:「民之散也, 以使之無道, 敎之無素. 故其犯法也, 非迫於不得已, 則陷於 不知也. 故得其情, 則哀矜而勿喜.」

陽膚는 曾子의 弟子이다. 民散이란 情義가 괴리되어 서로 묶어 매지 못함을 말한다.

謝氏(謝良佐)는 이렇게 말하였다. "百姓이 흩어지는 것은, 그 부림에 무도하게 하고 가르침에 본래대로 하지 않았기 때문이다. 그러므로 그들이 법을 범한 것은 부득이 한 쪽으로 몰아붙였기 때문이 아니라면, 알지 못한 쪽으로 빠뜨렸기 때문이다. 따라서 그 실정을 안다면 불쌍히 여겨야 할 일이지 즐거워하지는 말아야 한다."

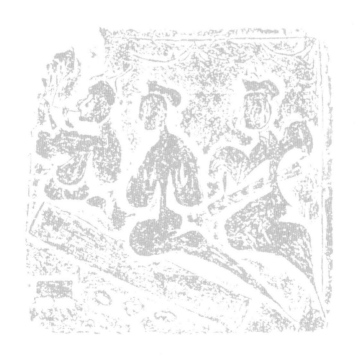

491(19-20)

子貢曰紂之不善

자공子貢이 말하였다.

"주紂의 불선不善이 이렇게까지 심하였던 것은 아니다. 이러한 까닭으로 군자라면 하류下流에 거하게 되는 것을 혐오해야 한다. 천하의 악이 모두 그리로 모여들기 때문이다."

子貢曰:「紂之不善, 不如是之甚也. 是以君子惡居下流,
天下之惡皆歸焉.」㊀

【子貢】端木賜. 字는 子貢.
【紂】殷의 末王. 폭군으로 널리 이름이 나 있다. 周 武王에게 패하여 焚死하였다.
【下流】모든 더러운 것이 흘러드는 곳.

陶山本

　子貢(ᄌ공)이 ᄀᆞᆯ오ᄃᆡ 紂(듀)의 善(션)티 아니홈이 이러ᄐᆞ시 甚(심)티 아니ᄒᆞ니 일로ᄡᅥ 君子(군ᄌ)ㅣ 下流(하류)에 居(거)홈을 惡(오)ᄒᆞᄂᆞ니 天下(텬하)잇 惡(악)이 다 歸(귀)ᄒᆞᄂᆞ니라

 栗谷本

　子貢(ᄌ공)이 ᄀᆞᆯ오ᄃᆡ 紂(듀)의 어디디 몯호미 이ᄀᆞ티 甚(심)티 아니터니 일로ᄡᅥ 君子(군ᄌ)ㅣ 下流(하류)의 居(거)호믈 아쳐ᄒᆞᄂᆞ니 天下(텬하)의 惡(악)이 다 도라가ᄂᆞ니라

◈ 集 註

491-㊀

惡居之惡, 去聲.

○ 下流, 地形卑下之處, 衆流之所歸. 喩人身有汙賤之實, 亦惡名之所聚也. 子貢言此, 欲人常自警省, 不可一置其身於不善之地. 非謂紂本無罪, 而虛被惡名也.

　惡居의 惡은 去聲이다.
　○ 下流란 지형이 낮은 곳으로, 모든 물이 흘러 귀착하는 곳이다. 사람은 자신에게 더럽고 천한 행실이 있으면 역시 惡名이 모여드는 바가 됨을 비유한 것이다. 子貢이 이 말을 한 것은, 사람이 항상 스스로 警省하여 그 몸을 한번도 不善之地에 놓지 말도록 하고자 한 것일 뿐, 紂는 본래 罪가 없는데 惡名은 잘못 뒤집어쓴 것이라고 말한 것은 아니다.

子貢曰君子之過也

자공子貢이 말하였다.

"군자의 허물은 마치 일식·월식 같다. 허물이 있으면 사람들이 모두 보게 되고, 이를 고치면 사람들이 모두 우러러보게 된다."

子貢曰:「君子之過也, 如日月之食焉: 過也, 人皆見之; 更也, 人皆仰之.」㊀

【子貢】端木賜.
【食】蝕과 같다. 日蝕과 月蝕.

"過也, 人皆見之;
更也, 人皆仰之"(石可)

諺解

陶山本　子貢(ㅈ공)이 골오딕 君子(군ㅈ)의 過(과)는 日月(실월)의 食(식)홈 ㄹ튼디라 過(과)홈애 사름이 다 見(견)ᄒ고 更(경)홈애 사름이 다 仰(앙)ᄒᄂ니라

栗谷本　子貢(ㅈ공)이 골오딕 君子(군ㅈ)의 허믈은 日月(일월)의 食(식)홈 ᄀᆺᄐ야 過(과)호매 人(인)이 다 보다가 更(경)호매 人(인)이 다 仰(앙)ᄒᄂ니라

集註

492-㉠

更, 平聲.

更은 平聲(고치다)이다.

493(19-22)

衛公孫朝問於子貢曰

위衛나라 공손조公孫朝가 자공子貢에게 물었다.

"중니仲尼는 무엇을 근거로 배웠습니까?"

자공이 말하였다.

"문왕文王·무왕武王의 도道는 아직 땅에 떨어지지 아니하고 사람에게 있습니다. 어진 이는 그 큰 것을 기억해 두었고, 어질지 못한 이는 그 작은 것을 기억해 두었으니 문왕·무왕의 도가 아닌 것이 없지요. 선생님이 그 어느 것인들 근거해 배우지 않을 것이 있었겠습니까? 또 역시 어찌 상사常師가 있겠습니까?"

衛公孫朝問於子貢曰:「仲尼焉學?」㊀

子貢曰:「文武之道, 未墜於地, 在人. 賢者識其大者,
　　　　不賢者識其小者. 莫不有文武之道焉. 夫子
　　　　焉不學? 而亦何常師之有?」㊁

【公孫朝】衛나라 大夫. 衛나라 姓氏는 公孫氏이다.

【文武之道】周나라 文王(姬昌)과 武王(姬發)의 道. 儒家에서 聖人으로 추앙한다.
그 유풍의 모든 것을 공자가 배우고 있다는 뜻이다.

【賢者】聖人의 기록을 傳하는자.《博物志》卷6 文籍考에「聖人制作曰經, 賢者
著述曰傳·曰章句·曰解·曰論·曰讀」이라 하였다.

【常師】정해놓고 늘 따르며 배우는 스승.

◉ 諺解

衛(위)ㅅ 公孫朝(공손됴)ㅣ 子貢(ᄌ공)의게 무러 글오듸 仲尼(듕니)
는 어듸 學(혹)ᄒ시뇨

子貢(ᄌ공)이 글오듸 文武(문무)의 道(도)ㅣ 地(디)예 墜(튜)티 아니ᄒ야
人(신)에 인는 디라 賢(현)ᄒ 者(쟈)는 그 大(대)ᄒ 者(쟈)를 識(지)ᄒ고
賢(현)티 몯ᄒ 者(쟈)는 그 小(쇼)ᄒ 者(쟈)를 識(지)ᄒ야 文武(문무)의 道(도)를
두디 아니리 업스니 夫子(부ᄌ)ㅣ 어듸 學(혹)디 아니ᄒ시며 ᄯᅩᄒ 엇디 덛덛ᄒ
師(ᄉ)ㅣ 이시리오

衛(위) 公孫朝(공손됴)ㅣ 子貢(ᄌ공)ᄃ려 問(문)ᄒ야 글오듸 仲尼
(듕니)는 어듸 비호시뇨

子貢(ᄌ공)이 글오듸 文武(문무)의 道(도)ㅣ 地(디)예 墜(튜)티 아녀 人(인)
의게 잇는 디라 賢(현)ᄒ 者(쟈)는 그 大者(대쟈)를 識(지)ᄒ고 賢(현)티
몯ᄒ 者(쟈)는 그 小者(쇼쟈)를 識(지)ᄒ야 文武(문무)의 道(도)를 두디 아니리
업스니 夫子(부ᄌ)ㅣ 어듸 學(혹)디 아니시며 ᄯᅩᄒ 어듸 常師(샹ᄉ)ㅣ 이시리오

493-㉠

朝, 音潮. 焉, 於虔反.
○ 公孫朝, 衛大夫.

朝는 음이 潮(조)이다. 焉은 反切로 '於虔反'(언)이다.
○ 公孫朝는 衛나라의 大夫이다.

493-㉡

識, 音志. 下『焉』字, 於虔反.
○ 文武之道, 謂文王·武王之謨訓功烈, 與凡周之禮樂文章皆是也. 在人, 言人有能記之者. 識, 記也.

識는 음이 志(지)이다. 아래의 '焉'자는 反切로 '於虔反'(언)이다.
○ 文武之道는 文王·武王의 謨訓과 功烈을 말하며, 아울러 周나라의 모든 禮樂文章이 모두 이것이다. 在人이란 사람들 중에 능히 이것을 기억하고 있는 자가 있음을 말한 것이다. 識은 기억하다의 뜻이다.

494(19-23)

叔孫武叔語大夫於朝曰

숙손무숙叔孫武叔이 조정에서 대부들에게 이렇게 말하였다.

"자공子貢이 중니仲尼보다 어질다."

자복경백子服景伯이 이를 자공에게 고하자, 자공이 이렇게 말하였다.

"담으로 둘러싸인 집 안을 비유하건대, 나(賜)의 집 담장은 그 높이가 어깨 정도밖에 되지 않아 집 안의 좋은 물건이 무엇인지 다 들여다 보인다. 그러나 선생님이신 공자의 담장은 몇 길이나 되어 그 문을 통해 직접 들어가 보지 않고서는 그 집 안 종묘의 아름다움과 온갖 관료의 풍부함을 볼 수가 없다. 그 문에 들어가 본 자가 혹 적었도다. 그러니 그 무숙 선생이 그렇게 말하는 것이 어찌 또한 당연하지 않겠는가?"

叔孫武叔語大夫於朝曰:「子貢賢於仲尼.」㊀
子服景伯以告子貢.
子貢曰:「譬之宮牆, 賜之牆也及肩, 窺見室家之好.㊁
　　夫子之牆數仞, 不得其門而入, 不見宗廟之
　　美, 百官之富.㊂ 得其門者或寡矣. 夫子之云,
　　不亦宜乎!」㊃

【叔孫武叔】魯나라의 大夫인 叔孫氏로 이름은 州仇이며 諡號는 武이다.
【子貢】端木賜.
【仲尼】孔子. 이름은 丘이며, 字는 仲尼이다.
【子服景伯】魯나라의 大夫. 子服氏. 이름은 何. 字는 伯. 諡號는 景.
【宮】고대에는 평민의 집도 모두 宮이라 하였다(《說文解字》).
【宗廟】조상의 위패를 모셔놓은 곳.
【得其門】그 문을 얻은 자(찾은 자)로 보기도 한다.

◉ 諺解

　　叔孫武叔(슉손무슉)이 朝(됴)애 태우드려 닐어 ᄀᆞᆯ오디 子貢(ᄌᆞ공)이
仲尼(듕니)두곤 賢(현)ᄒᆞ니라
　子服景伯(ᄌᆞ복경븩)이 뼈 子貢(ᄌᆞ공)의게 告(고)ᄒᆞᆫ대 子貢(ᄌᆞ공)이 ᄀᆞᆯ오디
宮牆(궁쟝)에 譬(비)ᄒᆞ건댄 賜(ᄉᆞ)의 牆(쟝)은 肩(견)에 及(급)ᄒᆞᆫ 디라 室家
(실가)의 好(호)홈을 여어 보려니와
　夫子(부ᄌᆞ)의 牆(쟝)은 數仞(수신)이라 그 門(문)을 得(득)ᄒᆞ야 드디 몯ᄒᆞ면
宗廟(종묘)의 美(미)홈과 百官(빅관)의 富(부)홈을 보디 몯ᄒᆞ리니
　그 門(문)을 得(득)ᄒᆞᆫ 者(쟈)ㅣ 或(혹) 져근 디라 夫子(부ᄌᆞ)의 닐옴이
ᄯᅩᄒᆞᆫ 맛당티 아니ᄒᆞ냐

1662 **논어**

叔孫武叔(슉손무슉)이 朝(됴)의 大夫(대부)ᄃ려 닐러 ᄀᆞ로오ᄃᆡ 子貢(ᄌᆞ공)이 仲尼(듕니)두곤 賢(현)ᄒᆞ니라

子服景伯(ᄌᆞ복경빅)이 뻐 子貢(ᄌᆞ공)ᄃ려 告(고)ᄒᆞᆫ대 子貢(ᄌᆞ공)이 ᄀᆞ로오ᄃᆡ 宮墻(궁쟝)의 譬(비)컨댄 賜(ᄉᆞ)의 墙(쟝)은 엇게예 잇ᄂᆞᆫ디라 室家(실가)의 됴호믈 여어 보려니와

夫子(부ᄌᆞ)의 墙(쟝)은 數仞(수인)이라 그 門(문)을 어더 드디 몯ᄒᆞ면 宗廟(종묘)의 美(미)홈과 百官(빅관)의 富(부)호믈 보디 몯ᄒᆞ리니

그 門(문)을 어든 者(쟈)ㅣ 或(혹) 져그니 夫子(부ᄌᆞ)의 닐오미 ᄯᅩᄒᆞᆫ 맛당티 아니랴

◈ 集 註

494-㊀

語, 去聲. 朝, 音潮.
○ 武叔, 魯大夫, 名州仇.

語는 去聲이다. 朝는 음이 潮(조)이다.
○ 武叔은 魯나라의 大夫로 이름이 州仇이다.

494-㊁

牆卑室淺.

담장은 낮고 집은 얕다.

494-㊂

七尺曰仞. 不入其門, 則不見其中之所有, 言牆高而宮廣也.

七尺을 仞(한 길)이라 한다. 그 문 안으로 들어가지 않고는 그 안에 있는 것이 보이지 않으니, 이는 담은 높고 집은 넓음을 말한 것이다.

494-㉕

此夫子, 指武叔.

여기서의 夫子는 武叔을 가리킨다.

495(19-24)

叔孫武叔毀仲尼

숙손무숙叔孫武叔이 중니仲尼를 헐뜯자, 자공子貢이 이렇게 말하였다. "그렇게 말해서는 안 되지요! 중니는 가히 헐뜯을 분이 못됩니다. 다른 사람의 어짊은 구릉 같은 언덕 정도라 가히 뛰어넘을 수 있지만, 중니께서는 해와 달과 같아 뛰어넘을 수가 없습니다. 사람이 비록 스스로 끊으려 한다고 해서 그 해와 달이 상처를 입겠습니까? 다만 요량料量을 모르는 것을 더욱 드러내 보이는 것일 뿐입니다."

叔孫武叔毀仲尼.

子貢曰:「無以爲也! 仲尼不可毀也. 他人之賢者, 丘陵也,
　　猶可踰也; 仲尼, 日月也, 無得而踰焉. 人雖欲
　　自絶, 其何傷於日月乎? 多見其不知量也.」㊀

【叔孫武叔】앞장 참조.
【自絶】스스로 日月의 광명을 끊으려 함의 뜻.
【多見】여기서의 多는 祇(只)와 같다. '지'로 읽는다.

● 諺 解

陶山本 　叔孫武叔(슉손무슉)이 仲尼(듕니)를 毁(훼)ᄒ야늘 子貢(ᄌ공)이 ᄀᆞᆯ오ᄃᆡ ᄡᅥ ᄒᆞ디 말라 仲尼(듕니)는 可(가)히 毁(훼)티 몯홀 꺼시니 他人(타신)의 賢(현)ᄒᆞᆫ 者(쟈)는 丘(구)와 陵(능)이라 오히려 可(가)히 踰(유)ᄒᆞ려니와 仲尼(듕니)는 日(실)과 月(월)이라 시러곰 踰(유)티 몯홀 이니 사ᄅᆞᆷ이 비록 스스로 絶(졀)코쟈 ᄒᆞ나 그 엇디 日(실)과 月(월)에 傷(샹)ᄒᆞ리오 마츰 그 量(량)을 아디 몯홈을 보리로다

栗谷本 　叔孫武叔(슉손무슉)이 仲尼(듕니)를 毁(훼)ᄒᆞᆫ대 子貢(ᄌ공)이 ᄀᆞᆯ오ᄃᆡ ᄡᅥ ᄒᆞ디 마롤 디니 仲尼(듕니)는 可(가)히 毁(훼)티 몯홀 디라 다른 人(인)의 어딘 者(쟈)ᄂᆞᆫ 丘陵(구능)이라 오히려 可(가)히 너므려니와 仲尼(듕니)ᄂᆞᆫ 日月(일월)이라 시러곰 넘디 몯ᄒᆞ리니 人(인)이 비록 스스로 絶(졀)코져 ᄒᆞ나 그 日月(일월)의게 엇디 傷(샹)ᄒᆞ리오 오직 그 量(량)을 아디 몯호ᄆᆞᆯ 보리로다

◆ 集 註

495-㊀

量, 去聲.
○ 無以爲, 猶言無用爲此. 土高曰丘, 大阜曰陵. 日月, 喩其至高. 自絶, 謂以謗毁自絶於孔子. 多, 與祇同, 適也. 不知量, 謂不自知其分量也.

量은 去聲이다.

1666 논어

○ 無以爲란 이렇게 할 필요가 없다는 말과 같다. 땅이 높은 것을 丘라 하고, 큰 언덕을 陵이라 한다. 日月은 지극히 높음을 비유한 것이다. 自絶이란 謗毁하여 스스로 孔子와 사이를 끊음을 말한다. 多는 祇와 같으며 適(다만, 겨우, 마침)의 뜻이다. 不知量은 스스로 그 분수와 料量을 알지 못함을 말한다.

496(19-25)

陳子禽謂子貢曰

진자금陳子禽이 자공子貢에게 이렇게 말하였다.

"그대가 공손해서 그렇지 중니仲尼가 어찌 그대보다 어질겠는가?"

그러자 자공이 이렇게 말하였다.

"군자는 말 한마디로 그 지혜를 드러내기도 하고, 말 한마디로 그 지혜롭지 못함을 드러내기도 하는 것이니, 말이란 가히 삼가지 아니할 수가 없는 것입니다. 우리 선생님을 가히 따라갈 수 없는 것은 마치 하늘에 사다리를 놓는다고 오를 수 있는 것이 아닌 것과 같습니다. 선생님께서 만약 나라를 얻어 다스리셨다면, 소위 말하는 세우면 이에 세워지고, 인도하면 이에 실행되며, 편안히 해주면 찾아오고, 움직이면 화합하여, 살아 계시면 영광스럽게 여길 것이요, 돌아가시면 슬픔을 어찌할 수 없었을 것이니, 어찌 가히 그에게 미칠 수 있겠습니까?"

陳子禽謂子貢曰:「子爲恭也, 仲尼豈賢於子乎?」㊀
子貢曰:「君子一言以爲知, 一言以爲不知, 言不可不
　　愼也.㊁ 夫子之不可及也, 猶天之不可階而
　　升也.㊂ 夫子之得邦家者, 所謂立之斯立, 道之
　　斯行, 綏之斯來, 動之斯和. 其生也榮, 其死
　　也哀, 如之何其可及也?」㊃

【陳子禽】陳亢(진강). 字가 子禽이다. 季氏篇 433(16-13) 참조.
【子貢】端木賜.

● 諺 解

（麁山本）　陳子禽(딘ᄌ금)이 子貢(ᄌ공)ᄃ려 닐어 글오ᄃᆡ 子(ᄌ)ㅣ 恭(공)을
ᄒᆞ건뎡 仲尼(듕니)ㅣ 엇디 子(ᄌ)두곤 賢(현)ᄒᆞ시리오
　子貢(ᄌ공)이 글오ᄃᆡ 君子(군ᄌ)ㅣ ᄒᆞᆫ 말애 ᄡᅥ 知(디)라 ᄒᆞ며 ᄒᆞᆫ 말애 ᄡᅥ
不知(블디)라 ᄒᆞᄂᆞ니 말을 可(가)히 愼(신)티 아니티 몯홀 꺼시니라
　夫子(부ᄌ)의 可(가)히 밋디 몯홈은 하ᄂᆞᆯ의 可(가)히 階(계)ᄒᆞ야 升(승)티
몯홈 ᄀᆞᆺ트니라
　夫子(부ᄌ)ㅣ 邦家(방가)를 得(득)ᄒᆞ실 ᄯᆞᆫ댄 닐온 밧 立(립)홈애 이예 立(립)
ᄒᆞ며 道(도)홈애 이예 行(ᄒᆡᆼ)ᄒᆞ며 綏(유)홈애 이예 來(ᄅᆡ)ᄒᆞ며 動(동)홈애
이예 和(화)ᄒᆞ야 그 生(ᄉᆡᆼ)ᄒᆞ심애 榮(영)ᄒᆞ고 그 死(ᄉ)ᄒᆞ심애 哀(ᄋᆡ)ᄒᆞ리니
엇디 그 可(가)히 미츠리오

栗谷本 　陳子禽(딘ᄌ금)이 子貢(ᄌ공)ᄃ려 닐러 굴오ᄃᆡ 子(ᄌ)ㅣ 恭(공)ᄒᆞᆯ ᄲᅮᆫ이언뎡 仲尼(듕니)ㅣ 엇디 子(ᄌ)의게 賢(현)ᄒᆞ시리오

子貢(ᄌ공)이 굴오ᄃᆡ 君子(군ᄌ)ㅣ ᄒᆞᆫ 말ᄋᆡ 뻐 知(디)라 ᄒᆞ고 ᄒᆞᆫ 말ᄋᆡ 뻐 知(디) 아니라 ᄒᆞᄂᆞ니 言(언)을 可(가)히 삼가디 아니티 몯ᄒᆞᆯ 디니라

夫子(부ᄌ)의 可(가)히 밋디 몯호ᄆᆞᆫ 天(텬)의 可(가)히 ᄃᆞ리노하 오ᄅᆞ디 몯홈 ᄀᆞᆮᄐᆞ니라

夫子(부ᄌ)ㅣ 邦家(방가) 어드시맨 닐온 밧 立(립)호매 이 立(립)ᄒᆞ며 道(도)호매 이 行(ᄒᆡᆼ)ᄒᆞ며 綏(유)호매 이 來(릭)ᄒᆞ며 動(동)호매 이 和(화)ᄒᆞ야 그 生(ᄉᆡᆼ)호매 榮(영)ᄒᆞ고 그 死(ᄉ)ᄒᆞ심애 哀(ᄋᆡ)ᄒᆞ리니 그 엇디 可(가)히 미츠리오

◈集註

496-㊀

爲恭, 謂恭敬推遜其師也.

爲恭은 恭敬히 하여 그 스승에게 겸손하게 미룸을 일컫는다.

496-㊁

知, 去聲.
○ 責子禽不謹言.

知는 去聲이다.
○ 子禽이 말을 삼가지 못함을 질책한 것이다.

496-㊂

階, 梯也. 大可爲也, 化不可爲也, 故曰不可階而升也.

階는 梯(사다리)이다. 큰 일은, 하면 되지만 化하는 것은 한다고 되는 것이
아니다. 그러므로 사다리로 오를 수 있는 것이 아니라고 말한 것이다.

496-㉔

道, 去聲.

○ 立之, 謂植其生也. 道, 引也, 謂敎之也. 行, 從也. 綏, 安也. 來, 歸附也.
動, 謂鼓舞之也. 和, 所謂於變時雍. 言其感應之妙, 神速如此. 榮, 謂莫不尊親.
哀, 則如喪考妣.

程子曰:「此聖人之神化, 上下與天地同流者也.」

○ 謝氏曰:「觀子貢稱聖人語, 乃知晩年進德, 蓋極於高遠也. 夫子之得邦家者,
其鼓舞羣動, 捷於桴鼓影響. 人雖見其變化, 而莫窺其所以變化也. 蓋不離於聖,
而有不可知者存焉, 聖而進於不可知之之神矣. 此殆難以思勉及也.」

道는 去聲이다.

○ 立之는 살아나도록 심어주는 것이다. 道는 이끌어주다(引導)이니, 이를 가르치
다라는 말이다. 行은 따르다의 뜻이다. 綏는 편안함이요, 來는 歸附해오다의 뜻이다.
動은 고무시키는 것이요, 和는 소위 '於變時雍'(아, 이에 和하게 변하였네.《書經》堯典의
구절)이라는 말이다. 그 감응의 미묘함이 신비하고, 빠르기가 이와 같음을 말한
것이다. 榮은 존경하고 친히 여기지 않는 이가 없음을 말한 것이다. 哀는 考妣(어버이)를
잃은 경우와 같은 슬픔이다.

程子(程頤)는 이렇게 말하였다. "이는 聖人의 신비한 교화가 上下와 天地에 함께
흐른다는 것이다."

謝氏(謝良佐)는 이렇게 말하였다. "子貢이 聖人의 말을 칭한 것을 보면, 이에 晩年의
進德이 高遠하였음을 알 수 있다. 夫子가 나라를 얻었더라면 그 百姓을 고무·감동시킴이
桴鼓影響(북채를 잡고 독려하는 것과 그림자가 물체의 움직임을 즉시 따르고 메아리가 급히 들리듯,
반응이 매우 빠른 것을 비유함.《禮記》禮運篇에 '蕢桴而土鼓'라 하였고,《左傳》成公 2年에 '左井繶,
右授枹而鼓'라 하였음)보다 빨랐을 것이다. 사람들이 비록 그 변화를 볼 수는 있다 해도
그 변화의 所以는 들여다볼 수 없으니, 아마 聖에서 떠나지 않으면서 '알 수 있는
것'(《孟子》盡心下 247에 '大而化之之謂聖, 不可知之之謂神'이라 하여 神人의 능력을 뜻함)을 가지고
있었기 때문일 것이니, 성스러우면서 알아볼 수 없는 神의 경지로 진입한 것이다.
이는 思勉(생각하고 부지런히 함)만으로는 거의 이르기 어려운 경지이다."

논어

〈堯舜禪位圖〉畫像塼(漢)

요왈堯曰 第二十

총3장(497-499)

◈ 集註

凡三章.

모두 3장이다.

497(20-1)

堯曰咨爾舜

요堯가 순舜에게 천하를 물려 줄 때 이렇게 말하였다.

"아, 너 순아! 하늘의 역수歷數가 너 한 몸에 있도다. 공경히 그 중심을 잡아라. 사해四海가 곤궁해지면 하늘의 복록도 영원히 끝이로다."

순임금 역시 우禹에게 물려 줄 때 똑같이 명하였다. 한편 탕湯임금은 이렇게 말하였다.

"나 이 소자 이(履, 탕)는 검은 소를 제물로 바쳐 감히 황황후제皇皇后帝께 밝히 고하나이다. 죄 있는 자를 제멋대로는 감히 용서치 아니할 것이며, 상제上帝의 신하로서 잘잘못도 역시 은폐하지 아니할 것이며, 간택은 상제의 뜻에 따를 것입니다. 제 몸에 죄가 있으면 이는 만방萬方에게 연루시키지 말아 주시고, 만방이 죄가 있으면 이는 제 한 몸에 그 죄를 씌워 주시옵소서."

주周 무왕武王이 크게 베풀어줄 때에 훌륭한 사람은 이에 부유하게 되었다.

"비록 아주 가까운 나의 친족이라 해도 이는 어진 이만 같지 못하다. 백성에게 허물이 있으면 이는 나 한사람에게 있는 것이다."

도량형을 바르게 하고, 법도를 심정審定하고, 없어진 관직을 다시 수정하니 사방의 정치가 잘 실행되었다. 멸망한 나라를 다시 일으켜주고, 끊어진 세대를 이어주며, 일민逸民을 찾아내어 거용하니, 천하의 백성들 마음이 귀의하였다. 중시하는 바는 백성과 먹을 것, 그리고 상례와 제사였다. 관용을 베푸니 무리를 얻게 되었고, 믿음을 얻으니 백성이 이를 믿게 되었으며, 민첩히 하여 공을 이루었고, 공평하게 하여 백성들이 즐거워하였다.*

〈堯〉

"允執其中"(石可)

堯曰:「咨, 爾舜! 天之曆數在爾躬, 允執其中. 四海困窮,
　　天祿永終.」㊀
舜亦以命禹.㊁ 曰:「予小子履敢用玄牡, 敢昭告于皇皇
　　后帝: 有罪不敢赦. 帝臣不蔽, 簡在
　　帝心. 朕躬有罪, 無以萬方; 萬方有
　　罪, 罪在朕躬.」㊂
　　周有大賚, 善人是富.㊃
　　「雖有周親, 不如仁人. 百姓有過,
　　在予一人.」㊄
謹權量, 審法度, 修廢官, 四方之政行焉.㊅ 興滅國,
繼絕世, 舉逸民, 天下之民歸心焉.㊆ 所重: 民·食·
喪·祭.㊇ 寬則得眾, 信則民任焉, 敏則有功, 公則說㊈

【堯曰】이하는 堯임금이 舜에게 내린 辭命이다.

【爾】너. 인칭 대명사.

【曆數】帝王相繼의 차례.

【允】信. '성실히, 공경히'의 뜻.

【舜亦以命禹】舜도 역시 그 위의 堯임금의 말로써 禹에게 말했음을 뜻한다.

【玄牡】검은 숫소. 희생을 뜻한다. 牡는 '모'로 읽는다.

【曰~予小子】이하는 湯이 桀을 벌하고 하늘에 고한 辭命이다.

【履】湯의 이름. 《史記》殷本紀에는 湯의 이름을 天乙이라 하였고, 甲骨文에는 大乙이라 하였다.

〈堯〉《三才圖會》

【周有大賚】이하는 周나라가 殷紂를 滅한 후 하늘에 고한 辭命이다. 賚는 '뢰'로 읽는다.

【周親】至親의 뜻.

【謹權量】이하는 二帝三王의 政治敎化를 총체적으로 설명한 것이다.

【逸民】468(18-8)을 보라.

* 본장의 내용은 《尙書》(書經) 大禹謨·湯誥·武成·泰誓篇 등을 참조할 것. 한편 王若虛의 《論語辨惑》에는 「此章編簡絶亂, 有不可知者」라 하였고, 陳天祥은 《四書辨疑》에서 「自堯曰至公則說, 語皆零雜而無倫序; 又無主名, 不知果誰所言. 古今解者終不見有皎然明白之說」이라 하였다.

堯(요)ㅣ 골ᄋ샤티 咨(ᄌ)홉다 너 舜(슌)아 天(텬)의 曆數(력수)ㅣ
네 躬(궁)에 인ᄂ니 진실로 그 中(듕)을 執(집)ᄒ라 四海(ᄉ희)ㅣ
困窮(곤궁)ᄒ면 天(텬)의 祿(록)이 永(영)히 終(죵)ᄒ리라

舜(슌)이 ᄯ 뻐 禹(우)를 命(명)ᄒ시니라

골ᄋ샤티 나 小子(쇼ᄌ) 履(리)ᄂ 敢(감)히 玄牡(현모)를 用(용)ᄒ야 敢(감)히
皇皇(황황)ᄒ신 后帝(후데)ᄭ 昭告(쇼고)ᄒ노니 罪(죄)ㅣ 인ᄂ니를 敢(감)히
赦(샤)티 아니ᄒ며 帝(데)의 臣(신)을 蔽(폐)티 아니ᄒ노니 簡(간)홈이 帝心
(데심)에 인ᄂ니이다 朕躬(딤궁)의 罪(죄)ㅣ 이심은 萬方(만방)으로써 아니오
萬方(만방)의 罪(죄)ㅣ 이심은 罪(죄)ㅣ 朕躬(딤궁)에 인ᄂ니라

周(쥬)ㅣ 大賚(대뢰)를 두신대 善人(션신)이 이예 富(부)ᄒ니라

비록 周(쥬)ᄒ 親(친)이 이시나 仁人(신신)만 ᄀᆮ디 몯ᄒ고 百姓(빅셩)의
過(과)ㅣ 이심이 나 一人(일신)에 인ᄂ니라

權量(권량)을 謹(근)ᄒ며 法度(법도)를 審(심)ᄒ며 廢官(폐관)을 修(슈)
ᄒ신대 四方(ᄉ방)읫 政(졍)이 行(ᄒᆡᆼ)ᄒ니라

滅(멸)ᄒ 國(국)을 興(흥)ᄒ며 絶(졀)ᄒ 世(셰)를 繼(계)ᄒ며 逸(일)ᄒ
民(민)을 擧(거)ᄒ신대 天下(텬하)읫 民(민)이 心(심)을 歸(귀)ᄒ니라

重(듕)히 너기신 바ᄂ 民(민)의 食(식)과 喪(상)과 祭(제)러시다

寬(관)ᄒ 則(즉) 衆(즁)을 得(득)ᄒ고 信(신)ᄒ 則(즉) 民(민)이 任(심)ᄒ고
敏(민)ᄒ 則(즉) 功(공)이 잇고 公(공)ᄒ 則(즉) 說(열)ᄒᄂ니라

堯(요)ㅣ ᄀᆞᄅ샤티 咨(ᄌ)ㅣ라 너 舜(슌)아 天(텬)의 曆數(력수)ㅣ
네 몸의 이시니 진실로 그 中(듕)을 執(집)ᄒ라 四海(ᄉ희)ㅣ 困窮
(곤궁)ᄒ면 天祿(텬록)이 기리 그처디리라

舜(슌)이 ᄯ 뻐 禹(우)를 命(명)ᄒ시다

ᄀᆞᄅ샤티 나 小子(쇼ᄌ) 履(리)ᄂ 敢(감)히 玄牡(현모)를 뻐 敢(감)히 볼기
皇皇(황황) 后帝(후데)ᄭ 告(고)ᄒ노니 罪(죄)ㅣ 잇ᄂ니를 敢(감)히 赦(샤)티
몯ᄒ며 帝(데)의 臣(신)을 蔽(폐)티 아니ᄒ야 簡(간)이 帝心(데심)의 잇ᄂ니이다
내 몸의 罪(죄)ㅣ 이쇼믄 萬方(만방)으로써 아니코 萬方(만방)의 罪(죄)ㅣ
이쇼믄 罪(죄)ㅣ 내 몸의 잇ᄂ니이다

周(쥬)ㅣ 큰 賚(뢰)를 두시니 善人(션인)이 이 富(부)ᄒ니라

비록 周親(쥬친)이 이시나 仁人(인인) ᄀ디 몯ᄒ니라 百姓(ᄇᆡ셩)의 허믈이
이쇼ᄆᆡ 나 一人(일인)의게 잇ᄂ니라

權量(권량)을 삼가시며 法度(법도)를 ᄉᆞᆯ피시며 廢(폐)ᄒ 官(관)을 닷그시니
四方(ᄉᆞ방)의 政(졍)이 行(ᄒᆡᆼ)ᄒ니라

滅(멸)ᄒ 國(국)을 興(흥)ᄒ시며 絶(졀)ᄒ 世(셰)를 繼(계)ᄒ시며 逸(일)ᄒ
民(민)을 擧(거)ᄒ시니 天下(텬하)의 民(민)이 心(심)을 歸(귀)ᄒ니라

重(듕)히 ᄒ시ᄂᆫ 바ᄂᆫ 民(민)의 食(식)과 喪(상)과 祭(졔)러시다

寬(관)ᄒ면 衆(즁)을 得(득)ᄒ고 信(신)ᄒ면 民(민)이 任(임)ᄒ이고 敏(민)
ᄒ면 功(공)이 잇고 公(공)ᄒ면 說(열)ᄒᄂ니라

◈ 集 註

497-㊀

此堯命舜, 而禪以帝位之辭. 咨, 嗟歎聲. 曆數, 帝王相繼之次第, 猶歲時氣節之先
後也. 允, 信也. 中者, 無過不及之名. 四海之人困窮, 則君祿亦永絶矣, 戒之也.

이는 堯가 舜에게 명하여 帝位를 禪讓할 때에 한 말이다. 咨는 감탄하는 소리이다.
歷數는 帝王이 서로 이어지는 차례로서 마치 歲時氣節의 先後와 같다. 允은
信(信實히)의 뜻이다. 中이란 過不及이 없다는 명칭(표현)이다. 四海之人이 곤궁하게
되면 임금의 福祿도 역시 영원히 끊어진다는 것이니, 이를 경계한 것이다.

497-㊁

舜後遜位於禹, 亦以此辭命之. 今見於虞書大禹謨, 比此加詳.

舜임금은 뒤에 禹임금에게 帝位를 양위함에 역시 이 말로써 명하였다. 지금
《尚書》虞書의 大禹謨에 있는 것을 보면 여기보다 더욱 상세하게 실려 있다.

497-㊂

此引商書湯誥之辭. 蓋湯既放桀而告諸侯也. 與書文大同小異. 『曰』上當有『湯』字. 履, 蓋湯名. 用玄牡, 夏尚黑, 未變其禮也. 簡, 閱也. 言桀有罪, 己不敢赦. 而天下賢人, 皆上帝之臣, 己不敢蔽. 簡在帝心, 惟帝所命. 此述其初請命而伐桀之詞也. 又言君有罪非民所致, 民有罪實君所爲, 見其厚於責己薄於責人之意. 此其告諸侯之辭也.

이는 《尙書》 商書 湯誥篇의 말을 인용한 것이다. 대체로 湯이 이미 桀을 放逐하고 나서 諸侯에게 알린 내용이다. 《尙書》의 문장과 大同小異하다. '曰'자 위에 '湯'자가 있어야 마땅하다. 履는 대체로 湯의 이름이다. 玄牡(검은 숫소)를 희생으로 쓴 것은 夏나라가 검은색을 崇尙하였고, 아직 그 禮를 바꾸지 않은 것이다. 簡은 살핌(閱)이다. 桀이 罪가 있으므로 내 스스로 감히 용서해 줄 수 없으며, 天下의 賢人은 모두가 上帝의 臣下로서 내가 감히 은폐시킬 수 없으며, 선택은 上帝의 마음에 있으므로 오직 上帝의 명령에 달려 있음을 말한 것이다. 이는 처음 天命을 청하여 桀王을 칠 때의 말을 기술한 것이다. 그리고 임금에게 죄가 있게 되는 것은 百姓이 그렇게 한 것이 아니지만, 百姓에게 罪가 있게 되는 것은 임금이 그렇게 한 것이라 말한 것으로, 자신을 책함에는 무섭고 百姓을 책하는 데는 엷음을 드러낸 것이다. 이는 諸侯들에게 고한 말이다.

497-㊃

賚, 來代反.
○ 此以下述武王事, 予也. 武王克商, 大于四海. 見周書武成篇. 此言其所富者, 皆善人也. 詩序云「所以錫予善人」, 蓋本於此.

賚는 反切로 '來代反'(래, 뢰)이다.
○ 여기서 그 아래는 武王의 일을 기록한 것이다. 賚는 주다(予)의 뜻이다. 武王이 商을 이기고 四海에 크게 施與(베풂)한 것이다. 《尙書》 周書 武成篇을 보라. 여기서는 부유하게 된 자는 모두 善人임을 말한 것이다. 《詩序》(《詩經》 周頌)에는 "賚는 善人에게 내려 주는 것이다"라고 하였는데, 대체로 여기에 本을 두고 한 말이다.

497-㈤

此周書泰誓之辭.

孔氏曰:「周, 至也. 言紂至親雖多, 不如周家之多仁人.」

이는 《尚書》 周書 泰誓篇의 말이다.

孔氏(孔安國)는 이렇게 말하였다. "周는 지극함이다. 紂임금의 至親(지극히 가까운 친척)이 비록 많다 하나 周나라 집안에 어진 이가 많은 것만 못하였다."

497-㈥

權, 稱錘也. 量, 斗斛也. 法度, 禮樂制度皆是也.

權은 저울과 저울의 추이다. 量은 말(斗)과 곡斛이다(《漢書》 律歷志). 法度란 禮樂制度가 모두 이것이다.

497-㈦

興滅繼絶, 謂封黃帝·堯·舜·夏·商之後. 舉逸民, 謂釋箕子之囚, 復商容之位. 三者, 皆人心之所欲也.

興滅繼絶이란 黃帝·堯·舜·夏·商의 後裔를 封해준 것을 말한다. 舉逸民이란 갇혀 있던 箕子를 풀어 주고 商容의 직위를 회복시켜 준 일을 말한다. 이 세 가지는 사람들이면 모두 마음속으로 원하던 바였다(《禮記》 樂記 참조).

497-㈧

武成曰:「重民五教, 惟食喪祭.」

武成篇(《尚書》 周書 武成篇)에는 이렇게 말하였다. "百姓에게 다섯 가지 가르침을 중히 여기되 오직 食·喪·祭에 치중하였다."

說, 音悅.

○ 此於武王之事無所見, 恐或泛言帝王之道也.

○ 楊氏曰:「論語之書, 皆聖人微言, 而其徒傳守之, 以明斯道者也. 故於終篇, 具載堯舜咨命之言, 湯武誓師之意, 與夫施諸政事者. 以明聖學之所傳者, 一於是而已. 所以著明二十篇之大旨也. 孟子於終篇, 亦歷敍堯·舜·湯·文·孔子相承之次, 皆此意也.」

說은 음이 悅(열)이다.

○ 이는 武王의 事跡에는 보이는 바가 없는 것으로 혹 帝王의 道를 汎論的으로 말한 것이 아닌가 한다.

○ 楊氏(楊時)는 이렇게 말하였다. "《論語》라는 책은 대개 聖人의 微言(隱微한 말이나 큰 뜻을 가진 것. 微言大義와 같음)으로 그 門徒들이 傳守(전하여 지킴)하여 이 道를 밝힌 것이다. 그러므로 마지막 편에는 堯舜의 咨命之言과 湯王·武王의 誓師之意(군대를 출동시킬 때의 약속과 맹세한 뜻), 그리고 政事에 시행되어야 할 것들을 갖추어 실은 것이다. 聖學을 밝혀 전하는 바는 한결같이 이것에 있을 뿐이니,《論語》20篇의 大旨를 드러내어 밝힌 所以이다.《孟子》도 마지막 편에서 역시 堯·舜·湯·文王·孔子의 서로 이어지는 차례를 서술한 것도 모두가 이러한 뜻이다."

498(20-2)

子張問於孔子曰

자장子張이 공자에게 이렇게 여쭈었다.

"어떻게 하여야 가히 정치에 종사할 수 있습니까?"

공자가 말하였다.

"오미五美를 높여주고, 사악四惡을 막아야 하느니라. 이렇게 하면 가히 정치에 종사할 수 있느니라."

자장이 다시 여쭈었다.

"오미란 무엇을 두고 하시는 말씀입니까?"

공자는 이렇게 설명하였다.

"군자라면 은혜를 베풀되 낭비하지 아니하며, 노고롭게 부리되 원망을 듣지 아니하며, 하고자 하되 탐욕스럽지 않게 하며, 태평하되 교만하지 않게 하며, 위엄이 있되 사납게 하지 않음을 말한다."

자장이 다시 여쭈었다.

"은혜를 베풀되 낭비하지 않는다는 것은 무엇을 말한 것입니까?"

공자가 설명하였다.

"백성의 이익 되는 바를 근거로 이들을 이롭게 해준다면 이것이 은혜를 베풀되 낭비하지 않다는 것이 아니겠느냐? 가히 노력해야 될 만한 것을 택하여 노력하도록 시킨다면 이에 누가 또 원망을 하겠느냐? 인仁을 얻고자 하여 인을 얻었다면 어찌 또 탐욕을 부리겠느냐? 군자로서 많고 적음을 따지지 아니하고, 작고 큰 것에 관계없이 감히 거만하게 구는 것이 없다면, 이것이 역시 태평하면서 교만치 않은 것이 아니겠느냐? 군자로써 그 의관을 바르게 하고 그 바르게 쳐다봄을 중시한다면, 그 엄연한 모습을 사람들이 바라보고 두려워할 것이니, 이것이 역시 위엄이 있되 사납지는 않은 것이 아니겠느냐?"

자장이 다시 여쭈었다.

"사악이란 무엇을 두고 이른 것입니까?"

공자가 이렇게 설명하였다.

"가르치지 않아 놓고 죽음으로 내모는 것을 학虐이라 하며, 경계시키지 않아 놓고 완성되기를 요구하는 것을 포暴이 하고, 명령은 태만히 하면서 기일을 재촉하는 것을 적賊이라 하며, 남에게 주어야 할 경우 고르게 해야 함에도 추납出納에 인색하게 구는 것을 유사有司라 하느니라."*

子張問於孔子曰:「何如斯可以從政矣?」

　子曰:「尊五美, 屛四惡, 斯可以從政矣.」

子張曰:「何謂五美?」

　子曰:「君子惠而不費, 勞而不怨, 欲而不貪, 泰而
　　　不驕, 威而不猛.」㊀

子張曰:「何謂惠而不費?」

　子曰:「因民之所利而利之, 斯不亦惠而不費乎?
　　　擇可勞而勞之, 又誰怨? 欲仁而得仁, 又焉
　　　貪? 君子無衆寡, 無小大, 無敢慢, 斯不亦泰
　　　而不驕乎? 君子正其衣冠, 尊其瞻視, 儼然人
　　　望而畏之, 斯不亦威而不猛乎?」㊁

子張曰:「何謂四惡?」

　子曰:「不教而殺謂之虐; 不戒視成謂之暴; 慢令
　　　致期謂之賊: 猶之與人也, 出納之吝謂之
　　　有司.」㊂

【子張】顓孫師.

【屛】'막다, 제거하다'의 뜻.

【猶之與人】猶之는 均之와 같다. 與는 '주다'(給)와 같다.

【出納】出는 '추'로 읽는다. 《諺解》에 '츄납'으로 읽고 있다.

【有司】 小官員. 여기서는 小人의 稚氣를 가진 卑官을 뜻한다. 皇侃의 疏에「有司, 謂主典物者也; 猶庫吏之屬也. 庫吏雖有官物, 而不得自由; 故物應出入者, 必有 所諮問, 不敢擅易. 人君若物與人而吝, 卽與庫吏無異; 故云『謂之有司』也」라 하였다.

*《荀子》宥坐篇에「孔子曰: 嫚令謹誅, 賊也; 今生也有時, 斂也無時, 暴也; 不敎 而責成功, 虐也」라 하였고, 《韓詩外傳》卷3에는「孔子曰: 不戒責成, 害也; 慢令 致期, 暴也; 不敎而誅, 責也. 君子爲政避此三者」라 하였다.

◉ 諺 解

闓山本　　子張(ㅈ댱)이 孔子(공ㅈ)ᄭᅴ 묻ᄌᆞ와 ᄀᆞᆯ오ᄃᆡ 엇디ᄒᆞ야사 이예 可(가)히 ᄡᅥ 政(졍)을 從(죵)ᄒᆞ리잇고 子(ㅈ)ㅣ ᄀᆞᆯ오샤ᄃᆡ 五美 (오미)를 尊(존)ᄒᆞ며 四惡(사악)을 屛(병)ᄒᆞ면 이예 可(가)히 ᄡᅥ 政(졍)을 從(죵)ᄒᆞ리라 子張(ㅈ댱)이 ᄀᆞᆯ오ᄃᆡ 엇디 닐온 五美(오미)니잇고 子(ㅈ)ㅣ ᄀᆞᆯ오샤ᄃᆡ 君子(군ㅈ)ㅣ 惠(혜)호ᄃᆡ 費(비)티 아니ᄒᆞ며 勞(로)히요ᄃᆡ 怨(원)티 아니ᄒᆞ며 欲(욕)호ᄃᆡ 貪(탐)티 아니ᄒᆞ며 泰(태)호ᄃᆡ 驕(교)티 아니ᄒᆞ며 威(위) 호ᄃᆡ 猛(ᄆᆡᆼ)티 아니홈이니라 子張(ㅈ댱)이 ᄀᆞᆯ오ᄃᆡ 엇디 닐온 惠(혜)호ᄃᆡ 費(비)티 아니홈이니잇고 子(ㅈ)ㅣ ᄀᆞᆯ오샤ᄃᆡ 民(민)의 利(리)ᄒᆞᆫ 바를 因(인)ᄒᆞ야 利(리)케 ᄒᆞ니 이 ᄯᅩ 惠(혜)호ᄃᆡ 費(비)티 아니홈이 아니가 可(가)히 勞(로)ᄒᆞ얌즉 ᄒᆞ니를 擇(ᄐᆡᆨ)ᄒᆞ야 勞(로)ᄒᆞ거니 ᄯᅩ 뉘 怨(원)ᄒᆞ리오 仁(신)코쟈 ᄒᆞ야 仁(신)을 得(득)ᄒᆞ거니 ᄯᅩ 엇디 貪(탐)ᄒᆞ리오 君子(군ㅈ)ㅣ 衆寡(즁과)ㅣ 업스며 小大 (쇼대)ㅣ 업시 敢(감)히 慢(만)티 아니ᄒᆞᄂᆞ니 이 ᄯᅩ 泰(태)호ᄃᆡ 驕(교)티 아니홈이 아니가 君子(군ㅈ)ㅣ 그 衣冠(의관)을 正(졍)히 ᄒᆞ며 그 瞻視(쳠시)를 尊(존)히 ᄒᆞ야 儼然(엄션)히 人(신)이 望(망)ᄒᆞ고 畏(외)ᄒᆞᄂᆞ니 이 ᄯᅩ 威(위) 호ᄃᆡ 猛(ᄆᆡᆼ)티 아니홈이 아니가

　　子張(ㅈ댱)이 ᄀᆞᆯ오ᄃᆡ 엇디 닐온 四惡(사악)이니잇고 子(ㅈ)ㅣ ᄀᆞᆯ오샤ᄃᆡ 敎(교)티 아니코 殺(살)홈을 닐온 虐(학)이오 戒(계)티 아니코 成(셩)을 視(시) 홈을 닐온 暴(포)ㅣ오 令(령)을 慢(만)히 ᄒᆞ고 期(긔)를 致(티)홈을 닐온 賊(적)이오 오히려 人(신)을 與(여)호ᄃᆡ 出(츄)ᄒᆞ며 納(납)홈이 吝(린)홈을 닐온 有司(유ᄉᆞ)ㅣ니라

子張(ㅈ댱)이 孔子(공ㅈ)끠 問(문)ㅎ야 글오디 엇디ㅎ야사 이에 可(가)히 뻐 政(졍)을 從(죵)ㅎ리잇고 子(ㅈ)ㅣ ㄱㄹ샤디 五美(오미)를 尊(존)ㅎ고 四惡(ㅅ악)을 屛(병)ㅎ면 이에 可(가)히 뻐 政(졍)을 從(죵)ㅎ리라 子張(ㅈ댱)이 글오디 엇디 닐온 五美(오미)니잇고 子(ㅈ)ㅣ ㄱㄹ샤디 君子(군ㅈ)는 惠(혜)호디 費(비)티 아니ㅎ며 勞(로)호디 怨(원)티 아니ㅎ며 欲(욕)호디 貪(탐)티 아니ㅎ며 泰(태)호디 驕(교)티 아니ㅎ며 威(위)호디 猛(밍)티 아닛ㄴ니라 子張(ㅈ댱)이 글오디 엇디 닐온 惠(혜)호디 費(비)티 아니미니잇고 子(ㅈ)ㅣ ㄱㄹ샤디 빅셩의 利(리)ㅎ ㄴ 바를 因(인)ㅎ야 利(리)히 ㅎ거니 ᄯᅩ흔 惠(혜)호디 費(비)티 아니미 아니가 可(가)히 勞(로)호믈 擇(퇵)ㅎ야 勞(로)ㅎ거니 ᄯᅩ 뉘 怨(원)ㅎ리오 仁(인)을 欲(욕)ㅎ야 仁(인)을 得(득)ㅎ야니 ᄯᅩ 므슴 貪(탐)이리오 君子(군ㅈ)는 衆寡(즁과) 업스며 小大(쇼대) 업시 敢(감)히 慢(만)티 아니ㅎㄴ니 이 ᄯᅩ흔 泰(태)호디 驕(교)티 아니미 아니가 君子(군ㅈ)는 그 衣冠(의관)을 正(졍)ㅎ며 그 瞻視(텸시)를 尊(존)ㅎ야 儼然(엄연)히 사름을 ᄇ라고 졋ㄴ니 이 ᄯᅩ흔 威(위)호디 猛(밍)티 아니미 아니가

子張(ㅈ댱)이 글오디 엇디 닐온 四惡(ㅅ악)이니잇고 子(ㅈ)ㅣ ㄱㄹ샤디 敎(교)티 아니코 殺(살)호믈 虐(학)이라 니ᄅ고 戒(계)티 아니코 成(셩)을 視(시)호믈 暴(포)ㅣ라 니ᄅ고 令(령)을 慢(만)히 ㅎ고 期(긔)를 致(티)호믈 賊(적)이라 니ᄅ고 흔 가지로 사름 주기예 出納(츄납)을 吝(린)히 호믈 有司(유ㅅ)라 니ᄅᄂ니라

◈ 集 註

498-㊀

費, 芳味反.

費는 反切로 '芳味反'(비)이다.

498-㊁

焉, 於虔反.

焉은 反切로 '於虔反'(언)이다.

出, 去聲.

○ 虐, 謂殘酷不仁. 暴, 謂卒遽無漸. 致期, 刻期也. 賊者, 切害之意. 緩於前而急於後,
以誤其民, 而必刑之, 是賊害之也. 猶之, 猶言均之也. 均之以物與人, 而於其出納之際,
乃或吝而不果, 則是有司之事, 而非爲政之體. 所與雖多, 人亦不懷其惠矣. 項羽使人,
有功當封, 刻印刓, 忍弗能予, 卒以取敗, 亦其驗也.

○ 尹氏曰:「告問政者多矣, 未有如此之備者也. 故記之以繼帝王之治, 則夫子之
爲政可知也.」

出(추)는 去聲(추)이다.

○ 虐은 잔혹하여 어질지 못함을 말한다. 暴은 갑작스럽게 하여 점차적으로
하지 않는 것이다. 致期는 기간을 각박하게 하는 것이다. 賊이란 절박하게
害를 입히는 것이다. 앞에는 완만하게 하다가 나중에는 급하게 굴어 百姓을
오해하게 해놓고 반드시 이를 형벌로 처리하는 것, 이는 百姓을 賊害하는 것이다.
猶之란 均之와 같은 말이다. 물건을 균등하게 하여 남에게 주면서 그 出納
때에는 이에 혹 인색하게 굴어 과감하지 못하다면 이는 有司의 일로서 爲政의
체통이 아니다. 주는 것이 비록 많다 하여도 남들은 역시 그 혜택에 의심을
품게 된다. 項羽는 사람을 부리되 功이 있으면 마땅히 封해야 함에도 직인을
새겨 놓고도 차마 주지 못하였다가 마침내 패망하고 말았으니(《資治通鑑》漢高祖
元年 및 《史記》項羽本紀를 볼 것) 역시 그러한 徵驗이다.

○ 尹氏(尹焞)는 이렇게 말하였다. "政治에 대한 질문에 대답해 준 것이 많지만
이곳처럼 詳備된 곳은 없다. 따라서 이를 帝王의 정치에 뒤를 이어 기록한
것으로 夫子의 爲政에 대해 가히 알 수 있다."

499(20-3)

不知命

공자가 말하였다.

"천명을 알지 못하면 군자가 될 수가 없다. 예를 모르면 바르게 설 수가 없다. 말을 알아듣지 못하면 사람을 알아보지 못하게 되느니라."*

子曰:「不知命, 無以爲君子也;㊀ 不知禮, 無以立也;㊁ 不知言, 無以知人也.」㊂

【知命】 사물의 原理, 즉 天命을 알고 순응함.

【知言】 다른 사람의 말뜻과 그 속에 들어 있는 是非善惡을 변별하는 능력.

*《韓詩外傳》卷6에「子曰: 不知命, 無以爲君子. 言天之所生, 皆有仁義禮智順
善之心; 不知天之所以命生, 則無仁義禮智順善之心; 謂之小人」이라 하였고,
《漢書》董仲舒傳에「天令之謂命. 人受命於天, 固超然異於羣生. 故曰: 天地之性
人爲貴. 明於天性, 知自貴於物; 知自貴於物, 然後知仁誼; 知人誼, 然後重禮節;
重禮節, 然後安處善; 安處善, 然後樂循理; 樂循理. 然後謂之君子. 故孔子曰:
『不知命, 亡以爲君子.』此之謂也」라 한 것과 같은 董仲舒의《春秋繁露》竹林篇에
「天之爲人性命, 使行仁義而羞可恥; 非若鳥獸然, 苟爲生·苟爲利而記已」의 기록을
근거로 많은 학자들은 이 章의 기록을《魯論》에는 없었으며, 다만 漢代學者들의
天命에 관한 논의로써 '漢儒師承之言'이라고 주장하였다.

◉ 諺解

　　　子(ᄌ)ㅣ 글ᄋᆞ샤ᄃᆡ 命(명)을 아디 몯ᄒᆞ면 ᄡᅥ 君子(군ᄌ)ㅣ 되디
몯ᄒᆞ고

禮(례)를 아디 몯ᄒᆞ면 ᄡᅥ 立(립)디 몯ᄒᆞ고

言(언)을 아디 몯ᄒᆞ면 ᄡᅥ 人(신)을 아디 몯ᄒᆞ리니라

　　　子(ᄌ)ㅣ ᄀᆞᆯᄋᆞ샤ᄃᆡ 命(명)을 아디 못ᄒᆞ면 ᄡᅥ 君子(군ᄌ)ㅣ 되미
업스리라

禮(례)를 아디 몯ᄒᆞ면 ᄡᅥ 立(립)호미 업스리라

言(언)을 아디 못ᄒᆞ면 ᄡᅥ 사름 아로미 업스리라

◆ 集註

499-㉠

程子曰:「知命者, 知有命而信之也. 人不知命, 則見害必避, 見利必趨, 何以爲君子?」

程子(程頤)는 이렇게 말하였다. "天命을 아는 자는 天命이 있음을 알고서 이를 믿는 것이다. 사람이 天命을 모른다면 손해를 보면 틀림없이 피해 갈 것이고 이익을 보면 틀림없이 좇아갈 것이니, 어찌 君子가 될 수 있겠는가?"

499-㊁

不知禮, 則耳目無所加, 手足無所措.

禮를 알지 못하면 귀와 눈에 보탤 바가 없고 손발을 둘 데가 없다.

499-㊂

言之得失, 可以知人之邪正.
○ 尹氏曰:「知斯三者, 則君子之事備矣. 弟子記此以終篇, 得無意乎? 學者少而讀之, 老而不知一言爲可用, 不幾於侮聖言者乎? 夫子之罪人也, 可不念哉?」

말의 得失에 의해 그 사람의 사악함과 올바름을 알 수 있다.
○ 尹氏(尹焞)는 이렇게 말하였다. "이 세 가지를 안다면 君子의 일은 구비된 것이다. 弟子들이 이를 기록하여 마지막 편으로 삼은 것이 어찌 의도가 없었겠는가? 배우는 이들이 어려서 이를 읽었으면서 늙어서 한 마디 말도 쓰임으로 삼을 만한 것임을 알지 못한다면, 聖賢을 모독하는 자에 가깝지 않겠는가? 夫子의 罪人이 되고 말 것이니 가히 생각하지 않을 수 있겠는가?"

논
어

〈銅爵〉(商) 1976 河南 安陽 婦好墓 출토

《論語集註》

🦋 부록 I

I. 〈論語序說〉 ……………………………………… 宋, 朱熹

II. 〈讀論語孟子法〉 ……………………………… 宋, 朱熹

III. 〈孔子世家〉 ……………………………… 漢, 司馬遷(《史記》)

IV. 〈仲尼弟子列傳〉 ………………………… 漢, 司馬遷(《史記》)

V. 〈藝文志〉 六藝略 論語家 ……………… 漢, 班固(《漢書》)

VI. 〈七十二弟子解〉 ………………………… 魏, 王肅(《孔子家語》)

1. 〈論語序説〉 .... 宋, 朱熹

《史記》世家曰:「孔子, 名丘, 字仲尼. 其先宋人. 父叔梁紇, 母顔氏. 以魯
襄公二十二年, 庚戌之歲, 十一月庚子, 生孔子於魯昌平鄉陬邑.

爲兒嬉戲, 常陳俎豆, 設禮容. 及長, 爲委吏, 料量平;㊀ 爲司職吏, 畜蕃
息.㊁ 適周, 問禮於老子, 旣反, 而弟子益進.

昭公二十五年甲申, 孔子年三十五, 而昭公奔齊, 魯亂. 於是適齊, 爲高昭
子家臣, 以通乎景公.㊂ 公欲封以尼谿之田, 晏嬰不可, 公惑之.㊃ 孔子遂行,
反乎魯.

定公元年壬辰, 孔子年四十三, 而季氏强僭, 其臣陽虎作亂專政, 故孔子
不仕, 而退修詩·書·禮·樂, 弟子彌眾.

九年庚子, 孔子年五十一. 公山不狃以費畔季氏, 召, 孔子欲往, 而卒不行.㊄
定公以孔子爲中都宰, 一年, 四方則之, 遂爲司空, 又爲大司寇.

十年辛丑, 相定公會齊侯于夾谷, 齊人歸魯侵地.

十二年癸卯, 使仲由爲季氏宰, 墮三都, 收其甲兵. 孟氏不肯墮成, 圍之不克.

十四年乙巳, 孔子年五十六, 攝行相事, 誅少正卯, 與聞國政. 三月, 魯國大治.
齊人歸女樂以沮之, 季桓子受之, 郊又不致膰俎於大夫, 孔子行.㊅ 適衛, 主於
子路妻兄顔濁鄒家.㊆ 適陳, 過匡, 匡人以爲陽虎而拘之.㊇ 旣解, 還衛, 主蘧
伯玉家, 見南子.㊈ 去適宋, 司馬桓魋欲殺之.㊉ 又去, 適陳, 主司城貞子家.
居三歲而反于衛, 靈公不能用.㊊

晉趙氏家臣佛肸以中牟畔, 召孔子, 孔子欲往, 亦不果.㊋ 將西見趙簡子,
至河而反, 又主蘧伯玉家. 靈公問陳, 不對而行, 復如陳.㊌

季桓子卒, 遺言謂康子必召孔子, 其臣止之, 康子乃召冉求.㊍ 孔子如蔡
及葉.㊎ 楚昭王將以書社地封孔子, 令尹子西不可, 乃止.㊏ 又反乎衛, 時靈
公已卒, 衛君輒欲得孔子爲政,㊐ 而冉求爲季氏將, 與齊戰有功, 康子乃召
孔子, 而孔子歸魯, 實哀公之十一年丁巳, 而孔子年六十八矣.㊑ 然魯終不

能用孔子, 孔子亦不求仕, 乃敍書傳・禮記.㊅ 刪詩・正樂,㊆ 序易象・繫・象・說卦・文言,㊇ 弟子蓋三千焉, 身通六藝者七十二人.㊈

十四年庚申, 魯西狩獲麟,㊉ 孔子作春秋.㊀ 明年辛酉, 子路死於衛.

十六年壬戌, 四月己丑, 孔子卒, 年七十三, 葬魯城北泗上. 弟子皆服心喪三年而去, 惟子貢廬於冢上, 凡六年.

孔子生鯉, 字伯魚, 先卒. 伯魚生伋, 字子思, 作中庸.」㊁

何氏曰:「魯論語二十篇. 齊論語別有問王・知道, 凡二十二篇, 其二十篇中章句, 頗多於魯論. 古論出孔氏壁中, 分堯曰下章子張問, 以爲一篇, 有兩子張, 凡二十一篇, 篇次不與齊魯論同.」

程子曰:「論語之書, 成於有子・曾子之門人, 故其書獨二子以子稱.」

程子曰:「讀論語: 有讀了全然無事者; 有讀了後其中得一兩句喜者; 有讀了後知好之者; 有讀了後直有不知手之舞之足之蹈之者.」

程子曰:「今人不會讀書. 如讀論語, 未讀時是此等人, 讀了後又只是此等人, 便是不曾讀.」

程子曰:「頤自十七八讀論語, 當時已曉文義. 讀之愈久, 但覺意味深長.」

《사기史記》 공자세가孔子世家에 이렇게 말하였다.

"공자孔子는 이름이 구丘이며 자는 중니仲尼이다. 그 선조는 송宋나라 사람이다. 아버지는 숙량흘叔梁紇이요 어머니는 안씨顔氏, 顔徵在이다. 노魯나라 양공襄公 22년(B.C.551) 경술庚戌년 12월 경자庚子일에 노魯나라 창평향昌平鄉 추읍鄹邑에서 공자를 낳았다.

어린아이일 때 놀이를 하되 항상 조두俎豆를 진열하고, 예용禮容을 베푸는 놀이를 하는 것이었다. 자라서는 위리委吏가 되어 요량料量을 공평하게 하였고, 사직리司職吏가 되어서는 가축이 번식하는 것이었다. 주周나라에 가서 노자老子에게 예禮를 묻고 이윽고 돌아오자 제자가 더욱 많이 찾아왔다.

소공昭公 25년(B.C.517) 갑신甲申, 공자 나이 35세에 소공이 제齊나라로 달아나고 노魯나라에 난이 일어났다. 이에 제나라로 가서 고소자高昭子 집안의 가신家臣이

되어 이로써 경공景公에게 통할 수 있었다. 경공이 이계尼谿의 땅을 봉하여 주고자 하였으나, 안영晏嬰이 불가不可하다 하여 경공이 의혹을 품었다.《晏子春秋》外篇 198. 8-1) 공자는 드디어 떠나 노나라로 돌아왔다.

정공定公 원년(B.C.509) 임진王辰, 공자 나이 43세에 계씨季氏가 강성强盛하여 참월僭越하고 그 신하인 양호陽虎가 난을 짓고 정치를 전횡專橫하였다. 그 때문에 공자는 벼슬하지 아니하고 물러나 시詩·서書·예禮·악樂을 닦았으며 제자가 아주 많아졌다.

9년(B.C.501) 경자庚子, 공자 나이 51세에 공산불뉴公山不狃가 비費 땅을 근거로 계씨에게 반란하여, 공자를 부르자 공자가 가고자 하였으나 끝내 가지는 않았다. (439. 17-5) 정공이 공자를 중도재中都宰로 삼았으며, 1년 만에 사방이 이를 법 받아 드디어 사공司空이 되었고 다시 대사구大司寇가 되었다.

10년(B.C.500) 신축辛丑, 정공을 도와 제齊나라 임금과 협곡夾谷에서 회맹을 하여 제나라 사람들이 노魯나라로부터 빼앗았던 땅을 되돌려 주었다.

12년(B.C.498) 계묘癸卯, 중유仲由를 계씨 집의 가재家宰로 삼아 세 도성都城의 성을 허물고 그 병갑兵甲을 거두어들이도록 하였다. 맹씨孟氏가 성을 허무는 것을 긍허하지 아니하자 이를 포위하였으나 이기지 못하였다.

14년(B.C.496) 을사乙巳, 공자 나이 56세, 재상의 일을 섭행攝行하여 소정묘少正卯를 주벌하고 국정에 참여하여 듣게 되었다. 3개월 만에, 노나라가 크게 다스려졌다.

제나라 사람들이 여자 악대樂隊를 보내어 이를 저지하였지만 계환자季桓子가 이를 받아들였으며(464. 18-4) 교제郊祭를 지내고도 번육膰肉을 대부들에게 보내지 아니하자 공자는 노나라를 떠나고 말았다. 위衛나라에 가서 자로子路의 처형처형妻兄인 안탁추顔濁鄒의 집을 주인으로 하였다.《孟子》130. 9-8) 진陳나라로 가다가 광匡 땅을 지나게 되었는데 광 땅 사람들이 양호陽虎로 여겨 공자를 가두어버렸다.(210. 9-5; 275. 11-22) 풀려나서 위衛나라로 돌아와 거백옥蘧伯玉의 집을 주인으로 하였으며 남자南子를 만나보았다. 위衛나라를 떠나 송宋나라로 가자 사마환퇴司馬桓魋가 공자를 죽이려 하였다.(169. 7-22) 다시 송宋나라를 떠나 진陳나라에 가서 사성정자司城貞子의 집을 주인으로 하였다. 3년을 거居한 후 위衛나라로 돌아왔으나 위령공衛靈公이 써주지 않았다.

진晉나라의 조씨趙氏 가신家臣 필힐佛肸이 중모中牟 땅을 근거로 반란을 일으켜, 공자를 부르자 공자가 가고자 하였으나 역시 가지 않았다.(441. 17-7) 장차 서쪽으로 조간자趙簡子를 만나고자 하수河水에까지 이르렀으나 되돌아와 다시 거백옥의 집을 주인으로 하였다. 영공靈公이 진陳, 陣치는 법을 질문하자 대답하지 아니하고 다시 진陳나라로 갔다.(380. 15-1)

계환자季桓子가 죽고 강자康子에게 반드시 공자를 불러보도록 유언하였으나 그 신하들이 이를 저지하였다. 강자는 이에 염구冉求를 불렀다. 공자가 채蔡나라로 가서 섭葉 땅에 이르게 되었다. 초소왕楚昭王이 장차 서사書社의 땅을 공자에게 봉하려 하였으나, 영윤令尹 자서子西가 불가하다 하여 중지되고 말았다. 다시 위衛나라로 돌아왔으나 당시 영공은 이미 죽고 위군衛君 첩輒이 공자를 얻어 정치를 하고자 하였으며(161. 7-14) 염구冉求가 계씨季氏의 장수將帥가 되어 제齊나라와 싸워 공을 세우자 강자가 이에 공자를 불렀다. 공자가 위나라로 돌아가니 실로 애공哀公 11년(B.C.484) 정사丁巳, 공자나이 68세였다. 그러나 노魯나라가 끝내 공자를 등용하지 않았고 공자 역시 벼슬을 구하지도 않았다. 이에 공자는 《서전書傳》·《예기禮記》를 서敍하고 《시詩》를 산정刪定하고 《악樂》을 바로잡았으며 《역易》의 〈단전彖傳〉·〈계사전繫辭傳〉·〈상전象傳〉·〈설괘전說卦傳〉·〈문언전文言傳〉을 서序하였다. 제자는 대개 3천이었으며 육예六藝, 六經를 몸으로 통달한 자가 72인이었다.

14년(B.C.481) 경신庚申, 노魯나라가 서쪽으로 사냥을 나갔다가 인麟을 잡자 공자는 《춘추春秋》를 지었다. 이듬해 신유辛酉, 자로子路가 위衛나라에서 죽었다.

16년(B.C.479) 임술壬戌, 4월 기축己丑일에 공자가 졸卒하니 나이 73세였다. 노나라 성의 북쪽 사수泗水가에 장례하였다. 제자들이 모두 심상心喪 3년을 복服하고 떠났으나, 오직 자공子貢만은 무덤 가에 움막을 짓고 무릇 6년을 지냈다.

공자는 이鯉를 낳았는데 자字는 백어伯魚로 공자보다 먼저 죽었다.(260. 11-7)

백어가 급伋을 낳아 자字가 자사子思였으며 《중용中庸》을 지었다."

하씨何晏가 말하였다.

"《노론어魯論語》는 20편이다. 《제론어齊論語》는 따로 〈문왕편問王篇〉과 〈지도편知道篇〉이 있어 모두 22편이며, 그 20편 속의 장구章句도 《노론魯論》 보다 자못 많다. 《고론古論》은 공씨孔氏 벽壁 속에서 나온 것이다.(漢 武帝 때 齊나라 共王이 궁실을 넓히고자 孔子의 舊宅을 헐다가 그 벽 속에서 古文經, 즉 蝌蚪文字로 쓰인 經이 쏟아져 나왔는데 이때《古論》도 함께 나왔음) 요왈堯曰 아랫장의 자장문子張問을 나누어 1편으로 삼아 〈자장편子張篇〉이 둘이니 무릇 21편이어서 편차編次가 《제론齊論》·《노론魯論》과 같지 않다."

정자程子, 程頤가 말하였다.

"《논어論語》의 책은 유자有子·증자曾子의 문인門人에 의해 이루어졌다. 그 때문에 그 책에 유독 이 두 사람만을 자子라로 칭한 것이다."

정자가 말하였다.

"《논어》를 읽음에 읽고 나서 전혀 아무런 일이 없는 자도 있고, 읽고 난 후에 그 중 한 두 구절을 얻어 즐거워하는 자도 있으며, 읽고 난 후에 이를 알고 좋아하는 자도 있고, 읽고 난 후에 곧이 자신도 모르게 손은 춤추고 발을 뛰는 자도 있다."

정자가 말하였다.

"지금 사람들은 책을 읽을 줄 모른다. 만약 《논어》를 읽을 경우라면 아직 읽지 않았을 때에도 이러한 똑같은 사람이요, 읽고 난 후에도 또한 이러한 똑같은 사람이니 곧 일찍이 읽지 않은 것이다."

정자가 말하였다.

"나顧는 17, 8세에 《논어》를 읽어, 당시에 이미 문의文義를 밝히 알았다. 이를 읽기를 오래할수록 다만 의미가 깊고 깊을 느낄 뿐이었다."

㊀ 委吏, 本作季氏史. 索隱云:「一本作委吏, 與孟子合.」 今從之.

委吏는 본래 季氏史로 되어있다. 索隱에 "一本에는 委吏로 되어 있어 《孟子》(136. 10-5)와 같다"라 하여 지금 이를 따른다.

㊁ 職, 見周禮牛人, 讀爲樴, 義與杙同, 蓋繫養犧牲之所. 此官卽孟子所謂乘田.

職은 《周禮》(地官) 牛人편을 보라. 직樴으로 읽으며 뜻은 杙(익, 마소를 매는 말뚝)과 같으니 대체로 犧牲을 매어두는 곳이다. 이 관직은 곧 孟子가 말한 바의 「乘田」(136. 10-5)이다.

㊂ 有聞韶·問政二事.

「問韶」(160. 7-13)와 「問政」(289. 12-11) 두 가지 일이 있었다.

㊃ 有季孟吾老之語.

「季孟」과 「吾老」를 말하였다.(463. 18-3)

㊄ 有答子路東周語.

子路에게 東周를 말함이 있었다.(439. 17-5)

㊅ 魯世家以此以上皆爲十二年事.

《史記》 魯周公世家에는 이곳 이상은 모두 12년의 일이라 하였다.

㈜ 孟子作顏讐由.

孟子(130. 9-8)는 顏讐由라 하였다.

㈧ 有顏淵後及文王旣沒之語.

顏淵이 뒤에 나타난 일(275. 11-22)과 「文王旣沒」(210. 9-5)의 말을 하였다.

㈨ 有矢子路及未見好德之語.

子路에게 맹세한 말(145. 6-26)과 「未見好德」(222. 9-17)의 말을 하였다.

㈩ 有天生德語及微服過宋事.

「天生德」(169. 7-22)의 말과 미복으로 宋나라를 지나간 사건이 있었다.

㈦ 有三年有成之語.

「三年有成」(312. 13-10)의 말을 하였다.

㈬ 有答子路堅白語及荷蕢過門事.

子路에게 「堅白」의 대답을 한 것(441. 17-7)과 「荷蕢過門」(374. 14-42)의 사건이 있었다.

㈭ 據論語則絶糧當在此時.

《論語》를 근거해보면 「絶糧」(380. 15-1)의 사건의 의당 이 때에 있었다.

㈮ 史記以論語歸與之歎爲在此時, 又以孟子所記歎辭爲主司城貞子時語, 疑不然. 蓋語孟所記, 本皆此一時語, 而所記有異同耳.

《史記》에는 《論語》의 「歸與之歎」(113. 5-21)이 이 때의 일이라 하였고, 또한 《孟子》에 기록된 바의 司城貞子를 주인으로 하였을 때의 감탄한 말(《孟子》 130. 9-8)이라 하나 의심컨대 아닌 듯하다. 대체로 《論語》·《孟子》의 기록된 바는 본래 모두가 이 한 때의 말로서 기록한 바에 異同이 있을 뿐이다.

㊀ 有葉公問答子路不對·沮溺耦耕·荷蓧丈人等事. 史記云:「於是楚昭王使人聘孔子, 孔子將往拜禮, 而陳蔡大夫發徒圍之, 故孔子絶糧於陳蔡之間.」 有慍見及告子貢一貫之語. 按是時陳蔡臣服於楚, 若楚王來聘孔子, 陳蔡大夫安敢圍之? 且據論語, 絶糧當在去衛如陳之時.

葉公의 問答에 子路가 대답하지 아니한 것(165. 7-18), 「張沮·桀溺의 耦耕」 (466. 18-6), 「荷蓧丈人」(467. 18-7) 등의 일이 있었다. 《史記》에는 "이에 楚昭王이 사람을 시켜 공자를 초빙하였다. 공자가 장차 가서 배례하려 하자 陳·蔡 두 나라의 大夫들이 무리를 발동시켜 공자를 포위하였다. 그 때문에 공자가 陳蔡之間에서 絶糧한 것이다"라 하였다. 「慍見」과 子貢에게 一貫의 말을 하였다. 생각건대 이 때에 陳·蔡는 楚나라에게 臣服하고 있었다. 만약 楚王이 공자를 초빙하였다면 陳·蔡의 대부가 어찌 감히 포위할 수 있었겠는가? 또 《論語》를 근거해 보건대 「絶糧」은 응당 衛를 떠나 陳으로 갈 때의 있었던 일이다.

㊁ 史記云:「書社地七百里」, 恐無此理, 時則有接輿之歌.

《史記》에는 "書社의 땅 7백 리"라 하였는데 아마 이런 이치는 없었을 것이다. 당시라면 「接輿之歌」(464. 18-4)가 있었을 것이다.

㊂ 有魯衛兄弟及答子貢夷齊·子路正名之語.

魯·衛는 兄弟(309. 13-7) 및 子貢에게 伯夷·叔齊를 대답한 일(161. 7-14), 子路에게 「正名」을 말한 것(305. 13-3)이 있었다.

㉘ 有對哀公及康子語.

哀公(035. 2-19) 및 康子(036. 2-20)에게 대답한 말이 있었다.

㉙ 有杞宋·損益·從周等語.

「杞宋」(049. 3-9)·「損益」(039. 2-23)·「從周」(054. 3-14) 등의 말이 있었다.

㉚ 有語大師及樂正之語.

태사(大師, 063. 3-23) 및 樂正(219. 9-14)의 말이 있었다.

㉛ 有假我數年之語.

「假我數年」(163. 7-16)의 말이 있었다.

㉜ 弟子顔回最賢, 蚤死, 後惟曾參得傳孔子之道.

제자 중에 顔回가 가장 賢하나 일찍 죽어(121. 6-2: 259. 11-6) 뒤에 오직 曾參이
孔子의 道를 터득하여 傳하였다.

㉝ 有莫我之歎.

「莫我之歎」(369. 14-37)이 있었다.

㉞ 有知我罪我等語, 論語請討陳恆事, 亦在是年.

「知我罪我」(《孟子》 060. 6-9) 등의 말이 있었다. 《論語》에 陳恆(陳恒, 陳常, 田常)을
토벌하도록 청한 일(354. 14-22)도 역시 이 해에 있었다.

㊟ 子思學於曾子, 而孟子受業子思之門人.

子思는 曾子에게 배웠으며 孟子는 子思의 門人에게 受業하였다.(《中庸》서문 참조)

11. 〈讀論語孟子法〉 ·· 宋, 朱熹

據淸仿宋大字本補(宋 大字本을 모방한 淸代 본을 근거로 補함. 臺灣師大「四書敎學硏討會」)

程子曰: 「學者當以論語孟子爲本. 論語孟子旣治, 則六經可不治而明矣.
讀書者當觀聖人所以作經之意, 與聖人所以用心, 聖人之所以至於聖人, 而吾
之所以未至者, 所以未得者. 句句而求之, 晝誦而味之, 中夜而思之, 平其心,
易其氣, 闕其疑, 則聖人之意可見矣.」

程子曰: 「凡看文字, 須先曉其文義, 然後可以求其意. 未有不曉文義而見
意者也.」

程子曰: 「學者須將論語中諸弟子問處便作自己問, 聖人答處便作今日
耳聞, 自然有得. 雖孔孟復生, 不過以此敎人. 若能於語孟中深求玩味, 將來
涵養成甚生氣質!」

程子曰: 「凡看語孟, 且須熟讀玩味. 須將聖人言語切己, 不可只作一場話說.
人只看得二書切己, 終身儘多也.」

程子曰: 「論孟只剩讀着, 便自意足. 學者須是玩味, 若以語言解着, 意便
不足.」

或問: 「且將論孟緊要處看, 如何?」程子曰: 「固是好, 但終是不浹洽耳.」

程子曰: 「孔子言語句句是自然, 孟子言語句句是事實.」

程子曰: 「學者先讀論語孟子, 如尺度權衡相似, 以此去量度事物, 自然
見得長短輕重.」

程子曰: 「讀論語孟子而不知道, 所謂『雖多, 亦奚以爲?』.」

정자程子가 말하였다.

"배우는 자는 마땅히 《논어論語》·《맹자孟子》를 본本으로 하여야 한다.
《논어》·《맹자》가 이미 다스려졌다면 육경六經은 가히 다스리지 않아도 밝아지게 된다. 책을 읽는 자는 마땅히 성인聖人이 소이所以 경經을 지은 뜻과 성인이 용심用心한 소이, 성인이 성인인 소이, 그리고 내가 이르지 못하는 소이, 아직 터득하지 못하는 소이를 관찰하여야 한다. 구절구절마다 이를 찾아 낮으로 외우고 이를 완미玩味하며, 한밤중에도 이를 사색하여 그 마음을 평안히 하고 그 기氣를 바꾸며 그 의심을 궐闕하면(034. 2-18) 성인의 뜻이 가히 드러나게 될 것이다."

정자가 말하였다.

"무릇 문자文字를 봄에 모름지기 먼저 그 문의文義를 밝히 알아야 한다. 연후에 가히 그 뜻을 찾을 수 있다. 문의를 밝히 알지 아니하고 뜻을 알 수 있는 것이란 없다."

정자가 말하였다.

"배우는 자는 모름지기 《논어》 속의 여러 제자弟子들의 질문한 곳을 곧 자기의 질문으로 삼고, 성인聖人의 답한 곳을 곧 오늘 귀로 듣는 것으로 여겨야 한다. 그렇게 되면 자연히 터득함이 있게 된다. 비록 공자·맹자가 다시 태어난다 하여도 이로써 사람을 가르침을 넘어서지 못할 것이다. 만약 능히 《논어》·《맹자》 가운데에서 깊이 찾고 완미한다면 장차 함양涵養하여 심히 살아있는 기질을 이루리라!"

정자가 말하였다.

"무릇 《논어》·《맹자》를 봄에 장차 모름지기 숙독완미熟讀玩味하여야 한다. 모름지기 성인聖人의 언어言語를 자신에게 절박한 것으로 하여야지 단지 한 바탕의 말이라고 여겨서는 아니 된다. 사람이 다만 이 두 책을 자신에게 절박한 것으로 보기만 하면 종신토록 하여도 충분할 것이다."

정자가 말하였다.

"《논어》·《맹자》는 다만 읽기만을 넉넉히 하여도 곧 저절로 뜻이 족하게 된다. 배우는 자는 모름지기 이에 완미하여야 하며 만약 언어로써 해석하고자 한다면 뜻이 곧 풍족하지 못하게 된다."

혹자가 물었다.

"장차 《논어》·《맹자》에서 긴요緊要한 곳을 보겠다고 하면 어떠합니까?"

정자는 이렇게 말하였다.

"그렇게 해도 좋지, 다만 끝내는 협흡(浹洽, 흡족함, 쌍성어)하지 못할 따름이다."

정자가 말하였다.

"공자의 언어는 구절구절이 자연自然스러움이요, 맹자의 언어는 구절구절이 사실事實이다."

정자가 말하였다.

"배우는 자는 먼저 《논어》·《맹자》를 읽어야 함은 마치 척도尺度가 권형權衡이 서로 같음과 같다. 이로써 사물事物을 양탁量度하면 자연히 장단長短과 경중輕重이 드러남을 볼 수 있을 것이다."

정자가 말하였다.

"《논어》·《맹자》를 읽고 도를 모른다면 소위 말하는 『비록 많이 읽은들 무엇에 쓰려는가?』(307. 13-5)라는 것이다."

III. 〈孔子世家〉 ··· 漢, 司馬遷《史記》

　孔子生魯昌平鄕陬邑. 其先宋人也, 曰孔防叔. 防叔生伯夏, 伯夏生叔梁紇. 紇與顏氏女野合而生孔子, 禱於尼丘得孔子. 魯襄公二十二年而孔子生. 生而首上圩頂, 故因名曰丘. 字仲尼, 姓孔氏.

　丘生而叔梁紇死, 葬於防山. 防山在魯東, 由是孔子疑其父墓處, 母諱之也. 孔子爲兒嬉戱, 常陳俎豆, 設禮容. 孔子母死, 乃殯五父之衢, 蓋其愼也. 郰人輓父之母誨孔子父墓, 然後往合葬於防焉.

　孔子要經, 季氏饗士, 孔子與往. 陽虎絀曰:「季氏饗士, 非敢饗子也.」孔子由是退.

　孔子年十七, 魯大夫孟釐子病且死, 誡其嗣懿子曰:「孔丘, 聖人之後, 滅於宋. 其祖弗父何始有宋而嗣讓厲公. 及正考父佐戴·武·宣公, 三命玆益恭, 故鼎銘云:『一命而僂, 再命而傴, 三命而俯, 循牆而走, 亦莫敢余侮. 饘於是, 粥於是, 以餬余口.』其恭如是. 吾聞聖人之後, 雖不當世, 必有達者. 今孔丘年少好禮, 其達者歟? 吾卽沒, 若必師之.」及釐子卒, 懿子與魯人南宮敬叔往學禮焉. 是歲, 季武子卒, 平子代立.

　孔子貧且賤. 及長, 嘗爲季氏史, 料量平; 嘗爲司職吏而畜蕃息. 由是爲司空. 已而去魯, 斥乎齊, 逐乎宋·衛, 困於陳蔡之間, 於是反魯. 孔子長九尺有六寸, 人皆謂之「長人」而異之. 魯復善待, 由是反魯.

　魯南宮敬叔言魯君曰:「請與孔子適周.」魯君與之一乘車, 兩馬, 一豎子俱, 適周問禮, 蓋見老子. 辭去, 而老子送之曰:「吾聞富貴者送人以財, 仁人者送人以言. 吾不能富貴, 竊仁人之號, 送子以言, 曰:『聰明深察而近於死者, 好議人者也. 博辯廣大危其身者, 發人之惡者也. 爲人子者毋以有己, 爲人臣者毋以有己.』」孔子自周反于魯, 弟子稍益進焉.

　是時也, 晉平公淫, 六卿擅權, 東伐諸侯; 楚靈王兵彊, 陵轢中國; 齊大而近於魯. 魯小弱, 附於楚則晉怒; 附於晉則楚來伐; 不備於齊, 齊師侵魯.

魯昭公之二十年, 而孔子蓋年三十矣. 齊景公與晏嬰來適魯, 景公問孔子曰:「昔秦穆公國小處辟, 其霸何也?」對曰:「秦, 國雖小, 其志大; 處雖辟, 行中正. 身擧五羖, 爵之大夫, 起累紲之中, 與語三日, 授之以政. 以此取之, 雖王可也, 其霸小矣.」景公說.

孔子年三十五, 而季平子與郈昭伯以鬪雞故得罪魯昭公, 昭公率師擊平子, 平子與孟氏‧叔孫氏三家共攻昭公, 昭公師敗, 奔於齊, 齊處昭公乾侯. 其後頃之, 魯亂. 孔子適齊, 爲高昭子家臣, 欲以通乎景公. 與齊太師語樂, 聞韶音, 學之, 三月不知肉味, 齊人稱之.

景公問政孔子, 孔子曰:「君君, 臣臣, 父父, 子子.」景公曰:「善哉! 信如君不君, 臣不臣, 父不父, 子不子, 雖有粟, 吾豈得而食諸!」他日又復問政於孔子, 孔子曰:「政在節財.」景公說, 將欲以尼谿田封孔子. 晏嬰進曰:「夫儒者滑稽而不可軌法; 倨傲自順, 不可以爲下; 崇喪遂哀, 破産厚葬, 不可以爲俗; 游說乞貸, 不可以爲國. 自大賢之息, 周室既衰, 禮樂缺有間. 今孔子盛容飾, 繁登降之禮, 趨詳之節, 累世不能殫其學, 當年不能究其禮. 君欲用之以移齊俗, 非所以先細民也.」後景公敬見孔子, 不問其禮. 異日, 景公止孔子曰:「奉子以季氏, 吾不能」以季孟之閒待之. 齊大夫欲害孔子, 孔子聞之. 景公曰:「吾老矣, 弗能用也.」孔子遂行, 反乎魯.

孔子年四十二, 魯昭公卒於乾侯, 定公立. 定公立五年, 夏, 季平子卒, 桓子嗣立. 季桓子穿井得土缶, 中若羊, 問仲尼云「得狗」. 仲尼曰:「以丘所聞, 羊也. 丘聞之, 木石之怪夔‧罔閬, 水之怪龍‧罔象, 土之怪墳羊.」

吳伐越, 墮會稽, 得骨節專車. 吳使使問仲尼:「骨何者最大?」仲尼曰:「禹致羣神於會稽山, 防風氏後至, 禹殺而戮之, 其節專車, 此爲大矣.」吳客曰:「誰爲神?」仲尼曰:「山川之神足以綱紀天下, 其守爲神, 社稷爲公侯, 皆屬於王者.」客曰:「防風何守?」仲尼曰:「汪罔氏之君守封‧禺之山, 爲釐姓. 在虞‧夏‧商爲汪罔, 於周爲長翟, 今謂之大人.」客曰:「人長幾何?」仲尼曰:「僬僥氏三尺, 短之至也. 長者不過十之, 數之極也.」於是吳客曰:「善哉聖人!」

桓子嬖臣曰仲梁懷, 與陽虎有隙. 陽虎欲逐懷, 公山不狃止之. 其秋, 懷益驕, 陽虎執懷. 桓子怒, 陽虎因囚桓子, 與盟而醳之. 陽虎由此益輕季氏. 季氏

亦僭於公室, 陪臣執國政, 是以魯自大夫以下皆僭離於正道. 故孔子不仕, 退而脩詩書禮樂, 弟子彌衆, 至自遠方, 莫不受業焉.

定公八年, 公山不狃不得意於季氏, 因陽虎爲亂, 欲廢三桓之適, 更立其庶孼陽虎素所善者, 遂執季桓子. 桓子詐之, 得脫. 定公九年, 陽虎不勝, 奔于齊. 是時孔子年五十.

公山不狃以費畔季氏, 使人召孔子. 孔子循道彌久, 溫溫無所試, 莫能己用, 曰:「蓋周文武起豐鎬而王, 今費雖小, 儻庶幾乎!」欲往. 子路不說, 止孔子. 孔子曰:「夫召我者豈徒哉? 如用我, 其爲東周乎!」然亦卒不行.

其後定公以孔子爲中都宰, 一年, 四方皆則之. 由中都宰爲司空, 由司空爲大司寇.

定公十年春, 及齊平. 夏, 齊大夫黎鉏言於景公曰:「魯用孔丘, 其勢危齊.」乃使使告魯爲好會, 會於夾谷. 魯定公且以乘車好往. 孔子攝相事, 曰:「臣聞有文事者必有武備, 有武事者必有文備. 古者諸侯出疆, 必具官以從. 請具左右司馬.」定公曰:「諾.」具左右司馬. 會齊侯夾谷, 爲壇位, 土階三等, 以會遇之禮相見, 揖讓而登. 獻酬之禮畢, 齊有司趨而進曰:「請奏四方之樂.」景公曰:「諾.」於是旍旄羽袚矛戟劍撥鼓噪而至. 孔子趨而進, 歷階而登, 不盡一等, 舉袂而言曰:「吾兩君爲好會, 夷狄之樂何爲於此! 請命有司!」有司卻之, 不去, 則左右視晏子與景公. 景公心怍, 麾而去之. 有頃, 齊有司趨而進曰:「請奏宮中之樂.」景公曰:「諾.」優倡侏儒爲戲而前. 孔子趨而進, 歷階而登, 不盡一等, 曰:「匹夫而營惑諸侯者罪當誅! 請命有司!」有司加法焉, 手足異處. 景公懼而動, 知義不若, 歸而大恐, 告其羣臣曰:「魯以君子之道輔其君, 而子獨以夷狄之道教寡人, 使得罪於魯君, 爲之奈何?」有司進對曰:「君子有過則謝以質, 小人有過則謝以文. 君若悼之, 則謝以質.」於是齊侯乃歸所侵魯之鄆·汶陽·龜陰之田以謝過.

定公十三年夏, 孔子言於定公曰:「臣無藏甲, 大夫毋百雉之城.」使仲由爲季氏宰, 將墮三都. 於是叔孫氏先墮郈. 季氏將墮費, 公山不狃·叔孫輒率費人襲魯. 公與三子入于季氏之宮, 登武子之臺. 費人攻之, 弗克, 入及公側. 孔子命申句須·樂頎下伐之, 費人北. 國人追之, 敗諸姑蔑. 二子奔齊, 遂墮費.

將墮成, 公斂處父謂孟孫曰:「墮成, 齊人必至于北門. 且成, 孟氏之保鄣, 無成是無孟氏也. 我將弗墮.」十二月, 公圍成, 弗克.

定公十四年, 孔子年五十六, 由大司寇行攝相事, 有喜色. 門人曰:「聞君子禍至不懼, 福至不喜.」孔子曰:「有是言也. 不曰『樂其以貴下人』乎?」於是誅魯大夫亂政者少正卯. 與聞國政三月, 粥羔豚者弗飾賈; 男女行者別於塗; 塗不拾遺; 四方之客至乎邑者不求有司, 皆予之以歸.

齊人聞而懼, 曰:「孔子爲政必霸, 霸則吾地近焉, 我之爲先幷矣. 盍致地焉?」黎鉏曰:「請先嘗沮之; 沮之而不可則致地, 庸遲乎!」於是選齊國中女子好者八十人, 皆衣文衣而舞康樂, 文馬三十駟, 遺魯君. 陳女樂文馬於魯城南高門外, 季桓子微服往觀再三, 將受, 乃語魯君爲周道游, 往觀終日, 怠於政事. 子路曰:「夫子可以行矣.」孔子曰:「魯今且郊, 如致膰乎大夫, 則吾猶可以止.」桓子卒受齊女樂, 三日不聽政; 郊, 又不致膰俎於大夫. 孔子遂行, 宿乎屯. 而師己送, 曰:「夫子則非罪.」孔子曰:「吾歌可夫?」歌曰:「彼婦之口, 可以出走; 彼婦之謁, 可以死敗. 蓋優哉游哉, 維以卒歲!」師己反, 桓子曰:「孔子亦何言?」師己以實告. 桓子喟然歎曰:「夫子罪我以羣婢故也夫!」

孔子遂適衛, 主於子路妻兄顏濁鄒家. 衛靈公問孔子:「居魯得祿幾何?」對曰:「奉粟六萬.」衛人亦致粟六萬. 居頃之, 或譖孔子於衛靈公. 靈公使公孫余假一出一入. 孔子恐獲罪焉, 居十月, 去衛.

將適陳, 過匡, 顏刻爲僕, 以其策指之曰:「昔吾入此, 由彼缺也.」匡人聞之, 以爲魯之陽虎. 陽虎嘗暴匡人, 匡人於是遂止孔子. 孔子狀類陽虎, 拘焉五日, 顏淵後, 子曰:「吾以汝爲死矣.」顏淵曰:「子在, 回何敢死!」匡人拘孔子益急, 弟子懼. 孔子曰:「文王旣沒, 文不在茲乎? 天之將喪斯文也, 後死者不得與于斯文也. 天之未喪斯文也, 匡人其如予何!」孔子使從者爲甯武子臣於衛, 然後得去.

去卽過蒲. 月餘, 反乎衛, 主蘧伯玉家. 靈公夫人有南子者, 使人謂孔子曰:「四方之君子不辱欲與寡君爲兄弟者, 必見寡小君. 寡小君願見.」孔子辭謝, 不得已而見之. 夫人在絺帷中. 孔子入門, 北面稽首. 夫人自帷中再拜, 環珮玉聲璆然. 孔子曰:「吾鄉爲弗見, 見之禮答焉.」子路不說. 孔子矢之曰:「予所

不者, 天厭之! 天厭之!」居衛月餘, 靈公與夫人同車, 宦者雍渠參乘, 出, 使孔子爲次乘, 招搖市過之. 孔子曰:「吾未見好德如好色者也.」於是醜之, 去衛, 過曹. 是歲, 魯定公卒.

孔子去曹適宋, 與弟子習禮大樹下. 宋司馬桓魋欲殺孔子, 拔其樹. 孔子去. 弟子曰:「可以速矣.」孔子曰:「天生德於予, 桓魋其如予何!」

孔子適鄭, 與弟子相失, 孔子獨立郭東門. 鄭人或謂子貢曰:「東門有人, 其顙似堯, 其項類皋陶, 其肩類子産, 然自要以下不及禹三寸. 纍纍若喪家之狗.」子貢以實告孔子. 孔子欣然笑曰:「形狀, 末也. 而謂似喪家之狗, 然哉! 然哉!」

孔子遂至陳, 主於司城貞子家. 歲餘, 吳王夫差伐陳, 取三邑而去. 趙鞅伐朝歌. 楚圍蔡, 蔡遷于吳. 吳敗越王句踐會稽.

有隼集于陳廷而死, 楛矢貫之, 石砮, 矢長尺有咫. 陳湣公使使問仲尼. 仲尼曰:「隼來遠矣, 此肅慎之矢也. 昔武王克商, 通道九夷百蠻, 使各以其方賄來貢, 使無忘職業. 於是肅慎貢楛矢石砮, 長尺有咫. 先王欲昭其令德, 以肅慎矢分大姬, 配虞胡公而封諸陳. 分同姓以珍玉, 展親; 分異姓以遠方職, 使無忘服. 故分陳以肅慎矢.」試求之故府, 果得之.

孔子居陳三歲, 會晉楚爭彊, 更伐陳, 及吳侵陳, 陳常被寇. 孔子曰:「歸與歸與! 吾黨之小子狂簡, 進取不忘其初.」於是孔子去陳.

過蒲, 會公叔氏以蒲畔, 蒲人止孔子. 弟子有公良孺者, 以私車五乘從孔子. 其爲人長賢, 有勇力, 謂曰:「吾昔從夫子遇難於匡, 今又遇難於此, 命也已. 吾與夫子再罹難, 寧鬭而死.」鬭甚疾. 蒲人懼, 謂孔子曰:「苟毋適衛, 吾出子.」與之盟, 出孔子東門. 孔子遂適衛. 子貢曰:「盟可負邪?」孔子曰:「要盟也, 神不聽.」

衛靈公聞孔子來, 喜, 郊迎. 問曰:「蒲可伐乎?」對曰:「可.」靈公曰:「吾大夫以爲不可. 今蒲, 衛之所以待晉楚也, 以衛伐之, 無乃不可乎?」孔子曰:「其男子有死之志, 婦人有保西河之志. 吾所伐者不過四五人.」靈公曰:「善.」然不伐蒲.

靈公老, 怠於政, 不用孔子. 孔子喟然歎曰:「苟有用我者, 朞月而已, 三年

有成」孔子行.

佛肸爲中牟宰. 趙簡子攻范·中行, 伐中牟. 佛肸畔, 使人召孔子. 孔子欲往. 子路曰:「由聞諸夫子, 『其身親爲不善者, 君子不入也』. 今佛肸親以中牟畔, 子欲往, 如之何?」孔子曰:「有是言也. 不曰堅乎, 磨而不磷; 不曰白乎, 涅而不淄. 我豈匏瓜也哉, 焉能而不食?」

孔子擊磬. 有荷蕢而過門者, 曰:「有心哉, 擊磬乎! 硜硜乎, 莫己知也夫而已矣!」

孔子學鼓琴師襄子, 十日不進. 師襄子曰:「可以益矣.」孔子曰:「丘已習其曲矣, 未得其數也.」有閒, 曰:「已習其數, 可以益矣.」孔子曰:「丘未得其志也.」有閒, 曰:「已習其志, 可以益矣.」孔子曰:「丘未得其爲人也.」有閒, (曰)有所穆然深思焉, 有所怡然高望而遠志焉. 曰:「丘得其爲人, 黯然而黑, 幾然而長, 眼如望羊, 如王四國, 非文王其誰能爲此也!」師襄子辟席再拜, 曰:「師蓋云文王操也.」

孔子既不得用於衛, 將西見趙簡子. 至於河而聞竇鳴犢·舜華之死也, 臨河而歎曰:「美哉水, 洋洋乎! 丘之不濟此, 命也夫!」子貢趨而進曰:「敢問何謂也?」孔子曰:「竇鳴犢, 舜華, 晉國之賢大夫也. 趙簡子未得志之時, 須此兩人而后從政; 及其已得志, 殺之乃從政. 丘聞之也, 刳胎殺夭則麒麟不至郊, 竭澤涸漁則蛟龍不合陰陽, 覆巢毀卵則鳳皇不翔. 何則? 君子諱傷其類也. 夫鳥獸之於不義也尙知辟之, 而况乎丘哉!」乃還息乎陬鄉, 作爲陬操以哀之. 而反乎衛, 入主蘧伯玉家.

他日, 靈公問兵陳. 孔子曰:「俎豆之事則嘗聞之, 軍旅之事未之學也.」明日, 與孔子語, 見蜚鴈, 仰視之, 色不在孔子. 孔子遂行, 復如陳.

夏, 衛靈公卒, 立孫輒, 是爲衛出公. 六月, 趙鞅內太子蒯聵于戚. 陽虎使太子絻, 八人衰絰, 僞自衛迎者, 哭而入, 遂居焉. 冬, 蔡遷于州來. 是歲魯哀公三年, 而孔子年六十矣. 齊助衛圍戚, 以衛太子蒯聵在故也.

夏, 魯桓釐廟燔, 南宮敬叔救火. 孔子在陳, 聞之, 曰:「災必於桓釐廟乎?」已而果然.

秋, 季桓子病, 輦而見魯城, 喟然歎曰:「昔此國幾興矣, 以吾獲罪於孔子,

故不興也.」顧謂其嗣康子曰:「我即死, 若必相魯; 相魯, 必召仲尼.」後數日, 桓子卒, 康子代立. 已葬, 欲召仲尼. 公之魚曰:「昔吾先君用之不終, 終爲諸侯笑. 今又用之, 不能終, 是再爲諸侯笑.」康子曰:「則誰召而可?」曰:「必召冉求.」於是使使召冉求. 冉求將行, 孔子曰:「魯人召求, 非小用之, 將大用之也.」是日, 孔子曰:「歸乎歸乎! 吾黨之小子狂簡, 斐然成章, 吾不知所以裁之.」子贛知孔子思歸, 送冉求, 因誠曰『即用, 以孔子爲招』云.

冉求既去, 明年, 孔子自陳遷于蔡. 蔡昭公將如吳, 吳召之也. 前昭公欺其臣遷州來, 後將往, 大夫懼復遷, 公孫翩射殺昭公. 楚侵蔡. 秋, 齊景公卒.

明年, 孔子自蔡如葉. 葉公問政, 孔子曰:「政在來遠附邇.」他日, 葉公問孔子於子路, 子路不對. 孔子聞之, 曰:「由, 爾何不對曰『其爲人也, 學道不倦, 誨人不厭, 發憤忘食, 樂以忘憂, 不知老之將至』云爾.」

去葉, 反于蔡. 長沮·桀溺耦而耕, 孔子以爲隱者, 使子路問津焉. 長沮曰:「彼執輿者爲誰?」子路曰:「爲孔丘.」曰:「是魯孔丘與?」曰:「然.」曰:「是知津矣.」桀溺謂子路曰:「子爲誰?」曰:「爲仲由.」曰:「子, 孔丘之徒與?」曰:「然.」桀溺曰:「悠悠者天下皆是也, 而誰以易之? 且與其從辟人之士, 豈若從辟世之士哉!」耰而不輟. 子路以告孔子, 孔子憮然曰:「鳥獸不可與同羣. 天下有道, 丘不與易也.」

他日, 子路行, 遇荷蓧丈人, 曰:「子見夫子乎?」丈人曰:「四體不勤, 五穀不分, 孰爲夫子!」植其杖而芸. 子路以告, 孔子曰:「隱者也.」復往, 則亡.

孔子遷于蔡三歲, 吳伐陳. 楚救陳, 軍于城父. 聞孔子在陳蔡之間, 楚使人聘孔子. 孔子將往拜禮, 陳蔡大夫謀曰:「孔子賢者, 所刺譏皆中諸侯之疾. 今者久留陳蔡之間, 諸大夫所設行皆非仲尼之意. 今楚, 大國也, 來聘孔子. 孔子用於楚, 則陳蔡用事大夫危矣.」於是乃相與發徒役圍孔子於野. 不得行, 絕糧. 從者病, 莫能興. 孔子講誦弦歌不衰. 子路慍見曰:「君子亦有窮乎?」孔子曰:「君子固窮, 小人窮斯濫矣.」

子貢色作. 孔子曰:「賜, 爾以予爲多學而識之者與?」曰:「然. 非與?」孔子曰:「非也. 予一以貫之.」

孔子知弟子有慍心, 乃召子路而問曰:「詩『匪兕匪虎, 率彼曠野』. 吾道非邪?

吾何爲於此?」子路曰:「意者吾未仁邪? 人之不我信也. 意者吾未知邪? 人之不我行也.」孔子曰:「有是乎! 由, 譬使仁者而必信, 安有伯夷·叔齊? 使知者而必行, 安有王子比干?」

子路出, 子貢入見. 孔子曰:「賜, 詩『匪兕匪虎, 率彼曠野』. 吾道非邪? 吾何爲於此?」子貢曰:「夫子之道至大也, 故天下莫能容夫子. 夫子蓋少貶焉?」孔子曰:「賜, 良農能稼而不能爲穡, 良工能巧而不能爲順. 君子能脩其道, 綱而紀之, 統而理之, 而不能爲容. 今爾不脩爾道而求爲容. 賜, 而志不遠矣!」

子貢出, 顏回入見. 孔子曰:「回, 詩『匪兕匪虎, 率彼曠野』. 吾道非邪? 吾何爲於此?」顏回曰:「夫子之道至大, 故天下莫能容. 雖然, 夫子推而行之, 不容何病, 不容然後見君子! 夫道之不脩也, 是吾醜也. 夫道既已大脩而不用, 是有國者之醜也. 不容何病, 不容然後見君子!」孔子欣然而笑曰:「有是哉 顏氏之子! 使爾多財, 吾爲爾宰.」

於是使子貢至楚. 楚昭王興師迎孔子, 然後得免.

昭王將以書社地七百里封孔子. 楚令尹子西曰:「王之使使諸侯有如子貢者乎?」曰:「無有.」「王之輔相有如顏回者乎?」曰:「無有.」「王之將率有如子路者乎?」曰:「無有.」「王之官尹有如宰予者乎?」曰:「無有.」「且楚之祖封於周, 號爲子男五十里. 今孔丘述三五之法, 明周召之業, 王若用之, 則楚安得世世堂堂方數千里乎? 夫文王在豐, 武王在鎬, 百里之君卒王天下. 今孔丘得據土壤, 賢弟子爲佐, 非楚之福也.」昭王乃止. 其秋, 楚昭王卒于城父.

楚狂接輿歌而過孔子, 曰:「鳳兮鳳兮, 何德之衰! 往者不可諫兮, 來者猶可追也! 已而已而, 今之從政者殆而!」孔子下, 欲與之言. 趨而去, 弗得與之言.

於是孔子自楚反乎衛. 是歲也, 孔子年六十三, 而魯哀公六年也.

其明年, 吳與魯會繒, 徵百牢. 太宰嚭召季康子. 康子使子貢往, 然後得已.

孔子曰:「魯衛之政, 兄弟也.」是時, 衛君輒父不得立, 在外, 諸侯數以爲讓. 而孔子弟子多仕於衛, 衛君欲得孔子爲政. 子路曰:「衛君待子而爲政, 子將奚先?」孔子曰:「必也正名乎!」子路曰:「有是哉, 子之迂也! 何其正也?」孔子曰:「野哉由也! 夫名不正則言不順, 言不順則事不成, 事不成則禮樂不興, 禮樂不興則刑罰不中, 刑罰不中則民無所錯手足矣. 夫君子爲之必可名,

言之必可行. 君子於其言, 無所苟而已矣.」

其明年, 冉有爲季氏將師, 與齊戰於郎, 克之. 季康子曰:「子之於軍旅, 學之乎? 性之乎?」冉有曰:「學之於孔子.」季康子曰:「孔子何如人哉?」對曰:「用之有名; 播之百姓, 質諸鬼神而無憾. 求之至於此道, 雖累千社, 夫子不利也.」康子曰:「我欲召之, 可乎?」對曰:「欲召之, 則毋以小人固之, 則可矣.」而衛孔文子將攻太叔, 問策於仲尼. 仲尼辭不知, 退而命載而行, 曰:「鳥能擇木, 木豈能擇鳥乎!」文子固止. 會季康子逐公華・公賓・公林, 以幣迎孔子, 孔子歸魯.

孔子之去魯凡十四歲而反乎魯.

魯哀公問政, 對曰:「政在選臣.」季康子問政, 曰:「舉直錯諸枉, 則枉者直.」康子患盜, 孔子曰:「苟子之不欲, 雖賞之不竊.」然魯終不能用孔子, 孔子亦不求仕.

孔子之時, 周室微而禮樂廢, 詩書缺. 追迹三代之禮, 序書傳, 上紀唐虞之際, 下至秦繆, 編次其事. 曰:「夏禮吾能言之, 杞不足徵也. 殷禮吾能言之, 宋不足徵也. 足, 則吾能徵之矣.」觀殷夏所損益, 曰:「後雖百世可知也, 以一文一質. 周監二代, 乎文哉. 吾從周.」故書傳・禮記自孔氏.

孔子語魯大師:「樂其可知也. 始作翕如, 縱之純如, 皦如, 繹如也, 以成.」「吾自衛反魯, 然後樂正, 雅頌各得其所.」

古者詩三千餘篇, 及至孔子, 去其重, 取可施於禮義, 上采契后稷, 中述殷周之盛, 至幽厲之缺, 始於衽席, 故曰「關雎之亂以爲風始, 鹿鳴爲小雅始, 文王爲大雅始, 清廟爲頌始」. 三百五篇孔子皆弦歌之, 以求合韶武雅頌之音. 禮樂自此可得而述, 以備王道, 成六藝.

孔子晚而喜易, 序彖・繫・象・說卦・文言. 讀易, 韋編三絶. 曰:「假我數年, 若是, 我於易則彬彬矣.」

孔子以詩書禮樂教, 弟子蓋三千焉, 身通六藝者七十有二人. 如顏濁鄒之徒, 頗受業者甚衆.

孔子以四教: 文, 行, 忠, 信. 絶四: 毋意, 毋必, 毋固, 毋我. 所慎: 齊, 戰, 疾. 子罕言利與命與仁. 不憤不啓, 舉一隅不以三隅反, 則弗復也.

其於鄉黨, 恂恂似不能言者. 其於宗廟朝廷, 辯辯言, 唯謹爾. 朝, 與上大夫言, 誾誾如也; 與下大夫言, 侃侃如也.

入公門, 鞠躬如也; 趨進, 翼如也. 君召使儐, 色勃如也. 君命召, 不俟駕行矣. 魚餒, 肉敗, 割不正, 不食. 席不正, 不坐. 食於有喪者之側, 未嘗飽也. 是日哭, 則不歌. 見齊衰・瞽者, 雖童子必變.

「三人行, 必得我師.」「德之不脩, 學之不講, 聞義不能徙, 不善不能改, 是吾憂也.」使人歌, 善, 則使復之, 然后和之.

子不語: 怪, 力, 亂, 神.

子貢曰:「夫子之文章, 可得聞也. 夫子言天道與性命, 弗可得聞也已.」顏淵喟然歎曰:「仰之彌高, 鑽之彌堅. 瞻之在前, 忽焉在後. 夫子循循然善誘人, 博我以文, 約我以禮, 欲罷不能. 既竭我才, 如有所立, 卓爾. 雖欲從之, 蔑由也已.」達巷黨人(童子)曰:「大哉孔子, 博學而無所成名.」子聞之曰:「我何執? 執御乎? 執射乎? 我執御矣.」牢曰:「子云『不試, 故藝』.」

魯哀公十四年春, 狩大野. 叔孫氏車子鉏商獲獸, 以爲不祥. 仲尼視之, 曰:「麟也.」取之. 曰:「河不出圖, 雒不出書, 吾已矣夫!」顏淵死, 孔子曰:「天喪予!」及西狩見麟, 曰:「吾道窮矣!」喟然歎曰:「莫知我夫!」子貢曰:「何爲莫知子?」子曰:「不怨天, 不尤人, 下學而上達, 知我者其天乎!」

「不降其志, 不辱其身, 伯夷・叔齊乎!」謂「柳下惠・少連降志辱身矣」. 謂「虞仲・夷逸隱居放言, 行中淸, 廢中權」.「我則異於是, 無可無不可.」

子曰:「弗乎弗乎, 君子病沒世而名不稱焉. 吾道不行矣, 吾何以自見於後世哉?」乃因史記作春秋, 上至隱公, 下訖哀公十四年, 十二公. 據魯, 親周, 故殷, 運之三代. 約其文辭而指博. 故吳楚之君自稱王, 而春秋貶之曰「子」; 踐土之會實召周天子, 而春秋諱之曰「天王狩於河陽」: 推此類以繩當世. 貶損之義, 後有王者舉而開之. 春秋之義行, 則天下亂臣賊子懼焉.

孔子在位聽訟, 文辭有可與人共者, 弗獨有也. 至於爲春秋, 筆則筆, 削則削, 子夏之徒不能贊一辭. 弟子受春秋, 孔子曰:「後世知丘者以春秋, 而罪丘者亦以春秋.」

明歲, 子路死於衛. 孔子病, 子貢請見. 孔子方負杖逍遙於門, 曰:「賜, 汝來何其晚也?」孔子因歎, 歌曰:「太山壞乎! 梁柱摧乎! 哲人萎乎!」因以涕下. 謂子貢曰:「天下無道久矣, 莫能宗予. 夏人殯於東階, 周人於西階, 殷人兩柱閒. 昨暮予夢坐奠兩柱之閒, 予始殷人也.」後七日卒.

孔子年七十三, 以魯哀公十六年四月己丑卒.

哀公誄之曰:「旻天不弔, 不憖遺一老, 俾屏余一人以在位, 煢煢余在疚. 嗚呼哀哉! 尼父, 毋自律!」子貢曰:「君其不沒於魯乎! 夫子之言曰:『禮失則昏, 名失則愆. 失志為昏, 失所為愆.』生不能用, 死而誄之, 非禮也. 稱『余一人』, 非名也.」

孔子葬魯城北泗上, 弟子皆服三年. 三年心喪畢, 相訣而去, 則哭, 各復盡哀; 或復留. 唯子贛廬於上, 凡六年, 然後去. 弟子及魯人往從而冢者百有餘室, 因命曰孔里. 魯世世相傳以歲時奉祠孔子冢, 而諸儒亦講禮鄉飲大射於孔子冢. 孔子冢大一頃. 故所居堂弟子內, 後世因廟藏孔子衣冠琴車書, 至于漢二百餘年不絕. 高皇帝過魯, 以太牢祠焉. 諸侯卿相至, 常先謁然後從政.

孔子生鯉, 字伯魚. 伯魚年五十, 先孔子死.

伯魚生伋, 字子思, 年六十二. 嘗困於宋. 子思作中庸.

子思生白, 字子上, 年四十七. 子上生求, 字子家, 年四十五. 子家生箕, 字子京, 年四十六. 子京生穿, 字子高, 年五十一. 子高生子慎, 年五十七, 嘗為魏相.

子慎生鮒, 年五十七, 為陳王涉博士, 死於陳下.

鮒弟子襄, 年五十七. 嘗為孝惠皇帝博士, 遷為長沙太守. 長九尺六寸.

子襄生忠, 年五十七. 忠生武, 武生延年及安國. 安國為今皇帝博士, 至臨淮太守, 蚤卒. 安國生卬, 卬生驩.

太史公曰: 詩有之:「高山仰止, 景行行止.」雖不能至, 然心鄉往之. 余讀孔氏書, 想見其為人. 適魯, 觀仲尼廟堂車服禮器, 諸生以時習禮其家, 余祇留之不能去云. 天下君王至于賢人眾矣, 當時則榮, 沒則已焉. 孔子布衣, 傳十餘世, 學者宗之. 自天子王侯, 中國言六藝者折中於夫子, 可謂至聖矣!

IV. 〈仲尼弟子列傳〉 ························· 漢, 司馬遷《史記》

子曰: 「受業身通者七十有七人」, 皆異能之士也. 德行: 顔淵, 閔子騫, 冉伯牛, 仲弓. 政事: 冉有, 季路. 言語: 宰我, 子貢. 文學: 子游, 子夏. 師也辟, 參也魯, 柴也愚, 由也喭, 回也屢空. 賜不受命而貨殖焉, 億則屢中.

孔子之所嚴事: 於周則孝子; 於衛, 蘧伯玉; 於齊, 晏平仲; 於楚, 老萊子; 於鄭, 子產; 於魯, 孟公綽. 數稱臧文仲·柳下惠·銅鞮伯華·介山子然, 孔子皆後之, 不並世.

顔回者, 魯人也, 字子淵. 少孔子三十歲.

顔淵問仁, 孔子曰: 「克己復禮, 天下歸仁焉.」

孔子曰: 「賢哉回也! 一簞食, 一瓢飲, 在陋巷, 人不堪其憂, 回也不改其樂.」 「回也如愚; 退而省其私, 亦足以發, 回也不愚.」 「用之則行; 捨之則藏, 唯我與爾有是夫!」

回年二十九, 髮盡白, 蚤死. 孔子哭之慟, 曰: 「自吾有回, 門人益親.」魯哀公問: 「弟子孰爲好學?」孔子對曰: 「有顔回者好學, 不遷怒, 不貳過, 不幸短命死矣, 今也則亡.」

閔損字子騫, 少孔子十五歲.

孔子曰: 「孝哉閔子騫! 人不間於其父母昆弟之言.」不仕大夫, 不食汙君之祿. 「如有復我者, 必在汶上矣.」

冉耕字伯牛. 孔子以爲有德行.

伯牛有惡疾, 孔子往問之, 自牖執其手, 曰: 「命也夫! 斯人也而有斯疾, 命也夫!」

冉雍字仲弓.

仲弓問政, 孔子曰: 「出門如見大賓, 使民如承大祭. 在邦無怨, 在家無怨.」

孔子以仲弓爲有德行, 曰: 「雍也可使南面.」

仲弓父, 賤人. 孔子曰:「犛牛之子騂且角, 雖欲勿用, 山川其舍諸?」

冉求字子有, 少孔子二十九歲. 爲季氏宰.

季康子問孔子曰:「冉求仁乎?」曰:「千室之邑, 百乘之家, 求也可使治其賦. 仁則吾不知也.」復問:「子路仁乎?」孔子對曰:「如求.」

求問曰:「聞斯行諸?」子曰:「行之」子路問:「聞斯行諸?」子曰:「有父兄在, 如之何其聞斯行之!」子華怪之,「敢問問同而答異?」孔子曰:「求也退, 故進之. 由也兼人, 故退之.」

仲由字子路, 卞人也. 少孔子九歲.

子路性鄙, 好勇力, 志伉直, 冠雄雞, 佩豭豚, 陵暴孔子. 孔子設禮稍誘子路, 子路後儒服委質, 因門人請爲弟子.

子路問政, 孔子曰:「先之, 勞之.」請益. 曰:「無倦.」

子路問:「君子尚勇乎?」孔子曰:「義之爲上. 君子好勇而無義則亂, 小人好勇而無義則盜.」

子路有聞, 未之能行, 唯恐有聞.

孔子曰:「片言可以折獄者, 其由也與!」「由也好勇過我, 無所取材.」「若由也, 不得其死然.」「衣敝縕袍與衣狐貉者立而不恥者, 其由也與!」「由也升堂矣, 未入於室也.」

季康子問:「仲由仁乎?」孔子曰:「千乘之國可使治其賦, 不知其仁.」

子路喜從游, 遇長沮·桀溺, 荷蓧丈人.

子路爲季氏宰, 季孫問曰:「子路可謂大臣與?」孔子曰:「可謂具臣矣.」

子路爲蒲大夫, 辭孔子. 孔子曰:「蒲多壯士, 又難治. 然吾語汝: 恭以敬, 可以執勇, 寬以正, 可以比眾; 恭正以靜, 可以報上.」

初, 衛靈公有寵姬曰南子. 靈公太子蕢聵得過南子, 懼誅出奔. 及靈公卒而夫人欲立公子郢. 郢不肯, 曰:「亡人太子之子輒在.」於是衛立輒爲君, 是爲出公. 出公立十二年, 其父蕢聵居外, 不得入. 子路爲衛大夫孔悝之邑宰. 蕢聵乃與孔悝作亂, 謀入孔悝家, 遂與其徒襲攻出公. 出公奔魯, 而蕢聵入立, 是爲莊公. 方孔悝作亂, 子路在外, 聞之而馳往. 遇子羔出衛城門, 謂子路曰:「出公去矣, 而門已閉, 子可還矣, 毋空受其禍.」子路曰:「食其食者不避其難.」

子羔卒去. 有使者入城, 城門開, 子路隨而入. 造蕢聵, 蕢聵與孔悝登臺. 子路曰: 「君焉用孔悝? 請得而殺之.」蕢聵不聽. 於是子路欲燔臺, 蕢聵懼, 乃下石乞·壺黶攻子路, 擊斷子路之纓. 子路曰: 「君子死而冠不免.」遂結纓而死.

孔子聞衛亂, 曰: 「嗟乎, 由死矣!」已而果死. 故孔子曰: 「自吾得由, 惡言不聞於耳.」是時子貢爲魯使於齊.

宰予字子我. 利口辯辭. 旣受業, 問: 「三年之喪不已久乎? 君子三年不爲禮, 禮必壞; 三年不爲樂, 樂必崩. 舊穀旣沒, 新穀旣升, 鑽燧改火, 期可已矣.」子曰: 「於汝安乎?」曰: 「安.」「汝安則爲之. 君子居喪, 食旨不甘, 聞樂不樂, 故弗爲也.」宰我出, 子曰: 「予之不仁也! 子生三年然後免於父母之懷. 夫三年之喪, 天下之通義也.」

宰予晝寢. 子曰: 「朽木不可雕也, 糞土之牆不加圬也.」

宰我問五帝之德, 子曰: 「予非其人也.」

宰我爲臨淄大夫, 與田常作亂, 以夷其族, 孔子恥之.

端沐賜, 衛人, 字子貢. 少孔子三十一歲.

子貢利口巧辭, 孔子常黜其辯. 問曰: 「汝與回也孰愈?」對曰: 「賜也何敢望回! 回也聞一以知十, 賜也聞一以知二.」

子貢旣已受業, 問曰: 「賜何人也?」孔子曰: 「汝器也.」曰: 「何器也?」曰: 「瑚璉也.」

陳子禽問子貢曰: 「仲尼焉學?」子貢曰: 「文武之道未墜於地, 在人, 賢者識其大者, 不賢者識其小者, 莫不有文武之道. 夫子焉不學, 而亦何常師之有!」又問曰: 「孔子適是國必聞其政. 求之與? 抑與之與?」子貢曰: 「夫子溫良恭儉讓而得之. 夫子之求之也, 其諸異乎人之求之也.」

子貢問曰: 「富而無驕, 貧而無諂, 何如?」孔子曰: 「可也; 不如貧而樂道, 富而好禮.」

田常欲作亂於齊, 憚高·國·鮑·晏, 故移其兵欲以伐魯. 孔子聞之, 謂門弟子曰: 「夫魯, 墳墓所處, 父母之國, 國危如此, 二三子何爲莫出?」子路請出, 孔子止之. 子張·子石請行, 孔子不許. 子貢請行, 孔子許之.

遂行, 至齊, 說田常曰: 「君之伐魯過矣. 夫魯, 難伐之國, 其城薄以卑,

其地狹以泄，其君愚而不仁，大臣偽而無用，其士民又惡甲兵之事，此不可與戰。君不如伐吳。夫吳，城高以厚，地廣以深，甲堅以新，士選以飽，重器精兵盡在其中，又使明大夫守之，此易伐也。」田常忿然作色曰：「子之所難，人之所易；子之所易，人之所難：而以教常，何也？」子貢曰：「臣聞之，憂在內者攻彊，憂在外者攻弱。今君憂在內。吾聞君三封而三不成者，大臣有不聽者也。今君破魯以廣齊，戰勝以驕主，破國以尊臣，而君之功不與焉，則交日疏於主。是君上驕主心。下恣羣臣，求以成大事，難矣。夫上驕則恣，臣驕則爭，是君上與主有卻，下與大臣交爭也。如此，則君之立於齊危矣。故曰不如伐吳。伐吳不勝，民人外死，大臣內空，是君上無彊臣之敵，下無民人之過，孤主制齊者唯君也。」田常曰：「善。雖然，吾兵業已加魯矣，去而之吳，大臣疑我，奈何？」子貢曰：「君按兵無伐，臣請往使吳王，令之救魯而伐齊，君因以兵迎之。」田常許之，使子貢南見吳王。

說曰：「臣聞之，王者不絕世，霸者無彊敵，千鈞之重加銖兩而移。今以萬乘之齊而私千乘之魯，與吳爭彊，竊爲王危之。且夫救魯，顯名也；伐齊，大利也。以撫泗上諸侯，誅暴齊以服彊晉，利莫大焉。名存亡魯，實困彊齊，智者不疑也。」吳王曰：「善。雖然，吳嘗與越戰，棲之會稽。越王苦身養士，有報我心。子待我伐越而聽子。」子貢曰：「越之勁不過魯，吳之彊不過齊，王置齊而伐越，則齊已平魯矣。且王方以存亡繼絕爲名，夫伐小越而畏彊齊，非勇也。夫勇者不避難，仁者不窮約，智者不失時，王者不絕世，以立其義。今存越示諸侯以仁，救魯伐齊，威加晉國，諸侯必相率而朝吳，霸業成矣。且王必惡越，臣請東見越王，令出兵以從，此實空越，名從諸侯以伐也。」吳王大說，乃使子貢之越。

越王除道郊迎，身御至舍而問曰：「此蠻夷之國，大夫何以儼然辱而臨之？」子貢曰：「今者吾說吳王以救魯伐齊，其志欲之而畏越，曰『待我伐越乃可』。如此，破越必矣。且夫無報人之志而令人疑之，拙也；有報人之志，使人知之，殆也；事未發而先聞，危也。三者舉事之大患。」句踐頓首再拜曰：「孤嘗不料力，乃與吳戰，困於會稽，痛入於骨髓，日也焦脣乾舌，徒欲與吳王接踵而死，孤之願也。」遂問子貢。子貢曰：「吳王爲人猛暴，群臣不堪；國家敝以數戰，

士卒弗忍; 百姓怨上, 大臣內變; 子胥以諫死, 太宰嚭用事, 順君之過以安其私; 是殘國之治也. 今王誠發士卒佐之以徼其志, 重寶以說其心, 卑辭以尊其禮, 其伐齊必也. 彼戰不勝, 王之福矣. 戰勝, 必以兵臨晉, 臣請北見晉君, 令共攻之, 弱吳必矣. 其銳兵盡於齊, 重甲困於晉, 而王制其敝, 此滅吳必矣.」越王大說, 許諾. 送子貢金百鎰, 劍一, 良矛二. 子貢不受, 遂行.

報吳王曰:「臣敬以大王之言告越王, 越王大恐, 曰:『孤不幸, 少失先人, 內不自量, 抵罪於吳, 軍敗身辱, 棲于會稽, 國爲虛莽, 賴大王之賜, 使得奉俎豆而修祭祀, 死不敢忘, 何謀之敢慮!』後五日, 越使大夫種頓首言於吳王曰: 「東海役臣孤句踐使者臣種, 敢修下吏問於左右. 今竊聞大王將興大義, 誅彊救弱, 困暴齊而撫周室, 請悉起境內士卒三千人, 孤請自被堅執銳, 以先受矢石. 因越賤臣種奉先人藏器, 甲二十領, 鈇屈盧之矛, 步光之劍, 以賀軍吏.」吳王大說, 以告子貢曰:「越王欲身從寡人伐齊, 可乎?」子貢曰:「不可. 夫空人之國, 悉人之衆, 又從其君, 不義. 君受其幣, 許其師, 而辭其君.」吳王許諾, 乃謝越王. 於是吳王乃遂發九郡兵伐齊.

子貢因去之晉, 謂晉君曰:「臣聞之, 慮不先定不可以應卒, 兵不先辨不可以勝敵. 今夫齊與吳將戰, 彼戰而不勝, 越亂之必矣; 與齊戰而勝, 必以其兵臨晉.」晉君大恐, 曰:「爲之柰何?」子貢曰:「修兵休卒以待之.」晉君許諾.

子貢去而之魯. 吳王果與齊人戰於艾陵, 大破齊師, 獲七將軍之兵而不歸, 果以兵臨晉, 與晉人相遇黃池之上. 吳晉爭彊, 晉人擊之, 大敗吳師. 越王聞之, 涉江襲吳, 去城七里而軍. 吳王聞之, 去晉而歸, 與越戰於五湖. 三戰不勝, 城門不守, 越遂圍王宮, 殺夫差而戮其相. 破吳三年, 東向而霸.

故子貢一出, 存魯, 亂齊, 破吳, 彊晉而霸越. 子貢一使, 使勢相破, 十年之中, 五國各有變.

子貢好廢舉, 與時轉貨貲. 喜揚人之美, 不能匿人之過. 常相魯衛, 家累千金, 卒終于齊.

言偃, 吳人, 字子游. 少孔子四十五歲.

子游既已受業, 爲武城宰. 孔子過, 聞弦歌之聲. 孔子莞爾而笑曰:「割雞焉用牛刀?」子游曰:「昔者偃聞諸夫子曰, 君子學道則愛人, 小人學道則易使.」

孔子曰：「二三子，偃之言是也. 前言戲之耳.」孔子以爲子游習於文學.

卜商字子夏. 少孔子四十四歲.

子夏問：「『巧笑倩兮，美目盼兮，素以爲絢兮』，何謂也?」子曰：「繪事後素.」曰：「禮後乎?」孔子曰：「商始可與言詩已矣.」

子貢問：「師與商孰賢?」子曰：「師也過，商也不及.」「然則師愈與?」曰：「過猶不及.」

子謂子夏曰：「汝爲君子儒，無爲小人儒.」

孔子既沒，子夏居西河教授，爲魏文侯師. 其子死，哭之失明.

顓孫師，陳人，字子張. 少孔子四十八歲.

子張問干祿，孔子曰：「多聞闕疑，愼言其餘，則寡尤；多見闕殆，愼行其餘，則寡悔. 言寡尤，行寡悔，祿在其中矣.」

他日從在陳蔡閒，困，問行. 孔子曰：「言忠信，行篤敬，雖蠻貊之國行也；言不忠信，行不篤敬，雖州里行乎哉! 立則見其參於前也，在輿則見其倚於衡，夫然後行.」子張書諸紳.

子張問：「士何如斯可謂之達矣?」孔子曰：「何哉，爾所謂達者?」子張對曰：「在國必聞，在家必聞.」孔子曰：「是聞也，非達也. 夫達者，質直而好義，察言而觀色，慮以下人，在國及家必達. 夫聞也者，色取仁而行違，居之不疑，在國及家必聞.」

曾參，南武城人，字子輿. 少孔子四十六歲.

孔子以爲能通孝道，故授之業. 作孝經. 死於魯.

澹臺滅明，武城人，字子羽. 少孔子三十九歲.

狀貌甚惡. 欲事孔子，孔子以爲材薄. 既已受業，退而修行，行不由徑，非公事不見卿大夫.

南游至江，從弟子三百人，設取予去就，名施乎諸侯. 孔子聞之，曰：「吾以言取人，失之宰予；以貌取人，失之子羽.」

宓不齊字子賤. 少孔子三十歲.

孔子謂「子賤君子哉! 魯無君子，斯焉取斯?」

子賤爲單父宰，反命於孔子，曰：「此國有賢不齊者五人，教不齊所以治者.」

孔子曰:「惜哉不齊所治者小, 所治者大則庶幾矣.」

原憲字子思.

子思問恥. 孔子曰:「國有道, 穀. 國無道, 穀, 恥也.」

子思曰:「克伐怨欲不行焉, 可以爲仁乎?」孔子曰:「可以爲難矣, 仁則吾弗知也.」

孔子卒, 原憲遂亡在草澤中. 子貢相衛, 而結駟連騎, 排藜藿入窮閭, 過謝原憲. 憲攝敝衣冠見子貢. 子貢恥之, 曰:「夫子豈病乎?」原憲曰:「吾聞之, 無財者謂之貧, 學道而不能行者謂之病. 若憲, 貧也. 非病也.」子貢慙, 不懌而去, 終身恥其言之過也.

公冶長, 齊人, 字子長.

孔子曰:「長可妻也, 雖在累紲之中, 非其罪也.」以其子妻之.

南宮括字子容.

問孔子曰:「羿善射, 奡盪舟, 俱不得其死然, 禹稷躬稼而有天下?」孔子弗答. 容出, 孔子曰:「君子哉若人! 上德哉若人!」「國有道, 不廢; 國無道, 免於刑戮.」三復「白珪之玷」, 以其兄之子妻之.

公晳哀字季次.

孔子曰:「天下無行, 多爲家臣, 仕於都; 唯季次未嘗仕.」

曾蒧字晳.

侍孔子, 孔子曰:「言爾志.」蒧曰:「春服旣成, 冠者五六人, 童子六七人, 浴乎沂, 風乎舞雩, 詠而歸.」孔子喟爾歎曰:「吾與蒧也!」

顔無繇字路. 路者, 顔回父, 父子嘗各異時事孔子.

顔回死, 顔路貧, 請孔子車以葬. 孔子曰:「材不材, 亦各言其子也. 鯉也死, 有棺而無椁, 吾不徒行以爲之椁, 以吾從大夫之後, 不可以徒行.」

商瞿, 魯人, 字子木. 少孔子二十九歲.

孔子傳易於瞿, 瞿傳楚人馯臂子弘, 弘傳江東人矯子庸疵, 疵傳燕人周子家豎, 豎傳淳于人光子乘羽, 羽傳齊人田子莊何, 何傳東武人王子中同, 同傳菑川人楊何. 何元朔中以治易爲漢中大夫.

高柴字子羔. 少孔子三十歲.

子羔長不盈五尺, 受業孔子, 孔子以爲愚.

子路使子羔爲費郈宰, 孔子曰:「賊夫人之子!」子路曰:「有民人焉, 有社稷焉, 何必讀書然後爲學!」孔子曰:「是故惡夫佞者.」

漆彫開字子開.

孔子使開仕, 對曰:「吾斯之未能信.」孔子說.

公伯繚字子周.

周愬子路於季孫, 子服景伯以告孔子, 曰:「夫子固有惑志, 繚也, 吾力猶能肆諸市朝.」孔子曰:「道之將行, 命也; 道之將廢, 命也. 公伯繚其如命何!」

司馬耕字子牛.

牛多言而躁. 問仁於孔子, 孔子曰:「仁者其言也訒.」曰:「其言也訒, 斯可謂之仁乎?」子曰:「爲之難, 言之得無訒乎!」

問君子, 子曰:「君子不憂不懼.」曰:「不憂不懼, 斯可謂之君子乎?」子曰:「內省不疚, 夫何憂何懼!」

樊須字子遲. 少孔子三十六歲.

樊遲請學稼, 孔子曰:「吾不如老農.」請學圃, 曰:「吾不如老圃.」樊遲出, 孔子曰:「小人哉樊須也! 上好禮, 則民莫敢不敬; 上好義, 則民莫敢不服; 上好信, 則民莫敢不用情. 夫如是, 則四方之民襁負其子而至矣, 焉用稼!」

樊遲問仁, 子曰:「愛人.」問智, 曰:「知人.」

有若少孔子四十三歲. 有若曰:「禮之用, 和爲貴, 先王之道斯爲美. 小大由之, 有所不行; 知和而和, 不以禮節之, 亦不可行也.」「信近於義, 言可復也; 恭近於禮, 遠恥辱也; 因不失其親, 亦可宗也.」

孔子既沒, 弟子思慕, 有若狀似孔子, 弟子相與共立爲師, 師之如夫子時也. 他日, 弟子進問曰:「昔夫子當行, 使弟子持雨具, 已而果雨. 弟子問曰:『夫子何以知之?』夫子曰:『詩不云乎?「月離于畢, 俾滂沱矣.」昨暮月不宿畢乎?』他日, 月宿畢, 竟不雨. 商瞿年長無子, 其母爲取室. 孔子使之齊, 瞿母請之. 孔子曰:『無憂, 瞿年四十後當有五丈夫子.』已而果然. 敢問夫子何以知此?」有若默然無以應. 弟子起曰:「有子避之, 此非子之座也!」

公西赤字子華. 少孔子四十二歲.

子華使於齊, 冉有爲其母請粟. 孔子曰: 「與之釜.」請益, 曰: 「與之庾.」冉子與之粟五秉. 孔子曰: 「赤之適齊也, 乘肥馬, 衣輕裘. 吾聞君子周急不繼富.」

巫馬施字子旗. 少孔子三十歲.

陳司敗問孔子曰: 「魯昭公知禮乎?」孔子曰: 「知禮.」退而揖巫馬旗曰: 「吾聞君子不黨, 君子亦黨乎? 魯君娶吳女爲夫人, 命之爲孟子. 孟子姓姬, 諱稱同姓, 故謂之孟子. 魯君而知禮, 孰不知禮!」施以告孔子, 孔子曰: 「丘也幸, 苟有過, 人必知之. 臣不可言君親之惡, 爲諱者, 禮也.」

梁鱣字叔魚. 少孔子二十九歲.

顔幸字子柳. 少孔子四十六歲.

冉孺字子魯, 少孔子五十歲.

曹卹字子循. 少孔子五十歲.

伯虔字子析, 少孔子五十歲.

公孫龍字子石. 少孔子五十三歲.

自子石已右三十五人, 顯有年名及受業聞見于書傳. 其四十有二人, 無年及不見書傳者紀于左:

冉季字子產.

公祖句玆字子之.

秦祖字子南.

漆雕哆字子斂.

顔高字子驕.

漆雕徒父.

壤駟赤字子徒.

商澤.

石作蜀字子明.

任不齊字選.

公良孺字子正.

后處字子里.

秦冉字開.

公夏首字乘.

奚容箴字子晳.

公肩定字子中.

顏祖字襄.

鄡單字子家.

句井疆.

罕父黑字子索.

秦商字子丕.

申黨字周.

顏之僕字叔.

榮旂字子祈.

縣成字子祺.

左人郢字行.

燕伋字思.

鄭國字子徒.

秦非字子之.

施之常字子恒.

顏噲字子聲.

步叔乘字子車.

原亢籍.

樂欬字子聲.

廉絜字庸.

叔仲會字子期.

顏何字冉.

狄黑字晳.

邦巽字子斂.

孔忠

公西輿如字子上.

公西蒧字子上.

太史公曰: 學者多稱七十子之徒, 譽字或過其實, 毁者或損其眞, 鈞之未覩厥容貌, 則論言弟子籍, 出孔氏古文近是. 余以弟子名姓文字悉取論語弟子問并次爲篇, 疑者闕焉.

《論語》古二十一篇.(出孔子壁中, 兩〈子張〉)

《齊》二十二篇.(多〈問王〉·〈知道〉)

《魯》二十篇, 傳十九篇.

《齊說》二十九篇.

《魯夏侯說》二十一篇.

《魯安昌侯說》二十一篇.

《魯王駿說》二十篇.

《燕傳說》三卷.

《議奏》十八篇.(石渠論)

《孔子家語》二十七卷.

《孔子三朝》七篇.

《孔子徒人圖法》二卷.

凡《論語》十二家, 二百二十九篇.

論語者, 孔子應答弟子時人及弟子相與言而接聞於夫子之語也. 當時弟子各有所記. 夫子旣卒, 門人相與輯而論篡, 故謂之論語. 漢興, 有齊·魯之說. 傳齊論者, 昌邑中尉王吉·少府宋畸·御史大夫貢禹·尙書令五鹿充宗·膠東庸生, 唯王陽名家. 傳魯論語者, 常山都尉龔奮·長信少府夏侯勝·丞相韋賢·魯扶卿·前將軍蕭望之·安昌侯張禹, 皆名家. 張氏最後而行於世.

顔回, 魯人, 字子淵, 年二十九而髮白, 三十一早死. 孔子曰:「自吾有回, 門人日益親.」回之德行著名, 孔子稱其仁焉.

閔損, 魯人, 字子騫, 以德行著名, 孔子稱其仁焉.

冉耕, 魯人, 字伯牛, 以德行著名, 有惡疾, 孔子曰:「命也夫!」

冉雍, 字仲弓, 伯牛之宗族, 生於不肖之父, 以德行著名.

宰予, 字子我, 衛人, 有口才, 著名.

端木賜, 字子貢, 衛人, 有口才, 著名.

冉求, 字子有, 仲弓之族, 有才藝, 以政事著名.

仲由, 弁人, 字子路, 有勇力才藝, 以政事著名.

言偃, 魯人, 字子游, 以文學著名.

卜商, 衛人, 無以尙之, 嘗返衛, 見讀史志者云:「晉師伐秦, 三豕渡河.」子夏曰:「非也. 己亥耳.」讀史志者曰問諸晉史, 果曰:「己亥.」於是衛以子夏爲聖. 孔子卒後, 教於西河之上, 魏文候師事之, 而諮國政焉.

顓孫師, 陳人, 字子張, 少孔子四十八歲. 爲人有容貌資質, 寬冲博接, 從容自務, 居不務立於仁義之行, 孔子門人友之而弗敬.

曾參, 南武城人, 字子輿, 少孔子四十六歲. 志存孝道, 故孔子因之以作《孝經》, 齊嘗聘, 欲與爲卿而不就, 曰:「吾父母老, 食人之祿, 則優人之事, 故吾不忍遠親而爲人役.」參後母遇之無恩, 而供養不衰, 及其妻以藜烝不熟, 因出之. 人曰:「非七出也.」參曰:「藜烝, 小物耳, 吾欲使熟而不用吾命, 況大事乎?」遂出之, 終身不取妻, 其子元請焉, 告其子曰:「高宗以後妻殺孝己, 尹吉甫以後妻放伯奇, 吾上不及高宗, 中不比吉甫, 庸知其得免於非乎?」

澹臺滅明, 武城人, 字子羽, 少孔子四十九歲, 有君子之姿, 孔子嘗以容貌望其才, 其才不充孔子之望. 然其爲人公正無私, 以取與去就, 以諸爲名,

任魯爲大夫也.

高柴, 齊人, 高氏之別族, 字子羔, 少孔子四十歲, 長不過六尺, 狀貌甚惡, 爲人篤孝而有法正, 少居魯, 見知名於孔子之門, 仕爲武城宰.

宓不齊, 魯人, 字子賤, 少孔子四十九歲, 仕爲單父宰. 有才智仁愛, 百姓不忍欺, 孔子大之.

樊須, 魯人, 字子遲, 少孔子四十六歲, 弱仕於季氏.

有若, 魯人, 字子有, 少孔子四十六歲, 爲人强識, 好古道也.

公西赤, 魯人, 字子華, 少孔子四十二歲, 束帶立朝, 閑賓主之儀.

原憲, 宋人, 字子思, 少孔子三十六歲, 清淨守節, 貧而樂道, 孔子爲魯司寇, 原憲嘗爲孔子宰. 孔子卒後, 原憲退隱, 居于衛.

公冶長, 魯人, 字子長, 爲人能忍恥, 孔子以女妻之.

南宮韜, 魯人, 字子容, 以智自將, 世清不廢, 世濁不洿, 孔子以兄子妻之.

公析哀, 字季沈, 鄙天下多仕於大夫家者, 是故未嘗屈節人臣, 孔子特歎貴之.

曾點, 曾參父, 字子晢, 疾時禮教不行, 欲修之, 孔子善焉.《論語》所謂「浴乎沂, 風乎舞雩」之下.

顏由, 顏回父, 字季路, 孔子始教學於闕里而受學, 少孔子六歲.

商瞿, 魯人, 字子木, 少孔子二十九歲, 特好《易》, 孔子傳之, 志焉.

漆雕開, 蔡人, 字子若, 少孔子十一歲. 習《尚書》, 不樂仕. 孔子曰:「子之齒可以仕矣, 時將過.」子若報其書曰:「吾斯之未能信.」孔子悅焉.

公良儒, 陳人, 字子正, 賢而有勇, 孔子周行, 常以家車五乘從.

秦商, 魯人, 字不慈, 少孔子四歲, 其父堇父, 與孔子父叔梁紇俱力聞.

顏刻, 魯人, 字子驕, 少孔子五十歲. 孔子適衛, 子驕爲僕, 衛靈公與夫人南子同車出, 而令宦者雍梁參乘, 使孔子爲次乘, 遊過市, 孔子恥之. 顏刻曰:「夫子何恥之?」孔子曰:「《詩》云:『遘爾新婚, 以慰我心.』」乃歎曰:「吾未見好德如好色者也.」

司馬黎耕, 宋人, 字子牛, 牛爲人性躁好言語, 見兄桓魋行惡, 牛常憂之.

巫馬期, 陳人, 字子期, 少孔子三十歲. 孔子將近行, 命從者皆持蓋, 已而果雨.

巫馬期問曰:「旦無雲, 既日出, 而夫子命持雨具, 敢問何以知之?」孔子曰:
「昨暮, 月宿畢, 《詩》不云乎:「月離於畢, 俾滂沱矣.」以此知之.」

　梁鱣, 齊人, 子叔魚, 少孔子三十九歲. 年三十, 未有子, 欲出其妻. 商瞿謂曰:
「子未也, 昔吾年三十八無子, 吾母爲吾更取室, 夫子使吾之齊, 母欲請留吾,
夫子曰:「無憂也, 瞿過四十, 當有五丈夫.」今果然, 吾恐子自晚生耳. 未必妻
之過.」從之, 二年而有子.

　琴牢, 衛人, 字子開, 一字張, 與宗魯友, 聞宗魯死, 欲往弔焉, 孔子弗許,
曰:「非義也.」

　　　冉儒, 魯人, 字子魚, 少孔子五十歲.

　　　顏辛, 魯人, 字子柳, 少孔子四十六歲.

　　　伯虔, 字皙, 少孔子五十歲.

　　　公孫寵, 衛人, 字子石, 少孔子五十三歲.

　　　　　曹卹, 少孔子五十歲.

　陳亢, 陳人, 字子亢, 一字子禽, 少孔子四十歲.

　叔仲會, 魯人, 字子期, 少孔子五十歲. 與孔璇年相比, 每孺子之執筆記事
於夫子, 二人迭侍左右, 孟武伯見孔子而問曰:「此二孺子之幼也, 於學豈能
識於壯哉?」孔子曰:「然! 少成則若性也, 習慣若自然也.」

　　　秦祖, 字子南.

　　　奚蒧, 字子偕.

　　　公祖玆, 字子之.

　　　廉潔, 字子曹.

　　　公西與, 字子上.

　　　宰父黑, 字子黑.

　　　公西減, 字子尚.

　　　穰駟赤, 字子從.

　　　冉季, 字子產.

　　　薛邦, 字子從.

　　　石處, 字里之.

懸亶, 字子象.

左郢, 字子行.

狄黑, 字哲之.

商澤, 字子秀.

任不齊, 字子選.

榮祈, 字子祺.

顔噲, 字子聲.

原桃, 字子籍.

公肩, 字子仲.

秦非, 字子之.

漆雕從, 字子文.

燕級, 字子思.

公夏守, 字子乘.

勾井疆, 字子疆.

步叔乘, 字子明.

石子蜀, 字子明.

邦選, 字子飲.

施之常, 字子常.

申績, 字子周.

樂欣, 字子聲.

顔之僕, 字子叔.

孔弗, 字子蔑.

漆雕侈, 字子歛.

懸成, 字子橫.

顔相, 字子襄.

右件夫子七十二人弟子, 皆升堂入室者.

늘
어

杏壇禮樂
孔子歸魯然魯終不
用孔子亦不求仕日
坐杏壇鼓琴與其徒
叙書傳禮削詩正樂
贊易是杏壇者爲萬
世立敎之首地也

八十五

《論語集註》

🦋 부록 Ⅱ

《論語》 원문

《論語》 원문

차례	편명	장수	일련번호	차례	편명	장수	일련번호
1	學而	16	001 – 016	11	先進	25	254 – 278
2	爲政	24	017 – 040	12	顔淵	24	279 – 302
3	八佾	26	041 – 066	13	子路	30	303 – 332
4	里仁	26	067 – 092	14	憲問	47	333 – 379
5	公冶長	27	093 – 119	15	衛靈公	41	380 – 420
6	雍也	28	120 – 147	16	季氏	14	421 – 434
7	述而	37	148 – 184	17	陽貨	26	435 – 460
8	泰伯	21	185 – 205	18	微子	11	461 – 471
9	子罕	30	206 – 235	19	子張	25	472 – 496
10	鄕黨	18	236 – 253	20	堯曰	3	497 – 499

〈學而〉 第一

001 (1-1)　子曰:「學而時習之, 不亦說乎? 有朋自遠方來, 不亦樂乎? 人不知, 而不慍, 不亦君子乎?」

002 (1-2)　有子曰:「其爲人也孝弟, 而好犯上者, 鮮矣; 不好犯上, 而好作亂者, 未之有也. 君子務本, 本立而道生. 孝弟也者, 其爲仁之本與!」

003 (1-3)　子曰:「巧言令色, 鮮矣仁!」

004 (1-4)　曾子曰:「吾日三省吾身: 爲人謀而不忠乎? 與朋友交而不信乎? 傳不習乎?」

005 (1-5)　子曰:「道千乘之國, 敬事而信, 節用而愛人, 使民以時.」

006 (1-6)　子曰:「弟子, 入則孝, 出則弟, 謹而信, 汎愛衆, 而親仁. 行有餘力, 則以學文.」

007 (1-7)　子夏曰:「賢賢易色; 事父母, 能竭其力; 事君, 能致其身; 與朋友交, 言而有信. 雖曰未學, 吾必謂之學矣.」

008 (1-8)　子曰:「君子不重, 則不威; 學則不固. 主忠信. 無友不如己者. 過則勿憚改.」

009 (1-9)　曾子曰:「愼終, 追遠, 民德歸厚矣.」

010 (1-10)　子禽問於子貢曰:「夫子至於是邦也, 必聞其政, 求之與? 抑與之與?」子貢曰:「夫子溫‧良‧恭‧儉‧讓以得之. 夫子之求之也, 其諸異乎人之求之與.」

011 (1-11)　子曰:「父在, 觀其志; 父沒, 觀其行; 三年無改於父之道, 可謂孝矣.」

012 (1-12)　有子曰:「禮之用, 和爲貴. 先王之道, 斯爲美; 小大由之. 有所不行, 知和而和, 不以禮節之, 亦不可行也.」

013 (1-13)　有子曰:「信近於義, 言可復也. 恭近於禮, 遠恥辱也. 因不失其親, 亦可宗也.」

014 (1-14)　子曰:「君子食無求飽, 居無求安, 敏於事而愼於言, 就有道而正焉, 可謂好學也已.」

015 (1-15)　子貢曰:「貧而無諂, 富而無驕, 何如?」子曰:「可也; 未若貧而樂, 富而好禮者也.」子貢曰:「詩云:『如切如磋, 如琢如磨』, 其斯之謂與?」子曰:「賜也, 始可與言詩已矣, 告諸往而知來者.」

016 (1-16)　子曰:「不患人之不己知, 患不知人也.」

〈爲政〉 第二

017 (2-1)　子曰:「爲政以德, 譬如北辰居其所而衆星共之.」

018 (2-2)　子曰:「詩三百, 一言以蔽之, 曰:『思無邪』.」

019 (2-3)　子曰:「道之以政, 齊之以刑, 民免而無恥; 道之以德, 齊之以禮, 有恥且格.」

020 (2-4)　子曰:「吾十有五而志于學, 三十而立, 四十而不惑, 五十而知天命, 六十而耳順, 七十而從心所欲, 不踰矩.」

021 (2-5) 孟懿子問孝. 子曰:「無違.」樊遲御, 子告之曰:「孟孫問孝
　　　　　 於我, 我對曰:『無違.』」樊遲曰:「何謂也?」子曰:「生, 事之
　　　　　 以禮; 死, 葬之以禮, 祭之以禮.」

022 (2-6) 孟武伯問孝. 子曰:「父母唯其疾之憂.」

023 (2-7) 子游問孝. 子曰:「今之孝者, 是謂能養. 至於犬馬, 皆能
　　　　　 有養; 不敬, 何以別乎?」

024 (2-8) 子夏問孝. 子曰:「色難. 有事, 弟子服其勞; 有酒食, 先生饌,
　　　　　 曾是以爲孝乎?」

025 (2-9) 子曰:「吾與回言終日, 不違, 如愚. 退而省其私, 亦足以發,
　　　　　 回也不愚.」

026 (2-10) 子曰:「視其所以, 觀其所由, 察其所安. 人焉廋哉? 人焉
　　　　　 廋哉?」

027 (2-11) 子曰:「溫故而知新, 可以爲師矣.」

028 (2-12) 子曰:「君子不器.」

029 (2-13) 子貢問君子. 子曰:「先行其言, 而後從之.」

030 (2-14) 子曰:「君子周而不比, 小人比而不周.」

031 (2-15) 子曰:「學而不思則罔, 思而不學則殆.」

032 (2-16) 子曰:「攻乎異端, 斯害也已.」

033 (2-17) 子曰:「由! 誨女知之乎! 知之爲知之, 不知爲不知, 是知也.」

034 (2-18) 子張學干祿. 子曰:「多聞闕疑, 愼言其餘, 則寡尤; 多見
　　　　　 闕殆, 愼行其餘, 則寡悔. 言寡尤, 行寡悔, 祿在其中矣.」

035 (2-19) 哀公問曰:「何爲則民服?」孔子對曰:「舉直錯諸枉, 則民服;
　　　　　 舉枉錯諸直, 則民不服.」

036 (2-20) 季康子問:「使民敬·忠以勸, 如之何?」子曰:「臨之以莊,
　　　　　 則敬; 孝慈, 則忠; 舉善而教不能, 則勸.」

037 (2-21) 或謂孔子曰:「子奚不爲政?」子曰:「書云:『孝乎! 惟孝,
　　　　　 友于兄弟, 施於有政.』是亦爲政, 奚其爲爲政?」

038 (2-22)　子曰:「人而無信, 不知其可也. 大車無輗, 小車無軏, 其何以
　　　　　行之哉?」

039 (2-23)　子張問:「十世可知也?」子曰:「殷因於夏禮, 所損益, 可知也;
　　　　　周因於殷禮, 所損益, 可知也. 其或繼周者, 雖百世, 可知也.」

040 (2-24)　子曰:「非其鬼而祭之, 諂也. 見義不爲, 無勇也.」

〈八佾〉 第三

041 (3-1)　孔子謂季氏,「八佾舞於庭, 是可忍也, 孰不可忍也?」

042 (3-2)　三家者以雍徹. 子曰:「『相維辟公, 天子穆穆』, 奚取於三家
　　　　　之堂?」

043 (3-3)　子曰:「人而不仁, 如禮何? 人而不仁, 如樂何?」

044 (3-4)　林放問禮之本. 子曰:「大哉問! 禮, 與其奢也, 寧儉; 喪,
　　　　　與其易也, 寧戚.」

045 (3-5)　子曰:「夷狄之有君, 不如諸夏之亡也.」

046 (3-6)　季氏旅於泰山. 子謂冉有曰:「女弗能救與?」對曰:「不能.」
　　　　　子曰:「嗚呼! 曾謂泰山不如林放乎?」

047 (3-7)　子曰:「君子無所爭. 必也射乎! 揖讓而升, 下而飲. 其爭也
　　　　　君子.」

048 (3-8)　子夏問曰:「『巧笑倩兮, 美目盼兮, 素以爲絢兮.』何謂也?」
　　　　　子曰:「繪事後素.」曰:「禮後乎?」子曰:「起予者商也! 始可
　　　　　與言詩已矣.」

049 (3-9)　子曰:「夏禮, 吾能言之, 杞不足徵也; 殷禮, 吾能言之, 宋不
　　　　　足徵也. 文獻不足故也. 足, 則吾能徵之矣.」

050 (3-10)　子曰:「禘自既灌而往者, 吾不欲觀之矣.」

051 (3-11)　或問禘之說. 子曰:「不知也; 知其說者之於天下也, 其如示
　　　　　諸斯乎!」指其掌.

052 (3-12) 祭如在, 祭神如神在. 子曰:「吾不與祭, 如不祭.」

053 (3-13) 王孫賈問曰:「與其媚於奧, 寧媚於竈, 何謂也?」子曰:「不然;
獲罪於天, 無所禱也.」

054 (3-14) 子曰:「周監於二代, 郁郁乎文哉! 吾從周.」

055 (3-15) 子入大廟, 每事問. 或曰:「孰謂鄹人之子知禮乎? 入大廟,
每事問.」子聞之, 曰:「是禮也.」

056 (3-16) 子曰:「射不主皮, 爲力不同科, 古之道也.」

057 (3-17) 子貢欲去告朔之餼羊. 子曰:「賜也! 爾愛其羊, 我愛其禮.」

058 (3-18) 子曰:「事君盡禮, 人以爲諂也.」

059 (3-19) 定公問:「君使臣, 臣事君, 如之何?」孔子對曰:「君使臣以禮,
臣事君以忠.」

060 (3-20) 子曰:「關雎, 樂而不淫, 哀而不傷.」

061 (3-21) 哀公問社於宰我. 宰我對曰:「夏后氏以松, 殷人以柏, 周人
以栗, 曰, 使民戰栗.」子聞之, 曰:「成事不說, 遂事不諫,
旣往不咎.」

062 (3-22) 子曰:「管仲之器小哉!」或曰:「管仲儉乎?」曰:「管氏有三歸,
官事不攝, 焉得儉?」「然則管仲知禮乎?」曰:「邦君樹塞門,
管氏亦樹塞門. 邦君爲兩君之好, 有反坫, 管氏亦有反坫.
管氏而知禮, 孰不知禮?」

063 (3-23) 子語魯大師樂, 曰:「樂其可知也: 始作, 翕如也; 從之, 純如也,
皦如也, 繹如也, 以成.」

064 (3-24) 儀封人請見, 曰:「君子之至於斯也, 吾未嘗不得見也.」從者
見之. 出曰:「二三子何患於喪乎? 天下之無道也久矣, 天將
以夫子爲木鐸.」

065 (3-25) 子謂韶,「盡美矣, 又盡善也.」謂武,「盡美矣, 未盡善也.」

066 (3-26) 子曰:「居上不寬, 爲禮不敬, 臨喪不哀, 吾何以觀之哉?」

〈里仁〉 第四

067 (4-1)　子曰:「里仁爲美. 擇不處仁, 焉得知?」

068 (4-2)　子曰:「不仁者不可以久處約, 不可以長處樂. 仁者安仁,
　　　　　知者利仁.」

069 (4-3)　子曰:「唯仁者能好人, 能惡人.」

070 (4-4)　子曰:「苟志於仁矣, 無惡也.」

071 (4-5)　子曰:「富與貴, 是人之所欲也; 不以其道得之, 不處也. 貧
　　　　　與賤, 是人之所惡也; 不以其道得之, 不去也. 君子去仁, 惡乎
　　　　　成名? 君子無終食之間違仁, 造次必於是, 顚沛必於是.」

072 (4-6)　子曰:「我未見好仁者・惡不仁者. 好仁者, 無以尙之; 惡不
　　　　　仁者, 其爲仁矣, 不使不仁者加乎其身. 有能一日用其力於
　　　　　仁矣乎? 我未見力不足者. 蓋有之矣, 我未之見也.」

073 (4-7)　子曰:「人之過也, 各於其黨. 觀過, 斯知仁矣.」

074 (4-8)　子曰:「朝聞道, 夕死可矣.」

075 (4-9)　子曰:「士志於道, 而恥惡衣惡食者, 未足與議也.」

076 (4-10)　子曰:「君子之於天下也, 無適也, 無莫也, 義之與比.」

077 (4-11)　子曰:「君子懷德, 小人懷土; 君子懷刑, 小人懷惠.」

078 (4-12)　子曰:「放於利而行, 多怨.」

079 (4-13)　子曰:「能以禮讓爲國乎, 何有? 不能以禮讓爲國, 如禮何?」

080 (4-14)　子曰:「不患無位, 患所以立. 不患莫己知, 求爲可知也.」

081 (4-15)　子曰:「參乎! 吾道一以貫之.」曾子曰:「唯.」子出, 門人
　　　　　問曰:「何謂也?」曾子曰:「夫子之道, 忠恕而已矣.」

082 (4-16)　子曰:「君子喻於義, 小人喻於利.」

083 (4-17)　子曰:「見賢思齊焉, 見不賢而內自省也.」

084 (4-18)　子曰:「事父母幾諫, 見志不從, 又敬不違, 勞而不怨.」

085 (4-19)　子曰:「父母在, 不遠遊, 遊必有方.」

086 (4-20)　子曰:「三年無改於父之道, 可謂孝矣.」

087 (4-21)　子曰:「父母之年, 不可不知也. 一則以喜, 一則以懼.」

088 (4-22)　子曰:「古者言之不出, 恥躬之不逮也.」

089 (4-23)　子曰:「以約失之者, 鮮矣.」

090 (4-24)　子曰:「君子欲訥於言而敏於行.」

091 (4-25)　子曰:「德不孤, 必有鄰.」

092 (4-26)　子游曰:「事君數, 斯辱矣; 朋友數, 斯疏矣.」

〈公冶長〉 第五

093 (5-1)　子謂公冶長, 「可妻也. 雖在縲絏之中, 非其罪也.」以其子妻之.
　　　　　子謂南容, 「邦有道, 不廢; 邦無道, 免於刑戮.」以其兄之子
　　　　　妻之.

094 (5-2)　子謂子賤, 「君子哉若人! 魯無君子者, 斯焉取斯?」

095 (5-3)　子貢問曰:「賜也何如?」子曰:「女, 器也.」曰:「何器也?」
　　　　　曰:「瑚璉也.」

096 (5-4)　或曰:「雍也仁而不佞.」子曰:「焉用佞? 禦人以口給, 屢憎
　　　　　於人. 不知其仁, 焉用佞?」

097 (5-5)　子使漆雕開仕. 對曰:「吾斯之未能信.」子說.

098 (5-6)　子曰:「道不行, 乘桴浮于海. 從我者, 其由與?」子路聞之喜.
　　　　　子曰:「由也好勇過我, 無所取材.」

099 (5-7)　孟武伯問:「子路仁乎?」子曰:「不知也.」又問. 子曰:「由也,
　　　　　千乘之國, 可使治其賦也, 不知其仁也.」「求也何如?」子曰:
　　　　　「求也, 千室之邑, 百乘之家, 可使爲之宰也, 不知其仁也.」
　　　　　「赤也何如?」子曰:「赤也, 束帶立於朝, 可使與賓客言也,
　　　　　不知其仁也.」

100 (5-8)　子謂子貢曰:「女與回也孰愈?」對曰:「賜也何敢望回? 回也
　　　　　聞一以知十, 賜也聞一以知二.」子曰:「弗如也; 吾與女弗如也.」

101(5-9)　宰予晝寢. 子曰:「朽木不可雕也, 糞土之牆不可杇也; 於予與何誅?」子曰:「始吾於人也, 聽其言而信其行; 今吾於人也, 聽其言而觀其行. 於予與改是.」

102(5-10)　子曰:「吾未見剛者.」或對曰:「申棖.」子曰:「棖也慾, 焉得剛?」

103(5-11)　子貢曰:「我不欲人之加諸我也, 吾亦欲無加諸人.」子曰:「賜也, 非爾所及也.」

104(5-12)　子貢曰:「夫子之文章, 可得而聞也; 夫子之言性與天道, 不可得而聞也.」

105(5-13)　子路有聞, 未之能行, 唯恐有聞.

106(5-14)　子貢問曰:「孔文子何以謂之『文』也?」子曰:「敏而好學, 不恥下問, 是以謂之『文』也.」

107(5-15)　子謂子產:「有君子之道四焉: 其行己也恭, 其事上也敬, 其養民也惠, 其使民也義.」

108(5-16)　子曰:「晏平仲善與人交, 久而敬之.」

109(5-17)　子曰:「臧文仲居蔡, 山節藻梲, 何如其知也?」

110(5-18)　子張問曰:「令尹子文三仕爲令尹, 無喜色; 三已之, 無慍色. 舊令尹之政, 必以告新令尹. 何如?」子曰:「忠矣.」曰:「仁矣乎?」曰:「未知; 焉得仁?」「崔子弑齊君, 陳文子有馬十乘, 棄而違之. 至於他邦, 則曰,『猶吾大夫崔子也.』違之. 之一邦, 則又曰:『猶吾大夫崔子也.』違之. 何如?」子曰:「清矣.」曰:「仁矣乎?」曰:「未知; 焉得仁?」

111(5-19)　季文子三思而後行. 子聞之, 曰:「再, 斯可矣.」

112(5-20)　子曰:「甯武子, 邦有道, 則知; 邦無道, 則愚. 其知可及也, 其愚不可及也.」

113(5-21)　子在陳, 曰:「歸與! 歸與! 吾黨之小子狂簡, 斐然成章, 不知所以裁之.」

114(5-22)　子曰:「伯夷・叔齊不念舊惡, 怨是用希.」

115(5-23)　子曰:「孰謂微生高直? 或乞醯焉, 乞諸其鄰而與之.」

116(5-24) 子曰:「巧言・令色・足恭, 左丘明恥之, 丘亦恥之. 匿怨而友
其人, 左丘明恥之, 丘亦恥之.」

117(5-25) 顏淵・季路侍. 子曰:「盍各言爾志?」子路曰:「願車馬衣
輕裘, 與朋友共, 敝之而無憾.」顏淵曰:「願無伐善, 無施勞.」
子路曰:「願聞子之志.」子曰:「老者安之, 朋友信之, 少者懷之.」

118(5-26) 子曰:「已矣乎, 吾未見能見其過而內自訟者也.」

119(5-27) 子曰:「十室之邑, 必有忠信如丘者焉, 不如丘之好學也.」

〈雍也〉第六

120(6-1) 子曰:「雍也可使南面.」仲弓問子桑伯子. 子曰:「可也簡.」
仲弓曰:「居敬而行簡, 以臨其民, 不亦可乎? 居簡而行簡,
無乃大簡乎?」子曰:「雍之言然.」

121(6-2) 哀公問:「弟子孰爲好學?」孔子對曰:「有顏回者好學, 不遷怒,
不貳過. 不幸短命死矣, 今也則亡, 未聞好學者也.」

122(6-3) 子華使於齊, 冉子爲其母請粟. 子曰:「與之釜.」請益. 曰:
「與之庾.」冉子與之粟五秉. 子曰:「赤之適齊也, 乘肥馬,
衣輕裘. 吾聞之也: 君子周急不繼富」原思爲之宰, 與之粟
九百, 辭. 子曰:「毋! 以與爾鄰里鄉黨乎!」

123(6-4) 子謂仲弓, 曰:「犂牛之子騂且角, 雖欲勿用, 山川其舍諸?」

124(6-5) 子曰:「回也, 其心三月不違仁, 其餘則日月至焉而已矣.」

125(6-6) 季康子問:「仲由可使從政也與?」子曰:「由也果, 於從政乎
何有?」曰:「賜也可使從政也與?」曰:「賜也達, 於從政乎
何有?」曰:「求也可使從政也與?」曰:「求也藝, 於從政乎何有?」

126(6-7) 季氏使閔子騫爲費宰. 閔子騫曰:「善爲我辭焉! 如有復我者,
則吾必在汶上矣.」

127(6-8) 伯牛有疾, 子問之, 自牖執其手, 曰:「亡之, 命矣夫! 斯人也
而有斯疾也! 斯人也而有斯疾也!」

128 (6-9)　子曰:「賢哉, 回也! 一簞食, 一瓢飲, 在陋巷, 人不堪其憂,
　　　　　回也不改其樂. 賢哉, 回也!」

129 (6-10)　冉求曰:「非不說子之道, 力不足也.」子曰:「力不足者, 中道
　　　　　而廢. 今女畫.」

130 (6-11)　子謂子夏曰:「女爲君子儒! 無爲小人儒!」

131 (6-12)　子游爲武城宰. 子曰:「女得人焉爾乎?」曰:「有澹臺滅明者,
　　　　　行不由徑, 非公事, 未嘗至於偃之室也.」

132 (6-13)　子曰:「孟之反不伐, 奔而殿, 將入門, 策其馬, 曰:『非敢後也,
　　　　　馬不進也.』」

133 (6-14)　子曰:「不有祝鮀之佞, 而有宋朝之美, 難乎免於今之世矣.」

134 (6-15)　子曰:「誰能出不由戶? 何莫由斯道也?」

135 (6-16)　子曰:「質勝文則野, 文勝質則史. 文質彬彬, 然後君子.」

136 (6-17)　子曰:「人之生也直, 罔之生也幸而免.」

137 (6-18)　子曰:「知之者不如好之者, 好之者不如樂之者.」

138 (6-19)　子曰:「中人以上, 可以語上也; 中人以下, 不可以語上也.」

139 (6-20)　樊遲問知. 子曰:「務民之義, 敬鬼神而遠之, 可謂知矣.」問仁.
　　　　　曰:「仁者先難而後獲, 可謂仁矣.」

140 (6-21)　子曰:「知者樂水, 仁者樂山. 知者動, 仁者靜. 知者樂, 仁者壽.」

141 (6-22)　子曰:「齊一變, 至於魯; 魯一變, 至於道.」

142 (6-23)　子曰:「觚不觚, 觚哉! 觚哉!」

143 (6-24)　宰我問曰:「仁者, 雖告之曰,『井有仁焉.』其從之也?」子曰:
　　　　　「何爲其然也? 君子可逝也, 不可陷也; 可欺也, 不可罔也.」

144 (6-25)　子曰:「君子博學於文, 約之以禮, 亦可以弗畔矣夫!」

145 (6-26)　子見南子, 子路不說. 夫子矢之曰:「予所否者, 天厭之! 天厭之!」

146 (6-27)　子曰:「中庸之爲德也, 其至矣乎! 民鮮久矣.」

147 (6-28)　子貢曰:「如有博施於民而能濟衆, 何如? 可謂仁乎?」子曰:
　　　　　「何事於仁! 必也聖乎! 堯舜其猶病諸! 夫仁者, 己欲立而立人,
　　　　　己欲達而達人. 能近取譬, 可謂仁之方也已.」

〈述而〉第七

148(7-1)　子曰：「述而不作，信而好古，竊比於我老彭.」

149(7-2)　子曰：「默而識之，學而不厭，誨人不倦，何有於我哉？」

150(7-3)　子曰：「德之不修，學之不講，聞義不能徙，不善不能改，是吾憂也.」

151(7-4)　子之燕居，申申如也，夭夭如也.

152(7-5)　子曰：「甚矣，吾衰也！久矣吾不復夢見周公！」

153(7-6)　子曰：「志於道，據於德，依於仁，游於藝.」

154(7-7)　子曰：「自行束脩以上，吾未嘗無誨焉.」

155(7-8)　子曰：「不憤不啓，不悱不發. 舉一隅不以三隅反，則不復也.」

156(7-9)　子食於有喪者之側，未嘗飽也. 子於是日哭，則不歌.

157(7-10)　子謂顏淵曰：「用之則行，舍之則藏，惟我與爾有是夫！」子路曰：「子行三軍，則誰與？」子曰：「暴虎馮河，死而無悔者，吾不與也. 必也臨事而懼，好謀而成者也.」

158(7-11)　子曰：「富而可求也，雖執鞭之士，吾亦爲之. 如不可求，從吾所好.」

159(7-12)　子之所慎：齊，戰，疾.

160(7-13)　子在齊聞韶，三月不知肉味，曰：「不圖爲樂之至於斯也！」

161(7-14)　冉有曰：「夫子爲衛君乎？」子貢曰：「諾；吾將問之.」入，曰：「伯夷・叔齊何人也？」曰：「古之賢人也.」曰：「怨乎？」曰：「求仁而得仁，又何怨？」出，曰：「夫子不爲也.」

162(7-15)　子曰：「飯疏食飲水，曲肱而枕之，樂亦在其中矣. 不義而富且貴，於我如浮雲.」

163(7-16)　子曰：「加我數年，五十以學易，可以無大過矣.」

164(7-17)　子所雅言，詩・書・執禮，皆雅言也.

165(7-18)　葉公問孔子於子路，子路不對. 子曰：「女奚不曰：『其爲人也，發憤忘食，樂以忘憂，不知老之將至』云爾.」

166 (7-19)　子曰:「我非生而知之者, 好古, 敏以求之者也.」

167 (7-20)　子不語怪, 力, 亂, 神.

168 (7-21)　子曰:「三人行, 必有我師焉: 擇其善者而從之, 其不善者而改之.」

169 (7-22)　子曰:「天生德於予, 桓魋其如予何?」

170 (7-23)　子曰:「二三子以我爲隱乎? 吾無隱乎爾. 吾無行而不與二三子者, 是丘也.」

171 (7-24)　子以四教: 文, 行, 忠, 信.

172 (7-25)　子曰:「聖人, 吾不得而見之矣; 得見君子者, 斯可矣.」子曰:「善人, 吾不得而見之矣; 得見有恆者, 斯可矣. 亡而爲有, 虛而爲盈, 約而爲泰, 難乎有恆矣.」

173 (7-26)　子釣而不綱, 弋不射宿.

174 (7-27)　子曰:「蓋有不知而作之者, 我無是也. 多聞, 擇其善者而從之; 多見而識之; 知之次也.」

175 (7-28)　互鄉難與言, 童子見, 門人惑. 子曰:「與其進也, 不與其退也, 唯何甚? 人潔己以進, 與其潔也, 不保其往也.」

176 (7-29)　子曰:「仁遠乎哉? 我欲仁, 斯仁至矣.」

177 (7-30)　陳司敗問:「昭公知禮乎?」孔子曰:「知禮.」孔子退, 揖巫馬期而進之, 曰:「吾聞君子不黨, 君子亦黨乎? 君取於吳, 爲同姓, 謂之吳孟子. 君而知禮, 孰不知禮?」巫馬期以告. 子曰:「丘也幸, 苟有過, 人必知之.」

178 (7-31)　子與人歌而善, 必使反之, 而後和之.

179 (7-32)　子曰:「文, 莫吾猶人也. 躬行君子, 則吾未之有得.」

180 (7-33)　子曰:「若聖與仁, 則吾豈敢? 抑爲之不厭, 誨人不倦, 則可謂云爾已矣.」公西華曰:「正唯弟子不能學也.」

181 (7-34)　子疾病, 子路請禱. 子曰:「有諸?」子路對曰:「有之; 誄曰:『禱爾于上下神祇.』」子曰:「丘之禱久矣.」

182 (7-35)　子曰:「奢則不孫, 儉則固. 與其不孫也, 寧固.」

183(7-36)　子曰:「君子坦蕩蕩, 小人長戚戚.」

184(7-37)　子溫而厲, 威而不猛, 恭而安.

〈泰伯〉第八

185(8-1)　子曰:「泰伯, 其可謂至德也已矣. 三以天下讓, 民無得而稱焉.」

186(8-2)　子曰:「恭而無禮則勞, 愼而無禮則葸, 勇而無禮則亂, 直而
無禮則絞. 君子篤於親, 則民興於仁; 故舊不遺, 則民不偸.」

187(8-3)　曾子有疾, 召門弟子曰:「啓予足! 啓予手! 詩云,『戰戰兢兢,
如臨深淵, 如履薄冰.』而今而後, 吾知免夫! 小子!」

188(8-4)　曾子有疾, 孟敬子問之. 曾子言曰:「鳥之將死, 其鳴也哀;
人之將死, 其言也善. 君子所貴乎道者三: 動容貌, 斯遠暴慢矣;
正顏色, 斯近信矣; 出辭氣, 斯遠鄙倍矣. 籩豆之事, 則有司存.」

189(8-5)　曾子曰:「以能問於不能, 以多問於寡; 有若無, 實若虛, 犯而
不校. 昔者吾友嘗從事於斯矣.」

190(8-6)　曾子曰:「可以託六尺之孤, 可以寄百里之命, 臨大節而不可
奪也. 君子人與? 君子人也.」

191(8-7)　曾子曰:「士不可以不弘毅, 任重而道遠. 仁以爲己任, 不亦
重乎? 死而後已, 不亦遠乎?」

192(8-8)　子曰:「興於詩, 立於禮, 成於樂.」

193(8-9)　子曰:「民可使由之, 不可使知之.」

194(8-10)　子曰:「好勇疾貧, 亂也. 人而不仁, 疾之已甚, 亂也.」

195(8-11)　子曰:「如有周公之才之美, 使驕且吝, 其餘不足觀也已.」

196(8-12)　子曰:「三年學, 不至於穀, 不易得也.」

197(8-13)　子曰:「篤信好學, 守死善道. 危邦不入, 亂邦不居. 天下有道
則見, 無道則隱. 邦有道, 貧且賤焉, 恥也; 邦無道, 富且貴焉,
恥也.」

198(8-14)　子曰:「不在其位, 不謀其政.」

199 (8-15)	子曰:「師摯之始, 關雎之亂, 洋洋乎盈耳哉!」
200 (8-16)	子曰:「狂而不直, 侗而不愿, 悾悾而不信, 吾不知之矣.」
201 (8-17)	子曰:「學如不及, 猶恐失之.」
202 (8-18)	子曰:「巍巍乎, 舜禹之有天下也而不與焉!」
203 (8-19)	子曰:「大哉! 堯之爲君也! 巍巍乎! 唯天爲大, 唯堯則之. 蕩蕩乎, 民無能名焉. 巍巍乎其有成功也, 煥乎其有文章!」
204 (8-20)	舜有臣五人而天下治. 武王曰:「予有亂臣十人.」孔子曰: 「才難, 不其然乎? 唐虞之際, 於斯爲盛. 有婦人焉, 九人而已. 三分天下有其二, 以服事殷. 周之德, 其可謂至德也已矣.」
205 (8-21)	子曰:「禹, 吾無間然矣. 菲飲食而致孝乎鬼神, 惡衣服而致 美乎黻冕, 卑宮室而盡力乎溝洫. 禹, 吾無間然矣.」

〈子罕〉第九

206 (9-1)	子罕言利與命與仁.
207 (9-2)	達巷黨人曰:「大哉孔子! 博學而無所成名.」子聞之, 謂門弟 子曰:「吾何執? 執御乎? 執射乎? 吾執御矣.」
208 (9-3)	子曰:「麻冕, 禮也; 今也純, 儉, 吾從眾. 拜下, 禮也; 今拜乎上, 泰也. 雖違眾, 吾從下.」
209 (9-4)	子絕四: 毋意, 毋必, 毋固, 毋我.
210 (9-5)	子畏於匡, 曰:「文王既沒, 文不在茲乎? 天之將喪斯文也, 後死者不得與於斯文也; 天之未喪斯文也, 匡人其如予何?」
211 (9-6)	大宰問於子貢曰:「夫子聖者與? 何其多能也?」子貢曰:「固天 縱之將聖, 又多能也.」子聞之, 曰:「大宰知我乎! 吾少也賤, 故多能鄙事. 君子多乎哉? 不多也.」牢曰:「子云:『吾不試, 故藝.』」
212 (9-7)	子曰:「吾有知乎哉? 無知也. 有鄙夫問於我, 空空如也. 我叩 其兩端而竭焉.」

213(9-8) 子曰:「鳳鳥不至, 河不出圖, 吾已矣夫!」

214(9-9) 子見齊衰者·冕衣裳者與瞽者, 見之, 雖少, 必作; 過之, 必趨.

215(9-10) 顔淵喟然歎曰:「仰之彌高, 鑽之彌堅. 瞻之在前, 忽焉在後.
夫子循循然善誘人, 博我以文, 約我以禮, 欲罷不能. 旣竭吾才,
如有所立卓爾. 雖欲從之, 末由也已.」

216(9-11) 子疾病, 子路使門人爲臣. 病間, 曰:「久矣哉, 由之行詐也!
無臣而爲有臣. 吾誰欺? 欺天乎! 且予與其死於臣之手也,
無寧死於二三子之手乎! 且予縱不得大葬, 予死於道路乎?」

217(9-12) 子貢曰:「有美玉於斯, 韞匵而藏諸? 求善賈而沽諸?」子曰:
「沽之哉! 沽之哉! 我待賈者也.」

218(9-13) 子欲居九夷. 或曰:「陋, 如之何?」子曰:「君子居之, 何陋之有?」

219(9-14) 子曰:「吾自衛反魯, 然後樂正, 雅頌各得其所.」

220(9-15) 子曰:「出則事公卿, 入則事父兄, 喪事不敢不勉, 不爲酒困,
何有於我哉?」

221(9-16) 子在川上, 曰:「逝者如斯夫! 不舍晝夜.」

222(9-17) 子曰:「吾未見好德如好色者也.」

223(9-18) 子曰:「譬如爲山, 未成一簣, 止, 吾止也. 譬如平地, 雖覆一簣,
進, 吾往也.」

224(9-19) 子曰:「語之而不惰者, 其回也與!」

225(9-20) 子謂顔淵, 曰:「惜乎! 吾見其進也, 未見其止也.」

226(9-21) 子曰:「苗而不秀者有矣夫! 秀而不實者有矣夫!」

227(9-22) 子曰:「後生可畏, 焉知來者之不如今也? 四十·五十而無聞焉,
斯亦不足畏也已.」

228(9-23) 子曰:「法語之言, 能無從乎? 改之爲貴. 巽與之言, 能無說乎?
繹之爲貴. 說而不繹, 從而不改, 吾末如之何也已矣.」

229(9-24) 子曰:「主忠信, 毋友不如己者, 過則勿憚改.」

230(9-25) 子曰:「三軍可奪帥也, 匹夫不可奪志也.」

231 (9-26) 子曰:「衣敝縕袍, 與衣狐貉者立, 而不恥者, 其由也與! 『不忮不求, 何用不臧?』」子路終身誦之. 子曰:「是道也, 何足以臧?」

232 (9-27) 子曰:「歲寒, 然後知松柏之後彫也.」

233 (9-28) 子曰:「知者不惑, 仁者不憂, 勇者不懼.」

234 (9-29) 子曰:「可與共學, 未可與適道; 可與適道, 未可與立; 可與立, 未可與權.」

235 (9-30) 『唐棣之華, 偏其反而. 豈不爾思? 室是遠而.』子曰:「未之思也, 夫何遠之有?」

〈鄉黨〉第十

236 (10-1) 孔子於鄉黨, 恂恂如也, 似不能言者. 其在宗廟朝廷, 便便言, 唯謹爾.

237 (10-2) 朝, 與下大夫言, 侃侃如也; 與上大夫言, 誾誾如也. 君在, 踧踖如也, 與與如也.

238 (10-3) 君召使擯, 色勃如也, 足躩如也. 揖所與立, 左右手, 衣前後, 襜如也. 趨進, 翼如也. 賓退, 必復命曰:「賓不顧矣.」

239 (10-4) 入公門, 鞠躬如也, 如不容. 立不中門, 行不履閾. 過位, 色勃如也, 足躩如也, 其言似不足者. 攝齊升堂, 鞠躬如也, 屏氣似不息者. 出, 降一等, 逞顏色, 怡怡如也. 沒階, 趨進翼如也. 復其位, 踧踖如也.

240 (10-5) 執圭, 鞠躬如也, 如不勝. 上如揖, 下如授. 勃如戰色, 足蹜蹜如有循. 享禮, 有容色. 私覿, 愉愉如也.

241 (10-6) 君子不以紺緅飾, 紅紫不以爲褻服. 當暑, 袗絺綌, 必表而出之. 緇衣, 羔裘; 素衣, 麑裘; 黃衣, 狐裘. 褻裘長, 短右袂. 必有寢衣, 長一身有半. 狐貉之厚以居. 去喪, 無所不佩. 非帷裳, 必殺之. 羔裘玄冠不以弔. 吉月, 必朝服而朝.

242（10-7） 齊, 必有明衣, 布. 齊必變食, 居必遷坐.

243（10-8） 食不厭精, 膾不厭細. 食饐而餲, 魚餒而肉敗, 不食. 色惡
不食. 臭惡, 不食. 失飪, 不食. 不時, 不食. 割不正, 不食.
不得其醬, 不食. 肉雖多, 不使勝食氣. 唯酒無量, 不及亂.
沽酒市脯不食. 不撤薑食, 不多食. 祭於公, 不宿肉. 祭肉不
出三日. 出三日, 不食之矣. 食不語, 寢不言. 雖疏食菜羹,
瓜祭, 必齊如也.

244（10-9） 席不正, 不坐.

245（10-10） 鄉人飲酒, 杖者出, 斯出矣. 鄉人儺, 朝服而立於阼階.

246（10-11） 問人於他邦, 再拜而送之. 康子饋藥, 拜而受之. 曰:「丘未達,
不敢嘗.」

247（10-12） 廄焚. 子退朝, 曰:「傷人乎?」不問馬.

248（10-13） 君賜食, 必正席先嘗之. 君賜腥, 必熟而薦之. 君賜生, 必畜之.
侍食於君, 君祭, 先飯. 疾, 君視之, 東首, 加朝服, 拖紳. 君命召,
不俟駕行矣.

249（10-14） 入大廟, 每事問.

250（10-15） 朋友死, 無所歸, 曰:「於我殯.」朋友之饋, 雖車馬, 非祭肉,
不拜.

251（10-16） 寢不尸, 居不容. 見齊衰者, 雖狎, 必變. 見冕者與瞽者, 雖褻,
必以貌. 凶服者式之. 式負版者. 有盛饌, 必變色而作. 迅雷
風烈必變.

252（10-17） 升車, 必正立, 執綏. 車中, 不內顧, 不疾言, 不親指.

253（10-18） 色斯擧矣, 翔而後集. 曰:「山梁雌雉, 時哉時哉!」子路共之,
三嗅而作.

〈先進〉第十一

254(11-1) 　子曰:「先進於禮樂, 野人也; 後進於禮樂, 君子也. 如用之,
　　　　　　則吾從先進.」

255(11-2) 　子曰:「從我於陳‧蔡者, 皆不及門也.」德行: 顏淵, 閔子騫,
　　　　　　冉伯牛, 仲弓. 言語: 宰我, 子貢. 政事: 冉有, 季路. 文學:
　　　　　　子游, 子夏.

256(11-3) 　子曰:「回也非助我者也, 於吾言無所不說.」

257(11-4) 　子曰:「孝哉, 閔子騫! 人不間於其父母昆弟之言.」

258(11-5) 　南容三復白圭, 孔子以其兄之子妻之.

259(11-6) 　季康子問:「弟子孰爲好學?」孔子對曰:「有顏回者好學, 不幸
　　　　　　短命死矣, 今也則亡.」

260(11-7) 　顏淵死, 顏路請子之車以爲之椁. 子曰:「才不才, 亦各言其
　　　　　　子也. 鯉也死, 有棺而無椁. 吾不徒行以爲之椁. 以吾從大夫
　　　　　　之後, 不可徒行也.」

261(11-8) 　顏淵死. 子曰:「噫! 天喪予! 天喪予!」

262(11-9) 　顏淵死, 子哭之慟. 從者曰:「子慟矣.」曰:「有慟乎? 非夫人
　　　　　　之爲慟而誰爲?」

263(11-10) 　顏淵死, 門人欲厚葬之. 子曰:「不可.」門人厚葬之. 子曰:
　　　　　　「回也視予猶父也, 予不得視猶子也. 非我也, 夫二三子也.」

264(11-11) 　季路問事鬼神. 子曰:「未能事人, 焉能事鬼?」曰:「敢問死.」
　　　　　　曰:「未知生, 焉知死?」

265(11-12) 　閔子侍側, 誾誾如也; 子路, 行行如也; 冉有‧子貢, 侃侃如也.
　　　　　　子樂.「若由也, 不得其死然.」

266(11-13) 　魯人爲長府. 閔子騫曰:「仍舊貫, 如之何? 何必改作?」子曰:
　　　　　　「夫人不言, 言必有中.」

267(11-14) 　子曰:「由之瑟奚爲於丘之門?」門人不敬子路. 子曰:「由也
　　　　　　升堂矣, 未入於室也.」

268(11-15) 子貢問:「師與商也孰賢?」子曰:「師也過, 商也不及.」曰: 「然則師愈與?」子曰:「過猶不及.」

269(11-16) 季氏富於周公, 而求也爲之聚斂而附益之. 子曰:「非吾徒也. 小子鳴鼓而攻之, 可也.」

270(11-17) 柴也愚, 參也魯, 師也辟, 由也喭.

271(11-18) 子曰:「回也其庶乎, 屢空. 賜不受命, 而貨殖焉, 億則屢中.」

272(11-19) 子張問善人之道. 子曰:「不踐迹, 亦不入於室.」

273(11-20) 子曰:「論篤是與, 君子者乎? 色莊者乎?」

274(11-21) 子路問:「聞斯行諸?」子曰:「有父兄在, 如之何其聞斯行之?」 冉有問:「聞斯行諸?」子曰:「聞斯行之.」公西華曰:「由也問 『聞斯行諸』, 子曰, 『有父兄在』; 求也問『聞斯行諸』, 子曰, 『聞斯行之』. 赤也惑, 敢問.」子曰:「求也退, 故進之; 由也兼人, 故退之.」

275(11-22) 子畏於匡, 顏淵後. 子曰:「吾以女爲死矣.」曰:「子在, 回何 敢死?」

276(11-23) 季子然問:「仲由·冉求可謂大臣與?」子曰:「吾以子爲異之問, 曾由與求之問. 所謂大臣者, 以道事君, 不可則止. 今由與求也, 可謂具臣矣.」曰:「然則從之者與?」子曰:「弑父與君, 亦不 從也.」

277(11-24) 子路使子羔爲費宰. 子曰:「賊夫人之子.」子路曰:「有民人焉, 有社稷焉, 何必讀書, 然後爲學?」子曰:「是故惡夫佞者.」

278(11-25) 子路·曾晳·冉有·公西華侍坐. 子曰:「以吾一日長乎爾, 毋吾以也. 居則曰:『不吾知也!』如或知爾, 則何以哉?」子路 率爾而對曰:「千乘之國, 攝乎大國之間, 加之以師旅, 因之 以饑饉; 由也爲之, 比及三年, 可使有勇, 且知方也.」夫子哂之. 「求! 爾何如?」對曰:「方六七十, 如五六十, 求也爲之, 比及 三年, 可使足民. 如其禮樂, 以俟君子.」「赤! 爾何如?」對曰: 「非曰能之, 願學焉. 宗廟之事, 如會同, 端章甫, 願爲小相焉.」

「點! 爾何如?」鼓瑟希, 鏗爾, 舍瑟而作, 對曰:「異乎三子者
之撰」子曰:「何傷乎? 亦各言其志也」曰:「莫春者, 春服既成,
冠者五六人, 童子六七人, 浴乎沂, 風乎舞雩, 詠而歸」夫子
喟然歎曰:「吾與點也!」三子者出, 曾皙後. 曾皙曰:「夫三子
者之言何如?」子曰:「亦各言其志也已矣.」曰:「夫子何哂
由也?」曰:「爲國以禮, 其言不讓, 是故哂之.」「唯求則非邦
也與?」「安見方六七十如五六十而非邦也者?」「唯赤則非
邦也與?」「宗廟會同, 非諸侯而何? 赤也爲之小, 孰能爲之大?」

〈顏淵〉 第十二

279 (12-1) 顏淵問仁. 子曰:「克己復禮爲仁. 一日克己復禮, 天下歸仁焉.
爲仁由己, 而由人乎哉?」顏淵曰:「請問其目.」子曰:「非禮
勿視, 非禮勿聽, 非禮勿言, 非禮勿動.」顏淵曰:「回雖不敏,
請事斯語矣.」

280 (12-2) 仲弓問仁. 子曰:「出門如見大賓, 使民如承大祭. 己所不欲,
勿施於人. 在邦無怨, 在家無怨.」仲弓曰:「雍雖不敏, 請事」
斯語矣.」

281 (12-3) 司馬牛問仁. 子曰:「仁者, 其言也訒.」曰:「其言也訒, 斯謂
之仁已乎?」子曰:「爲之難, 言之得無訒乎?」

282 (12-4) 司馬牛問君子. 子曰:「君子不憂不懼.」曰:「不憂不懼, 斯謂
之君子已乎?」子曰:「內省不疚, 夫何憂何懼?」

283 (12-5) 司馬牛憂曰:「人皆有兄弟, 我獨亡.」子夏曰:「商聞之矣:
死生有命, 富貴在天. 君子敬而無失, 與人恭而有禮. 四海之內,
皆兄弟也. 君子何患乎無兄弟也?」

284 (12-6) 子張問明. 子曰:「浸潤之譖, 膚受之愬, 不行焉, 可謂明也已矣.
浸潤之譖, 膚受之愬, 不行焉, 可謂遠也已矣.」

285(12-7) 子貢問政. 子曰:「足食, 足兵, 民信之矣.」子貢曰:「必不得已而去, 於斯三者何先?」曰:「去兵.」子貢曰:「必不得已而去, 於斯二者何先?」曰:「去食. 自古皆有死, 民無信不立.」

286(12-8) 棘子成曰:「君子質而已矣, 何以文爲?」子貢曰:「惜乎, 夫子之說君子也! 駟不及舌. 文猶質也, 質猶文也. 虎豹之鞟, 猶犬羊之鞟.」

287(12-9) 哀公問於有若曰:「年饑, 用不足, 如之何?」有若對曰:「盍徹乎?」曰:「二, 吾猶不足, 如之何其徹也?」對曰:「百姓足, 君孰與不足? 百姓不足, 君孰與足?」

288(12-10) 子張問崇德·辨惑. 子曰:「主忠信, 徙義, 崇德也. 愛之欲其生, 惡之欲其死. 旣欲其生, 又欲其死, 是惑也.『誠不以富, 亦祇以異.』」

289(12-11) 齊景公問政於孔子. 孔子對曰:「君君, 臣臣, 父父, 子子.」公曰:「善哉! 信如君不君, 臣不臣, 父不父, 子不子, 雖有粟, 吾得而食諸?」

290(12-12) 子曰:「片言可以折獄者, 其由也與!」子路無宿諾.

291(12-13) 子曰:「聽訟, 吾猶人也. 必也使無訟乎!」

292(12-14) 子張問政. 子曰:「居之無倦, 行之以忠.」

293(12-15) 子曰:「博學於文, 約之以禮, 亦可以弗畔矣夫!」

294(12-16) 子曰:「君子成人之美, 不成人之惡. 小人反是.」

295(12-17) 季康子問政於孔子. 孔子對曰:「政者, 正也. 子帥以正, 孰敢不正?」

296(12-18) 季康子患盜, 問於孔子. 孔子對曰:「苟子之不欲, 雖賞之不竊.」

297(12-19) 季康子問政於孔子曰:「如殺無道, 以就有道, 何如?」孔子對曰:「子爲政, 焉用殺? 子欲善而民善矣. 君子之德風, 小人之德草. 草上之風, 必偃.」

298(12-20) 子張問:「士何如斯可謂之達矣?」子曰:「何哉, 爾所謂達者?」子張對曰:「在邦必聞, 在家必聞.」子曰:「是聞也, 非達也.

夫達也者, 質直而好義, 察言而觀色, 慮以下人. 在邦必達, 在家必達. 夫聞也者, 色取仁而行違, 居之不疑. 在邦必聞, 在家必聞.」

299(12-21) 樊遲從遊於舞雩之下, 曰:「敢問崇德·修慝·辨惑.」子曰: 「善哉問! 先事後得, 非崇德與? 攻其惡, 無攻人之惡, 非修慝與? 一朝之忿, 忘其身, 以及其親, 非惑與?」

300(12-22) 樊遲問仁. 子曰:「愛人.」問知. 子曰:「知人.」樊遲未達. 子曰:「舉直錯諸枉, 能使枉者直.」樊遲退, 見子夏曰:「鄉也 吾見於夫子而問知, 子曰, 『舉直錯諸枉, 能使枉者直』, 何謂也?」 子夏曰:「富哉言乎! 舜有天下, 選於衆, 舉皋陶, 不仁者遠矣. 湯有天下, 選於衆, 舉伊尹, 不仁者遠矣.」

301(12-23) 子貢問友. 子曰:「忠告而善道之, 不可則止, 無自辱焉.」

302(12-24) 曾子曰:「君子以文會友, 以友輔仁.」

〈子路〉第十三

303(13-1) 子路問政. 子曰:「先之勞之.」請益. 曰:「無倦.」

304(13-2) 仲弓爲季氏宰, 問政. 子曰:「先有司, 赦小過, 舉賢才.」曰: 「焉知賢才而舉之?」子曰:「舉爾所知; 爾所不知, 人其舍諸?」

305(13-3) 子路曰:「衛君待子而爲政, 子將奚先?」子曰:「必也正名乎!」 子路曰:「有是哉, 子之迂也! 奚其正?」子曰:「野哉, 由也! 君子於其所不知, 蓋闕如也. 名不正, 則言不順; 言不順, 則事 不成; 事不成, 則禮樂不興; 禮樂不興, 則刑罰不中; 刑罰不中, 則民無所措手足. 故君子名之必可言也, 言之必可行也. 君子 於其言, 無所苟而已矣.」

306(13-4) 樊遲請學稼. 子曰:「吾不如老農.」請學爲圃. 曰:「吾不如老圃.」 樊遲出. 子曰:「小人哉, 樊須也! 上好禮, 則民莫敢不敬; 上好義, 則民莫敢不服; 上好信, 則民莫敢不用情. 夫如是,

則四方之民襁負其子而至矣; 焉用稼?」

307(13-5) 子曰:「誦詩三百, 授之以政, 不達; 使於四方, 不能專對; 雖多, 亦奚以爲?」

308(13-6) 子曰:「其身正, 不令而行; 其身不正, 雖令不從.」

309(13-7) 子曰:「魯衛之政, 兄弟也.」

310(13-8) 子謂衛公子荊,「善居室. 始有, 曰:『苟合矣.』少有, 曰:『苟完矣.』富有, 曰:『苟美矣.』」

311(13-9) 子適衛, 冉有僕. 子曰:「庶矣哉!」冉有曰:「既庶矣, 又何加焉?」曰:「富之.」曰:「既富矣, 又何加焉?」曰:「教之.」

312(13-10) 子曰:「苟有用我者, 朞月而已可也, 三年有成.」

313(13-11) 子曰:「『善人爲邦百年, 亦可以勝殘去殺矣.』誠哉是言也!」

314(13-12) 子曰:「如有王者, 必世而後仁.」

315(13-13) 子曰:「苟正其身矣, 於從政乎何有? 不能正其身, 如正人何?」

316(13-14) 冉子退朝. 子曰:「何晏也?」對曰:「有政.」子曰:「其事也. 如有政, 雖不吾以, 吾其與聞之.」

317(13-15) 定公問:「一言而可以興邦, 有諸?」孔子對曰:「言不可以若是其幾也. 人之言曰:『爲君難, 爲臣不易.』如知爲君之難也, 不幾乎一言而興邦乎?」曰:「一言而喪邦, 有諸?」孔子對曰:「言不可以若是其幾也. 人之言曰:『予無樂乎爲君, 唯其言而莫予違也.』如其善而莫之違也, 不亦善乎? 如不善而莫之違也, 不幾乎一言而喪邦乎?」

318(13-16) 葉公問政. 子曰:「近者說, 遠者來.」

319(13-17) 子夏爲莒父宰, 問政. 子曰:「無欲速, 無見小利. 欲速, 則不達; 見小利, 則大事不成.」

320(13-18) 葉公語孔子曰:「吾黨有直躬者, 其父攘羊, 而子證之.」孔子曰:「吾黨之直者異於是: 父爲子隱, 子爲父隱. 直在其中矣.」

321(13-19) 樊遲問仁. 子曰:「居處恭, 執事敬, 與人忠. 雖之夷狄, 不可棄也.」

322 (13-20) 子貢問曰:「何如斯可謂之士矣?」子曰:「行己有恥, 使於四方,
不辱君命, 可謂士矣.」曰:「敢問其次.」曰:「宗族稱孝焉,
鄉黨稱弟焉.」曰:「敢問其次.」曰:「言必信, 行必果, 硜硜然
小人哉! 抑亦可以爲次矣.」曰:「今之從政者何如?」子曰:
「噫! 斗筲之人, 何足算也?」

323 (13-21) 子曰:「不得中行而與之, 必也狂狷乎! 狂者進取, 狷者有所
不爲也.」

324 (13-22) 子曰:「南人有言曰:『人而無恆, 不可以作巫醫.』善夫!」「不恆
其德, 或承之羞.」子曰:「不占而已矣.」

325 (13-23) 子曰:「君子和而不同, 小人同而不和.」

326 (13-24) 子貢問曰:「鄉人皆好之, 何如?」子曰:「未可也.」「鄉人皆惡之,
何如?」子曰:「未可也; 不如鄉人之善者好之, 其不善者惡之.」

327 (13-25) 子曰:「君子易事而難說也. 說之不以道, 不說也; 及其使人也,
器之. 小人難事而易說也. 說之雖不以道, 說也; 及其使人也,
求備焉.」

328 (13-26) 子曰:「君子泰而不驕, 小人驕而不泰.」

329 (13-27) 子曰:「剛・毅・木・訥近仁.」

330 (13-28) 子路問曰:「何如斯可謂之士矣?」子曰:「切切偲偲, 怡怡如也,
可謂士矣. 朋友切切偲偲, 兄弟怡怡.」

331 (13-29) 子曰:「善人教民七年, 亦可以卽戎矣.」

332 (13-30) 子曰:「以不教民戰, 是謂棄之.」

〈憲問〉第十四

333 (14-1) 憲問恥. 子曰:「邦有道, 穀; 邦無道, 穀, 恥也.」

334 (14-2) 「克・伐・怨・欲不行焉, 可以爲仁矣?」子曰:「可以爲難矣,
仁則吾不知也.」

335 (14-3) 子曰:「士而懷居, 不足以爲士矣.」

336(14-4) 子曰:「邦有道, 危言危行; 邦無道, 危行言孫.」

337(14-5) 子曰:「有德者必有言, 有言者不必有德. 仁者必有勇, 勇者不必有仁.」

338(14-6) 南宮适問於孔子曰:「羿善射, 奡盪舟, 俱不得其死然. 禹稷躬稼而有天下.」夫子不答. 南宮适出, 子曰:「君子哉若人! 尚德哉若人!」

339(14-7) 子曰:「君子而不仁者有矣夫, 未有小人而仁者也.」

340(14-8) 子曰:「愛之, 能勿勞乎? 忠焉, 能勿誨乎?」

341(14-9) 子曰:「爲命, 裨諶草創之, 世叔討論之, 行人子羽脩飾之, 東里子產潤色之.」

342(14-10) 或問子產. 子曰:「惠人也.」問子西. 曰:「彼哉! 彼哉!」問管仲. 曰:「人也. 奪伯氏駢邑三百, 飯疏食, 沒齒無怨言.」

343(14-11) 子曰:「貧而無怨, 難; 富而無驕, 易.」

344(14-12) 子曰:「孟公綽爲趙魏老則優, 不可以爲滕薛大夫.」

345(14-13) 子路問成人. 子曰:「若臧武仲之知, 公綽之不欲, 卞莊子之勇, 冉求之藝, 文之以禮樂, 亦可以爲成人矣.」曰:「今之成人者何必然? 見利思義, 見危授命, 久要不忘平生之言, 亦可以爲成人矣.」

346(14-14) 子問公叔文子於公明賈曰:「信乎, 夫子不言, 不笑, 不取乎?」公明賈對曰:「以告者過也. 夫子時然後言, 人不厭其言; 樂然後笑, 人不厭其笑; 義然後取, 人不厭其取.」子曰:「其然? 豈其然乎?」

347(14-15) 子曰:「臧武仲以防求爲後於魯, 雖曰不要君, 吾不信也.」

348(14-16) 子曰:「晉文公譎而不正, 齊桓公正而不譎.」

349(14-17) 子路曰:「桓公殺公子糾, 召忽死之, 管仲不死. 曰: 未仁乎?」子曰:「桓公九合諸侯, 不以兵車, 管仲之力也. 如其仁, 如其仁.」

350(14-18) 子貢曰:「管仲非仁者與? 桓公殺公子糾, 不能死, 又相之.」子曰:「管仲相桓公, 霸諸侯, 一匡天下, 民到于今受其賜.

微管仲, 吾其被髮左衽矣. 豈若匹夫匹婦之爲諒也, 自經於
溝瀆而莫之知也?」

351 (14-19) 公叔文子之臣大夫僎與文子同升諸公. 子聞之, 曰:「可以爲
『文』矣.」

352 (14-20) 子言衛靈公之無道也, 康子曰:「夫如是, 奚而不喪?」孔子曰:
「仲叔圉治賓客, 祝鮀治宗廟, 王孫賈治軍旅. 夫如是, 奚其喪?」

353 (14-21) 子曰:「其言之不怍, 則爲之也難.」

354 (14-22) 陳成子弑簡公. 孔子沐浴而朝, 告於哀公曰:「陳恆弑其君,
請討之.」公曰:「告夫三子!」孔子曰:「以吾從大夫之後, 不敢
不告也. 君曰『告夫三子』者!」之三子告, 不可. 孔子曰:「以吾
從大夫之後, 不敢不告也.」

355 (14-23) 子路問事君. 子曰:「勿欺也, 而犯之.」

356 (14-24) 子曰:「君子上達, 小人下達.」

357 (14-25) 子曰:「古之學者爲己, 今之學者爲人.」

358 (14-26) 蘧伯玉使人於孔子. 孔子與之坐而問焉, 曰:「夫子何爲?」
對曰:「夫子欲寡其過而未能也.」使者出. 子曰:「使乎! 使乎!」

359 (14-27) 子曰:「不在其位, 不謀其政.」

360 (14-28) 曾子曰:「君子思不出其位.」

361 (14-29) 子曰:「君子恥其言而過其行.」

362 (14-30) 子曰:「君子道者三, 我無能焉: 仁者不憂, 知者不惑, 勇者不懼.」
子貢曰:「夫子自道也.」

363 (14-31) 子貢方人. 子曰:「賜也賢乎哉? 夫我則不暇.」

364 (14-32) 子曰:「不患人之不己知, 患其不能也.」

365 (14-33) 子曰:「不逆詐, 不億不信, 抑亦先覺者, 是賢乎!」

366 (14-34) 微生畝謂孔子曰:「丘何爲是栖栖者與? 無乃爲佞乎?」孔子曰:
「非敢爲佞也, 疾固也.」

367 (14-35) 子曰:「驥不稱其力, 稱其德也.」

368 (14-36) 或曰:「以德報怨, 何如?」子曰:「何以報德? 以直報怨, 以德
報德.」

369 (14-37) 子曰:「莫我知也夫!」子貢曰:「何爲其莫知子也?」子曰:
「不怨天, 不尤人, 下學而上達. 知我者其天乎!」

370 (14-38) 公伯寮愬子路於季孫. 子服景伯以告, 曰:「夫子固有惑志於
公伯寮, 吾力猶能肆諸市朝.」子曰:「道之將行也與, 命也;
道之將廢也與, 命也. 公伯寮其如命何!」

371 (14-39) 子曰:「賢者辟世, 其次辟地, 其次辟色, 其次辟言.」

372 (14-40) 子曰:「作者七人矣.」

373 (14-41) 子路宿於石門. 晨門曰:「奚自?」子路曰:「自孔氏.」曰:「是知
其不可而爲之者與?」

374 (14-42) 子擊磬於衛, 有荷蕢而過孔氏之門者, 曰:「有心哉, 擊磬乎!」
旣而曰:「鄙哉, 硜硜乎! 莫己知也, 斯已而已矣.『深則厲,
淺則揭』.」子曰:「果哉! 末之難矣.」

375 (14-43) 子張曰:「書云:『高宗諒陰, 三年不言.』何謂也?」子曰:「何必
高宗, 古之人皆然. 君薨, 百官總己以聽於冢宰三年.」

376 (14-44) 子曰:「上好禮, 則民易使也.」

377 (14-45) 子路問君子. 子曰:「脩己以敬.」曰:「如斯而已乎?」曰:「脩己
以安人.」曰:「如斯而已乎?」曰:「脩己以安百姓. 脩己以安
百姓, 堯舜其猶病諸!」

378 (14-46) 原壤夷俟. 子曰:「幼而不孫弟, 長而無述焉, 老而不死, 是爲賊.」
以杖叩其脛.

379 (14-47) 闕黨童子將命. 或問之曰:「益者與?」子曰:「吾見其居於位也,
見其與先生並行也. 非求益者也, 欲速成者也.」

〈衛靈公〉第十五

380 (15-1) 衛靈公問陳於孔子. 孔子對曰:「俎豆之事, 則嘗聞之矣; 軍旅
之事, 未之學也.」明日遂行. 在陳絕糧, 從者病, 莫能興. 子路
慍見曰:「君子亦有窮乎?」子曰:「君子固窮, 小人窮斯濫矣.」

381 (15-2) 子曰:「賜也, 女以予爲多學而識之者與?」對曰:「然, 非與?」
曰:「非也, 予一以貫之.」

382 (15-3) 子曰:「由! 知德者鮮矣.」

383 (15-4) 子曰:「無爲而治者, 其舜也與! 夫何爲哉? 恭己正南面而已矣.」

384 (15-5) 子張問行. 子曰:「言忠信, 行篤敬, 雖蠻貊之邦, 行矣. 言不
忠信, 行不篤敬, 雖州里, 行乎哉? 立, 則見其參於前也, 在輿,
則見其倚於衡也, 夫然後行.」子張書諸紳.

385 (15-6) 子曰:「直哉史魚! 邦有道, 如矢; 邦無道, 如矢. 君子哉蘧伯玉!
邦有道, 則仕; 邦無道, 則可卷而懷之.」

386 (15-7) 子曰:「可與言而不與之言, 失人; 不可與言而與之言, 失言.
知者不失人, 亦不失言.」

387 (15-8) 子曰:「志士仁人, 無求生以害仁, 有殺身以成仁.」

388 (15-9) 子貢問爲仁. 子曰:「工欲善其事, 必先利其器. 居是邦也,
事其大夫之賢者, 友其士之仁者.」

389 (15-10) 顏淵問爲邦. 子曰:「行夏之時, 乘殷之輅, 服周之冕, 樂則韶舞.
放鄭聲, 遠佞人. 鄭聲淫, 佞人殆.」

390 (15-11) 子曰:「人無遠慮, 必有近憂.」

391 (15-12) 子曰:「已矣乎! 吾未見好德如好色者也.」

392 (15-13) 子曰:「臧文仲其竊位者與! 知柳下惠之賢而不與立也.」

393 (15-14) 子曰:「躬自厚而薄責於人, 則遠怨矣.」

394 (15-15) 子曰:「不曰『如之何, 如之何』者, 吾末如之何也已矣.」

395 (15-16) 子曰:「羣居終日, 言不及義, 好行小慧, 難矣哉!」

396(15-17) 子曰:「君子義以爲質, 禮以行之, 孫以出之, 信以成之. 君子哉!」

397(15-18) 子曰:「君子病無能焉, 不病人之不己知也.」

398(15-19) 子曰:「君子疾沒世而名不稱焉.」

399(15-20) 子曰:「君子求諸己, 小人求諸人.」

400(15-21) 子曰:「君子矜而不爭, 羣而不黨.」

401(15-22) 子曰:「君子不以言舉人, 不以人廢言.」

402(15-23) 子貢問曰:「有一言而可以終身行之者乎?」子曰:「其『恕』乎!
己所不欲, 勿施於人.」

403(15-24) 子曰:「吾之於人也, 誰毀誰譽? 如有所譽者, 其有所試矣.
斯民也, 三代之所以直道而行也.」

404(15-25) 子曰:「吾猶及史之闕文也. 有馬者借人乘之, 今亡矣夫!」

405(15-26) 子曰:「巧言亂德. 小不忍, 則亂大謀.」

406(15-27) 子曰:「衆惡之, 必察焉; 衆好之, 必察焉.」

407(15-28) 子曰:「人能弘道, 非道弘人.」

408(15-29) 子曰:「過而不改, 是謂過矣.」

409(15-30) 子曰:「吾嘗終日不食, 終夜不寢, 以思, 無益, 不如學也.」

410(15-31) 子曰:「君子謀道不謀食. 耕也, 餒在其中矣; 學也, 祿在其中矣.
君子憂道不憂貧.」

411(15-32) 子曰:「知及之, 仁不能守之; 雖得之, 必失之. 知及之, 仁能
守之. 不莊以涖之, 則民不敬. 知及之, 仁能守之, 莊以涖之,
動之不以禮, 未善也.」

412(15-33) 子曰:「君子不可小知而可大受也, 小人不可大受而可小知也.」

413(15-34) 子曰:「民之於仁也, 甚於水火. 水火, 吾見蹈而死者矣, 未見
蹈仁而死者也.」

414(15-35) 子曰:「當仁, 不讓於師.」

415(15-36) 子曰:「君子貞而不諒.」

416(15-37) 子曰:「事君, 敬其事而後其食.」

417(15-38) 子曰:「有教無類.」

418(15-39) 子曰:「道不同, 不相爲謀.」

419(15-40) 子曰:「辭達而已矣.」

420(15-41) 師冕見, 及階, 子曰:「階也.」及席, 子曰:「席也.」皆坐, 子告之曰:「某在斯, 某在斯.」師冕出. 子張問曰:「與師言之道與? 子曰:「然. 固相師之道也.」

〈季氏〉 第十六

421(16-1) 季氏將伐顓臾. 冉有·季路見於孔子曰:「季氏將有事於顓臾.」孔子曰:「求! 無乃爾是過與? 夫顓臾, 昔者, 先王以爲東蒙主, 且在邦域之中矣, 是社稷之臣也. 何以伐爲?」冉有曰:「夫子欲之, 吾二臣者皆不欲也.」孔子曰:「求! 周任有言曰:『陳力就列, 不能者止.』危而不持, 顚而不扶, 則將焉用彼相矣? 且爾言過矣, 虎兕出於柙, 龜玉毀於櫝中, 是誰之過與?」冉有曰:「今夫顓臾, 固而近於費. 今不取, 後世必爲子孫憂.」孔子曰:「求! 君子疾夫舍曰欲之而必爲之辭. 丘也聞有國有家者, 不患寡而患不均, 不患貧而患不安. 蓋均無貧, 和無寡, 安無傾. 夫如是, 故遠人不服, 則修文德以來之. 既來之, 則安之. 今由與求也, 相夫子, 遠人不服, 而不能來也; 邦分崩離析, 而不能守也; 而謀動干戈於邦內. 吾恐季孫之憂, 不在顓臾, 而在蕭牆之內也.」

422(16-2) 孔子曰:「天下有道, 則禮樂征伐自天子出; 天下無道, 則禮樂征伐自諸侯出. 自諸侯出, 蓋十世希不失矣; 自大夫出, 五世希不失矣; 陪臣執國命, 三世希不失矣. 天下有道, 則政不在大夫. 天下有道, 則庶人不議.」

423(16-3) 孔子曰:「祿之去公室五世矣, 政逮於大夫四世矣, 故夫三桓之子孫, 微矣.」

424(16-4) 孔子曰:「益者三友, 損者三友. 友直, 友諒, 友多聞, 益矣. 友便辟, 友善柔, 友便佞, 損矣.」

425(16-5) 孔子曰:「益者三樂, 損者三樂. 樂節禮樂, 樂道人之善, 樂多賢友, 益矣. 樂驕樂, 樂佚遊, 樂宴樂, 損矣.」

426(16-6) 孔子曰:「侍於君子有三愆: 言未及之而言謂之躁, 言及之而不言謂之隱, 未見顏色而言謂之瞽.」

427(16-7) 孔子曰:「君子有三戒: 少之時, 血氣未定, 戒之在色; 及其壯也, 血氣方剛, 戒之在鬪; 及其老也, 血氣既衰, 戒之在得.」

428(16-8) 孔子曰:「君子有三畏: 畏天命, 畏大人, 畏聖人之言. 小人不知天命而不畏也, 狎大人, 侮聖人之言.」

429(16-9) 孔子曰:「生而知之者上也, 學而知之者次也; 困而學之, 又其次也; 困而不學, 民斯爲下矣.」

430(16-10) 孔子曰:「君子有九思: 視思明, 聽思聰, 色思溫, 貌思恭, 言思忠, 事思敬, 疑思問, 忿思難, 見得思義.」

431(16-11) 孔子曰:「『見善如不及, 見不善如探湯.』吾見其人矣, 吾聞其語矣.『隱居以求其志, 行義以達其道.』吾聞其語矣, 未見其人也.」

432(16-12) 齊景公有馬千駟, 死之日, 民無德而稱焉. 伯夷叔齊餓于首陽之下, 民到于今稱之. 其斯之謂與!

433(16-13) 陳亢問於伯魚曰:「子亦有異聞乎?」對曰:「未也. 嘗獨立, 鯉趨而過庭. 曰:『學詩乎?』對曰:『未也.』『不學詩, 無以言.』鯉退而學詩. 他日, 又獨立, 鯉趨而過庭. 曰:『學禮乎?』對曰:『未也.』『不學禮, 無以立.』鯉退而學禮. 聞斯二者.」陳亢退而喜曰:「問一得三, 聞詩, 聞禮, 又聞君子之遠其子也.」

434(16-14) 邦君之妻, 君稱之曰『夫人』, 夫人自稱曰『小童』; 邦人稱之曰『君夫人』, 稱諸異邦曰『寡小君』; 異邦人稱之亦曰『君夫人』.

〈陽貨〉第十七

435 (17-1)　陽貨欲見孔子, 孔子不見, 歸孔子豚. 孔子時其亡也, 而往拜之.
　　　　　遇諸塗. 謂孔子曰:「來! 予與爾言.」曰:「懷其寶而迷其邦,
　　　　　可謂仁乎?」曰:「不可.」「好從事而亟失時, 可謂知乎?」曰:
　　　　　「不可.」「日月逝矣, 歲不我與.」孔子曰:「諾, 吾將仕矣.」

436 (17-2)　子曰:「性相近也, 習相遠也.」

437 (17-3)　子曰:「唯上知與下愚不移.」

438 (17-4)　子之武城, 聞弦歌之聲. 夫子莞爾而笑, 曰:「割雞焉用牛刀?」
　　　　　子游對曰:「昔者, 偃也聞諸夫子曰:『君子學道則愛人, 小人
　　　　　學道則易使也.』」子曰:「二三子! 偃之言是也. 前言戲之耳.」

439 (17-5)　公山弗擾以費畔, 召, 子欲往. 子路不說, 曰:「末之也, 已,
　　　　　何必公山氏之之也?」子曰:「夫召我者, 而豈徒哉? 如有用
　　　　　我者, 吾其爲東周乎!」

440 (17-6)　子張問仁於孔子. 孔子曰:「能行五者於天下爲仁矣.」「請問之.」
　　　　　曰:「恭, 寬, 信, 敏, 惠. 恭則不侮, 寬則得衆, 信則人任焉,
　　　　　敏則有功, 惠則足以使人.」

441 (17-7)　佛肸召, 子欲往. 子路曰:「昔者由也聞諸夫子曰:『親於其身
　　　　　爲不善者, 君子不入也.』佛肸以中牟畔, 子之往也, 如之何?」
　　　　　子曰:「然, 有是言也. 不曰『堅乎! 磨而不磷』; 不曰『白乎!
　　　　　涅而不緇.』吾豈匏瓜也哉? 焉能繫而不食?」

442 (17-8)　子曰:「由也! 女聞六言六蔽矣乎?」對曰:「未也.」「居! 吾語女.
　　　　　好仁不好學, 其蔽也愚; 好知不好學, 其蔽也蕩; 好信不好學,
　　　　　其蔽也賊; 好直不好學, 其蔽也絞; 好勇不好學, 其蔽也亂;
　　　　　好剛不好學, 其蔽也狂.」

443 (17-9)　子曰:「小子! 何莫學夫詩? 詩, 可以興, 可以觀, 可以群,
　　　　　可以怨. 邇之事父, 遠之事君; 多識於鳥獸草木之名.」

444(17-10) 子謂伯魚曰:「女爲周南·召南矣乎? 人而不爲周南·召南,
其猶正牆面而立也與!」

445(17-11) 子曰:「禮云禮云, 玉帛云乎哉? 樂云樂云, 鐘鼓云乎哉?」

446(17-12) 子曰:「色厲而內荏, 譬諸小人, 其猶穿窬之盜也與?」

447(17-13) 子曰:「鄉原, 德之賊也.」

448(17-14) 子曰:「道聽而塗說, 德之棄也.」

449(17-15) 子曰:「鄙夫, 可與事君也與哉? 其未得之也, 患得之; 既得之,
患失之. 苟患失之, 無所不至矣.」

450(17-16) 子曰:「古者, 民有三疾, 今也或是之亡也. 古之狂也肆, 今之
狂也蕩; 古之矜也廉, 今之矜也忿戾; 古之愚也直, 今之愚也
詐而已矣.」

451(17-17) 子曰:「巧言令色, 鮮矣仁.」

452(17-18) 子曰:「惡紫之奪朱也, 惡鄭聲之亂雅樂也, 惡利口之覆邦家者.」

453(17-19) 子曰:「予欲無言.」子貢曰:「子如不言, 則小子何述焉?」子曰:
「天何言哉? 四時行焉, 百物生焉, 天何言哉?」

454(17-20) 孺悲欲見孔子, 孔子辭以疾. 將命者出戶, 取瑟而歌, 使之聞之.

455(17-21) 宰我問:「三年之喪, 期已久矣. 君子三年不爲禮, 禮必壞;
三年不爲樂, 樂必崩. 舊穀既沒, 新穀既升, 鑽燧改火, 期可
已矣.」子曰:「食夫稻, 衣夫錦, 於女安乎?」曰:「安.」「女安,
則爲之! 夫君子之居喪, 食旨不甘, 聞樂不樂, 居處不安, 故不
爲也. 今女安, 則爲之!」宰我出. 子曰:「予之不仁也! 子生三年,
然後免於父母之懷. 夫三年之喪, 天下之通喪也, 予也有三年
之愛於其父母乎?」

456(17-22) 子曰:「飽食終日, 無所用心, 難矣哉! 不有博弈者乎? 爲之,
猶賢乎已.」

457(17-23) 子路曰:「君子尚勇乎?」子曰:「君子義以爲上, 君子有勇而
無義爲亂, 小人有勇而無義爲盜.」

458 (17-24) 子貢曰:「君子亦有惡乎?」子曰:「有惡: 惡稱人之惡者, 惡居
下流而訕上者, 惡勇而無禮者, 惡果敢而窒者.」曰:「賜也亦
有惡乎?」「惡徼以爲知者, 惡不孫以爲勇者, 惡訐以爲直者.」

459 (17-25) 子曰:「唯女子與小人爲難養也, 近之則不孫, 遠之則怨.」

460 (17-26) 子曰:「年四十而見惡焉, 其終也已.」

〈微子〉第十八

461 (18-1) 微子去之, 箕子爲之奴, 比干諫而死. 孔子曰:「殷有三仁焉.」

462 (18-2) 柳下惠爲士師, 三黜. 人曰:「子未可以去乎?」曰:「直道而事人,
焉往而不三黜? 枉道而事人, 何必去父母之邦?」

463 (18-3) 齊景公待孔子曰:「若季氏, 則吾不能; 以季孟之閒待之.」
曰:「吾老矣, 不能用也.」孔子行.

464 (18-4) 齊人歸女樂, 季桓子受之, 三日不朝, 孔子行.

465 (18-5) 楚狂接輿歌而過孔子曰:「鳳兮鳳兮! 何德之衰? 往者不可諫,
來者猶可追. 已而, 已而! 今之從政者殆而!」孔子下, 欲與之言.
趨而辟之, 不得與之言.

466 (18-6) 長沮·桀溺耦而耕, 孔子過之, 使子路問津焉. 長沮曰:「夫執
輿者爲誰?」子路曰:「爲孔丘.」曰:「是魯孔丘與?」曰:「是也.」
曰:「是知津矣.」問於桀溺. 桀溺曰:「子爲誰?」曰:「爲仲由.」
曰:「是魯孔丘之徒與?」對曰:「然.」曰:「滔滔者天下皆是也,
而誰以易之? 且而與其從辟人之士也, 豈若從辟世之士哉?」
耰而不輟. 子路行以告. 夫子憮然曰:「鳥獸不可與同群, 吾非
斯人之徒與而誰與? 天下有道, 丘不與易也.」

467 (18-7) 子路從而後, 遇丈人, 以杖荷蓧. 子路問曰:「子見夫子乎?」
丈人曰:「四體不勤, 五穀不分. 孰爲夫子?」植其杖而芸. 子路
拱而立. 止子路宿, 殺雞爲黍而食之, 見其二子焉. 明日, 子路
行以告. 子曰:「隱者也.」使子路反見之. 至, 則行矣. 子路曰:

「不仕無義. 長幼之節, 不可廢也; 君臣之義, 如之何其廢之? 欲潔其身, 而亂大倫. 君子之仕也, 行其義也. 道之不行, 已知之矣.」

468(18-8) 逸民: 伯夷・叔齊・虞仲・夷逸・朱張・柳下惠・少連. 子曰: 「不降其志, 不辱其身, 伯夷・叔齊與!」謂「柳下惠・少連, 降志辱身矣, 言中倫, 行中慮, 其斯而已矣.」謂「虞仲・夷逸, 隱居放言, 身中清, 廢中權. 我則異於是, 無可無不可.」

469(18-9) 大師摯適齊, 亞飯干適楚, 三飯繚適蔡, 四飯缺適秦, 鼓方叔入於河, 播鼗武入於漢, 少師陽・擊磬襄入於海.

470(18-10) 周公謂魯公曰:「君子不施其親, 不使大臣怨乎不以. 故舊無大故, 則不棄也. 無求備於一人!」

471(18-11) 周有八士: 伯達・伯适・仲突・仲忽・叔夜・叔夏・季隨・季騧.

〈子張〉第十九

472(19-1) 子張曰:「士見危致命, 見得思義, 祭思敬, 喪思哀, 其可已矣.」

473(19-2) 子張曰:「執德不弘, 信道不篤, 焉能爲有? 焉能爲亡?」

474(19-3) 子夏之門人問交於子張. 子張曰:「子夏云何?」對曰:「子夏曰『可者與之, 其不可者拒之.』」子張曰:「異乎吾所聞: 君子尊賢而容衆, 嘉善而矜不能. 我之大賢與, 於人何所不容? 我之不賢與, 人將拒我, 如之何其拒人也?」

475(19-4) 子夏曰:「雖小道, 必有可觀者焉; 致遠恐泥, 是以君子不爲也.」

476(19-5) 子夏曰:「日知其所亡, 月無忘其所能, 可謂好學也已矣.」

477(19-6) 子夏曰:「博學而篤志, 切問而近思, 仁在其中矣.」

478(19-7) 子夏曰:「百工居肆以成其事, 君子學以致其道.」

479(19-8) 子夏曰:「小人之過也, 必文.」

480(19-9) 子夏曰:「君子有三變: 望之儼然, 卽之也溫, 聽其言也厲.」

481 (19-10) 子夏曰:「君子信而後勞其民; 未信, 則以爲厲己也. 信而後諫; 未信, 則以爲謗己也.」

482 (19-11) 子夏曰:「大德不踰閑, 小德出入可也.」

483 (19-12) 子游曰:「子夏之門人小子, 當洒埽應對進退, 則可矣. 抑末也. 本之則無, 如之何?」子夏聞之, 曰:「噫! 言游過矣! 君子之道, 孰先傳焉? 孰後倦焉? 譬諸草木, 區以別矣. 君子之道, 焉可誣也? 有始有卒者, 其惟聖人乎!」

484 (19-13) 子夏曰:「仕而優則學, 學而優則仕.」

485 (19-14) 子游曰:「喪致乎哀而止.」

486 (19-15) 子游曰:「吾友張也爲難能也, 然而未仁.」

487 (19-16) 曾子曰:「堂堂乎張也! 難與並爲仁矣.」

488 (19-17) 曾子曰:「吾聞諸夫子:『人未有自致者也, 必也親喪乎!』」

489 (19-18) 曾子曰:「吾聞諸夫子:『孟莊子之孝也, 其他可能也; 其不改父之臣與父之政, 是難能也.』」

490 (19-19) 孟氏使陽膚爲士師, 問於曾子. 曾子曰:「上失其道, 民散久矣. 如得其情, 則哀矜而勿喜!」

491 (19-20) 子貢曰:「紂之不善, 不如是之甚也. 是以君子惡居下流, 天下之惡皆歸焉.」

492 (19-21) 子貢曰:「君子之過也, 如日月之食焉: 過也, 人皆見之; 更也, 人皆仰之.」

493 (19-22) 衛公孫朝問於子貢曰:「仲尼焉學?」子貢曰:「文武之道, 未墜於地, 在人. 賢者識其大者, 不賢者識其小者. 莫不有文武之道焉. 夫子焉不學? 而亦何常師之有?」

494 (19-23) 叔孫武叔語大夫於朝曰:「子貢賢於仲尼.」子服景伯以告子貢. 子貢曰:「譬之宮牆, 賜之牆也及肩, 窺見室家之好. 夫子之牆數仞, 不得其門而入, 不見宗廟之美, 百官之富. 得其門者或寡矣. 夫子之云, 不亦宜乎!」

495(19-24) 叔孫武叔毀仲尼. 子貢曰:「無以爲也! 仲尼不可毀也. 他人
之賢者, 丘陵也, 猶可踰也; 仲尼, 日月也, 無得而踰焉. 人雖
欲自絶, 其何傷於日月乎? 多見其不知量也.」

496(19-25) 陳子禽謂子貢曰:「子爲恭也, 仲尼豈賢於子乎?」子貢曰:
「君子一言以爲知, 一言以爲不知, 言不可不愼也. 夫子之不
可及也, 猶天之不可階而升也. 夫子之得邦家者, 所謂立之
斯立, 道之斯行, 綏之斯來, 動之斯和. 其生也榮, 其死也哀,
如之何其可及也?」

〈堯曰〉第二十

497(20-1) 堯曰:「咨, 爾舜! 天之曆數在爾躬, 允執其中. 四海困窮, 天祿
永終.」舜亦以命禹. 曰:「予小子履敢用玄牡, 敢昭告于皇皇
后帝: 有罪不敢赦. 帝臣不蔽, 簡在帝心. 朕躬有罪, 無以萬方;
萬方有罪, 罪在朕躬.」周有大賚, 善人是富.「雖有周親, 不如
仁人. 百姓有過, 在予一人.」謹權量, 審法度, 修廢官, 四方之
政行焉. 興滅國, 繼絶世, 擧逸民, 天下之民歸心焉. 所重:
民・食・喪・祭. 寬則得衆, 信則民任焉, 敏則有功, 公則說.

498(20-2) 子張問於孔子曰:「何如斯可以從政矣?」子曰:「尊五美, 屏
四惡, 斯可以從政矣.」子張曰:「何謂五美?」子曰:「君子惠
而不費, 勞而不怨, 欲而不貪, 泰而不驕, 威而不猛.」子張曰:
「何謂惠而不費?」子曰:「因民之所利而利之, 斯不亦惠而
不費乎? 擇可勞而勞之, 又誰怨? 欲仁而得仁, 又焉貪? 君子
無衆寡, 無小大, 無敢慢, 斯不亦泰而不驕乎? 君子正其衣冠,
尊其瞻視, 儼然人望而畏之, 斯不亦威而不猛乎?」子張曰:
「何謂四惡?」子曰:「不教而殺謂之虐; 不戒視成謂之暴; 慢令
致期謂之賊: 猶之與人也, 出納之吝謂之有司.」

499(20-3)　子曰:「不知命, 無以爲君子也; 不知禮, 無以立也; 不知言, 無以知人也.」

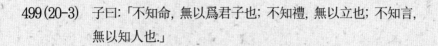

임동석(苗浦 林東錫)

慶北 榮州 上苗에서 출생. 忠北 丹陽 德尙골에서 성장. 丹陽初中 졸업. 京東高 서울 教大 國際大 建國大 대학원 졸업. 雨田 辛鎬烈 선생에게 漢學 배움. 臺灣 國立臺灣師 範大學 國文硏究所(大學院) 博士班 졸업. 中華民國 國家文學博士(1983). 建國大學校 教授. 文科大學長 역임. 成均館大 延世大 高麗大 外國語大 서울대 등 大學院 강의. 韓國中國言語學會 中國語文學硏究會 韓國中語中文學會 會長 역임. 저서에 《朝鮮譯 學考》(中文)《中國學術槪論》《中韓對比語文論》. 편역서에 《수레를 밀기 위해 내린 사람들》《栗谷先生詩文選》. 역서에 《漢語音韻學講義》《廣開土王碑硏究》《東北民族 源流》《龍鳳文化源流》《論語心得》〈漢語雙聲疊韻硏究〉 등 학술 논문 50여 편.

임동석중국사상100

논어 論語

朱熹 集註 / 林東錫 譯註

1판 1쇄 발행/2009년 12월 12일

2쇄 발행/2013년 11월 11일

발행인 고정일

발행처 동서문화사

창업 1956. 12. 12. 등록 16-3799

서울강남구신사동563-10 ☎546-0331~6 (FAX)545-0331

www.dongsuhbook.com

잘못 만들어진 책은 바꾸어 드립니다.

*

*

사업자등록번호 211-87-75330

ISBN 978-89-497-0546-0 04080

ISBN 978-89-497-0542-2 (세트)